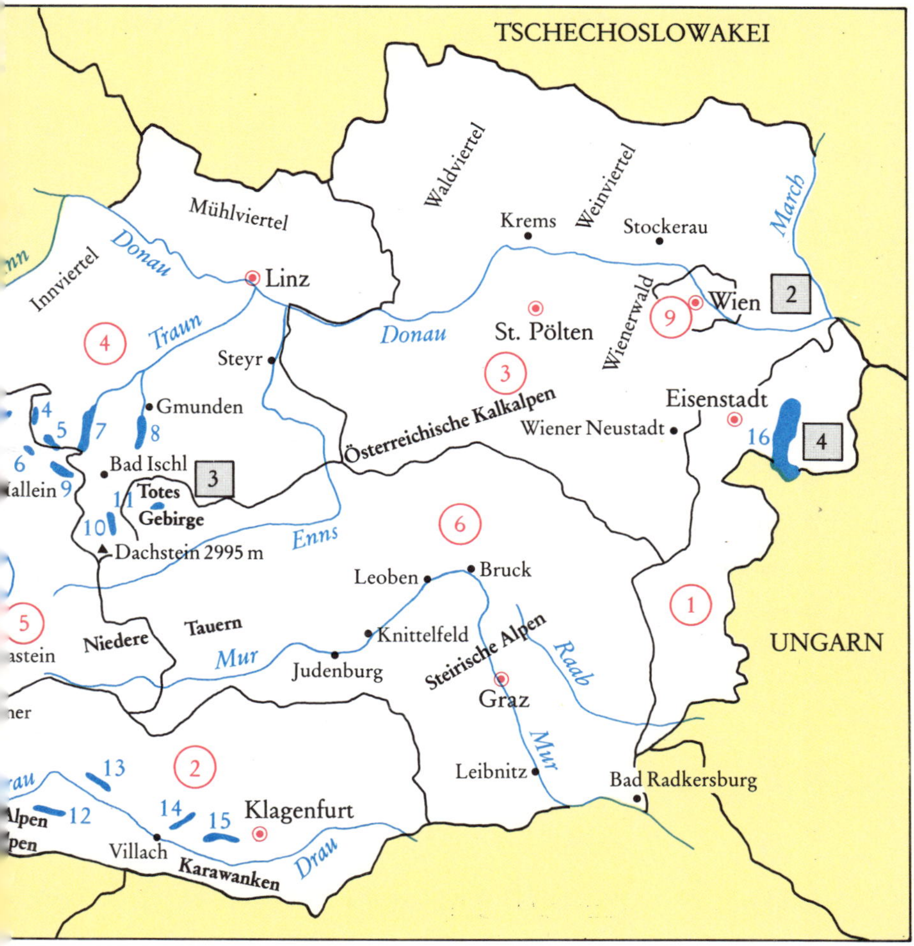

Seen:

1 Plansee	10 Hallstätter See
2 Achensee	11 Grundlsee
3 Waller See	12 Weißensee
4 Zeller See	13 Millstätter See
5 Mondsee	14 Ossiacher See
6 Fuschlsee	15 Wörther See
7 Attersee	16 Neusiedler See
8 Traunsee	
9 Wolfgangsee	

Der große
Naturführer Österreich

Dr. Eckart Pott

Der große Naturführer Österreich

Pflanzen, Tiere, Lebensräume

500 Fotos

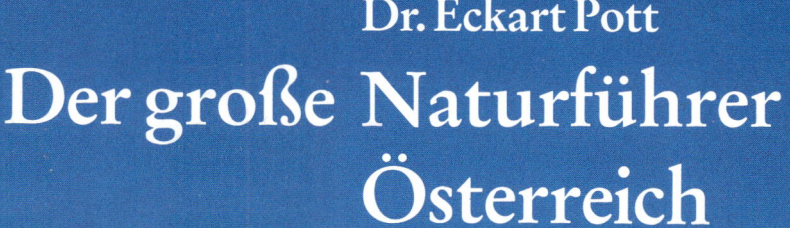

Die Deutsche Bibliothek –
CIP-Einheitsaufnahme
Der **grosse Naturführer Österreich**:
Pflanzen, Tiere, Lebensräume/Eckart
Pott. – München; Wien; Zürich: BLV, 1992
   ISBN 3-405-14184-2
NE: Pott, Eckart

Umschlaggestaltung:
Studio Schübel, München
Fotos auf dem Umschlag:
Willner (Vorderseite: Ahornboden/Tirol)
Limbrunner (Rückseite: Löffler)

BLV Verlagsgesellschaft mbH
München Wien Zürich
8000 München 40

© 1992 BLV Verlagsgesellschaft mbH,
München

Das Werk einschließlich aller seiner Teile
ist urheberrechtlich geschützt. Jede Ver-
wertung außerhalb der engen Grenzen des
Urherrechtsgesetzes ist ohne Zustimmung
des Verlags unzulässig und strafbar. Das
gilt insbesondere für Vervielfältigungen,
Übersetzungen, Mikroverfilmungen und
die Einspeicherung und Verarbeitung in
elektronischen Systemen.

Lektorat: Dr. Friedrich Kögel
Layout: Volker Fehrenbach
Herstellung: Hermann Maxant

Satz: Appl, Wemding
Reproduktionen: Eurocrome, Trevisio
Druck und Bindung:
Mohndruck, Gütersloh

Printed in Germany · ISBN 3-405-14184-2

Inhalt

Vorwort	6
Einführung	**7**
Österreich – ökologisch betrachtet	7
Unsere Natur in Gefahr	10
Natur beobachten	11
Östereichs Natur braucht Schutz	13
Pflanzen und Tiere im Überblick	15
Das Bestimmen von Pflanzen und Tieren	21
Hinweise zur Benutzung des Buches	24

Wiesen und Felder	**26**
Feuchtgebiete	**100**
Wald	**178**
Hochgebirge	**268**
Anhang	**342**
Biologische Fachausdrücke	342
Weiterführende Literatur	344
Register	346

Vorwort

Natur- und Umweltschutz sind heute aus der Tagesdiskussion nicht mehr wegzudenken. Und das ist gut so, denn die Natur ist auf dem Rückzug – nicht nur in Österreich, sondern weltweit. Die Beteiligten verlieren aber bisweilen aus den Augen, was denn Natur ist, was zu schützen ist. Der Satz »Man schützt nur, was man kennt.« hat nichts von seiner Gültigkeit eingebüßt. Hier liegt also eine Quelle zur Erarbeitung des vorliegenden Naturführers.
Es sollen aber Naturfreunde im weitesten Sinne angesprochen werden, und dabei stehen für mich junge Menschen im Vordergrund. Sie sind es, die die Natur (überall auf der Welt) zukünftig zu schützen haben werden. Die Kraft für die oftmals mühsame und zähe Kleinarbeit kann aber nur aus einer in Kindheit und Jugend angelegten Liebe zur Natur bezogen werden. Dabei können Bücher über die heimische Pflanzen- und Tierwelt einen wichtigen Beitrag leisten. Denn so wie »schützen« und »kennen« beieinander liegen, sind auch »lieben« und »kennen« nicht zu trennen.
Natürlich kann ein Buch wie das vorliegende immer nur ein Kompromiß sein; man kann nicht alle Pflanzen- und Tierarten vorstellen, dazu ist die Formenvielfalt der österreichischen Flora und Fauna zu groß. Es wurde also versucht, eine möglichst sinnvolle Auswahl zu treffen, und ich hoffe, dies ist gelungen. Die Arten werden in Fotos vorgestellt, die aus einer Fülle von Bildmaterial bekannter Naturfotografen ausgewählt wurden.
Wie aber die Arten anordnen? Wir haben nach langer Diskussion den Weg gewählt, die einzelnen Pflanzen- und Tierarten großen Lebensräumen zuzuordnen: Wiesen und Felder, Feuchtgebiete, Wald, Hochgebirge. Von diesem Raster ausgehend werden dann die einzelnen Gruppen in jeweils gleicher Reihung behandelt.

Wenn man aber einzelne Pflanzen- und Tierarten kennt, bedeutet das noch nicht unbedingt, daß man auch ihre Stellung oder Funktion in der jeweiligen Lebensgemeinschaft versteht. Deshalb wird jeder der großen Lebensräume in einer Einführung charakterisiert. In einem einleitenden Kapitel wird zudem Österreich insgesamt aus ökologischer Sicht vorgestellt. Daß auch auf die Bedrohung und den Schutz von Österreichs Natur eingegangen wird, wird jeder verstehen. Dem Naturfreund werden weiter allgemein-biologische Informationen zu den Pflanzen und den Tieren gegeben, aber auch, wie er Pflanzen und Tiere bestimmen kann. Schließlich bekommt er auch Anregungen, wie er der Beschäftigung mit der Natur nachgehen kann.
Mein Wunsch wäre, daß dieser Naturführer mithilft, Interesse an der Natur zu wecken und Kenntnisse der Pflanzen- und Tierwelt zu fördern. Wenn beides dazu führt, daß sich der eine oder andere im Natur- und Umweltschutz engagiert, hätte sich die Mühe gelohnt. Natur- und Umweltschutz ist ohne die Mithilfe jedes einzelnen nicht denkbar, und in der praktischen Arbeit vor Ort werden kenntnisreiche Mitstreiter immer benötigt.
Blieben zum Schluß noch Worte des Dankes zu sagen. Dr. Günther Candolini, Innsbruck, hat mir sehr geholfen, Fragen bezüglich der jagdlichen Gegebenheiten, des Naturschutzes und der Waldwirtschaft in Österreich zu klären. Die Österreichische Gesellschaft für Natur- und Umweltschutz (ÖGNU), Wien, hat mir freundlicherweise aktuelles Informationsmaterial zur Auswertung überlassen. Und ohne meine Mitarbeiterin Ursula Ferschel wäre der gesteckte Zeitplan bisweilen in Gefahr geraten. Sie hat in bewährt gründlicher Weise bei der Durchsicht und Korrektur des Manuskriptes mitgeholfen, wenn im wahrsten Sinne »Not am Mann« war.

Eckart Pott

Einführung

Österreich – ökologisch betrachtet

Österreich hat eine Fläche von 83 855 km², die Einwohnerzahl liegt bei 7,6 Millionen. Das ergibt eine Bevölkerungsdichte von 91 Einwohnern/km². Diese Zahl allein macht schon deutlich, daß Österreich von der Landesnatur her ungewöhnlich beschaffen sein muß, denn die auf den ersten Blick als Land ähnliche Schweiz hat immerhin eine Bevölkerungsdichte von 162 Einwohnern/km². Tatsächlich ist Österreich – neben der Schweiz und Liechtenstein – eines der 3 Kernländer des Alpenraumes. Das dominierende Landschaftselement sind die nicht durchgängig zu besiedelnden Alpen.

Die Alpen ziehen sich als mächtiger Wall mitten durch Europa. Die aus kristallinem Urgestein aufgebauten Zentralalpen weisen die höchsten Gipfel des Gebirgszuges (höchster Berg Österreichs: Großglockner, 3797 m) auf. Nördlich und südlich der Zentralalpen ragen sedimentäre, vorwiegend aus Kalken und Dolomiten aufgebaute Außenzonen, die Nördlichen Kalkalpen und die Südlichen Kalkalpen, empor. Man gliedert den gesamten Gebirgszug in die Westalpen und die Ostalpen; die Trennlinie verläuft in etwa vom Bodensee durch das Rheintal über den Splügenpaß zum Comer See. Österreich wird maßgeblich bestimmt durch die Ostalpen.

Wo heute die Alpen aufragen, war vor 160 Millionen Jahren ein Meer. Flüsse transportierten Material (Geröll, Sand, Ton) ins Meer, das am Meeresboden – zusammen mit dem abgestorbenen biologischen Material aus dem Meer – abgelagert wurde, Schicht um Schicht. Die zunächst lockeren Schichten wurden durch Druck in der Tiefe verfestigt und bildeten sich zu Sedimentgesteinen um.

Vor etwa 135 Millionen Jahren begann sich das Gebirge in mehreren Phasen aufzufalten. Zusammen mit den Faltungsprozessen liefen aber auch Deckenüberschiebungen ab. Die Geologen unterscheiden mehrere Decken, die mitunter 100 km

Der Großglockner (3797 m), höchster Berg Österreichs, und die Pasterze. Natur und Tourismus prallen in dieser großartigen Landschaft hart aufeinander.

Einführung

weit in horizontaler Richtung überschoben wurden. Der Heraushebung des gefalteten Gebirges zu größeren Höhen arbeiteten Verwitterungs- und Abtragungsprozesse ständig entgegen. Material aus dem Gebirge wurde in das bei der Faltung abgesunkene Vorland transportiert. Senken wurden aufgefüllt, und im Zuge der weiteren Auffaltung wurde auch das Vorland mit angehoben. Die Faltungsprozesse führten natürlich auch zu Brüchen im Untergrund (Verwerfungen), so daß die heutige geologische Karte der Alpen – und damit auch die Österreichs – ein recht buntes Bild zeigt.

Den alpinen Charakter des Hochgebirges hat aber erst die Vergletscherung in der Eiszeit (Beginn vor rund 600 000 Jahren, Ende vor rund 12 000 Jahren) geprägt. In wenigstens viermaligem Rhythmus waren die Alpen von einer fast durchgängigen Eiskappe bedeckt. Die schon angesprochenen Verwitterungs- und Abtragungsprozesse wurden in dieser Zeit durch die Tätigkeit von Gletschern verstärkt. Gletscher als je nach Geländebeschaffenheit mehr oder weniger schnell talwärts »fließende« Ströme aus kompaktem Eis wirken stark landschaftsformend. Vor allem haben sie die vorgefundenen v-förmigen Täler (Kerbtäler) in tiefe, steilwandige u-förmige Täler (Trogtäler) umgewandelt. Mit dem Rückgang der Eismassen setzten dann vor allem Bäche und Flüsse das Abtragungswerk fort. Die Fließgewässer führen teilweise große Mengen an Geröll, Sand und Ton zu Tal.

Österreich kann landschaftlich in 5 Teilräume gegliedert werden:
- Prägend sind die Ostalpen, die mit 52 600 km^2 Fläche einen Anteil von 63 % an der Gesamtfläche des Landes einnehmen. Ein nördlicher Längstalzug mit den Flüssen Inn, Salzach und Enns und ein südlicher mit der Drau gliedern die Ostalpen in die Nördlichen Kalkalpen, die kristallinen Zentralalpen und die Südlichen Kalkalpen.
- Hügelige Landschaft (höchste Erhebung: Hausruck, 801 m) zeichnet das nördliche Alpen- und Karpatenvorland aus, das 9500 km^2 einnimmt (= 11 % der Gesamtfläche). Hierzu gehören etwa das Innviertel und das westliche Weinviertel.
- Das wellige österreichische Granit- und Gneisplateau nimmt 8500 km^2 (= 10 % der Gesamtfläche) ein. Hierzu gehören das Mühlviertel und das Waldviertel. Im Norden steigt das Plateau zum Böhmerwald hin an; die höchste Erhebung ist der Plöckenstein (1378 m).
- Der am tiefsten gelegene Teil Österreichs ist das Wiener Becken (3700 km^2 = 4 % der Gesamtfläche). Die Donau trennt das Becken in das östliche Weinviertel und die Wiener Neustädter Bucht.
- 9500 km^2 oder 11 % der Gesamtfläche Österreichs nimmt das Vorland im Osten der Alpen ein, das einen westlichen Ausläufer des ungarischen Tieflandes darstellt. Breite Talzonen (Grazer Bucht, Neusiedler Bucht) und Hügelland wechseln hier ab. In diesem Gebiet liegen auch das Leithagebirge mit seinen Eichen-Hainbuchenwäldern und der Neusiedler See, als abflußloser Flachsee ein ökologisch sehr interessantes Binnengewässer.

Das heutige Bild der Vegetation und Fauna Mitteleuropas/Österreichs ist nur rückblickend zu verstehen. Vor der durch Klimaverschlechterungen bewirkten Eiszeit herrschte in Mitteleuropa eine Vegetation vor, die sich aus Palmen, Baumfarnen, Magnolien, Lorbeer und anderen Gewächsen zusammensetzte, wie wir sie heute in den Subtropen bis Tropen finden. Entsprechend war die Fauna mit Nashörnern, Elefanten, Hyänen und Flußpferden vertreten. Mit der aufgrund von Klimaveränderungen einsetzenden Eiszeit rückten von Norden her Eismassen heran; die in West-Ost-Richtung verlaufenden Alpen vergletscherten ebenfalls sehr stark. In der Folge verarmten einerseits die relativ einheitliche, sogenannte arkto-tertiäre Flora und die Fauna mehr und mehr. Viele wärmeliebende Arten starben ganz aus. Weniger temperaturempfindliche Arten überdauerten in klimatisch gemäßigten Regionen und in den Randgebieten. Andererseits drangen arktische Arten nach Mitteleuropa vor. Und es bildeten sich kälteresistente Formen wie Mammut, Wollnashorn und Höhlenbär heraus.

Während der letzten Eiszeit war Mitteleuropa nahezu waldlos. Es herrschten artenarme Wasserpflanzengesellschaften, Seggenmoore, Zwergstrauchgesellschaften und Moostundren vor. Als es nach und nach wärmer wurde, das Eis langsam

zurückging, breiteten sich Wälder – und andere anspruchsvolle Pflanzengesellschaften – wieder stärker nach Norden bzw. in die Höhe aus und eroberten die waldfreien Standorte zurück. Von etwa 10 000 v. Chr. an dominierten nacheinander verschiedene Waldgesellschaften, die jeweils von Baumarten unterschiedlicher Klimaansprüche geprägt wurden.
Mit der ausgehenden sogenannten Tundrenzeit breiteten sich Birken- und Kiefernwälder aus (Birken-Kiefern-Zeit). Das Bild des Waldes glich damals etwa dem, das wir heute in Lappland finden. Mit dem weiteren Abschmelzen der Eismassen wurde es wärmer, und besonders der Haselstrauch prägt das Vegetationsbild (Haselzeit). Eichen, Ulmen, Linden, Ahorne und Eschen, dann auch Erlen und Kiefern, drängten nach, und die bisher vorherrschenden Birken-Kiefern-Wälder wurden nach Norden abgedrängt. In der darauffolgenden Eichen-Mischwald-Zeit setzten sich die Eichen durch. Kiefern fanden sich – ähnlich wie heute – nur noch auf armen Sandböden. In sumpfigen Niederungen bildeten sich Erlen-Bruchwälder aus. In den Mittel- und Hochgebirgen setzte sich die Fichte durch. Schließlich kam es zu einer Ausdehnung der Verbreitung von Buche, Hainbuche und Tanne (Buchenzeit). Eichenwälder wurden verdrängt. Die genannten Arten drangen auch in die Gebirgswälder ein, so daß sich nach und nach ein Bild zusammensetzte, das so aussah: In niedrigeren Lagen herrschten Buchenwälder vor, die nach Osten hin von Hainbuchenwäldern ersetzt wurden; in Gebirgslagen stockten Mischwälder aus Buche, Tanne und Fichte.
Die Fauna machte ebenfalls starke nacheiszeitliche Veränderungen durch. Die meisten arktischen Arten folgten dem Eis nach Norden. Einige Arten verschwanden also wieder aus Mitteleuropa/Österreich (Beispiele: Polarfuchs, Moschusochse, Rentier). Andere Arten zogen sich zwar auch nach Norden zurück, blieben aber gleichzeitig als sogenannte Glazialrelikte in den Hochlagen der Alpen erhalten, so der Schneehase, das Alpenschneehuhn, der Dreizehenspecht oder die Ringdrossel. Die typischen Eiszeittiere wie Mammut, Wollnashorn und Höhlenbär verschwanden aber als Arten ganz.
Der Mensch besiedelte zuerst ebene Lagen, aber die tiefe Zertalung der Alpen machte auch zunächst kleine Teile des Gebirges für ihn zugänglich, und schon zu Beginn des Neolithikums ergriffen Menschen von den großen Alpentälern Besitz, um sich niederzulassen und Ackerbau zu treiben. Unter dem Einfluß des Menschen entstanden zunehmend waldfreie Standorte. Die einsetzende Entwaldung ging zunächst nur stellenweise und langsam vor sich. Diese Entwicklung wurde dann beschleunigt und großflächiger vollzogen mit dem Aufkommen von Maschinen, die nach wie vor landschaftsverändernd eingesetzt werden. Aufgrund der geografischen Gegebenheiten kann aber nur etwa die Hälfte der Gesamtfläche Österreichs landwirtschaftlich genutzt werden. Regional gesehen, herrschen in den Bundesländern Steiermark und Kärnten die Waldflächen vor, während in den Bundesländern Vorarlberg, Tirol und Salzburg das Grünland dominiert, und in den Bundesländern Oberösterreich, Niederösterreich und Burgenland das Ackerland einen hohen Flächenanteil hat.
Österreich als Kernland der Alpen ist also von Natur aus ein Waldland, das durch sommergrüne Laubwälder und immergrüne Nadelwälder geprägt ist. Allerdings gibt es auch Standorte, die von Natur aus waldfrei sind. Dazu gehören die Trockengebiete, aber auch die Gewässer und die Moore. Österreich hat nach einer Literaturangabe »rund 100 000 Kilometer befischbare Flüsse und Bäche und etwa 5200 natürliche Seen«, daneben noch »rund 3600 künstlich entstandene Gewässer, davon zirka 2700 Hektar Teiche«. Schließlich sind Gebiete mit zu kurzer Vegetationsperiode, wie die Hochlagen der Alpen, von Natur aus waldfrei.
Die Aktivitäten des Menschen haben aber nicht nur in der Vegetation deutliche Spuren hinterlassen. Auch die Fauna wurde stark verändert. Arten starben mit dem Verschwinden ihrer angestammten Lebensräume aus. Andere wurden ausgerottet. Der Wolf ist verschwunden, vom Braunbären gibt es lediglich Restbestände, der Steinbock verschwand Ende des 17. Jahrhunderts aus den Ostalpen, und der letzte Biber wurde 1868 gefangen (Salzach). Dies sind lediglich spektakuläre Arten. Viele andere sind – wie viele Pflanzenarten auch – mehr oder weniger unbemerkt seltener geworden oder ganz verschwunden.

Einführung

Unsere Natur in Gefahr

Lange Zeit hat man kaum bemerkt, daß hier ein Vogel nicht mehr sang, dort eine Pflanze nicht mehr blühte, daß die gesamte Tier- und Pflanzenwelt verarmte. Noch 1962, als die amerikanische Biologin Rachel Carson ihr aufrüttelndes Buch »Der stumme Frühling« auf den Markt brachte, gab es heftige Kontroversen. In diesem mutigen Buch steht der Frühling ohne die Rufe und Gesänge der Vögel für die immer stärker um sich greifende Vergiftung der Landschaft, und die wollte man damals nicht recht wahrhaben. Heute wissen wir viel mehr über die Belastung unserer Umwelt mit Schadstoffen, aber auch um die Zerstörung von Lebensräumen und die daraus erwachsenden ökologischen Schäden. Eine ganz wesentliche und bedenkliche Konsequenz unseres Umgangs mit der Natur ist das Verschwinden von Arten.

Was die Biologen über den Gefährdungsgrad von Tieren und Pflanzen in Österreich heute wissen, ist in den Roten Listen niedergelegt. Erste Versuche, solche ökologischen Negativbilanzen zu erstellen, wurden bereits 1965 unternommen. Eine umfassende Arbeit erschien 1983, die längst nicht mehr verfügbar ist. Seit diesem Zeitpunkt hat sich aber das Wissen über die einzelnen Pflanzen- und Tierarten und ihren Gefährdungsgrad weiter vermehrt, so daß sie heute bereits überholt wäre. (Zum Vergleich: Die »Rote Liste der gefährdeten Tiere und Pflanzen in der Bundesrepublik Deutschland« war 1981 ein Band von 68 Seiten; 1984 kam bereits eine 272 Seiten starke Version heraus.) Auf einem aktuellen Stand sind die »Roten Listen der gefährdeten Vögel und Säugetiere Österreichs«, die 1989 veröffentlicht wurden.

Kennzeichen aller Roten Listen ist die Einordnung der einzelnen Pflanzen- und Tierarten in Gefährdungskategorien. Die Vögel Österreichs als die den Naturfreund am meisten interessierende Tiergruppe beispielsweise sind nach den oben erwähnten Roten Listen wie folgt einzuordnen (Stand: Herbst 1988):

Seit 1800 ausgestorben, ausgerottet oder verschollen:
Alpenkrähe, Bartgeier, Fischadler, Habichtskauz, Kampfläufer, Kormoran, Kornweihe, Kranich, Lachseeschwalbe, Mönchsgeier, Rötelfalke, Rotfußfalke, Rothalstaucher, Schlangenadler, Schreiadler, Seeadler, Sichler, Stelzenläufer, Trauerseeschwalbe, Zwergadler, Zwergseeschwalbe, Zwergtrappe

Vom Aussterben bedroht:
Blauracke, Brachpieper, Brachvogel, Flußseeschwalbe, Großtrappe, Nachtreiher, Ortolan, Raubwürger, Rotkopfwürger, Rotmilan, Sakerfalke, Schleiereule, Schwarzstirnwürger, Seeregenpfeifer, Spießente, Steinhuhn, Steinkauz, Sumpfohreule, Triel, Wachtelkönig, Wanderfalke, Wiesenweihe, Zwergohreule, Zwergrohrdommel

Stark gefährdet:
Eisvogel, Flußuferläufer, Haubenlerche, Heidelerche, Löffler, Mornellregenpfeifer, Purpurreiher, Schafstelze, Schwarzmilan, Tüpfelsumpfhuhn, Wiedehopf

Gefährdet:
Auerhuhn, Bekassine, Bienenfresser, Birkhuhn, Flußregenpfeifer, Gartenrotschwanz, Grauammer, Knäkente, Kolbenente, Rebhuhn, Rotschenkel, Säbelschnäbler, Schnatterente, Schwarzhalstaucher, Steinrötel, Uferschnepfe, Wachtel, Wasserralle, Weißrückenspecht, Weißstorch, Wendehals, Ziegenmelker

Potentiell gefährdet:
Alpensegler, Bartmeise, Baumfalke, Beutelmeise, Blaukehlchen, Blutspecht, Braunkehlchen, Drosselrohrsänger, Feld-

Gänsegeier *(Gyps fulvus)* – durch Wiedereinbürgerung im Bestand gestützt.

schwirl, Gänsesäger, Graureiher, Habicht, Haselhuhn, Haubentaucher, Hohltaube, Karmingimpel, Kleines Sumpfhuhn, Löffelente, Mariskensänger, Mittelspecht, Moorente, Nachtigall, Rohrdommel, Rohrweihe, Saatkrähe, Schilfrohrsänger, Schlagschwirl, Schwarzkehlchen, Schwarzstorch, Silberreiher, Sperber, Sperbergrasmücke, Steinadler, Uferschwalbe, Uhu, Waldschnepfe, Wasseramsel, Wespenbussard, Wiesenpieper, Zippammer, Zwergschnäpper

Die Säugetiere werden in den genannten Roten Listen wie folgt eingestuft:

Seit 1800 ausgestorben, ausgerottet oder verschollen:
Alpenfledermaus, Braunbär, Streifenmaus, Wildkatze, Wolf

Vom Aussterben bedroht:
Fischotter, Kleines Mausohr, Langflügelfledermaus, Ziesel

Stark gefährdet:
Ährenmaus, Große Hufeisennase, Wimperfledermaus

Gefährdet:
Alpenspitzmaus, Bechsteinfledermaus, Braunbrustigel, Feldspitzmaus, Fransenfledermaus, Großes Mausohr, Hamster, Hausratte, Kleinabendsegler, Kleine Hufeisennase, Mopsfledermaus, Rauhhautfledermaus, Sumpfspitzmaus, Sumpfwühlmaus, Waldiltis, Wasserspitzmaus, Weißbrustigel, Zwergmaus

Potentiell gefährdet:
Bartfledermaus, Braunes Langohr, Breitflügelfledermaus, Dachs, Feldhase, Graues Langohr, Große Bartfledermaus, Hausspitzmaus, Nordfledermaus, Steppeniltis, Wasserfledermaus, Weißrandfledermaus, Zwergfledermaus

Insgesamt zeigen die Roten Listen also klar die Gefährdung vieler Vogel- und Säugetierarten auf. Das gleiche gilt aber auch für Vertreter anderer Tiergruppen – und für die Pflanzen. Als wesentliche Ursache der Artenverarmung sind die Veränderung und die Zerstörung von Lebensräumen zu nennen. Dies wird deutlich, wenn man sich die Artenlisten einmal genauer ansieht. Bei den Vögeln fällt sofort auf, daß besonders Arten der Feuchtgebiete bedroht sind. Vergleichsweise wenige Arten der Wälder tauchen in den Listen auf. Bei den Säugetieren sind die Insektenfresser, vor allem die Spitzmäuse, und daneben die Fledermäuse besonders bedroht. Beide Gruppen ernähren sich von Insekten, und wenn durch Biotopveränderungen, Verlust von Lebensräumen und den großflächigen Einsatz von Pflanzenschutz- und Schädlingsbekämpfungsmitteln die Insekten im Bestand zurückgehen, gehen notwendigerweise auch die Säugetiere zurück, die sich von Insekten ernähren. Dies zeigt sich in gleicher Weise, wenn man die auf Insektennahrung angewiesenen Vögel auf ihre Stellung in den Roten Listen hin untersucht.

Natur beobachten

Die Beschäftigung mit der Natur ist für viele Menschen ein mit Liebe und Engagement gepflegtes Hobby. Sie schätzen etwa den Waldspaziergang oder die Bergtour, wo man hier eine Pflanze näher untersucht oder dort einen Vogel mit dem Fernglas beobachtet, und sehen solche Erlebnisse als bereichernd für ihr persönliches Leben an. Naturbeobachtung ist für viele Menschen wohl deswegen eine so schöne und befriedigende Sache, weil man ihr draußen in der Natur nachgeht und sie eine wesentliche Abwechslung im Alltagsleben, das oft genug zwischen Wohnung und Büro stattfindet, bedeutet. Unsere Lebensweise führt aber auch dazu, daß viele Menschen gar nicht mehr wissen, wie sie Natur beobachten, Natur erleben können. Deshalb sollen hier einige Hinweise gegeben werden, wie man diesem (neuen) Hobby Naturbeobachtung nachgehen kann. Denn ein wenig »Knowhow« führt dazu, daß die Beschäftigung mit der Natur viel befriedigender ist, als wenn man keine Vorkenntnisse hat. Und wenn man sich gar aktiv für die Natur einsetzen will, muß man einfach entsprechendes Wissen aufweisen können. Liebe zur Natur ist sicher die wichtigste Voraussetzung, um der Beobachtung nachzugehen. Ein gewisses Maß an Zurückhaltung und Geduld und nicht zuletzt ein wenig »Geländegängigkeit« sind aber weitere Eigenschaften, die man mitbringen sollte. Denn die Naturbeobach-

Einführung

tung ist ja nicht auf die vom warmen Wohnzimmer aus beschränkt. Die Vögel, die im eigenen Garten leben oder ans Futterhaus kommen, lernt man so kennen, die Vögel im Wald, am Wasser oder in den Bergen aber eben nicht. Da muß man schon hinaus aus den eigenen vier Wänden. Wenn man aber draußen in der Natur unterwegs ist, sollte man sich ihr in sinnvoller Weise anpassen. Dazu gehört etwa, daß man nicht unbedingt mit einer gelben Regenjacke durch den Wald spaziert, gedeckte Kleidung ist da schon eher angebracht.

Da der Mensch zwar mit Sinnesorganen ausgestattet ist, diese aber ihre Grenzen haben, braucht er Hilfsmittel, um in bestimmte Bereiche einzudringen. Zum Betrachten kleiner Details ist eine Lupe vonnöten, am besten kein großes Leseglas, sondern eine kleine Einschlaglupe von etwa 10-facher Vergrößerung; es gibt auch Modelle, die 2 Vergrößerungen kombinieren. Wenn man sich noch intensiver den kleinen Dingen in der Natur widmen will, kann man eine Stereolupe heranziehen. Diese Geräte haben etwa 20- bis 50-fache Vergrößerung. Um die kleinen Objekte zu betrachten, ist allerdings eine Lichtquelle nötig; bei komfortablen Stereolupen ist sie in das Stativ eingebaut. Diese Geräte sind also im wesentlichen etwas für den »Hausgebrauch«, draußen in der freien Natur wird man sie nur ausnahmsweise einsetzen. Das gilt auch für das Lichtmikroskop, das noch höhere Vergrößerungen als die Stereolupe ermöglicht. Mit ihm kann man etwa in die Wunderwelt des Planktons eindringen.

Für die Beobachtung (weit) entfernter Dinge ist ein Fernglas vonnöten. Bei den häufig kleinen Vogelarten und den recht scheuen Säugetieren, die man im Wald, am See oder in den Alpen zu Gesicht bekommt, bewährt sich eines mit 8- oder 10-facher Vergrößerung. Diese Gläser werden heute oft so klein und leicht gebaut, daß man sie problemlos in der Tasche mitführen kann. Auf wirklich große Entfernungen, etwa bei der Vogelbeobachtung an einem See, kommt man aber wohl oder übel um ein Fernrohr nicht herum, will man Einzelheiten erkennen und die einzelnen Vogelarten bestimmen. Ein etwa 40-fach vergrößerndes Rohr auf einem entsprechend standfesten Stativ ist eine gute Lösung. Man informiere sich auch über Fernrohre mit variabler Vergrößerung (etwa 30- bis 60-fach).

In die Tasche gehört natürlich auch ein Bestimmungsbuch wie dieser Führer oder speziellere Bücher, in denen etwa nur die Alpenpflanzen, die Insekten oder die Vögel behandelt sind. Bestimmungsbücher sind heute in vielfältiger Ausführung zu haben, und jeder wird rasch das Passende finden (siehe auch die Literaturangaben). Grundsätzlich haben Bücher mit Fotos den Vorteil, daß sie die Pflanze oder das Tier so zeigen, wie sie sich im Moment der Aufnahme darstellten; für Bücher mit farbigen Zeichnungen spricht, daß hier das Typische oder Beachtenswerte besonders herausgestellt werden kann.

Hilfreich ist immer, draußen ein Notizbuch mit Bleistift oder Kugelschreiber dabeizuhaben. Man kann sich rasch ein paar Besonderheiten notieren, vielleicht auch eine kleine Zeichnung von beobachteten Details einer Pflanze oder des Gefieders eines Vogels machen, festhalten, wie der Vogel singt, oder wie eine Tierspur im feuchten Waldboden aussieht. Darüber hinaus kann man sich ein regelrechtes Beobachtungstagebuch anlegen und die Notizen dort integrieren. Nach langen Jahren wird man darin sicher immer wieder einmal gerne blättern und Erinnerungen auffrischen.

Schließlich sind bei der Naturbeobachtung noch ein paar Spielregeln zu beachten, die sich im wesentlichen auf den Naturschutz beziehen. Man sollte beispielsweise unbedingt vermeiden, Vögel und Wild zu beunruhigen. Eine gewisse Zurückhaltung ist also geboten, zumal man dann auch das normale Verhalten der Tiere beobachten kann. Wer eine geschützte Pflanze abreißt, um sie dann erst genauer zu betrachten, oder wer mit einem Stock in einem Ameisenhaufen herumstochert, um zuzusehen, wie die kleinen Insekten darauf reagieren, der handelt verantwortungslos, wenn nicht gar gesetzeswidrig, und dies darf man sich heute einfach nicht mehr gestatten. Unsere Natur hat ohnehin einen schweren Stand.

Ein Letztes sei hier angesprochen: Es gibt in Österreichs Natur auch Pflanzen und Tiere, die giftig sind und Ursache für gesundheitliche Schäden oder sogar Todesfälle sein können! Allen voran sind die Pilze zu nennen. Mit schöner Regelmäßigkeit ist im Herbst in den Tageszei-

tungen zu lesen, daß hier ein Pilzsammler an Vergiftung gestorben, dort ein anderer knapp dem Tode entkommen ist. Trotz aller Warnung und einer Flut von Bestimmungsbüchern bringen sich immer wieder ganze Familien mit einem »leckeren« Knollenblätterpilz-Gericht um!
Den Vergiftungen durch Pilze können verschiedene Mechanismen zugrunde liegen, und um sich unangenehme bis tödliche Beschwerden zu ersparen, hilft nur ein bewährtes Hausmittel: genaueste(!) Kenntnis der Arten, die man sammelt! Sollte nun trotz allem Übelkeit oder gar eine Giftwirkung nach Pilzgenuß festgestellt werden, dann ist zunächst richtig, die aufgenommene Mahlzeit zu erbrechen und danach ein wenig Aktivkohle zu nehmen. Dann aber ist ein Arzt oder ein Krankenhaus aufzusuchen – und zwar auf der Stelle; die Zeit kann eine ganz entscheidende Rolle spielen!
Diese Verhaltensmaßregeln gelten auch, wenn man mit anderen von Österreichs »Giftmischern« in Berührung gekommen ist. Einige giftige Pflanzen seien hier aufgelistet: Eibe *(Taxus baccata)*, Eisenhut-Arten, Schöllkraut *(Chelidonium majus)*, Goldregen *(Laburnum anagyroides)*, Wasserschierling *(Cicuta virosa)*, Stechpalme *(Ilex aquifolium)*, Kellerhals, Tollkirsche, Bilsenkraut *(Hyoscyamus niger)*, Stechapfel *(Datura stramonium)*, Fingerhut-Arten, Herbst-Zeitlose, Maiglöckchen.
Unter den Tieren sind vor allem die 4 österreichischen Giftschlangen zu nennen: Kreuzotter, Wiesenotter *(Vipera ursinii)*, Sandviper *(Vipera ammodytes)*, Aspisviper *(Vipera aspis)*. Diese Tiere lasse man unbedingt in Ruhe!

Österreichs Natur braucht Schutz

Will man der Verarmung der Tier- und Pflanzenwelt wirksam Einhalt gebieten, so sind entsprechende Gesetze notwendig. Ein Gesetz kann aber immer nur den Rahmen schaffen, aus dem konkrete Strategien für den Schutz der Natur folgen müssen. Immerhin, Österreichs Naturschutzgesetzgebung ist – wie die Jagd-, Forst-, Fischereigesetzgebung etc., die auch »Natur« zum Inhalt haben – ähnlich weit entwickelt wie die in den anderen mitteleuropäischen Staaten, und da auch der Naturfreund eine gewisse Gesetzeskenntnis haben sollte, seien hier als Beispiel einige Passagen aus dem »Tiroler Naturschutzgesetz 1991« zitiert:

§ 1 Allgemeine Grundsätze

(1) Dieses Gesetz hat zum Ziel, die Natur als Lebensgrundlage des Menschen so zu erhalten und zu pflegen, daß
a) ihre Vielfalt, Eigenart und Schönheit,
b) ihr Erholungswert,
c) der Artenreichtum der heimischen Tier- und Pflanzenwelt und deren natürliche Lebensräume und
d) ein möglichst unbeeinträchtigter und leistungsfähiger Naturhaushalt
bewahrt und nachhaltig gesichert oder wiederhergestellt werden. Die Erhaltung und die Pflege der Natur erstrecken sich auf alle ihre Erscheinungsformen, insbesondere auch auf die Landschaft, und zwar unabhängig davon, ob sie sich in ihrem ursprünglichen Zustand befindet oder durch den Menschen gestaltet wurde (Kulturlandschaft).

(2) Die Natur darf nur so weit in Anspruch genommen werden, daß ihr Wert auch für die nachfolgenden Generationen erhalten bleibt.

§ 22 Geschützte Pflanzenarten

(1) Die Landesregierung hat jene Arten von wildwachsenden Pflanzen, die in ihrem Bestand allgemein oder in bestimmten Gebieten gefährdet sind, an deren Erhalt aber aus Gründen des Naturschutzes ein öffentliches Interesse besteht, durch Verordnung zu geschützten Pflanzenarten zu erklären.

(2) Die Landesregierung kann, soweit dies zur Sicherung des Bestandes bestimmter Arten von Pflanzen erforderlich ist, durch Verordnung verbieten:
a) Pflanzen solcher Arten sowie deren Teile (Wurzeln, Zwiebeln, Knollen, Blüten, Blätter, Zweige, Früchte und dergleichen) und Entwicklungsformen von ihrem Standort zu entfernen, zu beschädigen oder zu vernichten, in frischem oder getrocknetem Zustand zu befördern, feilzubieten, zu veräußern oder zu erwerben;

Einführung

b) den Standort von Pflanzen solcher Arten so zu behandeln, daß ihr weiterer Bestand an diesem Standort unmöglich wird;
c) Pflanzen auf eine bestimmte Art zu entnehmen.

§ 24 Nicht geschützte Tierarten

Es ist verboten, freilebende, nicht jagdbare Tiere nicht geschützter Arten sowie deren Entwicklungsformen mutwillig zu beunruhigen oder zu verfolgen, sie ohne gerechtfertigten Grund zu fangen sowie ihre Brutstätten und Nester ohne gerechtfertigten Grund zu entfernen oder zu zerstören.

Ein Naturschutzgesetz wie das für das Bundesland Tirol beschreibt auch, in welcher Form Natur gebietsweise zu schützen ist.

Schutzgebiete können unterschiedlichen Status haben, die jeweils geltenden Bestimmungen können dem einzelnen – auch dem Naturfreund(!) – mehr oder weniger strenge Auflagen machen.

Zu Landschaftsschutzgebieten etwa können »außerhalb geschlossener Ortschaften gelegene Gebiete von besonderer landschaftlicher Eigenart oder Schönheit« erklärt werden.

Naturdenkmäler sind »Naturgebilde, deren Erhaltung wegen ihrer Seltenheit, Eigenart oder Schönheit, wegen ihrer wissenschaftlichen, geschichtlichen oder kulturellen Bedeutung oder wegen des besonderen Gepräges, das sie dem Landschaftsbild verleihen, im öffentlichen Interesse gelegen ist«. Zu Naturdenkmälern können beispielsweise alte Bäume und Baumgruppen, Quellen, Felsbildungen, Mineralvorkommen oder Klammen erklärt werden.

Als Naturschutzgebiete können »außerhalb geschlossener Ortschaften gelegene Gebiete, die durch völlige oder weitgehende Ursprünglichkeit ausgezeichnet sind,« ausgewiesen werden, »wenn die Erhaltung dieser Gebiete im öffentlichen, wie etwa im wissenschaftlichen Interesse, gelegen ist.« In Naturschutzgebieten können unterschiedliche Aktivitäten oder Eingriffe eingeschränkt oder gar völlig verboten sein. Dazu kann auch das Betreten gehören, und dies sollte jeder Naturfreund respektieren.

Ein umstrittener Begriff ist der des Nationalparks. Denn in Österreich – wie im übrigen Mitteleuropa – ist die Situation völlig anders als in Nordamerika, wo am 1. März 1872 als erster »richtiger« Nationalpark der Welt der Yellowstone National Park eingerichtet wurde und 1890 bereits 3 Nationalparks existierten, darunter Yosemite. Weitsichtige Männer und Frauen haben also schon in der zweiten Hälfte des vorigen Jahrhunderts dafür gesorgt, daß die natürlichen Schätze ihres Landes unter entsprechenden Schutz gestellt wurden. Sie haben eine großartige Idee entwickelt und diese, als noch genügend Zeit war, in die Tat umgesetzt. »Zeit« aber ist hier gleichbedeutend mit »Vorhandensein von Wildnis, die der Mensch nie angetastet hat«. Und die gab es in Österreich/Mitteleuropa weder im vorigen Jahrhundert auf größerer Fläche, noch gibt es sie heute.

Dennoch: Auch wenn europäische Nationalparks nur bedingt mit denen Amerikas, Afrikas oder Australiens vergleichbar sind, so ist es doch wichtig, daß große(!), charakteristische Gebiete eines Landes mit einer noch naturnahen Vegetation und Tierwelt als Nationalparks unter Schutz gestellt werden. In Teilen bereits eingerichtet, im Aufbau befindlich oder geplant sind in Österreich folgende Nationalparks: Nationalpark Hohe Tauern, das Gebiet Donau-March-Auen, Nationalpark Kalkalpen, Nationalpark Neusiedler See.

Grundsätzlich werden Landschaftsschutzgebiete, Naturschutzgebiete und Nationalparks eingerichtet, um die Reste ursprünglicher Natur für folgende Generationen zu bewahren. Sinnvolle Schutzgebiete müssen aber Ökosysteme schützen, also genügend große Flächen umfassen, und das ist in Österreich – wie im übrigen dicht besiedelten Mitteleuropa auch – oft schwierig, wenn nicht unmöglich (siehe oben). Die Namen der österreichischen Nationalparks zeigen schon, wie schwierig ein Ausgleich zwischen den Interessen von Naturschutz, Land- und Forstwirtschaft, Tourismus etc. sein muß. Kleine Naturschutzgebiete von einer Größe im Hektarbereich können aber der Verarmung unserer Pflanzen- und Tierwelt auf Dauer nicht entgegenwirken. Dennoch sind auch sie ökologisch bedeutsam. In jeder heute wieder neu angelegten Hecke beispielsweise können Goldammer und Neuntöter Brutplätze finden. In einer

rekultivierten Kiesgrube finden viele Wasserpflanzen, verschiedene Amphibienarten, Uferschwalbe, Teichhuhn und Zwergtaucher zusagenden neuen Lebensraum.
In diesem Bereich müßten vor allem der Staat, die Bundesländer und die Gemeinden tätig werden. Tatsächlich wird die Initiative aber oft den Natur- und Umweltschutzverbänden oder gar engagierten Privatpersonen überlassen; wesentliche Probleme – von unserer Ressourcen und Energie im Übermaß verbrauchenden westlichen Lebensweise verursacht – werden oft von freiwilligen, unbezahlten Helfern angepackt. Und dennoch kann man nicht immer warten, bis sich die Verwaltung in Bewegung setzt. Man muß als einzelner selbst aktiv werden, vielleicht in einer der Organisationen mitarbeiten, die sich im Natur- und Umweltschutz engagieren. Etwa im Amphibienschutz, im Vogelschutz und im Fledermausschutz werden immer wieder helfende Hände gebraucht.

Pflanzen und Tiere im Überblick

Für die Biologen ist es notwendig, die Fülle der Lebewesen in einem allgemein verbindlichen System zu ordnen, in dem sich die Kollegen in der ganzen Welt zurechtfinden. Das System soll aber die stammesgeschichtlichen Beziehungen zwischen den Lebewesen deutlich machen, und diese Aufgabe ist bis heute nicht endgültig gelöst. Die Gruppen, die in diesem Führer angesprochen werden, sind die Pilze, die (vielzelligen grünen) Pflanzen und die (vielzelligen) Tiere. Ausgeklammert, aber an einzelnen Stellen angesprochen, sind die Gruppen der Bakterien, der Blaualgen und der Einzeller.

Pilze

Die Pilze werden aufgrund verschiedener biologischer Besonderheiten heute als eigenständige systematische Gruppe aufgefaßt. Betrachtet man einen typischen Pilz wie etwa den Steinpilz, so kann man Hut und Stiel unterscheiden. Was man sieht, ist aber nur der Fruchtkörper. An ihm bilden sich lediglich die Sporen aus, die vom Wind verfrachtet werden und der Ausbreitung der Art dienen. Das wesentliche Merkmal des Pilzes ist jedoch das Myzel, das seinerseits aus Pilzfäden (Hyphen), aufgebaut ist. Das Myzel wächst oft jahrelang im Boden oder einem anderen Substrat, ohne Fruchtkörper zu bilden.
Den Pilzen fehlt – neben Festigungs- und Leitelementen – vor allem die grüne Farbe. Pilze besitzen also im Gegensatz zu

Blätterpilz (links, daneben ein junger Fruchtkörper) und Röhrenpilz (rechts).

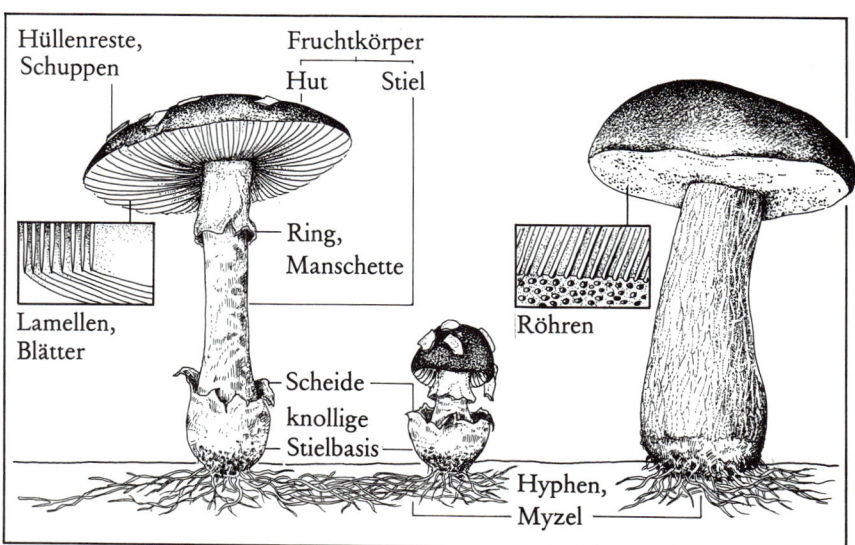

Einführung

den Pflanzen kein Blattgrün. Sie können folglich auch keine Fotosynthese betreiben und müssen die zum Gedeihen notwendigen Stoffe aus ihrer Umgebung beziehen. Weiter haben Pilze Zellkerne, die ähnlich wie die von Bakterien und Blaualgen gebaut sind, und in ihre Zellwände ist neben dem für die Pflanzen charakteristischen Baustoff Zellulose auch das für Insekten typische Chitin eingebaut.
Die Pilze in ein verbindliches System zu bringen, ist eine nicht ganz einfache Aufgabe: Zunächst sind die Schleimpilze von den Echten Pilzen abzutrennen. Schleimpilze existieren lange Zeit als bewegliche Einzelzellen, die sich irgendwann zur Bildung von Fruchtkörpern zusammenlagern. Es sind überwiegend kleine Formen, die aber teilweise ausgesprochen reizvoll aussehen können. Die Echten Pilze kann man einteilen in die Niederen Pilze, die Schlauchpilze und die Ständerpilze. Die beiden letzten Gruppen faßt man auch unter dem Begriff »Höhere Pilze« zusammen. Zu den Ständerpilzen gehören die Arten, die wir gängigerweise als Pilze bezeichnen: die Blätterpilze und die Röhrenpilze.

Flechten

Flechten stellen eine Lebensgemeinschaft zwischen Pilzen und Algen dar. Aus ihr entsteht eine höhere morphologische Einheit, die Flechte. Der Pilz entnimmt der Alge zum Wachstum notwendige Kohlenhydrate, die die Alge durch Fotosynthese erzeugt; die Alge gewinnt über die Pilzhyphen Wasser und Nährsalze – ein Zusammenleben zu beiderseitigem Nutzen, eine sogenannte Symbiose.
Systematisch gesehen, teilt man die Flechten in 2 Gruppen ein. In der ersten Gruppe sind Schlauchpilze die Partner der Algen, in der zweiten Gruppe sind es Ständerpilze. Für den Naturfreund mag eine Einteilung der Flechten aufgrund ihrer Form wichtiger sein: Krustenflechten leben auf der Oberfläche von Gestein oder Rinde; die flachen Lager sind sehr fest mit der Unterlage verbunden. Die Laubflechten sind ebenfalls flächige Gebilde, meist gelappt, aber insgesamt mit einer klaren Form. Die Nabelflechten sind nur in der Mitte des Lagers mit dem Untergrund verwachsen. Ebenfalls nur an einer Stelle

Flechten (Landkartenflechten) auf einem Felsen.

angeheftet sind die Strauchflechten, die wie kleine Büsche aussehen. Vor allem in den Bergwäldern sieht man Bartflechten von den Bäumen hängen. Und wenn man einmal genauer hinsieht, wird man am Boden die kleinen Trompeten ähnlichen Becherflechten entdecken.

Pflanzen

Das Pflanzenreich setzt sich aus vielen unterschiedlichen Formen zusammen. Man kann – etwas vereinfacht – folgende Untergruppen bilden: Algen, Moose, Bärlappe, Schachtelhalme, Farne und Blüten-/Samenpflanzen.

Moose
Die Moose besitzen keine ausgeprägten Festigungs- und Leitgewebe in ihren Stämmchen. Deshalb erheben sie sich ohne Ausnahme nur wenige Zentimeter über den Boden. Moose besitzen auch keine Wurzeln, sondern lediglich wurzelähnliche Gebilde, sogenannte Rhizoide, die die Pflänzchen oberflächlich auf dem Boden verankern. Die Wasseraufnahme erfolgt zum größten Teil über die kleinen Moosblättchen. Man unterteilt die Moose in die Lebermoose und die Laubmoose. Lebermoose sind meist flächige oder gelappte Gebilde. Zu den Laubmoosen zählen alle die Moose, die in Stämmchen und Blättchen gegliedert sind.

Bärlappe, Schachtelhalme und Farne
Bei diesen Formen, die unter dem Begriff Farnpflanzen zusammengefaßt werden, sind schon mehr Festigungs- und Leitelemente in den Stengeln vorhanden als bei

den Moosen. Sie haben auch schon eine effektive Steuerung des Wasserhaushalts. Dennoch findet man sie meist an schattigen, feuchten Stellen.
Die Bärlappe werden vielfach übersehen oder wegen ihres Aussehens – sie haben schmale, nadelartige Blättchen, die unregelmäßig verteilt am Stengel sitzen – für Moose gehalten. Bei den Schachtelhalmen sind alle oberirdischen Teile aus ineinandergeschachtelten Abschnitten (Name!) aufgebaut. Die am höchsten entwickelte Gruppe der Farnpflanzen sind die eigentlichen Farne. Die jungen Blattwedel sind meist spiralig eingerollt. Wie bei den Moosen, sucht man bei den Farnen vergeblich nach Blüten. Auf der Unterseite der Wedel, werden – eingehüllt von einem häutigen Schleier – Sporenbehälter (Sporangien) angelegt. Werden die Sporen reif, platzen die Sporenbehälter auf. Aus den vom Wind weit verbreiteten Sporen entwickeln sich nur Zentimeter große, grüne Vorkeime (Prothallien), auf denen die geschlechtliche Fortpflanzung abläuft. Aus einer befruchteten Eizelle wächst dann wieder eine Sporen bildende Farnpflanze heran. Man spricht hier von einem Generationswechsel (den in ähnlicher Form auch Moose, Bärlappe und Schachtelhalme aufweisen).

Blüten-/Samenpflanzen
Die Blüten- oder richtiger Samenpflanzen zeigen als wesentliches Merkmal eine Gliederung in Wurzel und Sproß. Der Sproß ist seinerseits gegliedert in die Sproßachse, die Blätter und mehr oder

Die Teile einer typischen Blüte.

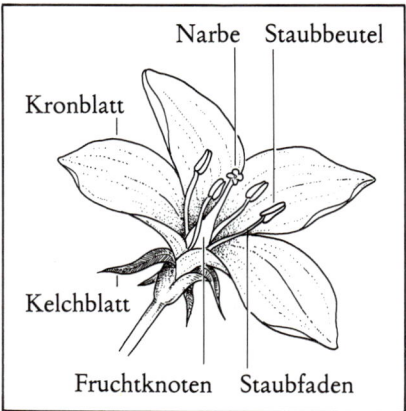

weniger auffällige Blüten. Die Blüten werden vom Wind oder von Insekten (bisweilen auch von anderen Tieren) bestäubt. Nach der Blüte werden Samen ausgebildet, über die die Verbreitung erfolgt. Einige Samen können schwimmen und auf dem Wasserweg verdriftet werden, andere haben Flugapparate und werden vom Wind an oft weit von der Mutterpflanze entfernte Stellen verweht. Wieder andere haben Widerhaken, mit denen sie im Gefieder oder Fell von Vögeln oder Säugetieren hängenbleiben, um auf diese Weise verfrachtet zu werden. Und schließlich gibt es auch Pflanzen, die ihre Samen mit speziellen Mechanismen wegschleudern.
Die Samenpflanzen lassen sich in die beiden großen Gruppen der Nacktsamer und der Bedecktsamer untergliedern. Die beiden Gruppen unterscheiden sich vor allem in der Art und Weise, wie die Samen angelegt werden. Bei den Nacktsamern liegen die Samenanlagen frei. Sie besitzen meist immergrüne nadel- oder schuppenförmige Blätter. Bei der Bedecktsamern sind die Samen in einen Fruchtknoten eingeschlossen.
Die Bedecktsamer lassen sich wiederum in 2 Gruppen teilen: Die Zweikeimblättrigen Bedecktsamer haben Keimlinge mit 2 Keimblättern. Ihre einfachen, vielfach aber geteilten Blätter weisen meist eine netzartige Anordnung der Gefäße (Blattadern) auf. Der Sproß kann krautig oder verholzt sein. Die Blütenorgane sind meist in fünfzähligen Kreisen angeordnet. Häufig ist die Blütenhülle in Kelch und Krone gegliedert.
Die Keimlinge der Einkeimblättrigen Bedecktsamer haben demgegenüber nur 1 Keimblatt. In den meist ungeteilten Blättern zeigen sie bis auf wenige Ausnahmen eine parallele Aderung. Der Sproß ist stets krautig. Schließlich sind für die meisten Einkeimblättrigen dreizählige Blütenkreise charakteristisch. Die Blütenhülle ist nur selten in Kelch und Krone gegliedert (Perigon).

Tiere

Eine Einteilung des Tierreiches läßt sich in ähnlicher Weise vornehmen wie die des Pflanzenreiches. Zunächst kann man unter dem Oberbegriff wirbellose Tiere oder kurz Wirbellose folgende Gruppen (Tier-

Einführung

stämme) zusammenfassen: Schwämme, Nesseltiere, Plattwürmer, Schlauch- oder Rundwürmer, Weichtiere, Ringelwürmer, Gliederfüßer und Stachelhäuter. Diesen Gruppen stellt man die Wirbeltiere (richtiger: Chordatiere) gegenüber. Die wesentlichen Gruppen, die in diesem Führer behandelt werden, sind die Weichtiere, die Gliederfüßer und die Wirbeltiere.

Weichtiere
Dieser Tierstamm umfaßt auf dem Land und im Wasser lebende Formen. Hierher gehören Schnecken, Muscheln und Tintenfische. Sie alle sind zweiseitig-symmetrisch gebaut und haben einen weichen Körper und eine weiche, schleimbedeckte Haut. Es lassen sich 4 Körperabschnitte erkennen: Kopf, Rumpf, Mantel und Fuß. Am Kopf (fehlt bei den Muscheln) sitzen als Sinnesorgane die Fühler und die Augen. In der Mundöffnung liegen kräftige Kauwerkzeuge, die allerdings auch wieder bei den Muscheln fehlen. Der Fuß dient den Tieren (mit Ausnahme der Tintenfische) zur Fortbewegung. Der Rumpf enthält die inneren Organe. Die meisten Weichtiere bilden eine Schale aus. Die Gehäuse der Schnecken, die Schalen der Muscheln und die im Körperinneren liegenden Schulpe der Tintenfische bestehen aus Kalk und einem hornartigen Baustoff und dienen als Außenskelett und als Schutz gegen Freßfeinde und Umwelteinflüsse. Schnecken leben an Land, im Süßwasser und im Meer, Muscheln im Süßwasser und im Meer und Tintenfische ausschließlich im Meer.

Gliederfüßer
Zum Stamm der Gliederfüßer gehören Spinnentiere, Krebstiere, Tausendfüßer und Insekten. Als charakteristisches Kennzeichen haben sie gegliederte (segmentierte) Körperanhänge. Auch der Körper selbst ist gegliedert. Die einzelnen Segmente sind zu Gruppen zusammengefaßt. Die Tiere besitzen ein Außenskelett aus Chitin, in das bei den Krebsen zusätzlich Kalk eingelagert wird.
Spinnentiere: Bei den Spinnentieren ist der Körper in Kopfbruststück und Hinterleib gegliedert. Sie haben 4 Beinpaare, die am Kopfbruststück ansetzen. Flügel fehlen, ebenso die Fühler, und statt der für die Insekten typischen Netzaugen (Facettenaugen) haben Spinnen nur 8 Punkt-

augen. Spinnentiere leben überwiegend an Land. Allerdings gibt es auch im Wasser lebende Spinnen, die aber immer noch auf die Atmung von Luftsauerstoff angewiesen sind. Die Wassermilben sind dagegen besser an das Leben im Wasser angepaßt; sie sind vom Luftsauerstoff unabhängig.
Krebstiere: Bei den Krebstieren ist der Körper allgemein in Kopf, Brust und Hinterleib gegliedert. Diese Grundgliederung erfährt jedoch mannigfaltige Abwandlungen. Die Krebstiere sind eine ausgesprochen vielgestaltige Tiergruppe, und der Naturfreund wird immer wieder auf Formen stoßen, die er nicht auf den ersten Blick als Krebstiere ansprechen würde (Beispiel: Kellerassel).
Tausendfüßer: Bei den Tausendfüßern sind mehrere Segmente zur Kopfkapsel verschmolzen. Ihnen angehängt ist der langgestreckte, geringelte Rumpf. Es gibt eine große Gruppe von Tausendfüßern, bei denen die Segmente einzeln miteinander verbunden sind; jedes Segment trägt 1 Beinpaar. Bei der anderen großen Gruppe sind jeweils 2 Segmente verschmolzen; an jedem äußerlich sichtbaren »Segment« sitzen hier also 2 Beinpaare.
Insekten: Die Insekten als wichtigste Gruppe der Gliederfüßer (in Mitteleuropa mit etwa 30 000 Arten vertreten) kann man an ihrem typischen Körperbau leicht erkennen. Ihr Körper ist in Kopf, Brust und Hinterleib gegliedert. Der Kopf trägt die Mundwerkzeuge und die meisten Sinnesorgane, so die 2 Fühler und die 2 auffälligen, aus vielen Einzelaugen zusammengesetzten Netzaugen (Facettenaugen). Die Brust besteht immer aus 3 Segmenten, an denen jeweils 1 Beinpaar ansetzt; Insekten haben also immer 6 Beine. An den beiden vorderen Segmenten sitzen die beiden Flügelpaare (Ausnahme: Flügellose Insekten und Zweiflügler). Der Hinterleib trägt grundsätzlich weder Flügel noch Beine. Die Tiere machen entweder eine unvollständige (hemimetabole) oder eine vollständige (holometabole) Individualentwicklung (Metamorphose) durch. Bei der unvollständigen Entwicklung folgen dem Ei verschiedene Larvenstadien, von denen sich das letzte zum erwachsenen Insekt (Imago) umwandelt. Bei der vollständigen Entwicklung ist zwischen die Larvenstadien und das Imagostadium ein Puppenstadium geschaltet. Eine unvollständige Individualentwick-

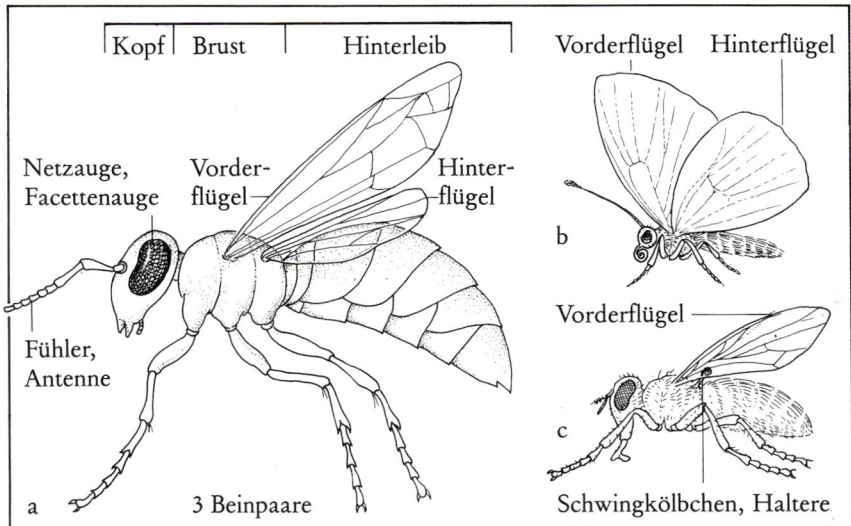

Körperbau der Insekten – a: Hautflügler (Wespe), b: Schmetterling, c: Zweiflügler (Fliege).

lung haben etwa: Eintagsfliegen, Libellen, Steinfliegen, Heuschrecken. Eine vollständige Individualentwicklung haben etwa: Käfer, Hautflügler, Schmetterlinge, Zweiflügler.

Wirbeltiere
Zu den Wirbeltieren zählen alle die Tiere, die als wesentliches Merkmal ein knöchernes Skelett im Inneren ihres Körpers besitzen. Zu ihnen gehören die Fische, die Lurche, die Kriechtiere, die Vögel und die Säugetiere.
Fische: Fische leben im Wasser (Flüsse, Seen, Meere) und sind entsprechend an den Lebensraum angepaßt: Sie schwimmen mit Flossen und atmen mit Kiemen. Die Kiemenblättchen, an denen ständig Wasser vorbeiströmt, sind von vielen feinen Blutgefäßen durchzogen. Hier findet der Austausch von Sauerstoff gegen Kohlenstoffdioxid statt. Die Seitenlinie ist ein für Fische charakteristisches Sinnesorgan, das auf den Körperseiten jeweils als Linie sichtbar ist. Mit Hilfe der Seitenlinie nehmen Fische Änderungen der Wasserströmung wahr. Zur Fortpflanzung werden vom weiblichen Fisch die Eier (Rogen) ausgestoßen, über die der männliche Fisch dann seine Spermien (Milch) abgibt.
Lurche (Amphibien): Lurche sind wechselwarme Wirbeltiere. Sie weisen eine schleimbedeckte Haut auf, in der zahlreiche Drüsen liegen. Als erwachsene Tiere

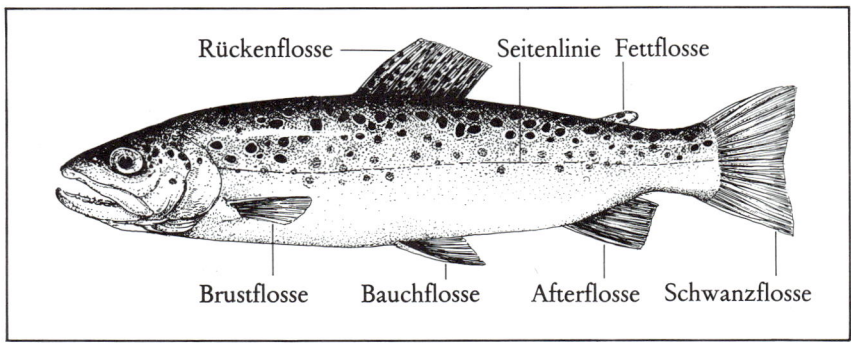

Die Körperteile eines Fisches, dargestellt am Beispiel der Bachforelle.

Einführung

leben Lurche überwiegend an Land, wenn auch in feuchtem Milieu. Sie atmen mit Lungen, zusätzlich über die Haut und die Mundschleimhaut. Zur Fortpflanzung müssen Lurche Gewässer aufsuchen, um dort ihre Eier (Laich) abzulegen. Vorherrschend ist eine äußere Befruchtung. Die Jugendstadien (Larven) leben im Wasser, atmen mit Kiemen und weisen Flossensäume auf, mit denen sie sich fortbewegen können. Erst später erfolgt die Umstellung auf Lungenatmung und entwickeln sich die Beine. Die Larven machen also eine Verwandlung (Metamorphose) durch. Zu den Lurchen gehören <u>Frösche</u> und <u>Kröten</u> (= Froschlurche), <u>Molche</u> und <u>Salamander</u> (= Schwanzlurche).
Kriechtiere (Reptilien): Die Kriechtiere sind wie die Lurche wechselwarm und überwiegend Landbewohner. Ihre Haut ist im Gegensatz zu der der Lurche nicht nackt und feucht, sondern mit Hornschuppen bedeckt und trocken. Bei verschiedenen Kriechtieren liegen auch Knochenplatten in der Haut. Hautdrüsen sind nur selten vorhanden. Damit sind Kriechtiere unabhängig von der Luftfeuchtigkeit, und sie können sogar in den trockensten Gebieten der Erde (Wüsten) leben. Vorder- und Hintergliedmaßen sind fast gleich gestaltet. Bei den Schleichen und Schlangen sind sie aber reduziert bzw. fehlen ganz. Es findet eine innere Befruchtung statt. Die Eier weisen eine pergamentartige Schale auf, in die bisweilen Kalk eingelagert ist. Neben eierlegenden Kriechtieren gibt es auch lebengebärende (Beispiele: Waldeidechse, Blindschleiche, Kreuzotter). Die Jungen wachsen ohne Verwandlung heran. Zu den Kriechtieren gehören <u>Echsen</u>, <u>Schlangen</u>, <u>Krokodile</u> und <u>Schildkröten</u>. Ausgestorbene Kriechtiere sind die Saurier.
Vögel: Gegenüber den Fischen, Lurchen und Kriechtieren ist die Körpertemperatur der Vögel (und der Säugetiere) unabhängig von der Außentemperatur immer gleich hoch; Vögel sind also gleichwarme Wirbeltiere. Aufgrund der energiezehrenden, fliegenden Lebensweise und der damit verbundenen hohen Stoffwechselaktivität liegen die Körpertemperaturen bei Vögeln zwischen 40 und 45°C. Ihr Körper ist durch das Federkleid nach außen gegen Regen, Wind, Kälte und Hitze geschützt. Es isoliert außerdem gegen zu hohen Wärmeverlust.

Das Skelett der Vögel weist einige Besonderheiten auf, die allesamt eine möglichst hohe Gewichtsersparnis zum Ziel haben. Viele Knochen weisen Hohlräume auf; das Knochenmark ist rückgebildet. Die Festigkeit des Skeletts wird durch verschiedene Verwachsungen von Knochen untereinander erreicht. Die Hintergliedmaßen haben eine normale Gestalt, während die zu Flügeln umgebildeten Vordergliedmaßen in Kombination mit dem Fluggefieder leistungsfähige Tragflächen ergeben, mit denen sich die Vögel in der Luft halten und fortbewegen können. Da die Federn vor allem an den Flügeln starken Beanspruchungen ausgesetzt sind, werden sie regelmäßig bei der Mauser durch neue ersetzt. Ein wichtiges anatomisches Merkmal der Vögel ist der Schnabel, der wie das Gefieder aus dem leichten Baumaterial Horn besteht. Er dient als vielseitig einsetzbares Universalwerkzeug und ist bei den einzelnen Gruppen der Vögel ganz unterschiedlich gebaut. Als Atmungsorgan dient den Vögeln ein kompliziertes System aus Lunge und anhängenden Luftsäcken.
Nach einer inneren Befruchtung legen die Vögel dotterreiche Eier, die von einer Kalkschale umgeben sind. Bis auf wenige Ausnahmen werden die Eier bis zum Schlüpfen der Jungen von den Altvögeln mehr oder weniger permanent bebrütet. Ein besonderer Fall ist der Brutparasitismus des Kuckucks; er läßt seine Eier von anderen Vögeln ausbrüten, die auch die Aufzucht der Jungen übernehmen. Es gibt Vogelgruppen, in denen die Jungen Nesthocker sind, die erst nach längerer Nestlingszeit flügge werden, und andere, in denen sie als schon relativ weit entwickelte Nestflüchter kurz nach dem Schlüpfen das Nest verlassen.
Säugetiere: Säugetiere sind gleichwarm. Ihr typisches Merkmal ist das Haarkleid (Fell), das gegen Witterungseinflüsse schützt und den Körper isoliert. Es wird – meist gesteuert durch die Jahreszeiten – periodisch gewechselt (Sommer-/Winterfell). Am Skelett fällt neben der Schulter- und Beckengürtel ansetzenden paarigen Gliedmaßen vor allem der Schädel auf. Ein in der Jugend angelegtes Milchgebiß wird nach dem Zahnwechsel durch ein Dauergebiß ersetzt; es zeigt charakteristische Anpassungen, je nachdem, ob überwiegend pflanzliche, gemischte oder tieri-

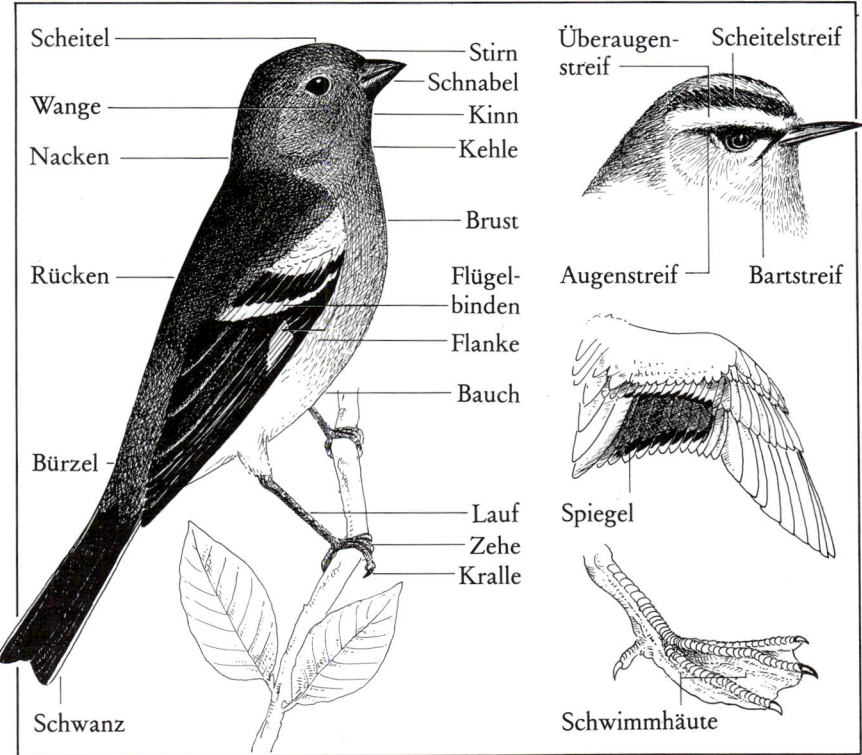

Körperbau der Vögel – links: Buchfink, rechts von oben nach unten: Kopf des Sommergoldhähnchens, Flügel und Fuß der Stockente.

sche Nahrung aufgenommen wird. Säugetiere atmen mit Lungen, auch die dauernd im Wasser lebenden Formen. Nach erfolgter innerer Befruchtung entwickeln sich die Jungen im Mutterleib. Sie werden nach der Geburt mit in besonderen Drüsen produzierter Milch ernährt.

Das Bestimmen von Pflanzen und Tieren

Eine Pflanze oder ein Tier zu sehen und dann die Art zu bestimmen, ist zweierlei. Wenn man weiß, worauf bei dieser oder jener Pflanze zu achten ist, oder wenn man die Kennzeichen eines Tieres schon im Kopf hat, ist die Bestimmung relativ einfach. Man wird draußen in der Natur aber immer wieder auch völlig unbekannten Pflanzen oder Tieren begegnen. Wie geht man jetzt vor, um zu einer Bestimmung zu kommen?

Zunächst einmal kann man zu einem Bestimmungsbuch greifen, wie sie heute in einer großen Vielfalt angeboten werden. Die einen beinhalten Bestimmungsschlüssel oder -tabellen. Es werden verschiedene Kennzeichen abgefragt, man gibt die Antwort und wird an die nächste Stelle verwiesen. Schließlich gelangt man zum Namen der gesuchten Pflanze oder des beobachteten Tieres. Die Methode ist sehr zuverlässig, setzt aber Vorkenntnisse und genaues Arbeiten voraus. Der »normale« Naturfreund sollte deshalb besser zu einem Buch greifen, das mit Fotos und/oder Zeichnungen arbeitet. Über einen Vergleich mit den Abbildungen im Buch kommt man (gegebenenfalls unter Heranziehung des Textes) schnell und einigermaßen zuverlässig zu seinen Diagnosen. Bestimmungsbücher sind aber nicht nur dazu da, den Naturfreund auf einem Spaziergang oder auf einer Exkursion zu begleiten. Mit ihnen läßt sich auch zu Hause

Einführung

gut ein »Trockentraining« machen: Man blättert das Buch immer wieder einmal durch, liest im Text und prägt sich vor allem die Abbildungen/Kennzeichen genau ein. Erfahrene Pflanzen- und Tierkenner haben die wichtigsten Kennzeichen ihrer Objekte im Kopf, gehen dieses Raster durch und kommen deshalb so schnell und sicher zu der richtigen Bestimmung. Um einmal den Gang einer möglichen Bestimmung nachzuvollziehen, seien hier beispielhaft Fragenkataloge zu den Blütenpflanzen, den Insekten und den Vögeln angegeben. Die Fragen zeigen jeweils auf, worauf bei der Beobachtung bzw. Bestimmung der Objekte zu achten ist.

Die Blütenpflanzen haben als charakteristische Kennzeichen und damit als brauchbare Bestimmungsmerkmale Blüten und Blätter. Also:

- Welche Farbe haben die Blüten?
- Welche Form haben die Blüten? Ist die Blüte in Kelch und Krone gegliedert oder nicht?
- Wie viele Blütenblätter sind vorhanden? Wie stehen die einzelnen Blütenblätter zueinander?
- Stehen die Blüten einzeln, oder sind sie in Blütenständen zusammengefaßt?
- Welche Form haben die Blätter? Wie sieht ihre Aderung/Nervatur aus? Wie ist der Blattrand beschaffen?
- Kann man Grundblätter und Stengelblätter unterscheiden? Wie sind sie jeweils angeordnet?

Die Insekten sind die umfangreichste Gruppe der Gliederfüßer. Man teilt sie in verschiedene Ordnungen (z. B. Eintagsfliegen, Libellen, Stein-/Uferfliegen, Heuschrecken, Wanzen, Käfer, Hautflügler, Köcherfliegen, Schmetterlinge, Zweiflügler) ein. Um erst einmal die Zugehörigkeit zu einer bestimmten Ordnung festzustellen, sollte man folgende Fragen beantworten können (die wichtigsten Formen sind innen auf dem hinteren Buchvorsatz dargestellt):

- Welche Form hat das Tier?
- Wie viele Flügel sind vorhanden, 2 oder 4?
- Wie sind die Flügel ausgebildet? Sind die Flügel häutig und durchsichtig, oder sind sie anders beschaffen? Unterscheiden sich Vorder- und Hinterflügel?

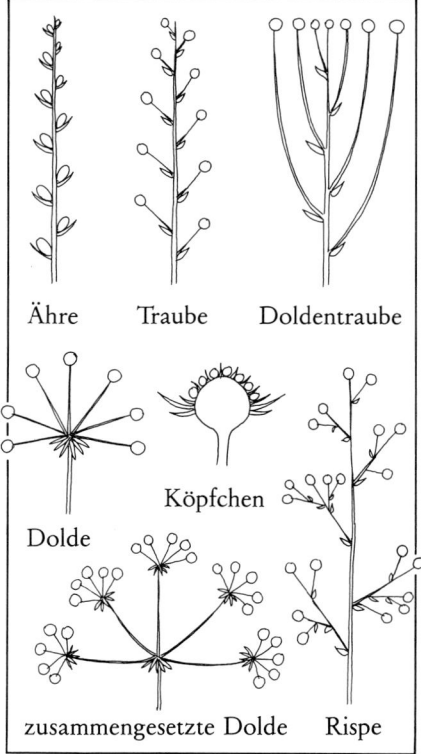

Ähre Traube Doldentraube

Dolde Köpfchen

zusammengesetzte Dolde Rispe

Die unterschiedlichen Typen von Blütenständen.

- Fällt irgendetwas an dem Insekt besonders auf, etwa: kurze oder lange Fühler, Schwanzanhänge o.ä.?
- Wie ist das Tier gefärbt?

Die Vögel weisen zwar einen einheitlichen Grundbauplan auf, sind aber – wie alle Lebewesen – vom Körperbau her an ihre Lebensweise angepaßt. Das führt zu einer großen Formenvielfalt, von denen die wichtigsten innen auf dem hinteren Buchvorsatz abgebildet sind. Die folgenden Fragen zeigen, worauf bereits bei der Beobachtung eines Vogels zu achten ist:

- Welche Größe hat der Vogel? Welche Gestalt hat er, wie ist er gebaut?
- Welche Farbe hat der Vogel? Fällt in der Zeichnung des Gefieders etwas besonders auf?
- Welche Form hat der Schnabel? Welche Form hat der Schwanz?
- Welche Form haben die Flügel? Wie fliegt der Vogel?

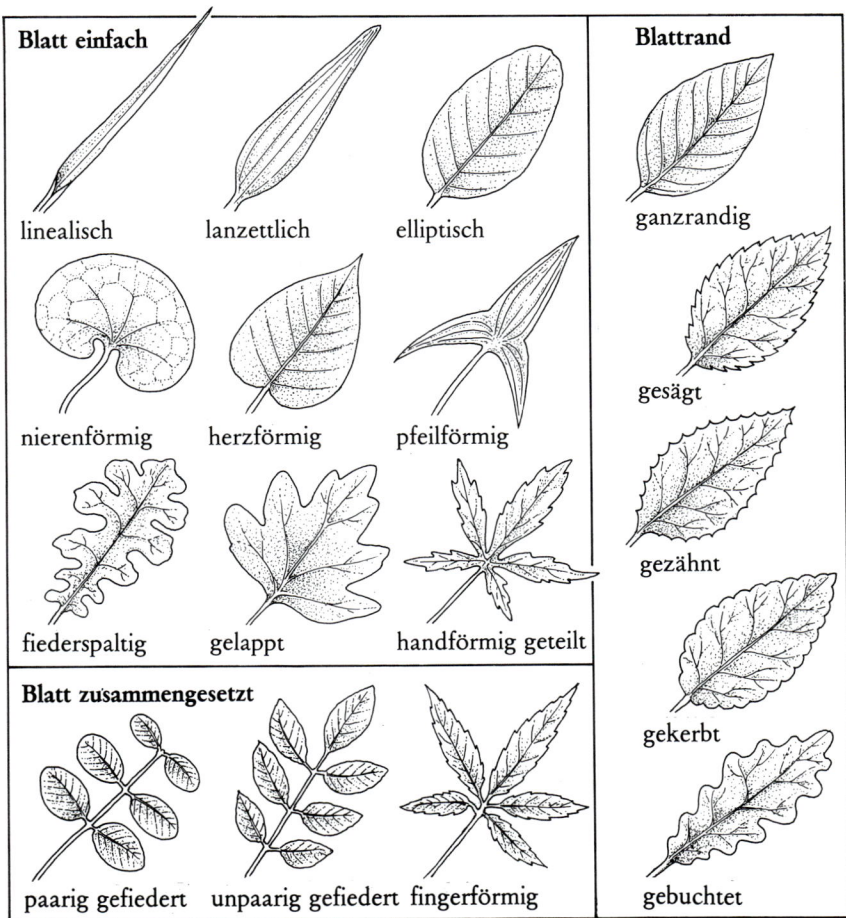

Die unterschiedlichen Formen von Blättern und Blatträndern.

- Wie ruft oder singt der Vogel? Wo ruft oder singt er?
- Wie verhält sich der Vogel?
- Wann und wo wurde der Vogel beobachtet?

In diesem letzten Fragenkatalog ist ein spezielles Problem der Bestimmung von Tieren angesprochen, denn oft wird man ja erst durch ihre Stimmen auf die Vögel – aber auch auf Säugetiere, Frösche oder Heuschrecken – aufmerksam. Die akustischen Äußerungen von Tieren kann man aber ebenso wie die äußerlichen Merkmale zur Bestimmung nutzen. Um sich in das Gebiet der Tierstimmen einzuarbeiten, kann man Bücher heranziehen; Töne visuell darzustellen, bleibt aber unbefriedigend. Ein besserer Weg ist, die Stimmen anhand von Schallplatten, Tonbändern oder Tonkassetten kennenzulernen (siehe Literaturangaben). Die nach wie vor beste Methode ist aber, man ist mit einem Kundigen draußen unterwegs und läßt sich von ihm die Stimmen erklären. Letzteres gilt natürlich in gleicher Weise, will man in die Pflanzenkunde oder irgendein anderes Gebiet der Biologie »einsteigen«. Und da Formenkenntnis die Grundlage jeder ökologischen Analyse und jeder Schutzbemühung ist, stoßen auch die im Natur- und Umweltschutz tätigen Vereine und Verbände in diese Lücke. Oftmals bieten sie auf lokaler oder regionaler Ebene Exkursionen an, auf denen jeder Interessierte auf angenehme Weise eine Menge lernen kann.

Einführung

Hinweise zur Benutzung des Buches

Der vorliegende Naturführer ist so angelegt, daß man auch als noch ungeübter Naturfreund zu befriedigenden Bestimmungen von Pflanzen und Tieren kommen kann. Zunächst ist zu entscheiden, in welchem Lebensraum man sich bewegt, denn der Bestimmungsteil ist in 4 große Blöcke gegliedert, die jeweils in der Kopfzeile durchgängig farbig markiert sind:

Wiesen und Felder
Feuchtgebiete
Wald
Hochgebirge

Sollte man fallweise nicht zu einem Ergebnis kommen, sollte man an entsprechender Stelle unter einem anderen Lebensraum nachsehen. Wiesen und regelrechte Sumpfwiesen beispielsweise sind nicht ganz eindeutig gegeneinander abzugrenzen, Wald und Bergwald ebensowenig. Manche Arten von Pflanzen und Tieren können jeweils in beiden Lebensräumen vertreten sein (werden aber in diesem Buch aus Platzgründen – und um Doppelungen zu vermeiden – nur an einer einzigen Stelle behandelt).
Die einzelnen Arten sind in folgende Gruppen eingeteilt:

 Pilze

 Moose und Farnpflanzen

 Blütenpflanzen
(außer Sträuchern und Bäumen)

 Sträucher und Bäume

 Weichtiere

 Gliederfüßer

 Lurche und Kriechtiere

 Vögel

 Säugetiere

Das Signet/die Signets für die jeweils auf der Seite behandelten Pflanzen-/Tiergruppe(n) sind in die farbige Kopfleiste eingefügt. Im Fall der Blütenpflanzen (außer Sträuchern und Bäumen) ist das Signet zudem farbig ausgefüllt. Die Farbe bezeichnet die jeweilige Blütenfarbe:

 Blüten weiß gefärbt

 Blüten gelb gefärbt

 Blüten rot gefärbt

 Blüten blau gefärbt

 Blüten unscheinbar oder grünlich bis bräunlich gefärbt

Auch hier mögen sich Zweifel bei der Einordnung ergeben, etwa bei violett gefärbten Blüten oder bei an sich weißen Blüten, die nur ganz schwach gelblich, rötlich oder bläulich überhaucht sind. Schließlich gibt es auch Pflanzen, deren Blütenfarbe von Exemplar zu Exemplar bzw. im Lauf der Zeit bzw. von Standort zu Standort variiert. Hier richte man sich nach dem eigenen Eindruck und sehe dann gegebenenfalls unter der wahrscheinlichen anderen Blütenfarbe nach.

Die Texte sind durchgängig nach gleichem Muster angelegt:
In der **Überschrift** steht zunächst der allgemein im deutschen Sprachraum übliche Name der Art (bzw. in wenigen Fällen: der Gruppe), so wie er sich in Werken der Pflanzen-, Insekten-, Vogelkunde etc. findet. Dahinter stehen gebräuchliche Zweitnamen und gegebenenfalls in Österreich gängigerweise verwendete Namen. Namen, die nur lokal verwendet werden, wurden nicht berücksichtigt, denn sie sind zu vielfältig. Unter dem/den deutschen Namen steht der wissenschaftliche Name der Art (oder Gruppe).

Unter **Merkmale** finden sich die Angaben, die direkt zur Bestimmung wichtig sind, bei den Pflanzen beispielsweise aber auch die Blütezeit.

Unter **Vorkommen** ist etwas zur Verbreitung der betreffenden Art gesagt, bei Pflanzen finden sich auch Angaben zu den Standortansprüchen, und bei den Schmetterlingen und Vögeln ist hier das jahreszeitliche Auftreten, bei den Pilzen das Auftreten der Fruchtkörper angesprochen. Wo möglich/nötig, finden sich unter dem Stichwort auch Angaben zur Einordnung der betreffenden Art in die Gefährdungskategorien der Roten Listen.

Unter **Biologie** finden sich Angaben ganz unterschiedlicher Natur. Sie können sich auf Besonderheiten der behandelten Art beziehen, aber auch auf deren systematische Einordnung, auf die Biologie der gesamten Pflanzen- oder Tiergruppe oder auf allgemein-biologische Sachverhalte, die an der betreffenden Stelle exemplarisch deutlich werden.

WIESEN UND FELDER

Wiesen und Felder

Die Kulturlandschaft

Ein Spaziergang inmitten blühender Wiesen und Felder ist wohl jedem eine vertraute Erfahrung. Den Jüngeren ist aber oft kaum nahezubringen, daß noch vor wenigen Jahrzehnten die Kulturlandschaft ganz anders ausgesehen hat als heute. Die Wiesen waren damals viel bunter, an den Wegrändern zeigte sich eine Vielfalt sogenannter »Unkräuter«, und auf den Feldern wuchsen unterschiedliche Nutzpflanzen auf begrenzten Flächen. Zwischen den Wiesen und Feldern standen Buschgruppen, Hecken und Feldgehölze. In den Senken lagen Sumpfgebiete und kleine Weiher.

Aufgrund der Bewirtschaftungsweise ist die angesprochene Vielfalt in unserer Kulturlandschaft heute stark eingeschränkt. Landschaft und Lebensgemeinschaften wurden und werden also vom Menschen beeinflußt. Dies geschieht in unterschiedlich starkem Maße, aber die hier angesprochenen Lebensräume sind großräumig maßgeblich durch den ökologischen Faktor »menschliche Tätigkeit« geprägt. Das bedeutet andererseits nicht, daß es nicht kleinräumig inmitten der Kulturlandschaft aus Feldern, Grünland, Hecken, Feldgehölzen und Ruderalflächen (z. B. Wegrändern oder Bahndämmen) auch Gebiete gibt, die in noch naturnahem Zustand sind und wenig Störungen seitens des Menschen unterliegen.

In Österreich sind der landwirtschaftlichen Nutzung der Flächen stärkere Grenzen gesetzt als in anderen mitteleuropäischen Ländern. Die Gebirge lassen nur zu, daß etwa die Hälfte der Fläche landwirtschaftlich genutzt wird, und die Grünlandwirtschaft überwiegt deutlich. Die Statistik des Jahres 1989 besagt, daß 14 180 km² der gesamten Fläche Österreichs von Ackerland eingenommen werden, das sind umgerechnet rund 17 %. Demgegenüber nimmt das Grünland 24,6 % der Landesfläche ein. Regional gesehen, macht das Ackerland in Niederösterreich, dem Burgenland und Oberösterreich einen hohen Anteil an der

Vorhergehende Doppelseite:
Eine naturnahe Wiese – geprägt durch den rosa blühenden Schlangen-Knöterich.

1 Burgenland
2 Kärnten
3 Niederösterreich
4 Oberösterreich
5 Salzburg
6 Steiermark
7 Tirol
8 Vorarlberg
9 Wien

Bodennutzung aus. In Salzburg, Tirol und Vorarlberg herrscht das Grünland vor.

Wiesen und Weiden

Die Grünlandflächen werden seit alters her unterschiedlich genutzt und bewirtschaftet. Dies hat zur Folge, daß jeweils verschiedene Pflanzengemeinschaften zu finden sind. Sehr unterschiedlich ist zum einen die Anzahl der vertretenen Pflanzenarten, zum anderen das Spektrum der Arten. Hier interessieren unter dem Stichwort Grünland die Wiesen. Im allgemeinen versteht man darunter gehölzfreie oder gehölzarme Grasfluren auf mäßig oder stärker durchfeuchteten Böden, in denen zahlreiche Gräser und Stauden vorherrschen. Die Untergruppen der Wiesen sind aufgrund der Faktoren Mahd und Beweidung gebildet worden.

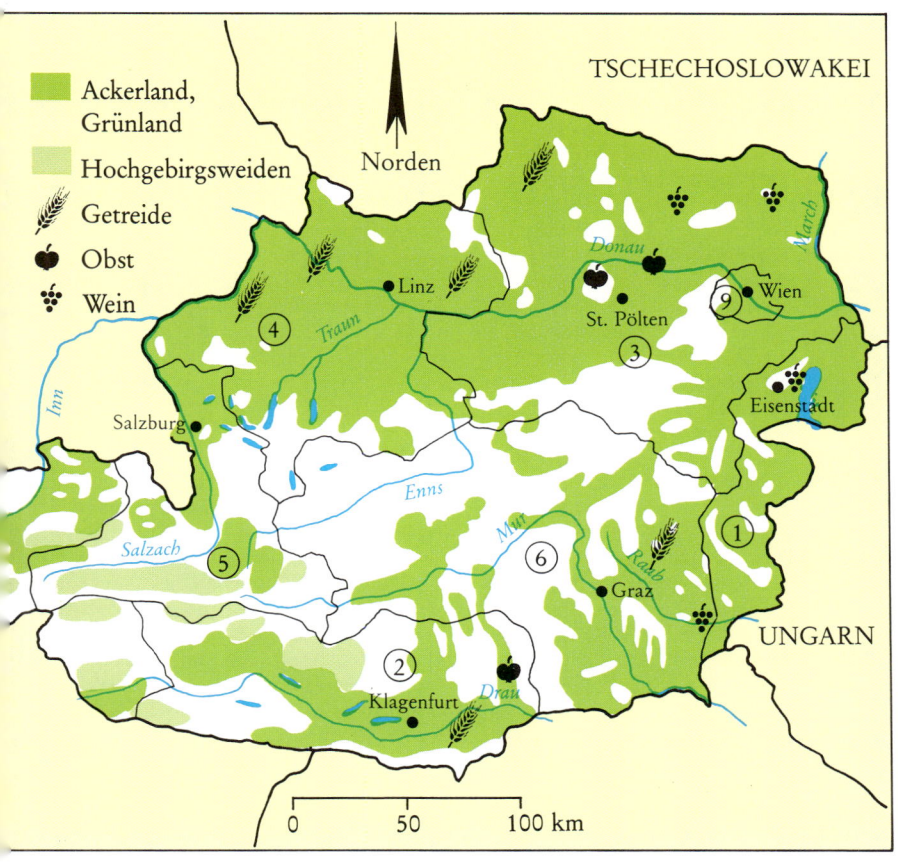

Fettwiesen sind artenreiche Wiesen, die zwei- bis dreimal im Jahr gemäht werden. Nährstoffe im Boden sind reichlich vorhanden bzw. werden dem Boden durch kräftiges Düngen zugefügt. Trotz eines Alters von nur etwa 1000 Jahren haben sich auf diesem Wiesentyp artenreiche und reizvolle Pflanzengemeinschaften etabliert. Bis um die Mitte dieses Jahrhunderts waren solche Wiesen weit verbreitet. Eine Fettwiese ist geprägt durch einen ganz bestimmten Jahresrhythmus, der zu einem völlig unterschiedlichen Aussehen der Fläche in den verschiedenen Jahreszeiten führt. Geht man vom Zeitpunkt der Schneeschmelze aus, so herrscht auf der Wiese niedrige Vegetation vor. Einige der Pflanzen sind im Herbst des Vorjahres völlig abgestorben, andere haben mit unterirdischen Teilen – Wurzelstöcken, Knollen oder Zwiebeln – überwintert, und eine dritte Gruppe von Pflanzen hat mit oberirdischen Teilen wie Rosetten den Winter überdauert. Man spricht vom 1. Tiefstand der Wiese.

Mit steigenden Temperaturen und verbesserten Lichtbedingungen fangen die ersten Pflanzen an, zu blühen und junge Sprosse zu bilden. Früh im Jahr blühen Gänseblümchen, Knotenblume, Veilchen und Schlüsselblume. Nach und nach entwickeln sich weitere Pflanzen. Jetzt kommt die Hauptblütezeit von Löwenzahn, Wiesen-Schaumkraut, Hahnenfuß-Arten, Wiesen-Bocksbart, Wiesen-Wucherblume, Roter Lichtnelke, Kuckucks-Lichtnelke und vielen anderen mehr. Die Wiese geht dem 1. Hochstand entgegen. Der ganzen Blütenpracht, die wohl jeden Naturfreund begeistert, wird durch die Heuernte im Juni/Juli ein Ende gemacht. Dieser erste Schnitt bringt die Wiese in das Stadium des 2. Tiefstandes. Aber unter den günstigen Wachstumsbedingungen,

Wiesen und Felder

die jetzt herrschen, kann die Wiese bald zum 2. Hochstand kommen. Einige Pflanzen des 1. Hochstandes kommen erneut zum Blühen, andere Arten entfalten sich erst jetzt. Zu letzteren gehören etwa Bärenklau, Augentrost und Großer Wiesenknopf *(Sanguisorba officinalis)*. Insgesamt wird die Pflanzendecke aber nicht so hoch wie zur Zeit des 1. Hochstandes. Auch in der farblichen Vielfalt steht die Wiese jetzt der des 1. Hochstandes nach. Im August kann die Wiese zum zweiten Mal gemäht werden, der 3. Tiefstand wird erreicht. Jetzt blühen auf den Flächen die Herbst-Zeitlosen. Unter günstigen Bedingungen können auch noch ein 3. Hochstand und ein dritter Schnitt erfolgen. Sonst geht das Jahr der einsetzenden Winterruhe entgegen.

Auf trockenen und warmen Standorten sind Trockenrasen- und Halbtrockenrasen-Gesellschaften ausgeprägt. Diese Pflanzengesellschaften sind für den botanisch interessierten Naturfreund ausgesprochen reizvoll. Er findet hier eine Vielzahl z.t. selten gewordener Pflanzen, etwa das Frühlings-Adonisröschen *(Adonis vernalis)*, Küchenschellen und verschiedene Orchideen. Besonders lohnend ist ein Besuch dieser Trocken- und Halbtrockenrasen im späten Frühjahr und im Frühsommer. Danach können die Standortbedingungen so extrem werden, daß die Pflanzen ihnen nicht mehr gewachsen sind. Viele Arten sterben deshalb bereits im Sommer ab, und die Flächen nehmen eine braune Färbung an.

Kalkreicher, feuchter Boden ist zur Ausbildung von Streuwiesen Voraussetzung. An der Oberfläche können die Böden im Sommer austrocknen. Streuwiesen werden dadurch bestimmt, daß sie nur einmal im Herbst gemäht werden, wenn die Pflanzen strohig geworden sind. Das Material hat man als Streu für die Ställe genutzt. Diese Art der Nutzung spielt heute nur noch eine untergeordnete Rolle, und viele Streuwiesen haben ihren Charakter verändert.

Auf kalkarmen Böden in den Mittel- und Hochgebirgen findet man die Borstgrasrasen. Sie sind relativ artenarm. Eine typische Pflanze ist die Arnika. Im übrigen herrschen im Hochgebirge natürlich andere ökologische Bedingungen als im Flachland. Auf sie wird die subalpinen und alpinen Pflanzengesellschaften wird bei

der Behandlung des Lebensraumes Hochgebirge eingegangen (siehe Seite 268 ff.). Alle Wiesentypen können natürlich graduell unterschiedlich ausgeprägt sein, denn Temperatur, Einstrahlung und Bodenverhältnisse, Häufigkeit und Zeitpunkt der Mahd, Zeit und Intensität der Beweidung, Art und Intensität der Düngung, Einsatz von Pflanzenschutzmitteln sind Faktoren, die ökologische Konsequenzen haben. Zunächst wird die Vegetation beeinflußt, aber in der Folge davon natürlich auch die Tierwelt.

Die Puszta

Im östlichen Niederösterreich und im nördlichen Burgenland findet man eine wellige Landschaft, in der breite Talzonen (z. B. Neusiedler Bucht) und Hügelland abwechseln. Sie stellt einen westlichen Ausläufer des ungarischen Tieflandes dar und ist (bzw. war, siehe unten) ökologisch sehr interessant. Die potentielle natürliche Vegetation dieses Gebietes setzt sich im wesentlichen aus wärmeliebenden Laub- und Nadelwäldern (pannonische Eichenwälder, Hainbuchen- und Schwarz-Kiefern-Wälder) und daneben aus Steppen, Trockenrasen und Salzpflanzenfluren zusammen. Die Wälder sind schon vor über 1000 Jahren ersten Rodungen unterworfen gewesen. Die folgende Beweidung (Pferde, Rinder, Schweine) hatte weitere Veränderungen der Vegetation zur Folge. So konnte sich eine fast durchgehend offene Steppenlandschaft entwickeln, deren Pflanzendecke man in Federgrasfluren, Kalkfelssteppen, Silikatfelssteppen, Sandsteppen und Lößsteppen differenzieren kann. Typische Tierarten der Steppe sind etwa die Gottesanbeterin *(Mantis religiosa)*, der Mondhornkäfer *(Copris lunaris)*, der Triel *(Burhinus oedicnemus)*, die Steppenweihe *(Circus macrourus)* und das Europäische Ziesel.

Diese durch Rodung der Wälder und Beweidung der Flächen entstandene Landschaft bezeichnet man auch als Puszta (= wüst), und mit diesem Wort verbinden sich Vorstellungen von Steppe, Weite, Ziehbrunnen, Pferdeherden und malerisch gekleideten Hirten. Dies aber ist weitgehend Vergangenheit. Denn da die klimatischen/ökologischen Bedingungen

Eine Schilfhütte der Hirten, dazu ein Ziehbrunnen – Puszta-Idylle am Neusiedler See im Burgenland. Von der ursprünglichen Puszta sind nur Reste erhalten.

im Gebiet auch für den Ackerbau sehr günstig sind, sind sowohl die ursprünglich vorhandene als auch die anthropogen bedingte Folgevegetation heute bis auf kümmerliche Reste (z. B. Zitzmannsdorfer Wiesen am Ostufer des Neusiedler Sees) verschwunden. An die Stelle der pannonischen Wälder und der pannonischen Steppe sind Getreide-, Zuckerrüben- und Maisfelder, Obstbaumkulturen und Weingärten getreten.

Ackerland

Betrachtet man jetzt die Felder (Äcker), dann können wir zunächst einmal feststellen, daß in diesem Lebensraum wieder der Mensch den Jahresrhythmus (Zeitpunkt von Aussaat, Kulturmaßnahmen und Ernte), den Nährstoffgehalt im Boden (Düngung) und die Bodenfeuchtigkeit (Beregnung, Bewässerung) als wichtige ökologische Faktoren bestimmt. Auf diese Einwirkungen, die den Ernteertrag optimieren sollen, haben sich verschiedene Wildpflanzen eingestellt, die natürlicherweise in Mitteleuropa vorkommen. Andere kamen hinzu, die mit den eingeführten Kulturpflanzen eingeschleppt wurden. Charakteristikum der Äcker ist ihre Artenarmut. (Dasselbe gilt allerdings für bestimmte, intensiv genutzte Wiesen.)

De facto stellen die mit Kulturpflanzen bebauten Flächen meist sogar reine Monokulturen dar, in denen eine Pflanzenart die Lebensgemeinschaft beherrscht. Natürlich ist verständlich, daß der Mensch ein Interesse daran hat, nur ganz bestimmte Pflanzen hochkommen zu lassen und andere im Bestand zurückzudrängen. Die sogenannten »Unkräuter« nähmen den Nutzpflanzen Platz, Licht, einen Teil des zugeführten Düngers und einen Teil der vielleicht durch künstliche Bewässerung erzielten Bodenfeuchtigkeit weg.

Aber Monokulturen sind – als Ökosysteme betrachtet – insgesamt höchst künstliche und instabile Gebilde. Deshalb werden sich Wildkräuter immer wieder einstellen, können sich aufgrund der einseitigen Vegetation auch leicht Pilzkrankheiten ausbreiten und können sich tierische Schädlinge bei dem überreichen Angebot an bestimmten Nahrung leicht massenhaft vermehren. Der Mensch wird also immer wieder gezwungen sein, gegenzusteuern, um das künstliche System Monokultur zu stabilisieren.

Lange Zeit war der Mensch hierbei auf seine Hände und einfache Werkzeuge angewiesen. Die »Unkräuter« wurden gejätet, herausgehackt oder ausgegraben. Tierische Schädlinge, wie etwa der Kartoffelkäfer oder Kohlweißlingsraupen, wurden von den Kulturpflanzen per Hand abge-

Wiesen und Felder

sammelt. Das war natürlich sehr mühsam und hatte nur bedingten Erfolg. Heute setzt man in großem Umfang chemische Mittel ein, um die Kulturen möglichst optimal zu schützen und zu nutzen. Der Einsatz von Pflanzenschutzmitteln ist sicher aus der modernen Landwirtschaft nicht mehr wegzudenken, denn schon aus rein ökonomischen Erwägungen heraus ist er für den Landwirt naheliegend. Dennoch schaffen Pflanzenschutzmittel auch Probleme, und ihr Einsatz muß kritisch geprüft werden, selbst wenn man die schlechte Lage der Welternährung in Rechnung stellt.

Auch die Saatgutreinigung, eine weitere Errungenschaft der modernen Landwirtschaft, ist nicht nur positiv zu sehen. Sie hat zwar den erwünschten Effekt, nämlich schon bei der Aussaat einzugreifen und »Unkräuter« fernzuhalten, das bevorstehende Aussterben mancher Pflanzenarten, die man besser als Wildkräuter denn als »Unkräuter« bezeichnen sollte, ist aber die Kehrseite dieser Medaille.

Als letzter Faktor sei noch die Flurbereinigung erwähnt, die zum Aussehen der heutigen Kulturlandschaft beigetragen hat. Ausgehend von der Überlegung, daß auf großen Flächen Maschinen rationeller eingesetzt werden können als auf kleinen, hat man Felder zusammengelegt, Hecken und Feldgehölze vernichtet und so anstelle eines kleinräumigen Biotop-Mosaiks schließlich großflächige Monokulturen etabliert.

Weitere landwirtschaftliche Kulturen

Es ist sicher nur bedingt richtig, die Kulturlandschaft als »unnatürlich« anzusehen. Sie ist vielmehr das Produkt einer langen historischen Entwicklung, und Naturschützer kommen heute durchaus zu dem Ergebnis, daß bestimmte Flächen geschützt werden sollten. Vor allem alte, abwechslungsreiche Flächen können einer Vielfalt von Pflanzen und Tieren Lebensraum bieten.

Rebland etwa kann schützenswert sein, besonders wenn es schon lange als solches besteht. (Die Weinbauflächen verteilen sich zu 57,7 % auf Niederösterreich,

Blick vom Leithagebirge auf das burgenländische Weinbaugebiet. Zwischen den sterilen Rebreihen sind als ökologisch wichtige Naturinseln Gebüschgruppen und einzelne Bäume erhalten geblieben.

36,1 % auf das Burgenland, 4,8 % auf die Steiermark und 1,2 % auf Wien.) In alten Weinbergen gedeihen zwischen den Reben mancherorts interessante und selten gewordene Frühblüher wie Übersehene Traubenhyazinthe und Dolden-Milchstern (*Ornithogalum umbellatum*). Am Beispiel der alten Stützmauern aus groben Steinen mit weiten Fugen sieht man sehr schön, wie auf kleinem Raum viele Lebewesen zusammen vorkommen und überleben können: Flechten und Moose bedecken die Steine; in den Fugen wachsen Mauer-Streifenfarn (*Asplenium rutamuraria*) und Zymbelkraut (*Linaria cymbalaria*). Hier leben auch Kellerasseln, Weberknechte staksen mit ihren langen Beinen dort herum, und bei feuchtem Wetter kriechen Schnecken an den Steinen hoch. Den Kleintieren stellt in geeigneten Gebieten die Mauereidechse (*Lacerta muralis*) nach. Am Fuß der Mauer wachsen Großes Schöllkraut (*Chelidonium majus*) und Löwenzahn.

Auch Obstanlagen können wertvolle Lebensräume für Pflanzen und Tiere darstellen, wenn – wie früher üblich – eine Doppelnutzung der Flächen gegeben ist: locker stehende Obstbäume und darunter Wiese. Solche Streuobstwiesen werden heute immer seltener – ein schmerzlicher Verlust. Obstbäume üben nämlich beispielsweise zur Blütezeit auf Insekten eine starke Anziehungskraft aus. An blühenden Obstbäumen hat man bei einer Untersuchung schon 30 verschiedene Arten solitärer Bienen (= Bienen, die keine Staaten bilden) nachgewiesen. Einer anderen Untersuchung zufolge können sich rund 1000 Arten von Gliederfüßern in einer Apfelplantage halten – wenn keine chemische Schädlingsbekämpfung stattfindet! 300 dieser Arten fressen an den Bäumen, weitere 300 sind Parasiten, 200 sind Räuber und 200 ernähren sich von Honigtau (produziert von Blattläusen) oder von Epiphyten. Daß eine reiche Insektenfauna auch eine entsprechende Vogelwelt nach sich zieht, versteht sich von selbst. Schützenswerte Arten solcher Obstanlagen und Streuobstwiesen sind Steinkauz, Blutspecht (*Dendrocopos syriacus*; in Österreichs Roten Listen als »potentiell gefährdet« eingestuft), Wiedehopf, Rotkopf- und Schwarzstirnwürger (*Lanius senator* und *L. minor*; beide nach den Roten Listen »vom Aussterben bedroht«).

Hecken und Feldgehölze

Naturnahe Gruppen von Büschen und Bäumen stellen in unserer Kulturlandschaft wichtige Refugien für Pflanzen und Tiere dar. Aber selbst einzelne Bäume haben eine wichtige ökologische Funktion. Verschiedene Kleintiere können hier überleben, auch wenn sie sozusagen kein Umland haben. Der Baum allein bietet ihnen genügend Lebensraum. So haben Biologen herausgefunden, daß an und von Eichen allein mehr als 1000 verschiedene Insektenarten leben. An einer einzigen ausgewachsenen Eiche können Tausende von Individuen von rund 250 Insektenarten gezählt werden.

Buschgruppen und Hecken sind heute vielfach aus dem Kulturland verschwunden. Mittlerweile hat man ihren ökologischen Wert erkannt und geht behutsamer mit ihnen um. Denn schließlich stellen sie einen Windschutz für die angrenzenden Flächen dar, wirken sie ausgleichend auf die Wasserbilanz des Bodens und tragen sie insgesamt zu einer Verbesserung des Kleinklimas am Ort bei. Dies alles kommt den Kulturpflanzen auf den Nachbarflächen zugute. Außerdem sind die Gebüsche ausgesprochen vielfältige Lebensräume. Da wachsen Sträucher wie Haselnuß, Schlehdorn, Weißdorn, Pfaffenhütchen, Schneeball, Hartriegel und Holunder. Am Boden finden viele Kräuter und Gräser Lebensraum. Wo sich ein reiches Pflanzenleben (etwa 300 höhere Pflanzen gedeihen in Hecken) ausgebildet hat, finden auch viele Kleintiere – Käfer, Schmetterlinge, Wanzen, Schnecken und Bodentiere – Nahrung und Unterschlupf. Sie sind wiederum die Nahrungsgrundlage für Erdkröte, Zauneidechse, Igel, Spitzmäuse und verschiedene Vögel. Man kann in einer einzigen Hecke 1600 bis 1800 verschiedene Tierarten zählen! Nimmt man die Hecken-Typen zusammen, kommt man auf etwa 7000 Tierarten!

Gebüsche und Hecken haben wegen der Artenvielfalt eine wichtige ökologische Funktion. Viele Tiere gehen von hier aus in die Umgebung auf Nahrungssuche und helfen mit, Schädlinge auf den benachbarten Feldern zu dezimieren. Wo Gebüsche fehlen, müssen Schädlinge auf andere Weise bekämpft werden, d. h. mit chemischen Mitteln. Es ist also wichtig, Gebüsche und Hecken zu erhalten. Wo sie fehlen, sollten

Wiesen und Felder

Hecken (weiß blühend: Schwarz- oder Schlehdorn) sind als Refugien für Pflanzen und Tiere inmitten der Kulturlandschaft unbedingt zu erhalten.

sie neu angelegt werden. In neu angelegten Gebüschgruppen findet der Igel neuen Lebensraum und vor allem die Möglichkeit, zu überwintern. Hier finden Neuntöter, Bluthänfling *(Carduelis cannabina)*, Grünling, Dompfaff und verschiedene andere Kleinvögel geeignete Nistmöglichkeiten. Die Früchte der Sträucher bieten zudem vielen Vögeln – auch durchziehenden Arten – Nahrung. Gebüsche und Hecken sind also für die Erhaltung einer vielfältigen Pflanzen- und Tierwelt und damit einer ökologisch stabilen Situation von großer Bedeutung.

Ähnliches gilt für die in das Kulturland eingesprengten Baumbestände, die Feldgehölze, die sich aus Arten wie Rotbuche, Hainbuche, Faulbaum *(Frangula alnus)*, Spitz-Ahorn, Berg-Ahorn, Espe, Stiel-Eiche oder Trauben-Kirsche zusammensetzen. Besonders wertvoll ist alter Baumbestand. Nur alte Bäume weisen Höhlen auf, in denen Meisen, Kleiber und Baumläufer ihre Jungen aufziehen können. Bewohner von Baumhöhlen können aber auch Fledermäuse, Bilche (z.B. Siebenschläfer) und Insekten (z.B. Hornissen, *Vespa crabro*) sein.

Brachland

»Brach«-land bezeichnet im engeren Sinn ein landwirtschaftlich momentan nicht genutztes Stück Land. Der Begriff geht auf die Zeiten zurück, in denen die Ackerflächen im jährlichen Rhythmus wechselnd bearbeitet (Anbau von Getreide bzw. Hackfrüchten) oder aber ungenutzt (»Brache«, zur Regeneration des Bodens) belassen wurden. Im weiteren Sinn kann man unter Brachland heute alle ungenutzten Flächen zusammenfassen. Sie sind in unserer intensiv genutzten Landschaft selten geworden und meist nicht sehr groß.

In diesem Zusammenhang sind die sogenannten Ruderal-Gesellschaften zu erwähnen, die vom Menschen beeinflußte Flächen wie Schuttplätze, Wegränder, Böschungen etc. besiedeln. Solche Brachflächen existieren oft auch nur für begrenzte Zeit. Bei Erdarbeiten im Hoch- und Tiefbau etwa entstehen Standorte, die insofern interessant sind, als man hier die Besiedlung durch Pflanzen und Tiere vom Stadium des nackten Bodens an verfolgen kann. Die Ökologen sprechen von einer Sukzession.

Eine Brachfläche kann von der Natur etwa in der Weise »in Besitz genommen« werden, daß die folgenden Pflanzenfamilien nacheinander dominieren: Nachtschattengewächse (z.B. Bilsenkraut, *Hyoscyamus niger*, Stechapfel, *Datura stramonium*) – Gänsefußgewächse (z.B. Gänsefuß, Melde) – Kreuzblütler (z.B. Weg-Rauke, *Sisymbrium officinale*, Gemeine Knoblauchsrauke, *Alliaria petiolata*) – Schmetterlingsblütengewächse (z.B. Steinklee, Gemeiner Wundklee, *Anthyllis vulneraria*, Wicke) – Korbblütler (z.B.

Ein bunter Wegrand mit rotem Klee, gelbem Hahnenfuß und weißen Doldengewächsen. Jenseits des Zaunes die artenarme Wirtschaftswiese.

Goldrute, Kamille, Beifuß, Klette, Kratzdistel) – Süßgräser (z. B. Einjähriges Rispengras, *Poa annua*, Mäuse-Gerste, *Hordeum murinum*). Die tierische Besiedlung kann nach folgendem Muster erfolgen: Kleintiere wie Asseln, Springschwänze, Hundertfüßer, Spinnen und Schnecken – Erdkröte, Zauneidechse – Vögel wie Haussperling, Stieglitz, Bluthänfling und Goldammer.

Vor allem, wenn Brachflächen in sich stark strukturiert sind, kann sich eine große Artenzahl einstellen. Besteht ein enges Nebeneinander unterschiedlicher Kleinstlebensräume – im Schatten von Steinen etwa ist es kalt und feucht, auf der Oberfläche dagegen heiß und trocken – können an unterschiedliche Lebensbedingungen angepaßte Arten auf engstem Raum nebeneinander existieren.

Natur- und Umweltschutz auf Wiesen und Feldern

Stellt man die Frage, wie unsere Kulturlandschaft insgesamt zu betrachten ist, kann man Folgendes sagen: Die heute vorhandene Kulturlandschaft ist das Produkt einer langen Entwicklung. Sie spiegelt deutlich den menschlichen Einfluß auf die natürlich vorhandenen Gegebenheiten wieder. Ursprünglich vorhandene Lebensräume sind vernichtet worden. An ihre Stelle traten solche, die sich durch vom Menschen bestimmte, artenarme Pflanzenkombinationen auszeichnen. Mittlerweile gibt es einige Konzepte, wie der weiteren Verarmung der Landschaft und der Pflanzen- und Tierwelt entgegengewirkt werden kann, und welche Schritte zur Erhaltung oder Wiederansiedlung von Arten führen können. Beispielsweise muß anstelle des alleinigen Einsatzes von Pflanzenschutzmitteln verstärkt der integrierte Pflanzenschutz treten. Darunter versteht man das Konzept, die unterschiedlichen wirtschaftlich, ökologisch und toxikologisch vertretbaren Methoden zur Bekämpfung von Schadorganismen zusammen einzusetzen, also chemische Methoden mit biologischen Methoden zu kombinieren. Auf diesem Weg findet man aber auch keine umfassende Lösung, wenn nicht ein ganz anderes, ökologisch begründetes Konzept des Pflanzenanbaues vorgelegt wird.

Von seiten des Naturschutzes muß weiter in der Richtung gearbeitet werden, daß bestimmte alte Nutzungsformen aufrechterhalten bleiben, um kulturell bedingte Pflanzengemeinschaften in ihrem Bestand zu erhalten. Es wird dringender auf den Schutz bzw. die Wiederanlage von Hecken und Feldgehölzen zu achten sein. Es wird sich auch die Frage stellen, ob dieser oder jener Feldweg tatsächlich asphaltiert werden muß. Die Kulturlandschaft überhaupt sollte insgesamt stärker in Schutzüberlegungen einbezogen werden, als es bisher die Regel war.

1 Wiesenchampignon, Feldegerling
Agaricus campester

Merkmale: Dieser Champignon hat einen weißlichen, glatten Hut von bis zu 10 cm Durchmesser. Der Stiel ist zylindrisch und oft an der Basis zugespitzt, der Ring nur schwach ausgebildet. Die Lamellen sind zunächst rosa und dann schokoladenbraun gefärbt; bei alten Exemplaren können sie auch fast schwarz sein. Das Sporenpulver ist purpurbraun.
Vorkommen: Der Wiesenchampignon kommt überwiegend auf (gut gedüngten) Wiesen und Weiden vor (Name!). Daneben kann man ihn auf Feldern und an Waldrändern antreffen. Bisweilen sieht man die Fruchtkörper in Reihen stehen, aber auch in Form eines Ringes (»Hexenring«). Sie erscheinen vom Frühsommer bis in den Herbst hinein, nach Trockenperioden mit anschließendem starken Niederschlag oft plötzlich und in Massen.
Biologie: Die Champignons sind bis auf wenige Ausnahmen gute Speisepilze. Vom Aussehen sind sie aber durchaus leicht mit den Knollenblätterpilzen zu verwechseln, und diese sind tödlich giftig! Knollenblätterpilze haben aber stets weiße Lamellen (siehe auch Seite 188).

2 Schopftintling
Coprinus comatus

Merkmale: Den Pilz erkennt man an seiner charakteristischen Form. Junge Exemplare haben fast die Form eines Zylinders. Später wächst der Pilz in die Höhe, und der Hut nimmt Glockenform an. Der Stiel ist weiß gefärbt und innen hohl. Der lose Ring fällt oft ab. Der geschlossene Hut wird etwa 12 cm hoch. Er ist weiß gefärbt und mit überwiegend weißen, am Scheitel dagegen leicht bräunlichen Schuppen besetzt. Die Lamellen sind weiß und verfärben sich dann über rosa zu schwarz. Das Sporenpulver ist schwarz gefärbt.
Ähnlich sieht der <u>Falten-</u> oder <u>Knotentintling</u> *(Coprinus atramentarius)* aus, der auf gleichen Standorten vorkommt. Sein hellgrauer bis graubrauner Hut ist aber kahl oder nur leicht schuppig.
Vorkommen: Der Schopftintling wächst bevorzugt auf gedüngten Wiesen. Er kommt aber auch an Misthaufen, auf Schuttplätzen und an Weg- und Waldrändern vor. Tieflagen werden ebenso besiedelt wie mittlere Gebirgslagen. Man findet den Pilz in der Zeit von Mai bis November. Er wächst einzeln oder buschelig, oft aber auch herdenweise.
Biologie: Der Schopftintling ist in jungem Zustand eßbar. Man sammele also, wenn überhaupt, nur weiße, noch völlig geschlossene Exemplare. Allgemein sind Tintlinge eine besonders interessante Gruppe von Pilzen. Nach Eintritt der Sporenreife löst sich ihr Hut nämlich auf, d.h. das Gewebe verflüssigt sich und tropft zu Boden.

3 Acker-Schachtelhalm
Equisetum arvense

Merkmale: Der Acker-Schachtelhalm ist eine ausdauernde Pflanze und wird etwa 50 cm hoch. Im Frühjahr (März/April) findet man zunächst nur gelblich-braune, unverzweigte Sprosse (siehe Foto). An deren Enden sitzen die Sporangien. Sobald die Sporen ausgestreut sind, sterben diese fertilen Sprosse ab, und aus dem im Boden liegenden Wurzelstock wachsen die sterilen Sprosse empor. Diese enthalten grünen Blattfarbstoff und können Fotosynthese machen, also aus Wasser, Kohlenstoffdioxid und Salzen mit Hilfe des Sonnenlichts organische Substanz aufbauen. Beim Acker-Schachtelhalm erscheinen demnach fertile und sterile Sprosse nacheinander. Die Art erkennt man, hat man die sterilen, bis 5 mm dicken, gefurchten Sprosse vor sich, an den dreieckig-lanzettlichen Zähnen der Scheiden. Die Zähne sind etwa halb so lang wie die Scheidenröhre. Die Seitenäste sind meist verzweigt (vgl. Seite 192).
Vorkommen: Der Acker-Schachtelhalm wächst überall auf Äckern, aber auch an Wegrändern und auf Brachland. Er ist eine sehr häufige Art und in den Alpen bis in 1500 m Höhe anzutreffen.
Biologie: Interessant sind die volkstümlichen Zweitnamen der Pflanze: Zinnkraut und Scheuerkraut. Diese Namen haben tatsächlich ihre Berechtigung, denn früher hat man die grünen Sprosse der Pflanze zum Reinigen bzw. Polieren von Zinn- und Kupfergefäßen benutzt. Dies ist möglich, weil in den Oberhautzellen der Pflanze Kieselsäure eingelagert ist.

1 Weiß-Klee
Trifolium repens

Merkmale: Der Weiß-Klee wird 5 bis 20 cm, maximal 40 cm hoch. Die Stengel kriechen am Boden entlang und bewurzeln sich an den Knoten. Typisch sind die dreizähligen, häufig hell gefleckten Klee-Blätter. Die weißen, in verblühtem Zustand hellbraunen Blüten stehen am Ende unverzweigter Stengel in kugeligen Blütenköpfen vereinigt. Die Pflanze blüht von Mai bis September. Familie: Schmetterlingsblütengewächse (Fabaceae).
Vorkommen: Der Weiß-Klee kommt sowohl auf Fettwiesen vor als auch an Wegrändern und auf Brachflächen. Er ist von ebenen Lagen bis in Gebirgslagen um 2200 m Höhe anzutreffen.
Biologie: Der Weiß-Klee ist eine wichtige Futterpflanze. Mit seinen kriechenden Sprossen kann er sich auch in mehrfach gemähten Wiesen und in Rasen halten. Als Bestäuber der Blüten beobachtet man vor allem Hummeln.

2 Wiesen-Kerbel
Anthriscus sylvestris

Merkmale: Der Wiesen-Kerbel ist ein typischer Vertreter aus der Familie der Doldengewächse (Apiaceae). Das wichtigste Erkennungsmerkmal dieser Pflanzenfamilie sind die in Dolden angeordneten Blüten. Dabei kann die Blütendolde einfach sein, d.h. die Einzelblüten stehen am Ende von Blütenstielen, die in einem Punkt zusammenlaufen und dort in den Stengel übergehen. Ihr Bau kann aber auch kompliziert sein; die Dolde kann sich aus vielen kleinen Döldchen zusammensetzen. Eine zusammengesetzte, 8- bis 15-strahlige Dolde ist denn auch ein wichtiges Kennzeichen des Wiesen-Kerbels. Die kleinen, weißen Blüten sind von April bis August geöffnet. Der Stengel des Doldengewächses wird bis 1,50 m hoch, ist unten behaart und innen hohl. Die Blätter sind doppelt oder dreifach gefiedert.
Vorkommen: Man findet den Kerbel verbreitet auf Fettwiesen, an Hecken und Feldgehölzen, an Wegrändern und ähnlichen Standorten. Er wächst von der Ebene bis in etwa 2400 m Höhe und ist eines der häufigsten Doldengewächse in Mitteleuropa überhaupt. Die Pflanze ist über das ganze nördliche und mittlere Eurasien verbreitet.
Biologie: Die Blüten verströmen einen Geruch, der Insekten anzieht. Oft stehen ganze Wolken von Fliegen über den Blütenständen, ein anderes Mal sind die Dolden besetzt mit einer Vielzahl von Käfern. In der mitteleuropäischen Flora gibt es eine Vielzahl ähnlicher Doldengewächse. Mit etwa 50 Gattungen und rund 100 Arten ist zu rechnen. Zur sicheren Artdiagnose sollte man einen guten Bestimmungsschlüssel heranziehen.

3 Wiesen-Bärenklau
Heracleum sphondylium

Merkmale: Der Wiesen-Bärenklau wird bis 1,50 m hoch. Der Stengel ist kantig gefurcht. Im unteren Stengelbereich sind die Blätter ungeteilt bis tief gelappt, im oberen Bereich sind sie meist dreifach gelappt. Die Pflanze hat eine zusammengesetzte Dolde. Die weißen, von Juni bis Oktober geöffneten Blüten verströmen einen Geruch, der Insekten anlockt. Familie: Doldengewächse (Apiaceae).
Vorkommen: Den Bärenklau findet man verbreitet auf Wiesen und in Gebüschen. Es gibt verschiedene Unterarten, die von ebenen Lagen bis in Höhen um 1700 m vorkommen.
Biologie: Die ganze Pflanzenfamilie der Doldengewächse umfaßt etwa 2500 Arten, die fast über die ganze Erde verbreitet vorkommen. Sie ist insofern näherer Beschäftigung wert, als zu ihr viele Heil-, Gewürz- und Nutzpflanzen gehören. So wurde beispielsweise die Möhre oder Karotte aus der Wilden Möhre *(Daucus carota)* herausgezüchtet. Die Wildform findet man weltweit in der gemäßigten Zone der Nordhalbkugel auf Wiesen, Äckern, an Wegrändern und auf Ödland. Der Sellerie ist eine weitere wichtige Nutzpflanze aus der Familie der Doldengewächse. Petersilie, Kümmel, Dill, Fenchel – auch diese so verbreiteten Gewürzpflanzen stammen aus derselben Familie.

1 Echtes Mädesüß, Wiesen-Geißbart
Filipendula ulmaria

Merkmale: Die Einzelblüten der Pflanze sind sehr klein; die Blütenblätter werden nur wenige Millimeter lang. Die Blüten stehen aber in einer auffälligen Trugdolde zusammen, so daß man das Mädesüß zur Blütezeit (Juni bis August) nicht übersehen kann. Zudem ist die Pflanze recht stattlich: Aus einem überdauernden Wurzelstock wächst der braun-grüne Sproß bis 1,50 m hoch empor. Die gefiederten Blätter sind jeweils aus mehreren doppelt gesägten, etwa 3 cm langen Fiederblättchen zusammengesetzt. Familie: Rosengewächse (Rosaceae).
Das Mädesüß erinnert im Habitus an den Spierstrauch *(Spiraea* spec.*)*, ebenfalls ein Rosengewächs.
Vorkommen: Das Mädesüß kommt in Mitteleuropa bis in 1400 m Höhe häufig vor. Feuchte bis nasse Wiesen, Grabenränder, Quellsümpfe und Verlandungswiesen sind die Stellen, an denen man die Pflanze antrifft. Sie ist über fast ganz Europa und Asien verbreitet.
Biologie: Das Mädesüß ist eine alte Heilpflanze, die in der Naturheilkunde als Tee gegen verschiedene Krankheiten Verwendung findet.

2 Wiesen-Schaumkraut
Cardamine pratensis

Merkmale: Die Pflanze wird 15 bis 50 cm hoch. Die weißen, zart rosa oder hell violett gefärbten Blüten stehen in Trauben zusammen. Die Blütezeit liegt zwischen April und Juli. Als weitere Merkmale dienen die rosettenartig angeordneten Grundblätter und die gefiederten Stengelblätter. Familie: Kreuzblütler (Brassicaceae).
Vorkommen: Die Blüten des Wiesen-Schaumkrautes prägen den Frühjahrsaspekt von fetten Weiden und moorigen Wiesen. Darüber hinaus kommt die Pflanze in feuchten Laubwäldern und in Auwäldern vor. Sie ist von der Ebene bis in Höhen um 1700 m anzutreffen. Ihre Verbreitung erstreckt sich über die ganze Nordhalbkugel, hat aber einen deutlichen Schwerpunkt im mittleren und nördlichen Eurasien.

Biologie: Kennzeichnend für die Familie der Kreuzblütler ist der Blütenbau: Je 4 Kelch- und Kronblätter stehen übers Kreuz. Weiter fallen die 6 Staubblätter auf, von denen die beiden äußeren kürzer als die 4 inneren sind. Typisch sind auch die Früchte, die bei der Reife mit 2 Klappen aufspringen. Diese Früchte nennt man allgemein Schoten; wenn sie höchstens dreimal so lang wie breit oder kürzer sind, spricht man von Schötchen.

3 Gemeines Hirtentäschelkraut
Capsella bursa-pastoris

Merkmale: Das Hirtentäschelkraut ist ein häufiges »Unkraut«, das bis zu 40 cm hoch wird. Auffällig ist die grundständige Rosette aus fiederteiligen Blättern. Die Pflanze besitzt kleine weiße Blüten und blüht von März bis Oktober. Familie: Kreuzblütler (Brassicaceae).
Vorkommen: Das Hirtentäschelkraut findet man verbreitet an Wegrändern, auf Äckern und auf Brachflächen. Es kommt bis in 2000 m Höhe vor und ist heute als Kulturbegleiter in den gemäßigten Zonen weltweit verbreitet.
Biologie: Die Früchte sind ein ganz wichtiges Bestimmungsmerkmal der Kreuzblütler. Beim Hirtentäschelkraut hat ihre Form der ganzen Pflanze den Namen gegeben.

4 Acker-Hellerkraut
Thlaspi arvense

Merkmale: Die weißen Blüten, von April bis Oktober zu sehen, sind in endständigen Trauben angeordnet. An den typischen flachen, fast runden Schötchen kann man die Pflanze leicht erkennen. Sie wird 10 bis 40 cm hoch. Familie: Kreuzblütler (Brassicaceae).
Vorkommen: Man trifft die Pflanze auf Äckern, Getreidefeldern und Brachlandflächen bis in etwa 1300 m Höhe an. Sie ist mit Ausnahme des östlichen Mittelmeerraumes über ganz Europa und über weite Teile Asiens verbreitet.
Biologie: Das Hellerkraut ist seit der jüngeren Steinzeit ein Kulturbegleiter des Menschen.

1 Gemeine Zaunwinde
Calystegia sepium

Merkmale: Auffälligstes Kennzeichen der Zaunwinde sind die windenden Stengel, dann aber vor allem die großen, weißen, tütenförmigen Blüten, die einen Durchmesser von 6 cm erreichen (Blütezeit: Juli bis September). Außerdem fallen die großen, pfeilförmigen Blätter auf. Die Pflanze kann 3 m hoch werden. Familie: Windengewächse (Convolvulaceae).
Vorkommen: Man kann der Zaunwinde an Zäunen und Wegrändern, in staudenreichen Unkrautfluren und an ähnlichen Stellen begegnen. Vertikal liegt die Verbreitungsgrenze bei 750 m.
Biologie: Eine Möglichkeit für Pflanzen, sich in den Genuß der zum Wachsen nötigen Lichtmengen zu bringen, ist, sich an benachbart stehenden Pflanzen, an Mauern, Zäunen oder anderen Gegenständen emporzuwinden. Ein schönes Beispiel dafür ist die Zaunwinde.

2 Gemeiner Augentrost, Wiesen-Augentrost
Euphrasia rostkoviana

Merkmale: Der Augentrost blüht von Mai bis Oktober. Die weißen oder blaßlila Blüten mit der am Rand umgeschlagenen Oberlippe und der gelb gefleckten Unterlippe sind unverkennbar. Die Blätter sind eiförmig und an der Spitze gezähnt. Ihr breiter Blattgrund umschließt den Stengel. Der Stengel ist flaumig behaart. Die Pflanze ist einjährig und wird bis 25 cm hoch. Familie: Rachenblütler (Scrophulariaceae).
Vorkommen: Diesen Rachenblütler findet man verbreitet auf mageren Fettwiesen und Weiden von ebenen Lagen bis in rund 2300 m Höhe.
Biologie: Augentrost – das ist der Name einer Heilpflanze. Tatsächlich werden die Pflanzen (ohne die Wurzeln) zur Blütezeit gesammelt und getrocknet. Der aufgegossene Tee enthält Substanzen, die gegen Bindehautentzündung, Tränensackentzündung und Heuschnupfen wirken. Die Pflanze ist ein Halbschmarotzer, d. h. sie kann noch selbst Fotosynthese durchführen, zapft aber andere Pflanzen an, um Nährsalze und Wasser für sich abzuzweigen.

3 Großer Wegerich
Plantago major

Merkmale: Der Große Wegerich ist die stattlichste der 3 Wegerich-Arten (Familie: Wegerichgewächse, Plantaginaceae), denen man auf Exkursionen durch Wiesen und Felder begegnen kann. Seine großen, breit-eiförmigen, tiefgrünen Blätter sind deutlich gestielt, und ihre Nervatur ist deutlich zu sehen. Die Blütenähre ist so lang wie der Schaft; die Staubfäden sind weiß oder rötlich. Die Pflanze blüht zwischen Juni und Oktober.
Der Mittlere Wegerich *(Plantago media)* hat breit-elliptische Blätter, die aber nur kurz gestielt sind. Seine Blütenähre ist viel kürzer als der Schaft. Der Spitz-Wegerich *(Plantago lanceolata)* wiederum hat etwa 15 cm lange, lanzettliche Blätter.
Vorkommen: Der Große Wegerich wächst auf Wegen und Brachland. Den Mittleren Wegerich findet man in Halbtrockenrasen und mageren Fettwiesen. Der Spitzwegerich gedeiht auf Wiesen und Weiden, auf Äckern und an Wegrändern.
Biologie: Der Große Wegerich ist eine so zähe Pflanze, daß sie sich auch auf Feldwegen halten kann. Man sagt, sie ist trittfest.

4 Weiße Taubnessel
Lamium album

Merkmale: Die Oberlippe der Blumenkrone ist deutlich helmförmig ausgebildet. Die Unterlippe zeigt einen großen, zweilappigen Mittelzipfel und zwei kleine Nebenzipfel. Der Kelch ist fünfzähnig. Die 2 bis 2,5 cm langen Blüten stehen in den Achseln der Blätter; sie scheinen aber quirlig angeordnet zu sein. Die Blätter erinnern in der Form und den hervortretenden Aderung an die Brennessel. Die Pflanze wird bis 50 cm hoch. Familie: Lippenblütler (Lamiaceae).
Vorkommen: Die Weiße Taubnessel wächst truppweise auf stickstoffreichem Untergrund, an Wegrändern, Zäunen, Hecken und auf Schuttplätzen.
Biologie: Im Aussehen erinnern die Taubnesseln an die Brennesseln, mit denen sie aber nicht nah verwandt sind. Die Pflanzen haben keine Brennhaare, daher der Name »Taubnessel«.

1 Gänseblümchen
Bellis perennis

Merkmale: Das Gänseblümchen blüht von Februar bis November. Über die Blattrosette erheben sich die Blütenköpfchen, die am Ende von nicht beblätterten Stengeln sitzen. Sie setzen sich aus gelben Röhrenblüten und einem Kranz weißer Zungenblüten zusammen. Während die gelben Röhrenblüten fertil sind, sind die weißen äußeren Blüten steril; sie haben nur die Aufgabe, bestäubende Insekten anzulocken. Insgesamt wird das Gänseblümchen bis zu 20 cm hoch. Es ist eine ausdauernde Pflanze, die mit ihrem Wurzelstock überwintert. Familie: Köpfchen- bzw. Korbblütler (Asteraceae).
Vorkommen: Das Gänseblümchen ist in ganz Europa überall auf Wiesen und Weiden häufig anzutreffen. Zusagende Standorte werden von ebenen Lagen bis in Höhen von rund 1900 m besiedelt.
Biologie: Die Blütenköpfchen schließen sich gegen Abend und öffnen sich am Morgen wieder.

2 Gemeine Schafgarbe
Achillea millefolium

Merkmale: Auf den ersten Blick scheint die Schafgarbe nicht zu den Köpfchenblütlern zu gehören. Bei ihr stehen die einzelnen Blütenköpfchen in einer doldenähnlichen Anordnung zusammen. Gerade hieran kann man die Pflanze gut erkennen. Sie blüht von Juni bis Oktober. Die wechselständigen, doppelt fiederteiligen Blätter weisen jeweils über 10 Fiedern auf. Der Stengel ist aufrecht und beblättert. Die ausdauernde, kräftige Pflanze wird 15 bis 50 cm hoch. Familie: Köpfchen- bzw. Korbblütler (Asteraceae).
Vorkommen: Man findet die Pflanze verbreitet auf Fettwiesen und fetten Weiden, in Halbtrockenrasen- und Sandrasen-Gesellschaften, auf Äckern und auf Ruderalstandorten. Sie wächst in der Ebene so gut wie in mittleren Höhenlagen bis 1900 m. Sie ist über ganz Europa verbreitet und kommt in der gemäßigten Zone heute weltweit vor.
Biologie: Die Schafgarbe wurzelt bis zu 90 cm tief. Als Wurzelkriecher kommt ihr einige Bedeutung als Bodenfestiger zu. Sie ist zudem eine alte Heilpflanze.

3 Wiesen-Wucherblume, Margerite
Chrysanthemum leucanthemum

Merkmale: Die Wiesen-Wucherblume ist leicht an den großen, aus weißen Zungenblüten und gelben Röhrenblüten zusammengesetzten Blütenköpfchen zu erkennen. Die Stengel sind teilweise verzweigt, teilweise münden sie auch unverzweigt in die Blütenköpfchen. Die Stengelblätter sind ungeteilt und haben einen gekerbtgesägten Rand. Im oberen Stengelabschnitt umfaßt der Blattgrund den Stengel, im unteren Bereich sind die Stengelblätter leicht gestielt. Die Pflanze wird 20 bis 80 cm hoch. Sie blüht von Mai bis in den Oktober hinein. Familie: Köpfchen- bzw. Korbblütler (Asteraceae).
Vorkommen: Fettwiesen, fette Weiden, aber auch Brachland, Wegränder und Magerrasen im Gebirge sind die Standorte, auf denen man die Pflanze findet. Sie kommt von der Ebene bis in Höhen um 2200 m vor.
Biologie: Die Wiesen-Wucherblume ist ein Kosmopolit, d. h. sie ist – wie viele andere Wiesen- und Ackerpflanzen – weltweit verbreitet.

4 Weiße, Schmalblättrige oder Dichter-Narzisse
Narcissus poeticus

Merkmale: Die Weiße Narzisse blüht von März bis Juni. Aufgrund ihrer auffälligen Blüten mit dem weißen Perigon und der becherförmigen, gelben, am Rand rot gewellten Nebenkrone ist die Pflanze nicht mit einer anderen Art zu verwechseln. Die Blätter werden nur 5 bis 8 mm breit. Sie zeigen die für die Einkeimblättrigen typische parallele Aderung. Die Narzisse wird 20 bis 30 cm hoch. Familie: Narzissengewächse (Amaryllidaceae).
Vorkommen: Die Weiße Narzisse ist eine Pflanze der feuchten Wiesen und Flachmoore, die nur zerstreut vorkommt. Sie besiedelt Standorte von der Ebene bis in etwa 2000 m Höhe.
Biologie: Ein schönes Gebiet, um diese Kostbarkeit der österreichischen Flora kennenzulernen, ist die Gegend um Bad Aussee. Dort (und in Mariazell) findet alljährlich ein Narzissenfest statt, das zahlreiche Besucher anlockt.

1 Scharfer Hahnenfuß
Ranunculus acris

Merkmale: Der Scharfe Hahnenfuß ist ein ganz typischer Vertreter aus der Familie der Hahnenfußgewächse (Ranunculaceae). Der Name »Hahnenfuß« bezieht sich auf die Blattform: Die Blätter der meisten Arten sind tief geteilt oder – wie beim Scharfen Hahnenfuß – gelappt. Diese Art blüht von Mai bis in den Oktober hinein. Sie wird 30 cm bis 1 m hoch. Die sichere Bestimmung der einzelnen Hahnenfuß-Arten ist nicht ganz einfach, da sich viele sehr ähneln.
Vorkommen: Der Scharfe Hahnenfuß bestimmt im Mai/Juni den Aspekt von nährstoffreichen Wiesen und Weiden. Er kommt bis in 2400 m Höhe vor und ist über ganz Europa verbreitet.
Biologie: Bei Regenwetter und bei Einsetzen der Dämmerung schließen sich die Blüten, und die Blütenstiele krümmen sich etwas herab. Der Scharfe Hahnenfuß ist giftig, solange er frisch ist. Im trockenen Heu findet man das Gift dann nicht mehr.

2 Gänse-Fingerkraut
Potentilla anserina

Merkmale: Die mehrjährige Pflanze treibt aus einer verdickten Erdknolle lange, kriechende Stengel hervor, an denen die charakteristischen Blätter sitzen. Sie werden bis 20 cm lang und sind aus 10 bis 20 einzelnen, gesägten Fiederblättchen zusammengesetzt. Auf der Oberseite sind die Blätter grün gefärbt und leicht behaart, auf der Unterseite aber auffallend silberweiß und seidenhaarig. Die Pflanze wird kaum höher als 20 cm. Auffällig sind die 5 gelben Blütenblätter. Die Blüten erreichen einen Durchmesser von 2 cm. Das Gänse-Fingerkraut blüht von Mai bis August. Familie: Rosengewächse (Rosaceae).
Vorkommen: Die Pflanze ist auf Feldwegen, an Straßenrändern, auf Schuttplätzen und ähnlichen Standorten häufig zu finden. Von der Ebene bis in Lagen um 900 m kommt sie in den gemäßigten Zonen heute weltweit vor.
Biologie: Das Gänse-Fingerkraut ist eine Pionierpflanze, die als eine der ersten Arten etwa frische Wegböschungen besiedelt.

3 Gemeiner Frauenmantel
Alchemilla vulgaris

Merkmale: Die Frauenmantel-Arten haben eine ganz charakteristische Blattform. Beim Gemeinen Frauenmantel sind die lang gestielten, rundlichen Grundblätter nur bis maximal zu ⅓ Mitte geteilt und am Rand gezähnt. Die kleinen gelblich-grünen Blüten stehen in geknäuelten Rispen zusammen. Die Pflanze blüht zwischen Mai und September. Sie wird 10 bis 50 cm hoch. Familie: Rosengewächse (Rosaceae).
Vorkommen: Den Gemeinen Frauenmantel findet man verbreitet auf Wiesen und Weiden, in Quellfluren, am Rand von Gebüschen und an Waldrändern.
Biologie: Nach feucht-warmen Nächten zeigen sich morgens an den Blatträndern des Frauenmantels große Wassertropfen. Die Tropfen sind aber nicht etwa Tautropfen, sie werden vielmehr von der Pflanze aktiv ausgeschieden. Diese Erscheinung bezeichnet man als Guttation.

4 Echter Steinklee
Melilotus officinalis

Merkmale: Die zweijährige, 30 bis 90 cm hohe Pflanze ist leicht an folgenden Merkmalen zu erkennen: Die kleinen gelben Blüten – man sieht sie von Juni bis September – stehen in 4 bis 10 cm langen Blütentrauben angeordnet. Der kantige Stengel ist verzweigt. In Abständen sitzen daran die dreizähligen Blätter, die allerdings andere Klee-Arten in ähnlicher Form auch haben. Familie: Schmetterlingsblütengewächse (Fabaceae). Neben dem gelb blühenden Echten Steinklee gibt es eine ganz ähnlich aussehende, nah verwandte, aber weiß blühende Art, den <u>Weißen Steinklee</u> *(Melilotus albus)*.
Vorkommen: Man findet den Echten Steinklee verbreitet in lichten Unkrautfluren, an Wegrändern, Bahndämmen, Erdanrissen und auf Ödlandflächen. Die vertikale Verbreitungsgrenze liegt in 800 bis 900 m Höhe. Die Art kommt in ganz Europa und darüber hinaus in der gemäßigten Zone weltweit vor.
Biologie: Der Steinklee ist eine Pionierart, die Rohböden besiedelt. Er hat einige Bedeutung als Bienenweide und ist eine altbekannte Heilpflanze.

1

2

3

4

1 Hopfenklee
Medicago lupulina

Merkmale: Der Hopfenklee hat einen 10 bis 30 cm langen, oft liegenden, kantigen Stengel und dreizählige Blätter. Die verkehrt-eiförmigen Fiedern sind beiderseits anliegend behaart. Die gelblichen Blüten werden kaum größer als 5 mm. Sie stehen zu 10 bis 50 in fast kugeligen Trauben zusammen. Die Pflanze blüht zwischen Mai und September. Familie: Schmetterlingsblütengewächse (Fabaceae).
Vorkommen: Dem Hopfenklee begegnet man auf Wiesen, Magerrasen und an Wegrändern und Bahndämmen. Er kommt bis in 1400 m Höhe vor.
Biologie: Eine nah verwandte Art ist die Luzerne *(Medicago sativa).* Sie hat blaue, violette, weißliche, gelbliche oder grünliche Blüten, wird als wertvolle Futterpflanze angebaut und verwildert oft. Ihre Heimat ist Vorderasien.

2 Gemeiner Hornklee
Lotus corniculatus

Merkmale: Die Pflanze wird 5 bis 30 cm hoch. Die gelben Blüten werden 15 mm lang; je 2 bis 7 bilden eine kleine Dolde, die am Grund 3 kleine Hochblätter aufweist. Die Blütezeit liegt zwischen Mai und August. Familie: Schmetterlingsblütengewächse (Fabaceae).
Vorkommen: Auf Wiesen und Halbtrockenrasen, an Wegrändern und ähnlichen Stellen begegnet man dem Hornklee recht häufig. Er ist über große Teile Eurasiens verbreitet, mit Schwerpunkt im mittleren und westlichen Bereich, und kommt bis in Höhen um 2300 m vor.
Biologie: Der Hornklee ist ein Rohbodenbesiedler und Bodenverbesserer. Darüber hinaus hat er als Bienenweide und als wertvolle Futterpflanze Bedeutung.

3 Gewöhnliches Stiefmütterchen
Viola tricolor

Merkmale: Die Blüten des Stiefmütterchens werden bis 2,5 cm breit und können in der Farbe stark variieren. Es kommen hellgelb und weißlich blühende Exemplare vor, aber auch rötlich-blau und blauviolett blühende. Der Sporn der Blüten ist höchstens halb so lang wie die Kronblätter. Stiefmütterchen blühen von Mai bis Oktober. Auffällig sind die in 3 Klappen aufspringenden Kapselfrüchte. An dem kahlen, verzweigten Stengel sitzen lanzettliche Blätter, deren Rand gezähnt ist. Die Pflanze wird 20 bis 25 cm hoch. Familie: Veilchengewächse (Violaceae).
Vorkommen: Wiesen, Äcker, Wegränder und Ödlandflächen sind die Standorte, auf denen das Stiefmütterchen gedeiht. Es ist über die kühl-gemäßigte Zone der gesamten Nordhalbkugel verbreitet und kommt mit Ausnahme von Portugal in ganz Europa vor. Die vertikale Verbreitungsgrenze liegt in etwa 1200 m Höhe.
Biologie: Jeder Gartenfreund kennt das Garten-Stiefmütterchen. Es wurde aus wilden *Viola*-Arten herausgezüchtet. Die Blüten werden meist von Bienen bestäubt.

4 Zypressen-Wolfsmilch
Euphorbia cyparissias

Merkmale: Auf den ersten Blick scheint die Wolfsmilch einen unauffällig gelblichgrünlich gefärbten Blütenstand zu haben. Bei näherem Hinsehen zeigt sich jedoch, daß das, was wie eine einzelne Blüte aussieht, für sich allein schon ein Blütenstand ist, allerdings einer mit sehr reduzierten Einzelblüten. Mehrere dieser sogenannten Cyathien sind zu einem doldenähnlichen Gesamtblütenstand vereinigt. Die Zypressen-Wolfsmilch blüht von April bis Juli. Sie hat nur wenige Millimeter breite Blätter und wird bis 40 cm hoch. Familie: Wolfsmilchgewächse (Euphorbiaceae).
Vorkommen: Man findet die Pflanze truppweise auf mageren Weiden, an Wegrändern und auf Ödlandflächen. Ebene Lagen werden besiedelt, aber auch mittlere Gebirgslagen. Bei etwa 2200 m Höhe liegt die vertikale Verbreitungsgrenze.
Biologie: Der Name »Wolfsmilch« bezieht sich auf den weißen Milchsaft, der austritt, wenn man etwa den Stengel zerreißt oder die Pflanze anderweitig verletzt. Der Saft ist giftig, und die Pflanze wird von vielen Weidetieren verschmäht.

1

2

3

4

1 Acker-Senf
Sinapis arvensis

Merkmale: Den einjährigen Acker-Senf erkennt man an den sitzenden, borstig behaarten oberen Stengelblättern. Die 9 bis 12 mm großen Blüten sind schwefelgelb. Typisch sind die waagerecht abstehenden Kelchblätter. Der Acker-Senf blüht von Juni bis September. Die Samen sind schwarz. Die ganze Pflanze wird 20 bis 60 cm hoch. Familie: Kreuzblütler (Brassicaceae). Gelb blühende Kreuzblütler sind insgesamt nicht einfach zu bestimmen, und man ist auf eine Bestimmungsflora angewiesen.
Vorkommen: Der Senf ist ein häufiges Ackerkraut. Man findet ihn zudem an Wegrändern und auf Brachland. Er wächst bis in 1200 m Höhe.
Biologie: Aus den Samen der Pflanze kann tatsächlich Senf hergestellt werden, aber besser geeignet sind dafür die Samen des verwandten Kultur-Senfes.

2 Wiesen-Schlüsselblume, Duftende Schlüsselblume, Frühlings-Schlüsselblume
Primula veris

Merkmale: Die jungen Blätter stehen nach oben, sind runzelig und an den Rändern eingerollt. Später verschwindet die Runzelung fast, die Eiform kommt zur vollen Entwicklung, und die Blätter senken sich. Über die typische Blattrosette erheben sich meist mehrere, 20 cm hohe Blütenstengel, die fein behaart sind. Der Blütenstand ist eine Dolde, die sich aus vielen goldgelben Einzelblüten zusammensetzt. Ihr Blütensaum ist vertieft, und es fallen 5 rote Flecken im Schlund der Blüten auf. Der Kelch ist glockig aufgeblasen, und die Blüten duften – im Gegensatz zur Wald-Schlüsselblume (siehe Seite 204)! Familie: Primelgewächse (Primulaceae).
Vorkommen: Die Wiesen-Schlüsselblume gedeiht am besten auf trockeneren Wiesen, Kalkmagerrasen, an Rainen und Waldrändern. Sie ist über fast ganz Europa und vertikal bis in Höhen um 1700 m verbreitet.
Biologie: Die Wiesen-Schlüsselblume gehört zu den ersten blühenden Pflanzen im Frühling. Sie ist ausdauernd und überwintert mit einem kurzen, dicken Wurzelstock. Dieser dient als Vorratsspeicher für die Stoffe, die die Pflanze zum zeitigen Erblühen im folgenden Frühjahr braucht.

3 Echtes Labkraut
Galium verum

Merkmale: Wie bei vielen anderen *Galium*-Arten, stehen auch die Blätter des Echten Labkrautes in Quirlen. Bei dieser Art stehen sie zu 8 bis 12 zusammen. Sie werden 15 bis 25 mm lang, sind 2 bis 8 mm breit und enden in einer Stachelspitze. Der Stengel ist stumpf bis rund. Die Pflanze wird 30 cm bis 1 m hoch. Die Blüten sind gelb gefärbt und stehen in endständigen Rispen zusammen. Das Echte Labkraut blüht von Juni bis September. Familie: Rötegewächse (Rubiaceae).
Vorkommen: Das Echte Labkraut kommt auf trockenen Wiesen und an den Rändern von Wegen, Hecken und lichten Feldgehölzen vor. Es besiedelt Lagen von der Ebene bis in 1150 m Höhe.
Biologie: Der Name »Labkraut« bezieht sich darauf, daß aus den Pflanzen – vor allem aus dem Echten Labkraut – früher Lab gewonnen wurde. Es handelt sich hierbei um Enzyme, die Milch schnell zum Gerinnen bringen.

4 Zottiger Klappertopf
Rhinanthus alectorolophus

Merkmale: Die Pflanze hat eine deutlich zweilippige, gelbe Blüte mit einer schwach gekrümmten Kronröhre. Sie blüht von Mai bis Juli. Die Stengelblätter sind eiförmig bis lanzettlich, die Hochblätter sind gesägt. Stengel, Hochblätter und Kelch sind zottig behaart (Name!). Der Klappertopf wird 10 bis 50 cm hoch. Familie: Rachenblütler (Scrophulariaceae).
Vorkommen: Man findet den Klappertopf auf Fettwiesen in warmen Lagen, auf Halbtrockenrasen und ähnlichen Flächen bis in 2300 m Höhe. Er wächst meist gesellig.
Biologie: Der Klappertopf ist ein Halbschmarotzer. Er entzieht den Wurzeln der Nachbarpflanzen (Gräser) Nährstoffe, kann aber selbst auch Fotosynthese machen.

1

2

3

4

1 Rainfarn
Chrysanthemum vulgare

Merkmale: Eines fällt beim Betrachten des Rainfarns sofort ins Auge: Seinen Blütenköpfchen fehlen Zungenblüten; es sind lediglich gelbe Röhrenblüten vorhanden. Die Pflanze blüht von Juli bis September. Am Stengel sitzen gefiederte Blätter, die ihrerseits aus 8 bis 12 länglich-lanzettlichen, fiederschnittig gesägten Blättchen aufgebaut sind. Die Form der Fiederblätter erinnert an die mancher Farne (Name!). Die Pflanze wird 40 cm bis 1,20 m hoch. Familie: Köpfchen- bzw. Korbblütler (Asteraceae).
Vorkommen: Der Rainfarn ist eine häufige Pflanze, die man überall in staudenreichen Unkrautfluren, an Wegrändern, Bahndämmen, an Feldrainen und ähnlichen Stellen sehen kann. Meist wächst er gesellig. Seine Vorkommen liegen bis in etwa 1000 m Höhe. Die Pflanze ist heute weltweit verbreitet.
Biologie: Sowohl die gelben Blütenköpfe wie auch die Blätter werden als Hausmittel gegen Innenparasiten, Magen- und Blasenerkrankungen angewendet.

2 Huflattich
Tussilago farfara

Merkmale: Den Huflattich wird man leicht erkennen und im Gedächtnis behalten. Zum einen fällt die Pflanze durch ihren frühen Blühtermin auf. Bereits im Februar findet man blühende Exemplare; die Blütezeit erstreckt sich aber bis in den April hinein. Während dieser Zeit wird man vergeblich nach den Blättern suchen. Nur die blütentragenden Stengel mit den kleinen Schuppenblättern ragen jetzt aus dem Boden. Erst nach der Blüte wachsen die herzförmigen Blätter heran, die etwa an die Form eines Pferdehufes erinnern (Name!). Waren die Stengel zur Blütezeit nur 10 bis 15 cm hoch, so wachsen sie mit der Samenreife auf etwa die doppelte Höhe aus. Familie: Köpfchen- bzw. Korbblütler (Asteraceae).
Vorkommen: Der Huflattich kommt an Wegen, in Kiesgruben, an Wiesenrändern, an Äckern und auf Erdanrissen vor. Höhen bis 2300 m werden besiedelt. Die Pflanze ist heute in der gemäßigten Zone weltweit verbreitet.
Biologie: Das Wachstum der Blütenstengel nach der Bestäubung der Blüten hat einen Sinn: Ein größerer Abstand vom Boden bedeutet eine erhöhte Wahrscheinlichkeit, daß die mit Flughaaren versehenen Samen weit fliegen.

3 Wiesen-Bocksbart
Tragopogon pratensis

Merkmale: Die großen goldgelben Blütenköpfchen des Bockbarts fallen sofort auf. Sie enthalten nur Zungenblüten und können einen Durchmesser von 8 cm erreichen. Die Pflanze blüht von Mai bis Juli. Die ganzrandigen Blätter sind unauffällig linealisch. Die Pflanze wird bis 70 cm hoch. Familie: Köpfchen- bzw. Korbblütler (Asteraceae).
Vorkommen: Die Pflanze kommt auf Fettwiesen und Halbtrockenrasen vor. Höhen bis 1700 m werden besiedelt.
Biologie: Bereits in den späten Vormittagsstunden schließen sich die Blütenköpfchen des Wiesen-Bocksbarts, und im hohen Pflanzenbestand einer Wiese übersieht man die Pflanze dann ziemlich leicht.

4 Gemeiner Löwenzahn
Taraxacum officinale

Merkmale: Typisch ist die Blattrosette mit den gezähnten oder fiederspaltigen Blättern. Über die Rosette erheben sich an bleichen, hohlen, weißen Milchsaft enthaltenden Stengeln die zahlreichen gelben Blütenköpfchen. Sie enthalten nur Zungenblüten. Der Löwenzahn blüht im April/Mai. Die Pflanze besitzt eine bis 2 m lange Pfahlwurzel und ist wohl zusammen mit dem Gänseblümchen der bekannteste Vertreter der Familie der Köpfchen- bzw. Korbblütler (Asteraceae) in der mitteleuropäischen Flora.
Vorkommen: Der Löwenzahn bestimmt den Frühlingsaspekt der Fettwiesen. Daneben kommt er auf Unkrautfluren, an Wegrändern und auf Ruderalstandorten bis in Höhen von etwa 2500 m vor. Die Pflanze ist weltweit verbreitet.
Biologie: An den Samen sitzen Flughaare mit einer Krone, die wie ein Gleitschirm wirkt. Der Wind kann die Samen leicht sehr weit verfrachten.

1

2

3

4

1 Klatsch-Mohn
Papaver rhoeas

Merkmale: Mit seinen scharlachroten Blüten von 4 bis 8 cm Durchmesser ist der Klatsch-Mohn eine sehr auffällige Pflanze. Sie blüht von Mai bis Juli. Wichtigstes Merkmal der Mohn-Arten, das auch zur Bestimmung herangezogen wird, ist die Samenkapsel, die in der Blüte bereits erkennbar ist, aber erst nach der Bestäubung der Blüten zur vollen Größe und typischen Gestalt heranwächst. Familie: Mohngewächse (Papaveraceae).
Vorkommen: Ursprünglich von seiner Verbreitung her auf den eurasiatischen Raum beschränkt, wurde der Klatsch-Mohn überall hin verschleppt. Ödlandflächen, Wegränder, Schuttplätze und Bahndämme sind Standorte, auf denen die Pflanze üppig gedeiht. Sie ist heute fast weltweit verbreitet.
Biologie: Die trockene Mohnkapsel wirkt als Streubüchse, und der Wind kann die winzigen Samen eine ganze Strecke weit verfrachten. Früher gab es den Klatsch-Mohn in Getreidefeldern viel häufiger als heute. Die Pflanze verschwand mehr und mehr, als zunehmend die Saatgutreinigung durchgeführt wurde.

2 Gemeiner Erdrauch
Fumaria officinalis

Merkmale: Der Gemeine Erdrauch ist eine einjährige Pflanze, die man von Mai bis Oktober blühend antreffen kann. Seine Kennzeichen sind der verzweigte Stengel, die doppelt gefiederten Blätter und die schwarzroten Blüten, die zu mehreren in Trauben an den Enden der Stengel stehen. Die Pflanze wird 10 bis 30 cm hoch. Sie ist sehr formenreich, und es gibt außerdem noch 4 teilweise recht ähnliche Arten in Mitteleuropa, die ebenfalls an den Standorten vorkommen können, wo der Gemeine Erdrauch zu finden ist. Familie: Mohngewächse (Papaveraceae).
Vorkommen: Die Pflanze kommt bis in Höhen um 900 m ziemlich häufig in offenen Unkrautfluren vor, etwa auf Äckern und in Weinbergen. Sie ist über fast ganz Europa verbreitet.
Biologie: Der Erdrauch ist eine alte Heilpflanze, die verschiedene Alkaloide enthält, vor allem das nach ihr benannte Fumarin. Die ganze Pflanze wird gesammelt, getrocknet und als Tee zubereitet. Hautkrankheiten und Verdauungsstörungen können damit behandelt werden.

3 Wiesen-Klee, Rot-Klee
Trifolium pratense

Merkmale: Beim Wiesen-Klee stehen die rötlichen Blüten am Ende verzweigter Stengel in Köpfen vereinigt. Die Pflanze blüht von Mai bis September. Als Bestäuber der Kleeblüten beobachtet man vor allem Hummeln. Typisch sind die dreizähligen Blätter. Die Art wird 10 bis 30 cm, manchmal auch bis 40 cm hoch. Familie: Schmetterlingsblütengewächse (Fabaceae).
Vorkommen: Der Wiesen-Klee kommt verbreitet auf Fettwiesen und fetten Weiden vor, auch auf regelrechten Naßwiesen. Eine besondere Unterart findet man auf den Alpenweiden noch bis in 2200 m Höhe. Manchmal wird der Klee felderweise als Futterpflanze angebaut.
Biologie: Die Pflanze kann mit Hilfe von Bakterien, die in den sogenannten Wurzelknöllchen leben, Luftstickstoff binden. Aus diesem Grund eignen sich der Rot-Klee und verschiedene weitere Arten aus der Familie der Schmetterlingsblütengewächse zur Gründüngung: Man sät die Fläche ein und pflügt sie später mitsamt den Pflanzen um. Man hat berechnet, daß ein Hektar Lupinen – ebenfalls ein Schmetterlingsblütengewächs – in der Vegetationsperiode über 200 kg Stickstoff zu binden vermag. Schmetterlingsblütengewächse werden also gezielt zur Bodenverbesserung eingesetzt.

1 Rote Lichtnelke
Melandrium rubrum

Merkmale: Die ausdauernde, bis 1 m hohe Pflanze ist am ehesten in blühendem Zustand zu erkennen. Die roten Blüten stehen zu Trugdolden vereinigt an den Enden drüsig behaarter Stengel. Sie blüht von April bis August. Die Pflanze wird 30 bis 80 cm hoch. Familie: Nelkengewächse (Caryophyllaceae).
Vorkommen: Die Rote Lichtnelke trifft man regelmäßig auf feuchten, nährstoffreichen Böden an. Sie kommt in Wiesen und lichten Wäldern vor, die von der Ebene bis ins Hochgebirge hinauf liegen können.
Biologie: Die Blüten der Lichtnelke werden vor allem von verschiedenen Tagfaltern und von Hummeln bestäubt. Entsprechend ist ihr Bau: Die Kronblätter stehen flach ausgebreitet, und der Nektar liegt tief verborgen in einer engen Röhre.

2 Kuckucks-Lichtnelke
Lychnis flos-cuculi

Merkmale: Die Kuckucks-Lichtnelke ist leicht an den rosaroten Blüten mit den zerschlitzten Kronblättern zu erkennen. Die Blüten haben einen Durchmesser von bis zu 3 cm. Die Pflanze blüht von Mai bis Juli. Ihr Stengel ist verzweigt und trägt schmal-lanzettliche Blätter. Die Grundblätter sind gestielt und haben die Form eines Spatels. Die Pflanze wird 30 bis 60 cm, manchmal auch bis 90 cm hoch. Familie: Nelkengewächse (Caryophyllaceae).
Vorkommen: Die Pflanze wächst in Fett- und Sumpfwiesen auf nassen Böden. Sie kommt von der Ebene bis in 1400 m Höhe vor. Ihre Verbreitung erstreckt sich über die humiden Gebiete Europas und Asiens.
Biologie: Die Namensgebung bei dieser Pflanze führt man darauf zurück, daß man an ihr oft den sogenannten Kuckucksspeichel findet. Es lohnt sich also, besonders bei dieser Art nach den Schaumnestern der Larven der Schaumzikade zu suchen (siehe Seite 74).

3 Schlangen-Knöterich, Wiesen-Knöterich
Polygonum bistorta

Merkmale: Kennzeichen des Knöterichs sind die eiförmig-länglichen, zugespitzten Blätter mit dem wellig-geflügelten Blattstiel und die walzliche Blütenähre mit den dicht an dicht sitzenden Einzelblüten. Die Wurzel ist verdickt und schlangenförmig gekrümmt (Name!). Die Pflanze wird 30 bis 80 cm hoch und blüht von Mai bis Juli. Familie: Knöterichgewächse (Polygonaceae).
Vorkommen: Auf Wiesen und Äckern begegnet man verschiedenen Knöterich-Arten. Der Schlangen-Knöterich kommt auf relativ feuchten Wiesen, in Auwäldern und in Hochstaudenfluren bis in 1800 m Höhe vor. Er ist über die gesamte Nordhalbkugel verbreitet.
Biologie: Die Pflanze hat eine gewisse Bedeutung als Bienenweide und als Viehfutter.

4 Rote Taubnessel
Lamium rubrum

Merkmale: Die Oberlippe der Blumenkrone ist deutlich helmförmig ausgebildet. Die Unterlippe zeigt 1 großen, zweilappigen Mittelzipfel und 2 kleine Nebenzipfel. Der Kelch ist fünfzähnig. Die roten Blüten stehen in den Achseln der Blätter; sie stehen am Sproßende gehäuft. Die Blätter sind herzförmig. Die Pflanze wird 10 bis 30 cm hoch. Familie: Lippenblütler (Lamiaceae).
Vorkommen: Die Rote Taubnessel ist weit verbreitet. Sie wächst meist herdenweise auf Äckern, an Wegrändern, Zäunen, Hecken und auf Brachland. Ihre Verbreitungsgrenze liegt im Gebirge in etwa 1500 m Höhe.
Biologie: Auf ähnlichen Standorten wie die Rote Taubnessel trifft man auch die Weiße Taubnessel (siehe Seite 42) an.

1

2

3

4

1 Gemeine Pestwurz
Petasites hybridus

Merkmale: Die Pestwurz trifft man schon im zeitigen Frühjahr blühend an. Von März bis Mai sieht man die großen, rötlichen Blütenstände, die meist nicht höher als etwa 30 cm werden (siehe kleines Foto). Sie sind aus vielen einzelnen Blütenköpfchen zusammengesetzt. Hier wird deutlich, warum die Pestwurz-Arten zu den Köpfchenblütlern zählen. Nach der Blüte wird die ganze Pflanze auffälliger: Zum einen wächst der blütentragende Stengel deutlich in die Höhe (bis zu 1 m), und die einzelnen Blütenstände werden zu länglichen Rispen auseinandergezogen. Zum anderen erscheinen die Laubblätter, die 60 cm breit werden können. Sie haben eine etwa herzförmige Gestalt (siehe großes Foto). Familie: Köpfchen- bzw. Korbblütler (Asteraceae).

Vorkommen: Die Gemeine Pestwurz findet man auf Naßwiesen, an Bach- und Flußufern – also an Standorten mit feuchtem Boden und hoher Luftfeuchtigkeit. Oft sind ausgedehnte Bestände zu sehen. Die Pflanze kommt von der Ebene bis in 1500 m Höhe vor und ist über fast ganz Europa verbreitet.

Biologie: Die Pestwurz ist zweihäusig. Es treten also männliche und weibliche Exemplare auf, die man an der unterschiedlichen Größe der Blütenköpfchen auseinanderhalten kann: Die männlichen Blütenköpfchen sind größer, aber kürzer gestielt.

2 Acker-Kratzdistel, Acker-Distel
Cirsium arvense

Merkmale: Die Acker-Kratzdistel blüht im Juli/August. Die schmutzig-lila Blütenköpfchen setzen sich teilweise aus eingeschlechtigen Blüten zusammen. Der Stengel ist reich beblättert und verzweigt, wobei die einzelnen Äste nicht immer Blütenköpfchen tragen. Die Blätter sind tief gelappt, manchmal auch nur eingebuchtet. Sie laufen am Stengel nicht oder kaum herab. Die Pflanze wird 50 cm bis 1,20 m hoch. Familie: Köpfchen- bzw. Korbblütler (Asteraceae).

Vorkommen: Die Acker-Kratzdistel ist überall in Unkrautfluren, auf Äckern, an Wegrändern und auf Ruderalflächen verbreitet. Die Pflanze kommt von der Ebene bis in Höhen um 1300 m vor.

Biologie: Die Samen haben Flughaare und werden durch den Wind verfrachtet.

3 Gemeine Flockenblume
Centaurea jacea

Merkmale: Die Pflanze wird 20 bis 80 cm hoch. Der aufrechte Stengel ist kantig und fühlt sich rauh an. Die oberen, lanzettlichen Stengelblätter sind sitzend, die unteren weisen meist einen sichtbaren Stiel auf und sind manchmal gelappt oder gefiedert. Die Blütenköpfchen sind rötlich bis purpurn gefärbt. Auffällig sind die strahlig vergrößerten Randblüten. Die Pflanze blüht von Juni bis Oktober. Familie: Köpfchen- bzw. Korbblütler (Asteraceae).

Vorkommen: Die Gemeine Flockenblume gedeiht auf Wiesen und Trockenhängen, aber auch an Wegrändern und auf Brachland. Sie kommt bis in 1900 m Höhe vor und ist eurasiatisch verbreitet.

Biologie: Die Art ist formenreich. Verschiedene Unterarten sind beschrieben, die unterschiedliche Standortansprüche haben und unterschiedlich verbreitet sind.

1 Herbst-Zeitlose
Colchicum autumnale

Merkmale: Um diese Pflanze bildhaft zu beschreiben, könnte man sagen, sie sei ein im Spätsommer und Herbst rosa bis blaßviolett blühender, etwa 20 cm hoher Krokus. Zur Blütezeit – August bis Oktober – wird man nach den meist 3 glänzend-grünen, 15 bis 20 cm langen Blättern vergeblich suchen. Diese erscheinen erst im kommenden Frühjahr, und in deren Mitte sitzt dann die große Fruchtkapsel. Familie: Liliengewächse (Liliaceae).
Vorkommen: Die Herbst-Zeitlose kommt auf feuchten Wiesen bis in 2000 m Höhe vor. Sie hat ihren Verbreitungsschwerpunkt in Zentraleuropa.
Biologie: Die Pflanze ist perfekt an den Mährhythmus der Fettwiesen angepaßt. Nach dem letzten Schnitt blüht sie, und vor dem ersten Schnitt im folgenden Jahr bildet sie Früchte aus.

2 Mücken-Händelwurz, Große Händelwurz, Friggagras, Mücken-Nacktdrüse
Gymnadenia conopea

Merkmale: Die Blüten besitzen eine dreilappige Lippe. Die Blütenfarbe kann von zart rosa bis hellrot variieren. Der dünne, fadenförmige Sporn der Blüte ist länger als der Fruchtknoten. Er ist ein wichtiges Artmerkmal, denn bei der nahe verwandten, sehr ähnlich aussehenden Wohlriechenden oder Kleinen Händelwurz *(Gymnadenia odoratissima)* ist der Sporn kürzer als der Fruchtknoten. Über die schmalen, langen Blätter erhebt sich der die Blütenähre tragende Stengel. Die Mücken-Händelwurz wird 30 bis 60 cm hoch. Sie überdauert mit einer geteilten Knolle. Nach Fundort unterschiedlich, blühen beide Arten in der Zeit von Mai bis Juli. Familie: Knabenkrautgewächse (Orchidaceae).
Vorkommen: Die Mücken-Händelwurz kommt in Kalkmagerrasen, auf rasigen Böschungen, in Flach- und Quellmooren noch ziemlich häufig und gesellig vor. Die verwandte Wohlriechende Händelwurz kommt auf Moorwiesen und in Nadelwäldern vor. Beide Händelwurz-Arten sind sowohl in der Ebene zu finden als auch in Höhen bis zu 2300 m.

Biologie: Die Familie der Knabenkrautgewächse (Orchidaceae) umfaßt etwa 15000 Arten, die auf rund 500 Gattungen verteilt sind. Der größte Teil kommt in den tropischen Regenwäldern vor. Aber auch die anderen Lebensräume von den Steppen bis zum Hochgebirge werden besiedelt. In Mitteleuropa sind rund 60 Orchideen-Arten beheimatet; und auch hier werden die unterschiedlichsten Lebensräume vom Hochgebirge über Wälder verschiedenster Ausprägungen bis hin zu Sumpfwiesen besiedelt. Ein besonders orchideenreicher Lebensraum sind trockene Grasflächen.

3 Breitblättriges Knabenkraut
Dactylorhiza majalis

Merkmale: Die Arten aus den nah verwandten Gattungen *Dactylorhiza* und *Orchis* sind sehr typische Orchideen. Das Breitblättrige Knabenkraut fällt mit seinen kräftigen, parallelnervigen, oft dunkel gefleckten Blättern bald auf. Die Blätter sind etwa in der Mitte am breitesten und insgesamt ungefähr viermal so lang wie breit. Der hohle Stengel wird 15 bis 40 cm hoch und trägt die Blütenähre. Die Farbe der Blüten ist rot bis rotviolett. Die Art blüht im Mai/Juni. Familie: Knabenkrautgewächse (Orchidaceae).
Vorkommen: Die Pflanze kommt auf nassen Wiesen und in Quellsümpfen vor, die bis 2000 m hoch liegen können.
Biologie: Orchideen sind Stauden mit kugeligen oder zerteilten Wurzelknollen. Die Blüten sind zweiseitig-symmetrisch gebaut. Die Blütenhülle setzt sich aus 6 Blättern zusammen, die aber eine sehr unterschiedliche Form haben können. Sie sind in 2 Kreisen angeordnet. Das mittlere Blatt des inneren Kreises weicht in Form und Farbe meist deutlich von den anderen Blütenblättern ab. Es ist die sogenannte Lippe. Sie hat die Funktion, Insekten zur Bestäubung anzulocken und ihnen einen Landeplatz zu bieten. In der Blüte findet man 1 Staubblatt oder 2 Staubblätter ausgebildet. Die Pollen eines Staubbeutels sind zum sogenannten Pollinium vereinigt.

1 Gewöhnliche Küchenschelle, Gewöhnliche Kuhschelle
Pulsatilla vulgaris

Merkmale: Die Pflanze ist zur Blütezeit im März/April zwar nur 5 bis 10 cm hoch, wegen ihrer großen violetten Blüten aber kaum zu übersehen. Die 6 Blütenblätter bilden ein sogenanntes Perigon; die Blüte ist also nicht in Kelch und Krone gegliedert. Die Blüte zeigt viele gelbe Staubblätter. Die Laubblätter sind weniger auffällig. Während der Blütezeit sieht man meist nur die Hochblätter unterhalb der Blüten. Die zwei- bis dreifach gefiederten Grundblätter erscheinen erst, wenn die Pflanze verblüht ist. Familie: Hahnenfußgewächse (Ranunculaceae).
Vorkommen: Die Küchenschelle wächst auf sonnigen, trockenen Wiesenhängen auf basenreichen Böden. Sie ist hauptsächlich in Mittel- und Westeuropa verbreitet.
Biologie: Als Anpassung an trockene und warme Standorte ist die Pflanze zottig behaart. Die Haare schirmen den die Verdunstung fördernden Wind ab.

2 Zaun-Wicke
Vicia sepium

Merkmale: Die violetten Blüten der Zaun-Wicke stehen zu 2 bis 5 in kurz gestielten Trauben zusammen. Die gefiederten Blätter mit 2 bis 9 Paaren von Fiederblättchen tragen an ihrer Spitze Blattranken. Die Pflanze wird 20 bis 60 cm hoch. Familie: Schmetterlingsblütengewächse (Fabaceae).
Vorkommen: Die Zaun-Wicke kommt überall auf Fettwiesen und am Rand von Hecken und Feldgehölzen häufig vor. Sie ist von ebenen Lagen bis in Höhen um 2000 m verbreitet.
Biologie: Am Beispiel der Zaun-Wicke kann man sich gut den Bau einer Schmetterlingsblüte klarmachen. Die Blüte ist zweiseitig-symmetrisch gebaut, d.h. sie kann durch einen Schnitt in 2 spiegelbildliche Hälften zerlegt werden. Sie ist zusammengesetzt aus dem fünfzipfeligen Kelch und den 5 Kronblättern. Das obere Kronblatt ist besonders auffällig geformt, es wird Fahne genannt. Die beiden kleineren seitlichen Kronblätter heißen Flügel, die beiden unteren sind zum sogenannten Schiffchen verwachsen.

3 Acker-Witwenblume
Knautia arvensis

Merkmale: Auffällig sind die lang gestielten, violetten Blütenköpfe. Die Einzelblüten sind vierspaltig und am Rand des Kopfes größer als im Zentrum. Der Blütenkopf ist von einem Hüllkelch umgeben. Die Grundblätter sind einfach, die Stengelblätter teilweise fiederspaltig und matt graugrün. Die Hochblätter sind eiförmig bis lanzettlich. Der Stengel ist behaart oder beborstet, die Haare sind nach rückwärts gebogen. Die Pflanze wird 30 bis 80 cm hoch. Familie: Kardengewächse (Dipsacaceae).
Vorkommen: Die Acker-Witwenblume ist auf Fettwiesen, an Wegrändern, den Rändern von Feldgehölzen und Hecken und auf Feldern häufig anzutreffen. Sie kommt bis in etwa 1000 m Höhe vor und ist über fast ganz Europa und Asien verbreitet.
Biologie: Zur Verwandtschaft der Witwenblume gehören Skabiosen und Karden.

4 Natternkopf
Echium vulgare

Merkmale: Auffälligstes Merkmal dieser Pflanze sind die pyramidenförmigen Blütenstände, die aus zahlreichen glockig-trichterförmigen Einzelblüten zusammengesetzt sind. Die Blütenfarbe ist erst rötlich, dann blau. Die Pflanze blüht zwischen Juni und Oktober. Sie wird 30 cm bis 1 m hoch. Der Stengel, die länglich-lanzettlichen Stengelblätter und die Blätter der grundständigen Rosette sind steifborstig behaart. Dies ist ein allgemeines Kennzeichen der Familie der Rauhblattgewächse (Boraginaceae).
Vorkommen: Der Natternkopf kommt fast ausschließlich auf Brachland vor, etwa an Wegrändern und Bahndämmen. Steiniger Untergrund wird bevorzugt. Höhenlagen bis 1300 m werden besiedelt. Die Art ist über fast ganz Europa verbreitet.
Biologie: Der Natternkopf gehört zu den Pionierpflanzen, die sich auf Rohböden schon in einer frühen Phase ansiedeln.

1 Gamander-Ehrenpreis
Veronica chamaedrys

Merkmale: Die Blüten des Gamander-Ehrenpreises – himmelblau mit dunkleren Adern – stehen in einer kleinen Traube zusammengefaßt. Die Pflanze blüht von Mai bis August. Die Art ist gut daran zu erkennen, daß ihr 10 bis 30 cm hoher Stengel zweizeilig behaart ist. Die gekerbten Blätter sitzen direkt am Stengel an oder haben einen kurzen Stiel. Sie sind eiförmig-spitz, der Blattgrund ist abgerundet. Familie: Rachenblütler (Scrophulariaceae).
Vorkommen: Die Pflanze ist über ganz Europa bis in 2200 m Höhe verbreitet und kommt in Wiesen, an Wegrainen, an Hecken und an den Rändern von Feldgehölzen häufig vor.
Biologie: 4 Kelchblätter, 4 Kronblätter und 2 Staubblätter – das ist der Bau einer typischen Ehrenpreis-Blüte. Es gibt einige sehr ähnliche Ehrenpreis-Arten in Mitteleuropa.

2 Kriechender Günsel
Ajuga reptans

Merkmale: Der Kriechende Günsel gehört zur Familie der Lippenblütler (Lamiaceae). Die gemeinsamen Kennzeichen sind der vierkantige Stengel und die kreuzgegenständige Blattstellung, d. h. die Blätter stehen sich immer paarweise gegenüber, und benachbarte Blattpaare stehen übers Kreuz. Die Blüten sind zweiseitig-symmetrisch gebaut; man kann eine Oberlippe und eine Unterlippe unterscheiden. Der Kriechende Günsel hat einen bis 30 cm hohen Stengel. Die Blüten sind blau, ihre Oberlippe ist sehr kurz. Die Pflanze blüht von April bis Juli.
Vorkommen: Der Günsel kommt häufig auf frischen, nährstoffreichen Wiesen und in artenreichen Wäldern vor. Vertikal reicht die Verbreitung bis in 1700 m Höhe.
Biologie: Typisch sind die oberirdischen Ausläufer. Die Pflanze kann sich also geschlechtlich über Samen vermehren oder ungeschlechtlich, indem sie an den Ausläufern Tochterpflanzen bildet. Am Ende des ersten Jahres werden diese Tochterpflanzen selbständig. Sie überwintern mit der Blattrosette. Im zweiten Jahr treiben sie dann zur vollen Größe aus.

3 Gundermann, Gemeine Gundelrebe
Glechoma hederacea

Merkmale: Gute Kennzeichen des Gundermanns sind die rundlich-nierenförmigen, gekerbten Blätter und die blau-violetten Blüten, die zu zweien oder dreien in Halbquirlen zusammenstehen. Der Gundermann blüht von März bis Mai. Er wird 10 bis 15 cm hoch. Familie: Lippenblütler (Lamiaceae).
Vorkommen: Den Gundermann trifft man auf frischen bis nassen Wiesen und Weiden an. Er kommt in ganz Europa und Teilen Asiens von ebenen Lagen bis in etwa 1400 m Höhe vor.
Biologie: Die Verbreitung der Samen erfolgt häufig durch Ameisen.

4 Wiesen-Salbei
Salvia pratensis

Merkmale: Der mehrjährige Wiesen-Salbei blüht von April bis August. Auffällig sind die Blütenstände aus blau-violetten, selten auch rosafarbenen oder weißen Blüten. Die unregelmäßig gekerbten, runzelig erscheinenden Blätter sind vorwiegend in einer grundständigen Rosette angeordnet; der Stengel ist nur wenig beblättert. Die Pflanze wird – je nach den herrschenden Standortbedingungen – 30 bis 60 cm hoch. Familie: Lippenblütler (Lamiaceae).
Vorkommen: In Kalkmagerrasen und Halbtrockenrasen, auf warmen Fettwiesen, an Wegrändern und Böschungen kann man dem Wiesen-Salbei bis in 1100 m Höhe häufig begegnen.
Biologie: Bei einer jungen Salbeiblüte sieht man lediglich das Griffelende aus der Blüte hervorschauen, vielleicht gerade noch die Spitzen der Staubbeutel. Schiebt man einen Bleistift oder einen Grashalm zwischen Ober- und Unterlippe in die Blüte hinein, klappen die beiden Staubblätter mit ihren Staubbeuteln nach unten. Zieht man den Gegenstand zurück, nehmen die Staubblätter die alte Position wieder ein. Fliegt eine bestäubende Biene auf der Unterlippe an, werden die Staubbeutel auf das behaarte Hinterende der Biene gedrückt und hinterlassen dort den Pollen, den die Biene dann zur nächsten Blüte trägt.

1 Wiesen-Glockenblume
Campanula patula

Merkmale: Die Wiesen-Glockenblume wird bis 60 cm hoch, ist also eine sehr stattliche Glockenblumen-Art. Sie blüht meist hell lila. Die Blumenkrone ist bis zur Mitte gespalten. Die Kelchzipfel sind deutlich kürzer als die Kronröhre. Diese Glockenblume blüht von Mai bis August. Die Blütenstiele tragen oberhalb der Mitte 2 schmale Hochblätter. Familie: Glockenblumengewächse (Campanulaceae).
Vorkommen: Die Art wächst auf Wiesen und in Gebüschen und an deren Säumen bis in 1400 m Höhe. Sie ist weit verbreitet in Mitteleuropa.
Biologie: Die Blüten richten sich nach dem einfallenden Sonnenlicht aus.

2 Gemeine Wegwarte
Cichorium intybus

Merkmale: Bei der Wegwarte sitzen zur Blütezeit im Juli/August an verschiedenen Stellen des Stengels große, blaue Blütenköpfchen. Ihr Durchmesser kann bis 4 cm betragen. Je nach Blütezeit und Witterung schließen sich die Blütenköpfchen früher oder später gegen Abend. Die Stengelblätter haben eine länglich-lanzettliche Form, sitzen direkt am Stengel und umfassen ihn halb. Die Grundblätter sehen denen des Löwenzahns ähnlich. Die Wegwarte ist eine sparrige Pflanze, die bis 1,20 m hoch werden kann. Familie: Köpfchen- bzw. Korbblütler (Asteraceae).
Vorkommen: Man findet die Pflanze bis in Lagen um 900 m überall in Unkrautfluren, an Wegrändern, an Bahndämmen und auf Äckern.
Biologie: Die Gemeine Wegwarte ist eine mehrjährige Pflanze, die mit einer langen Pfahlwurzel überdauert. Diese Wurzel kann man in Stücke zerschneiden, trocknen und in einem Mörser zerstoßen oder gleich in der Kaffeemühle mahlen. Es ergibt sich ein schwarzbraunes Pulver, das als Kaffee-Ersatz (Zichorie) allgemein bekannt ist oder zumindest war. Die Wegwarte wurde deswegen früher felderweise angebaut; heute geschieht dies nur noch selten. Zichorienkaffee wurde noch bis zur Mitte dieses Jahrhunderts recht viel getrunken.

3 Übersehene Träubelhyazinthe, Gemeine Traubenhyazinthe, Weinberg- Traubenhyazinthe
Muscari neglectum

Merkmale: Die dunkelblauen, weiß gesäumten Blüten der Pflanze stehen in dichten, 2 bis 6 cm langen Trauben zusammen. Die Pflanze blüht von März bis Mai. Sie weist 3 bis 7 grundständige Blätter auf. Ihre Form ist linealisch, und sie werden bis 6 mm breit. Die Träubelhyazinthe wird insgesamt 20 bis 30 cm hoch. Familie: Liliengewächse (Liliaceae).
Vorkommen: Die Träubelhyazinthe wächst in Weinbergen, auf Äckern und in Halbtrockenrasen. Stets kommt sie auf Kalkuntergrund vor. Ihre Verbreitung endet vertikal in etwa 1000 m Höhe.
Biologie: Diese Pflanze gehört in die Klasse der Einkeimblättrigen Pflanzen (Monocotyledoneae). Die wesentlichen Merkmale der Klasse sind, daß die Keimlinge nur 1 Keimblatt besitzen, die Blätter fast immer parallelnervig und die Blütenkreise meist dreizählig sind.

4 Zwerg-Schwertlilie
Iris pumila

Merkmale: Die Art trägt ihren Namen wirklich zu Recht. Mit 8 bis 15 cm Höhe ist sie die kleinste mitteleuropäische Schwertlilien-Art. Die 6 bis 20 mm breiten Blätter sind stachelspitzig. Der Stengel trägt stets nur 1 Blüte. Die äußeren Blütenblätter sind zurückgeschlagen. Die Zwerg-Schwertlilie kann blauviolette Blüten haben, aber auch gelbe oder weiße. Sie blüht im April/Mai. Familie: Schwertliliengewächse (Iridaceae).
Vorkommen: Steinige, sonnige Hänge, Halbtrockenrasen und Steppenwiesen in der Ebene und im Hügelland sind der Lebensraum dieser Schwertlilie. Schöne Vorkommen liegen um den Neusiedler See herum.
Biologie: Diese Schwertlilie wird – neben verschiedenen anderen *Iris*-Arten – auch in Gärten angepflanzt und verwildert dann gelegentlich.

1

2

3

4

1 Große Brennessel
Urtica dioica

Merkmale: Die Pflanze blüht von Juni bis September. Sie ist zweihäusig, d. h. männliche und weibliche Blüten stehen auf verschiedenen Pflanzen. Die lang zugespitzten Blätter sind am Grund herzförmig, ihre Ränder sind grob gesägt. Die Pflanze wird 30 cm bis 1,20 m hoch. Sie ist ausdauernd und besitzt einen im Boden kriechenden Wurzelstock. Familie: Brennesselgewächse (Urticaceae).
Vorkommen: Die Große Brennessel findet man von der Ebene bis in etwa 2400 m Höhe überall dort, wo besonders viel Stickstoff im Boden vorhanden ist. Ursprünglich war sie auf den Raum Mittel- und Nordeurasien beschränkt. Heute ist sie weltweit verbreitet.
Biologie: Die Geobotaniker – Botaniker, die sich mit der Verbreitung von Pflanzen und deren Ursachen beschäftigen – können aus dem Vorkommen bestimmter Arten Rückschlüsse auf den jeweiligen Standort ziehen. Diese Arten nennt man Zeigerpflanzen. Die große Brennessel ist ein typischer Stickstoffzeiger.

2 Zittergras
Briza media

Merkmale: Das Zittergras ist gut an der locker ausgebreiteten Rispe zu erkennen. Die einzelnen Ährchen sind herzförmig und hängen an langen, geschlängelten Stielen. Das Süßgras blüht von Mai bis September. Familie: Süßgräser (Poaceae).
Vorkommen: Das Zittergras kommt verbreitet auf trockenen Wiesen und in Halbtrockenrasen von der Ebene bis in etwa 1900 m Höhe vor.
Biologie: Das Süßgras ist ein Anzeiger für magere Böden.

3 Wiesen-Knäuelgras
Dactylis glomerata

Merkmale: Das graugrüne, horstbildende Wiesen-Knäuelgras blüht im Mai/Juni und wird bis 1 m hoch. Es ist ein Rispengras, das aber dadurch auffällt, daß die Ährchen an den Rispenästen geknäuelt stehen. Ausläufer fehlen. Familie: Süßgräser (Poaceae).
Vorkommen: Das Knäuelgras kommt verbreitet auf Fettwiesen und in Unkrautgesellschaften, an Wegrändern und auf ähnlichen Standorten vor. Es wächst bis in Höhen von 1950 m.
Biologie: Das Gras zeigt stickstoffreichen Boden an. Es ist ein gutes Futtergras.

4 Wiesen-Fuchsschwanzgras
Alopecurus pratensis

Merkmale: Dieses Ährenrispengras blüht von Mai bis Juli und wird 40 cm bis 1 m hoch. Vom ähnlichen Wiesen-Lieschgras *(Phleum pratense)* ist das Wiesen-Fuchsschwanzgras dadurch zu unterscheiden, daß bei ersterem das Ährchen in der Form einem Stiefelknecht ähnelt. Um dies zu erkennen, muß man freilich den Gesamtblütenstand biegen oder eines der kleinen Ährchen herauslösen. Familie: Süßgräser (Poaceae).
Vorkommen: Das Wiesen-Fuchsschwanzgras kommt verbreitet in feuchten Wiesen, in Lägerfluren und in Ufergesellschaften vor. Es gedeiht von ebenen Lagen bis in Höhen um 1400 m.
Biologie: Das Gras bildet bis 10 cm lange, unterirdische Ausläufer aus. Es ist ein gutes Futtergras.

1
2
3
4

1 Hunds-Rose
Rosa canina

Merkmale: Die formenreiche Hunds-Rose ist von anderen Wildrosen dadurch zu unterscheiden, daß ihre Fiederblätter beiderseits kahl sind, und daß die Blattstiele keine Zotten aufweisen. Die weißrosa gefärbten, duftenden Blüten stehen zu mehreren in Doldenrispen zusammen. Die Blütenstiele werden etwa dreimal so lang wie die Blütenbecher. Die Pflanze blüht im Juni. Familie: Rosengewächse (Rosaceae).
Vorkommen: Die Hunds-Rose ist weit verbreitet. Sie gedeiht in Gebüschen, in Hecken und an Waldrändern. Vertikal liegt ihre Verbreitungsgrenze bei etwa 1300 m.
Biologie: Wohl jeder kennt den Ausspruch: »Keine Rose ohne Dornen.« Tatsächlich aber haben Rosen Stacheln, also Auswüchse des oberflächlichen Hautgewebes. Dornen dagegen sind verholzte Umwandlungen von Teilen des Sprosses oder der Blätter. Arten wie beispielsweise Schlehdorn und Weißdorn haben Dornen.

2 Echte Brombeere
Rubus fruticosus

Merkmale: Die weiß-rosa Blüten der Brombeere stehen zu einem lockeren Blütenstand zusammengefaßt. Die Art blüht von Mai bis August. Auffällig (und wohlschmeckend) sind die glänzenden, schwarzblauen Sammelfrüchte, die zusammen mit den kegelförmigen Blütenböden abfallen. An den mit Stacheln besetzten, verholzten Trieben sitzen drei- bis siebenzählig gefiederte Blätter. Die Blätter sind deutlich gestielt. Familie: Rosengewächse (Rosaceae).
Vorkommen: Die Brombeere kommt in vielen Formen an ganz unterschiedlichen Stellen vor. Man findet sie in Hecken und an Waldrändern, aber auch auf Ödlandflächen. Sie kommt bis in Höhenlagen um 1700 m vor.
Biologie: Die Brombeere klettert häufig an anderen Pflanzen oder festen Unterlagen empor. Immer aber bilden sich verwucherte, bis 2 m hohe Gebüsche. Als Kulturpflanze hat die Brombeere auch Einzug in die Gärten gehalten.

3 Schlehdorn, Schwarzdorn
Prunus spinosa

Merkmale: Der Schlehdorn wird bis 3 m hoch und blüht im März/April. Die weißen Blüten stehen meist einzeln über den ganzen Zweig verteilt. Nach der Blüte entfalten sich die 2 bis 5 cm langen, elliptischen, gesägten Blätter. Im Herbst sieht man die schwarzblauen, bereiften Früchte, die kleinen Pflaumen ähnlich sehen. Tatsächlich sind Schlehdorn und Pflaume nah verwandte Arten. Familie: Rosengewächse (Rosaceae).
Vorkommen: Der Schlehdorn ist zusammen mit anderen Arten typisch für Hecken. Er kommt von der Ebene bis in Höhen um 1000 m vor.
Biologie: Der Strauch steht schon sehr zeitig im Frühjahr in Blüte und ist daher für Bienen als eine der ersten Nahrungsquellen nach der langen Winterperiode wertvoll.

4 Eingriffeliger Weißdorn, Spitzlappiger Weißdorn
Crataegus monogyna

Merkmale: Der Eingriffelige Weißdorn wird 1 bis 5 m hoch. Die Blätter haben eine etwa dreieckige Grundform, sind aber tief fiederspaltig geteilt. Die weißen Blüten stehen in Doldenrispen zusammen. Sie haben nur einen einzigen Griffel (Name!). Der Strauch blüht im Mai/Juni. Im Herbst fallen die roten Früchte auf. Familie: Rosengewächse (Rosaceae). Ganz ähnlich ist der nah verwandte Zweigriffelige oder Stumpflappige Weißdorn *(Crataegus oxyacantha)*. Bei dieser Art haben die Blüten, wie der Name der Art nahelegt, 2 Griffel. Schaut man sich also die Blüten genau an, fällt die Unterscheidung beider Weißdorn-Arten nicht schwer. Die Blätter sind beim Zweigriffeligen Weißdorn abgerundet und nur schwach gelappt.
Vorkommen: Den Weißdorn findet man in Hecken und Waldrandgebüschen. Der Strauch kommt von der Ebene bis in Lagen um 900 bis 1000 m vor.
Biologie: Die Früchte werden durch Vögel verbreitet. Der Weißdorn ist eine alte Heilpflanze (Herzmittel).

1 Großes Heupferd
Tettigonia viridissima

Merkmale: Das Große Heupferd gehört innerhalb der Ordnung der Heuschrecken zur Familie der Laubheuschrecken (Tettigoniidae). Laubheuschrecken erkennt man an den langen Fühlern. Sie erzeugen die Töne durch Reiben der Flügel. Das Heupferd wird 3 bis 4 cm lang; der grüne Körper wird von den Vorderflügeln sehr weit überragt. Es ist eine so auffällige Art, daß eine Verwechslung kaum möglich ist.
Vorkommen: Dem Heupferd wird man weniger auf Wiesen begegnen, als vielmehr in Hecken und Büschen und in höherer Vegetation. Die Art ist über ganz Europa verbreitet, geht aber über eine Höhe von etwa 400 m nicht hinaus.
Biologie: Das Weibchen hat einen Legesäbel, mit dem es seine etwa 100 Eier einzeln in lockere Erde ablegt. Aus den Eiern schlüpfen Larven, die sich während ihres Wachstums mehrfach häuten. Die Larven wachsen bei Heuschrecken und Grillen, im Gegensatz zu vielen anderen Insektengruppen, ohne ein zwischengeschaltetes Puppenstadium zur Endgröße des fertigen Insekts, der sogenannten Imago (Mehrzahl: Imagines), heran. Kein Wunder also, wenn man bei Exkursionen durch Wiesen und Felder auf »kleine« Heupferde stößt.

2 Feldgrille
Gryllus campestris

Merkmale: Bei der 2 bis 3 cm langen, glänzend schwarz-braun gefärbten Feldgrille ist besonders der dicke Kopf mit den langen Fühlern auffällig. Die Hinterbeine sind sehr kräftig ausgebildet. Die Flügel überdecken den Hinterleib. Feldgrillenweibchen haben einen langen Legestachel am Hinterleibsende.
Vorkommen: Die Feldgrille ist ein typisches Insekt der Wiesen, Feldraine und Wegränder. Sie ist in ganz Mitteleuropa vertreten.
Biologie: Meist wird man auf die Grillen erst durch ihren Gesang aufmerksam. Versucht man sich dem Tier zu nähern, wird man vor einem Loch im Boden stehen. Die Grille hat sich vor der Gefahr in ihren daumendicken, 30 bis 40 cm langen Gang zurückgezogen. Nach einer Weile geduldigen Wartens wird sie wieder hervorkommen und nach kurzer Zeit erneut mit dem Zirpen beginnen. Dabei kann man beobachten, daß die Grille ihre beiden Vorderflügel gegeneinander reibt und auf diese Weise »Musik« macht, um ein Weibchen anzulocken.

3 Gemeiner Grashüpfer
Chorthippus parallelus

Merkmale: Der Gemeine Grashüpfer ist eine Feldheuschrecke (Familie Acrididae), d.h. sie ist eine typische Heuschrecke mit zu kräftigen Sprungbeinen umgewandelten Hinterbeinen, aber nur kurze Fühlern. Die Körperlänge des Weibchens beträgt bis 3 cm, die des Männchens nur bis 2 cm. Die Färbung kann stark variieren.
Vorkommen: Der Gemeine Grashüpfer ist eine der häufigsten mittelgroßen Feldheuschrecken überhaupt. Man findet ihn von Juni bis Oktober überall auf Wiesen, Weiden, Äckern und Ödland.
Biologie: Feldheuschrecken leben am Boden und sind hauptsächlich am Tag aktiv. Wichtig ist auch bei ihnen die Lauterzeugung, die hier aber auf andere Weise erfolgt als bei den Grillen. Feldheuschrecken reiben nämlich nicht die Vorderflügel gegeneinander, sondern sie ziehen die Kanten der Vorderflügel über eine Reihe feiner Zähne an den Hinterbeinen. Zur Lauterzeugung müssen die Flügel voll entwickelt sein. Deshalb hört man das Zirpen der Feldheuschrecken erst ab dem Hochsommer, wenn die Tiere ausgewachsen sind. Der Grashüpfer auf dem Foto hat seine Häutung zum fertigen Insekt noch vor sich.

1

2

3

1 Gestreifte Schildwanze
Graphosoma italicum

Merkmale: Wanzen bilden eine eigene Ordnung innerhalb der Insekten (Heteroptera). Man kann sie generell an dem abgeplatteten Körper erkennen. Die Vorderflügel sind am Grund stark chitinisiert und nur an der Spitze häutig. Zwischen den Vorderflügeln liegt bei vielen Landwanzen ein dreieckiges Schildchen. Die Gestreifte Schildwanze entspricht dem typischen Bau der Wanzen. An ihrer schwarz-roten Streifung ist sie leicht zu erkennen. Sie wird 9 bis 12 mm lang.
Vorkommen: Der Schildwanze kann man in Wiesen, an Böschungen und an Waldrändern begegnen. Man sollte vor allem die Blütenstände von Doldengewächsen auf das Vorkommen der Schildwanze hin näher ansehen.
Biologie: Wanzen besitzen einen Saugrüssel, mit dem sie Pflanzenstengel und Früchte anstechen, um deren Saft herauszusaugen.

2 Wiesen-Schaumzikade
Philaenus spumarius

Merkmale: Von etwa Mitte Mai an entdeckt man an den verschiedensten Wiesenblumen und Gräsern immer wieder einmal Schaumgebilde, die im Volksmund auch »Kuckucksspeichel« genannt werden. Es handelt sich dabei um die Behausungen von Larven der Schaumzikade. Die erwachsenen Tiere sind unscheinbar und stark variierend gefärbt. Sie werden etwa 6 mm lang. Zikaden sind nah verwandt mit den Blattläusen; sie werden in der Ordnung Pflanzensauger zusammengefaßt.
Vorkommen: Die Schaumzikade ist in Mitteleuropa auf Wiesen aller Art überall häufig. Die Schaumnester findet man meist an Wiesen-Schaumkraut (daher der Name der Pflanze!) und an Kuckucks-Lichtnelke. Die Zikade ist über das gesamte gemäßigte Europa und Asien verbreitet.
Biologie: Mit ihrem selbstgemachten Schaumnest schützt sich die Larve vor Austrocknung und vor der Entdeckung durch Feinde. Es wird durch Einblasen von Luft in eine eiweißhaltige Flüssigkeit erzeugt.

3 Goldlaufkäfer
Carabus auratus

Merkmale: Die flinken Laufkäfer bilden eine eigene Käferfamilie (Carabidae). Neben dunklen Arten mit längsgefurchten oder gerunzelten Flügeldecken gibt es auch verschiedene Arten, die lebhaft metallisch glänzen und grünlich oder golden gefärbt sind. Ein bekannter Vertreter dieser Gruppe ist der Goldlaufkäfer, der 2 bis 3 cm lang wird. Neben der Färbung fallen vor allem die Längsrippen auf den Vorderflügeln auf.
Vorkommen: Den Goldlaufkäfer kann man im Frühling und im Sommer auch tagsüber häufig auf Wiesen und Feldern bei der Beutejagd am Boden beobachten. Er ist in Europa ostwärts bis zur Oder verbreitet.
Biologie: Laufkäfer leben räuberisch. Der Goldlaufkäfer beispielsweise ernährt sich von Schnecken, Würmern und anderen Insekten.

4 Rosenkäfer
Cetonia aurata

Merkmale: Der Rosenkäfer wird 1,4 bis 2 cm lang und ist somit ein recht großes und auffälliges Insekt. Hinzu kommen als Merkmale die metallisch grüne Färbung der Oberseite und die kupferrote Färbung der Unterseite. Im hinteren Bereich der Vorderflügel hat der Käfer weißliche Querlinien.
Vorkommen: Man trifft den Käfer in unterschiedlichen Lebensräumen an. Typischerweise sieht man ihn auf blühenden Sträuchern, besonders auf Weißdorn, Rosen und Holunder. Die Art ist über ganz Europa verbreitet.
Biologie: Interessanterweise hält der Rosenkäfer die Vorderflügel im Flug geschlossen. Man sieht an ihnen deshalb seitliche Einbuchtungen zum Ausfahren der häutigen Hinterflügel. Der Käfer ernährt sich im wesentlichen von Blütenblättern, die er beim Besuch der Blüten abbeißt. Die Eier werden in vermodernde Baumstümpfe abgelegt, wo sich auch die Larven entwickeln. Bis zum erwachsenen Insekt (Imago, Plural: Imagines) nimmt die Entwicklung bei diesem Käfer mehrere Jahre in Anspruch.

1 Siebenpunkt-Marienkäfer
Coccinella septempunctata

Merkmale: Marienkäfer kennt jeder als Glückskäfer. Der Siebenpunkt ist mit den roten Vorderflügeln und 7 schwarzen Punkten darauf (Name!) eine leicht bestimmbare Art. Kopf, Brust und Unterseite sind schwarz gefärbt. Der Käfer hat fast die Form einer Halbkugel und wird 5 bis 8 mm lang.
Vorkommen: Die Art ist über ganz Europa verbreitet. Man trifft sie in unterschiedlichen Lebensräumen an, sowohl in Wiesen als auch in Wäldern, Gärten und Parks und selbst im Haus.
Biologie: Marienkäfer sind eifrige Blattlaus-Jäger und spielen in der biologischen Schädlingsbekämpfung eine wichtige Rolle. Sowohl die Käfer als auch ihre Larven verzehren große Mengen der Pflanzensaftsauger. Sie sind deshalb ideale Helfer des Gartenfreundes bei der Bekämpfung der Schädlingsplagen. Gegen Blattläuse eingesetzte Insektizide würden auch die Käfer beeinträchtigen.

2 Schwebfliege
Metasyrphus-Art

Merkmale: Schwebfliegen gehören zur Insektenordnung der Zweiflügler. Bei ihnen ist also nur das vordere Flügelpaar zum Fliegen zu benutzen, das hintere ist zu sogenannten Schwingkölbchen (Halteren, ein Gleichgewichtsorgan) umgewandelt. Dennoch scheinen die Tiere auf den ersten Blick mit den Wespen verwandt zu sein, denn sie tragen eine ganz ähnliche, schwarz-gelbe Warnzeichnung, die der Abschreckung von Freßfeinden dient. Darüber hinaus erkennt man Schwebfliegen an dem sehr schnellen Flug und daran, daß sie oft sekundenlang in der Luft »stehen«. Sie werden meist 1 bis 2 cm groß.
Vorkommen: Die abgebildete Schwebfliege aus der Gattung *Metasyrphus* ist in Europa sehr weit verbreitet. Man trifft sie auf Blumenwiesen, an Weg- und Waldrändern und in Gärten regelmäßig und häufig an.
Biologie: Die abgebildete Schwebfliege gehört zu den Arten, deren Larven sich ausschließlich von Blattläusen ernähren. Sie erzeugt mehrere Generationen von Nachkommen im Jahr.

3 Feldwespe
Polistes gallicus

Merkmale: Zur Insektenordnung der Hautflügler (Hymenoptera) gehören neben den Bienen, Hummeln und Ameisen auch die Wespen. Alle diese Formen besitzen 4 häutige Flügel. Die Feldwespe wird etwa 1,7 cm lang. Auffällig ist die typische schwarz-gelbe Wespenzeichnung und die »Wespentaille«, die starke Einschnürung zwischen Brust und Hinterleib.
Vorkommen: Die Feldwespe ist über das gemäßigte Europa verbreitet. Sie kommt im offenen Kulturland regelmäßig vor. Das Nest findet man angeheftet an Wiesenpflanzen, aber auch an anderen Stellen (z. B. Dachböden).
Biologie: Das hüllenlose Nest ist relativ klein, besteht nur aus 1 Wabe mit mehreren Zellen und wird aus grauem Papierbrei gebaut (siehe Foto). Während die Larven mit gefangenen und zerkauten Insekten gefüttert werden, ernähren sich die erwachsenen Wespen von Blütensäften und Obst.

4 Erdhummel
Bombus terrestris

Merkmale: Bei allen Hummeln fällt zunächst das dichte Haarkleid auf. Bei der Erdhummel ist dessen Grundfarbe schwarz, hinzu kommen 2 gelbe Binden auf Brust und Hinterleib und das grauweiße Hinterleibsende. Die Art wird bis 2,5 cm lang.
Vorkommen: Die Erdhummel bevorzugt offenes Gelände und kommt auf Wiesen und Feldern, aber auch in Wäldern regelmäßig und häufig vor. Sie ist über ganz Europa verbreitet.
Biologie: Hummeln sind eifrige Blütenbesucher. Wie die Bienen sammeln sie Pollen und bestäuben dabei die Blüten. Sie leben in Staaten, wobei ein Erdhummelvolk aus nur 100 bis 600 Tieren besteht. Das Nest wird meist in verlassenen Nestern von Kleinsäugern angelegt. Man erkennt einen Nistplatz beispielsweise daran, daß eine mit Pollen beladene Hummel in einem Mauseloch verschwindet. Standorte für die Nester werden von der Königin im Frühjahr ausgesucht und bezogen. Im Herbst stirbt das Volk ab, und nur die begattete Königin überwintert.

1

2

3

4

1 Admiral
Vanessa atalanta

Merkmale: Die charakteristische schwarz-rot-weiße Färbung des Admirals ist unverkennbar. Das Weibchen (Foto) unterscheidet sich vom Männchen durch einen fast immer vorhandenen weißen Fleck in der roten Vorderflügelbinde. Die Falter erreichen eine Spannweite von 6 cm.
Vorkommen: Der Admiral lebt in freiem Gelände vom Tiefland bis in Lagen um 2000 m Höhe. Er fliegt von Mai bis Oktober. Die Raupe frißt an Brennesseln, seltener an Disteln. Die Art ist über fast ganz Europa verbreitet. Ausgespart sind Mittel- und Nordskandinavien. Der Tagfalter kommt aber auch auf den Azoren, den Kanarischen Inseln, in Nordafrika und in Nordamerika vor.
Biologie: In Mittel- und Nordeuropa können die Falter aus klimatischen Gründen nicht überwintern. Es fliegen Falter der ersten Generation aus dem Süden ein, die dann die viel häufigere zweite Generation erzeugen. Schmetterlinge der zweiten Generation ziehen z. T. im Herbst nach Süden, z. T. sterben sie ab. Nur an klimatisch besonders begünstigten Orten können sie überdauern. In Südeuropa stellt der Winter die Falter vor keine großen Probleme. Die Tiere können mühelos überdauern, und die Tiere der ersten Generation sind Überwinterer aus der zweiten vorjährigen.

2 Distelfalter
Cynthia cardui

Merkmale: Der Distelfalter erreicht eine Spannweite von 4,5 bis 6 cm. Die Art ist in der Grundfärbung ockerfarben bis ziegelrot und zeigt dunkle Flecken, die an den Spitzen der Vorderflügel verdichtet sind. In diesem Bereich liegen auch weiße Flecken. Beide Geschlechter sind gleich gefärbt.
Vorkommen: Der Falter ist in fast allen Lebensräumen anzutreffen. Nur im Wald fehlt er. Man sieht ihn von Mai bis Oktober fliegen. Die Raupen findet man auf Disteln, auf Klette, Huflattich und Brennessel. Die Art ist mit Ausnahme von Südamerika weltweit verbreitet und kommt im Gebirge bis in Höhen über 2000 m vor.
Biologie: Der Distelfalter ist eine wandernde Art, die nördlich der Alpen aus dem Süden einfliegt. Falter der ersten Welle stammen aus Nordafrika, die der zweiten Welle aus dem Mittelmeergebiet. Der Distelfalter ist einer der häufigsten europäischen Tagfalter.

3 Kleiner Fuchs
Aglais urticae

Merkmale: Der Kleine Fuchs ist ein bunter Falter, der in der Grundfärbung kräftig rotbraun erscheint. An den Rändern der Flügel sieht man blaue, schwarz eingefaßte Flecken gereiht. Am Vorderrand der Vorderflügel hat der Falter eine Reihe aus dunklen und orangegelben Flecken. Die Spannweite beträgt 4 bis 5 cm. Die Raupen sind schwarz gefärbt und tragen verästelte Dornen; auffällig sind die gelben Längsstreifen.
Vorkommen: Der Kleine Fuchs ist ein noch recht häufiger Tagfalter. Er ist über ganz Europa verbreitet und besiedelt hier offenes Gelände von der Ebene bis ins Hochgebirge. Der Falter fliegt als einer der ersten Schmetterlinge schon zeitig im Frühjahr. Die Raupen leben an Brennesseln.
Biologie: Schmetterlinge sind im dicht besiedelten Europa heute recht selten geworden, da viele Lebensräume dieser schönen Insekten verschwunden sind. Pflanzenschutzmittel haben zudem die Futterpflanzen im Bestand dezimiert und auch die Falter selbst vernichtet. Der Kleine Fuchs ist von dieser Entwicklung noch vergleichsweise wenig betroffen. Ähnlich gefärbt wie der Kleine Fuchs ist der Große Fuchs *(Nymphalis polychloros)*, der von Nordafrika über Süd- und Mitteleuropa bis Westasien verbreitet ist, aber bei uns in den letzten Jahren auffallend selten geworden ist. Er bevorzugt baum- und buschbestandenes Gelände bis in etwa 1500 m Höhe. Die Raupen entwickeln sich auf Weiden, Ulmen und anderen Laubbäumen.

1

2

3

1 Tagpfauenauge
Inachis io

Merkmale: Die auffälligen Augenzeichnungen (Name!) auf Vorder- und Hinterflügeln machen das Tagpfauenauge zu dem wohl bekanntesten mitteleuropäischen Schmetterling überhaupt. Ansonsten überwiegt Weinrot bis Rotbraun in der Grundfärbung. Die Spannweite des Falters beträgt 5 bis 6 cm. Die Raupen des Pfauenauges sind schwarz und mit verästelten Dornen besetzt.
Vorkommen: Das Tagpfauenauge ist über große Teile Europas verbreitet; ausgenommen sind die Gebiete nördlich des 60. Breitengrades. Es kommt in den unterschiedlichsten Lebensräumen von der Küste bis in Höhenlagen um 2500 m vor, bevorzugt aber offenes Gelände. Die Raupen entwickeln sich auf Brennesseln. Die ersten Falter (Überwinterer) sieht man oft schon früh im Jahr fliegen.
Biologie: Im nördlichen Teil des Verbreitungsgebietes gibt es nur 1 Generation im Jahr, im südlichen Teil 2 Generationen. Die Falter überwintern oft auf Dachböden und in Kellerräumen.

2 Großer Kohlweißling
Pieris brassicae

Merkmale: Der Kohlweißling erreicht eine Spannweite von 5 bis 6,5 cm. Die Flügel sind weiß (Name!), dabei kräftig geädert und weisen schwarze Felder an den Ecken der Vorderflügel auf. Beim Männchen kommt ein schwarzer Fleck an der Vorderkante der Hinterflügel hinzu, beim Weibchen sieht man außerdem noch schwarze Flecken in den Flächen. Die Weibchen, vor allem die der zweiten Generation, haben zudem gelbe Unterflügel, so daß man das Geschlecht der Falter ganz gut bestimmen kann.
Vorkommen: Der Kohlweißling ist von Nordafrika über Europa bis weit nach Asien hinein verbreitet. Ausgespart sind der hohe Norden des Gebietes und Ostasien. Der Falter bevorzugt offenes Gelände, besonders Gärten und Felder. Die Art ist häufig und fliegt von Mai bis Oktober.
Biologie: In den genannten Lebensräumen findet man den Kohlweißling vor allem deshalb, weil die gelbgrünen Raupen an verschiedenen Kreuzblütlern leben, zu denen eben auch die angebauten Kohlsorten zählen (Name!). Kein Gartenfreund und kein Landwirt ist begeistert, wenn sich auf seinen Feldern große Mengen von Kohlweißlingen zeigen. Hier muß er eingreifen, um eine Massenentfaltung und entsprechenden Kahlfraß an seinen Pflanzen zu verhindern. Kohlweißlinge bringen 2 bis 3 Generationen im Jahr hervor.

3 Schwalbenschwanz
Papilio machaon

Merkmale: Die Grundfarbe des Schwalbenschwanzes ist Gelb. Hinzu tritt ein Muster aus dunklen Flecken und Leisten. Typisch sind die schwarz eingefaßten, bläulichen Flecken am Hinterrand der Hinterflügel. In diesem Bereich sieht man auch einen roten Fleck auf jedem Flügel. Der Falter erreicht eine Spannweite von 5 bis 7,5 cm.
Vorkommen: Der Schwalbenschwanz ist, mit Ausnahme fast ganz Großbritanniens, über ganz Europa verbreitet und kommt auch in Nordafrika vor. Sein Lebensraum ist das offene Gelände von der Küste bis in etwa 2000 m Höhe. Die Falter halten sich mit Vorliebe auf Hügelkuppen, Bergspitzen und ähnlich exponierten Stellen auf. Im Norden Europas kann sich nur 1 Generation im Jahr entwickeln; man sieht die Falter hier von Juni bis August fliegen. In Mittel- und Südeuropa sowie in Nordafrika sind aufgrund der besseren klimatischen Bedingungen 2 bis 3 Generationen möglich. Die Flugzeiten der einzelnen Generationen sind April/Mai, Juli/August und September/Oktober.
Biologie: Die Eier werden vom Weibchen an Doldengewächsen abgelegt. Bevorzugte Futterpflanzen der sich entwickelnden Raupen sind Engelwurz und Silge. Wenn die Falter sehr häufig vorkommen, tauchen sie auch in Gärten auf. Dort legen sie ihre Eier dann an Möhren, Dill und Kümmel ab.
Nah verwandt mit dem Schwalbenschwanz, aber seltener, ist der noch größere, eher weißlich-gelb gefärbte Segelfalter *(Iphiclides podalirius)*. Er kommt ebenfalls auf sonnigen, trockenen Hängen vor. Man kann ihn in der Zeit von Mai bis Anfang Juli beobachten.

1

2

3

1 Erdkröte
Bufo bufo

Merkmale: Mitteleuropäische Erdkröten werden 8 cm (Männchen) bis 13 cm (Weibchen) lang. Sie haben eine fast einheitlich braune Färbung und die für Kröten typische warzige Haut. Die Oberseite ist dunkler gefärbt als die Unterseite.
Vorkommen: Die Kröte kommt auf Wiesen und Feldern, aber auch als Siedlungsfolger in Gärten und in feuchten Kellern und sogar im Wald vor. Ihre Laichgewässer sind Tümpel und Weiher. Die Art ist über den größten Teil des mittleren und nördlichen Europas und des gemäßigten Asiens verbreitet. Die Laichzeit liegt im März/April.
Biologie: Erdkröten sind meist dämmerungs- und nachtaktiv. Sie sind ausgesprochen nützliche Tiere, die viele Schadinsekten, Schnecken und andere Kleintiere vertilgen. Daher sollte man sie schonen, wo man sie trifft. Das gilt besonders, wenn man sie als Autofahrer während der Zeit der Laichwanderung vor sich im Scheinwerfer hat. Oft sind dann auch die Helfer des Amphibienschutzes unterwegs. Für Autofahrer gilt im Bereich der Wanderwege der Kröten also: Vorsichtig fahren!

2 Grasfrosch
Rana temporaria

Merkmale: Grasfrösche sind in Mitteleuropa mit die häufigsten Frösche und an ihrer braunen, dunkel gefleckten Oberseite und dem dunklen Schläfenfleck gut zu erkennen. Die Tiere werden bis 10 cm lang. Dem nah verwandten Wasser- oder Teichfrosch fehlt der dunkle Schläfenfleck. Diese Art ist zudem überwiegend grün gefärbt und lebt ständig am bzw. im Wasser (siehe auch Seite 154).
Vorkommen: Der Grasfrosch ist über das gesamte nördliche und gemäßigte Europa und Asien verbreitet. Nur im Winter und Frühling halten sich die Tiere in und an kleinen Tümpeln und Weihern auf. In der übrigen Zeit des Jahres sind sie oft in beträchtlicher Entfernung von Gewässern in Sumpfgebieten, auf feuchten Wiesen, auf Feldern und in Parks anzutreffen. Im Gebirge ist der Grasfrosch bis in 2500 m Höhe beobachtet worden.
Biologie: Der Grasfrosch ist nur zur Laichzeit auf Gewässer angewiesen. Sie beginnt schon Ende Februar und dauert bis in den April. Die Männchen lassen in dieser Zeit ein lautes, dumpfes Knurren hören, das mit Hilfe der beiden Schallblasen auf der Unterseite des Kopfes erzeugt wird. Der Laich wird in großen Klumpen abgelegt, die bis zu 4000 Eier enthalten können.

3 Zauneidechse
Lacerta agilis

Merkmale: Die Zauneidechse wird vom Kopf bis zum Schwanzansatz bis 9 cm lang; der Schwanz erreicht eine Länge von 15 cm. Der Rücken der Eidechse ist meist hellbraun gefärbt und hat einen dunklen Mittelstreifen und eine Reihe heller Flecken an den Seiten. Zwischen diesen beiden Zeichnungselementen liegt an jeder Seite ein helles Band. Die Unterseite ist weißlich, gelblich oder grünlich gefärbt. Im Schuppenkleid des Männchens fallen vor allem in der Fortpflanzungszeit grüne Partien an Kopf und Seiten auf. Die Art ist mit der Wald- oder Bergeidechse zu verwechseln, die aber weniger auffällig gezeichnet ist und eher in feuchten Wäldern, Wiesen und Mooren vorkommt (siehe auch Seite 240).
Vorkommen: Zauneidechsen trifft man vor allem auf Grasflächen und trockenen Böschungen, an Feldrainen, Hecken und Waldrändern an. Die Art ist über den größten Teil Europas verbreitet und geht nach Osten bis Zentralasien. Im Süden ihres Verbreitungsgebietes kommt die Eidechse bis in 2000 m Höhe vor.
Biologie: Die Zauneidechse ist als wechselwarmes Tier wärmeliebend und tagaktiv. Man sieht sie oft auf Steinen in der Sonne liegen. Ihre Nahrung besteht aus Spinnen, Insekten und Würmern. Die Weibchen legen 5 bis 14 Eier in die Erde ab, aus denen nach etwa 2 Monaten die Jungen schlüpfen.

1 Mäusebussard
Buteo buteo

Merkmale: Der Mäusebussard wird 51 bis 56 cm lang. Im Flug fallen der runde Kopf, die breiten, an den Enden abgerundeten Flügel und der relativ kurze, gerundete Schwanz auf. Die Flügelspitzen sind immer dunkel, der Schwanz ist eng dunkel gebändert. Beide Geschlechter sind gleich gefärbt. Typisch sind die langgezogenen, miauenden »hiäh«-Rufe.
Vorkommen: Der Mäusebussard ist über große Teile Europas, Mittelasiens, Nordamerikas und Teile Afrikas verbreitet. Er brütet in Wäldern und Feldgehölzen; seine Nahrung sucht er in der offenen Landschaft. Er ist in Mitteleuropa Jahresvogel.
Biologie: Der Bussard ernährt sich von Feldmäusen und anderen Kleinsäugern, aber auch von Aas. Der Horst steht meist auf hohen Bäumen am Waldrand. Die Gelege, die man ab Mitte März findet, bestehen aus 2 bis 3 Eiern, die auf weißlichem Grund grau- oder rötlich-braun gefleckt sind. Es findet 1 Brut statt.

2 Turmfalke
Falco tinnunculus

Merkmale: Falken erkennt man (vor allem im Flug) an dem relativ langen Schwanz und den spitzen Flügeln. Der Turmfalke wird 34 cm lang. Das Männchen hat einen grauen Kopf mit dunklem Bartstreif. Der Rücken ist rotbraun gefärbt und locker dunkel gefleckt. Die Flügel sind grau und schwarz. Der graue Schwanz trägt eine schwarze Endbinde. Die rahmfarbene Unterseite ist dunkel gefleckt. Auch der Rücken des Weibchens (Foto) ist rostbraun, aber dunkel gebändert. Sein Kopf ist braun, mit einem dunklen Bartstreif an den Wangen. Der Schwanz ist braun und dunkel quergebändert. Die Rufe klingen wie »kli-kli-kli« oder »kili«.
Vorkommen: Der Turmfalke ist über große Teile Europas, Afrikas und Asiens verbreitet. Man begegnet ihm meist in offenem Gelände. Er brütet aber auch in Städten. Der Falke bleibt in Mitteleuropa das ganze Jahr über im Brutgebiet.
Biologie: Turmfalken sind fast ausschließlich Mäusejäger. Der Vogel baut – wie die meisten einheimischen Falken – kein eigenes Nest, sondern benutzt alte Krähennester, Felsspalten oder Mauerlöcher zum Brüten. Mitte April werden 4 bis 6 gelblich-weiße, rotbraun gefleckte Eier abgelegt. Die Falken ziehen 1 Brut im Jahr auf.

3 Rebhuhn
Perdix perdix

Merkmale: Das Rebhuhn wird 30 cm lang. Den Hahn kann man an dem rotbraunen Hufeisenfleck auf der Brust gut vom Rebhuhnweibchen unterscheiden. Charakteristisch ist der etwas in die Länge gezogene »kirreck«-Ruf.
Vorkommen: Das Rebhuhn brütet in großen Teilen Europas und ist ein typischer Kulturfolger. Heute sieht man den Hühnervogel immer seltener (Rote Liste: »gefährdet«). Der Verlust an Buschgruppen und Hecken durch die Intensivierung der Landwirtschaft ist wohl die wichtigste Ursache für den Rückgang.
Biologie: Das Nest ist eine einfache Bodenmulde. Die Gelege umfassen 10 bis 20 Eier. Man findet sie im Mai/Juni.

4 Fasan, Jagdfasan
Phasianus colchicus

Merkmale: An ihrem langen Schwanz sind Fasane leicht zu erkennen. Die Hähne werden 75 bis 90 cm, die Hennen 50 bis 65 cm lang. Im bunten, schillernden Gefieder des Hahnes herrschen Braun- und Rottöne vor. Der schillernd grüne Kopf mit den kleinen Federohren ist meist durch einen weißen Halsring abgesetzt. Um die Augen herum hat der Hahn eine rote Hautpartie. Die Hennen sind insgesamt hellbraun im Gefieder, dabei dunkel gefleckt und gestreift. Fasane fliegen mit lauten »gock-gock«-Rufen auf.
Vorkommen: Der Fasan bevorzugt offene Landschaft mit Hecken und Feldgehölzen, kommt aber auch in großen Parks vor. Er ist in weiten Teilen Europas anzutreffen und hier Jahresvogel.
Biologie: Der Vogel frißt Pflanzenteile und Samen, aber auch Kleintiere. Das Nest, eine flache Mulde am Boden, steht meist in dichter Vegetation oder unter Büschen. Die Gelege aus 8 bis 15 braungrauen bis olivfarbigen Eiern, findet man meist im Mai, Nachgelege bis Juli.

1

2

3

4

1 Großtrappe
Otis tarda

Merkmale: Die Großtrappe hat einen kräftigen Körper und stämmige Beine. Sie wird bis 1 m lang (Männchen, Weibchen: 75 cm), dabei bis 20 kg (Männchen, Weibchen: 5 kg) schwer und ist einer der schwersten flugfähigen Vögel überhaupt. Die Spannweite beträgt bis 2,40 m. Das Gefieder ist auf der Oberseite rotbraun und dunkel gebändert, auf der Unterseite weiß, mit kastanienbraun gefärbter Brust (beim Weibchen fehlt dieses Brustband). Kopf und Hals sind hellgrau. Das Männchen trägt einen »Bart« aus borstenartigen, hellen Federn. Die Vögel gehen langsam und gemessen. Bei fliegenden Trappen fallen die langsamen, aber kraftvollen Schläge der Schwingen (braun, große weiße Felder, schwarzer Hinterrand) auf.
Vorkommen: Die Trappe ist ein Vogel der weiten, baumlosen (Steppen-)Landschaft, kann aber auch noch in ausgedehnten Getreide- und Rapsfeldern überleben. Sie hat eine sehr lückige Verbreitung. In Europa ist sie auf der Iberischen Halbinsel, in Nordostdeutschland, in den nordöstlichen Teilen Österreichs (z. B. Neusiedler See) sowie in Teilen des Balkans vertreten.
Biologie: Die Trappe ernährt sich von Pflanzenteilen und Samen, frißt aber auch Insekten (vor allem Heuschrecken), Würmer und kleine Wirbeltiere. Ein besonderes Schauspiel ist die Gruppenbalz, bei der die Hähne den Hals zurücklegen, die Flügel abspreizen und hängen lassen, den Schwanz und verschiedene Federgruppen aufstellen (siehe Foto). Zusätzlich wird der Kehlsack aufgeblasen. Das Nest ist eine flache, mit ein paar Halmen ausgelegte Bodenmulde in höherer Vegetation. Das Weibchen bebrütet die 2 olivfarbenen Eier allein. Die Jungen verlassen bald nach dem Schlüpfen das Nest; sie sind Nestflüchter. Die Trappe ist sehr scheu und steht als »vom Aussterben bedroht« auf Österreichs Roter Liste.

2 Kiebitz
Vanellus vanellus

Merkmale: Ein wichtiges Kennzeichen dieses 30 cm langen, auffällig gezeichneten Vogels sind seine lauten, etwas klagenden »kieh-witt«-Rufe. Hinzu kommen als Merkmale die Schwarz-Weiß-Zeichnung des Gefieders, der rostgelbe Unterschwanz und die Federhaube am Kopf.
Vorkommen: Der Kiebitz gehört zur großen Gruppe der Watvögel oder Limikolen. Die meisten dieser Vögel findet man in Feuchtbiotopen, sowohl im Süßwasser- als auch im Salzwasserbereich. Der Kiebitz brütet auf feuchten Wiesen genauso wie auf trockenem Grasland und sogar auf Feldern inmitten der aufgehenden Saat. Der Vogel ist also recht anpassungsfähig. Er ist über den größten Teil Europas und Mittelasiens verbreitet.
Biologie: Der Kiebitz ernährt sich überwiegend von im Boden lebenden Kleintieren. Daneben nimmt er aber auch Pflanzenteile auf. Als Nest dient eine mit Grashalmen ausgelegte Mulde im Boden. Das Gelege besteht aus 4 auf olivbraunem Grund schwarzbraun gefleckten Eiern. Volle Gelege findet man schon im März.

3 Steinkauz
Athene noctua

Merkmale: Mit knapp 22 cm Länge ist der Steinkauz eine kleine und wendige Eule, die man an dem breiten, flachen Kopf ohne Federohren und dem kurzen Schwanz erkennt. Die Oberseite ist dunkel graubraun gefärbt, weiß gefleckt und gebändert. Die Unterseite ist weißlich gefärbt und dunkel graubraun gefleckt und gestreift. Der Kauz hat große, gelbe Augen. Männchen und Weibchen sind gleich gefärbt. Die durchdringenden Rufe klingen wie »kwiu«. Daneben hört man auch ein klagendes »guck« und als Warnruf ein kurzes »kjä« oder »kju«.
Vorkommen: Der Lebensraum des Steinkauzes sind offene Landschaften mit Kopfweiden, alte Obstbaumbestände und lichte Parks. Man sieht die Eule aber auch in Steinbrüchen und in Dörfern. Sie bleibt das ganze Jahr über in Mitteleuropa. In Österreich gilt sie nach der Roten Liste leider als »vom Aussterben bedroht«.
Biologie: Die Nahrung des Kauzes besteht aus Kleinsäugern (vor allem Mäusen), Vögeln, Kriechtieren, Lurchen und Insekten. Der Vogel brütet in Baum-, Fels- und Erdhöhlen, in Scheunen und Ställen. Das Weibchen legt 3 bis 5 weiße Eier. Es findet nur 1 Brut statt. Gelege findet man ab Mitte April.

1 Wiedehopf
Upupa epops

Merkmale: Der Vogel wird knapp 30 cm lang und hat ein so auffälliges Gefieder, daß man ihn mit keiner anderen europäischen Vogelart verwechseln kann. Die Grundfarbe des Gefieders ist Orangebraun. Flügel und Schwanz sind schwarz und weiß quergebändert. Am Kopf trägt der Wiedehopf eine aufstellbare Federhaube mit schwarzen Spitzen. Der Schnabel ist recht lang und leicht nach unten gebogen. Der Wellenflug wirkt träge. Die Stimme – ein dumpfes, aber weithin hörbares »pu-pu-pu« – ist unverkennbar.
Vorkommen: Der Lebensraum des Wiedehopfes sind Parklandschaften, Wiesen mit eingestreutem Obstbaumbestand und offene Waldungen. Sein Brutgebiet umfaßt annähernd ganz Europa, mit Ausnahme Großbritanniens, Irlands, Islands und Skandinaviens; die Verbreitung ist jedoch sehr lückig.
Biologie: Seine Nahrung sucht der Wiedehopf am Boden. Er frißt vor allem Heuschrecken und andere Insekten. Das Nest steht meist in Baumhöhlen. Der Vogel nimmt aber auch Mauerlöcher und sogar Höhlen in Steinhaufen als Nistplatz an. Volle Gelege – in Südeuropa findet man sie ab März, in Mitteleuropa ab Mai – bestehen aus 6 bis 7 grünlich-gelben Eiern. Eindringlingen spritzen die Jungen gezielt Kot entgegen. Nur im Süden kommt es bisweilen zu Zweitbruten.

2 Feldlerche
Alauda arvensis

Merkmale: Die Feldlerche ist ein unscheinbar bodenfarbener, am Kopf und auf der Brust dunkel gefleckter Vogel (Länge: 18 cm). Ihr trillernder Gesang ist aber sehr auffällig. Dabei sieht man die Lerche zu einem Singflug aufsteigen. Nach dem Aufstieg rüttelt sie eine Zeitlang singend in der Luft, um dann herabzuflattern. Der Gesang bricht erst kurz vor dem Landen ab.
Vorkommen: Die Feldlerche ist in mehreren Rassen über fast ganz Europa – Ausnahme sind die hochgelegenen Fjell-Landschaften Skandinaviens – und Mittelasien verbreitet. Ihr Lebensraum ist das Ackerland; ihr sagt aber auch Wiesengelände und Brachland zu. Die Vögel kehren Ende Februar/Anfang März aus ihren Winterquartieren zurück.
Biologie: Das Nest liegt in einer Vertiefung am Boden. Das Weibchen legt 3 bis 5 Eier, die auf weißlichem Grund mit braunen Flecken übersät sind. Oft sind die Flecken am stumpfen Pol des Eies dichter angeordnet als am spitzen. Feldlerchen brüten zweimal jährlich; die ersten vollen Gelege findet man normalerweise Mitte April. Nach etwa 2 Wochen schlüpfen die Jungen, die das Nest nach weiteren 8 bis 10 Tagen verlassen.

3 Rauchschwalbe
Hirundo rustica

Merkmale: Die Schwalbe wird 19 cm lang. Sie hat eine dunkelblaue, metallisch glänzende Oberseite. Die Unterseite ist rahmfarben. Stirn und Kehle sind rostbraun gefärbt. Der Vogel hat ein blaues Kropfband, Schwanzfedern mit weißen Flecken und auffallend lange Schwanzspieße. Die Rauchschwalbe ist ein eleganter und sehr wendiger Flieger. Während der Brutzeit sieht man sie häufig singend auf Leitungsdrähten sitzen. Der Gesang ist ein nicht sehr lautes, plauderndes Gezwitscher, in das harte, schnurrende Laute eingebaut sind. Ansonsten hört man von der Schwalbe ein helles »witt-witt«, bei Gefahr ein durchdringendes »tswitt«.
Vorkommen: Die Rauchschwalbe bevorzugt als Brutplatz Dörfer und einzeln stehende Bauernhöfe. Bei der Nahrungssuche ist sie auch außerhalb der Siedlungen über Feldwegen, Wiesen und Gewässern anzutreffen. In Mitteleuropa hält sie sich von März/April bis in den Oktober hinein auf.
Biologie: Der Vogel ernährt sich fast ausschließlich von Insekten, die er im Flug erbeutet. Er nistet stets im Inneren von Gebäuden. Das Nest aus Schlamm und Pflanzenteilen wird direkt an die Wände geklebt, oft aber auch auf Simse oder Deckenbalken. Die Gelege, 4 bis 5 weiße Eier mit feiner rötlicher Fleckung, findet man ab Mitte Mai. Es finden 2 bis 3 Bruten statt. Vor dem Abzug im Herbst versammeln sich die Schwalben truppweise. Im Herbst und Frühjahr kann man große Schlafgemeinschaften (etwa in Schilfbeständen) beobachten.

1

2

3

1 Neuntöter, Rotrückenwürger
Lanius collurio

Merkmale: Der Neuntöter wird 17 cm lang. Das Männchen (Foto) erkennt man am rotbraunen Rücken, der grauen Kopfplatte, dem grauen Hinterkopf und dem breiten, schwarzen Augenstreif. Seine Unterseite ist weißlich-rötlich. Das Weibchen ist unscheinbarer gefärbt als das Männchen. Rücken und Kopfplatte sind braun, der Hinterkopf ist graubraun, an den Flanken zeigen sich bräunliche Wellenflecken. Der Schnabel endet in einer Hakenspitze. Als Rufe hört man ein rauhes »gäck«, bei Erregung auch »dschääh«. Der Gesang ist abwechslungsreich und enthält Imitationen.
Vorkommen: Das für Neuntöter ideale Gelände ist die mit Hecken durchsetzte Feldmark. Aber durch die Flurbereinigung sind viele Hecken der Axt zum Opfer gefallen, und die Vögel sind selten geworden. Neuntöter sind Zugvögel, die in der zweiten Augusthälfte abziehen, um etwa Anfang Mai wieder an ihren mitteleuropäischen Brutplätzen zu erscheinen.
Biologie: Der Würger frißt große Insekten, junge Mäuse, kleine Vögel und kleine Kriechtiere (Eidechsen). Überwiegend jagen Neuntöter von erhöhten Warten aus, aber auch im Rüttelflug. Bei reichlichem Nahrungsangebot spießen sie gefangene Beute als Vorrat auf Dornen von Büschen oder auf Stacheldraht auf. Das Nest steht niedrig in Gebüschen oder Hecken. Von Mitte Mai an findet man die Gelege. Sie enthalten 6 oder 7 Eier, die in der Färbung stark variieren können, oft aber einen dunklen Fleckenkranz am stumpfen Pol haben. Die Brutdauer beträgt 2 Wochen.

2 Elster
Pica pica

Merkmale: Einschließlich des auffällig langen, gestuften Schwanzes wird die Elster knapp 46 cm lang. Das Gefieder ist kontrastreich schwarz-weiß gefärbt. Männchen und Weibchen sind gleich gefärbt. Am Boden hüpft die Elster, während ihr Flug flatternd ist. Laut und auffällig sind die »schack-schack-schack«-Rufe. In der Paarungszeit hört man als Gesang ein abwechslungsreiches Geschwätz aus unterschiedlichen Tönen.
Vorkommen: Eigentlich ein Vogel der offenen Kulturlandschaft, ist die Elster – als anpassungsfähiger Vogel – heute auch in Städten und Dörfern heimisch geworden, nicht nur, um hier Nahrung zu suchen, sondern auch um zu brüten. Die Elster ist über große Teile Europas und Mittelasiens und über Nordamerika verbreitet. Elstern sind Jahresvögel und streichen höchstens nach der Brutzeit in kleineren Trupps umher.
Biologie: Die Nahrung der Elster ist sehr vielseitig. Der Vogel nimmt Insekten und deren Larven, Spinnen, Würmer, Schnecken, Lurche, Eier und Junge von Vögeln, Früchte und Samen, Abfälle und Aas auf. Das Nest ist ein sperriger Kugelbau aus Reisig, der in Hecken oder auf höheren Bäumen steht. Elstern legen 6 bis 7 Eier, deren Farbe stark variiert. Eine graubraune Fleckung auf bläulich-grünlichem Grund herrscht vor. Elstern haben nur 1 Brut im Jahr. Volle Gelege findet man im April, Nachgelege noch im Mai. Die Eier werden knapp 3 Wochen lang bebrütet.

3 Braunkehlchen
Saxicola rubetra

Merkmale: Das Braunkehlchen wird knapp 13 cm lang. Das Männchen (Foto) erkennt man an der rahmgelben Kehle und Brust, vor allem aber an dem hellen Überaugenstreif und dem hellen Streifen am Kinn. Seine Oberseite ist bräunlich und dabei kräftig dunkel gestreift. Auf den Flügeln und beiderseits des Schwanzansatzes befinden sich weiße Flecken. Das Weibchen ist insgesamt heller gefärbt. Es hat einen mehr gelblichen Überaugenstreif und kleinere Flügelflecken.
Vorkommen: Das Braunkehlchen fehlt in Nordskandinavien, Italien und großen Teilen der Iberischen Halbinsel, ist aber sonst über ganz Europa und Teile Asiens verbreitet. Sein Lebensraum sind ausgedehnte Wiesenlandschaften mit grasreichen Rainen und Moorgebiete. Leider steht die Art bereits als »potentiell gefährdet« auf Österreichs Roter Liste.
Biologie: Das Nest des Braunkehlchens liegt in einer Bodenvertiefung im Gras. Das Gelege aus meist 6 tief blaugrün gefärbten Eiern mit feiner rötlicher Punktierung findet man im Mai/Juni.

1

2

3

1 Feldsperling
Passer montanus

Merkmale: Der Rücken des 14 cm langen Feldsperlings ist braun gefärbt und hat eine dunkle Längsstreifung. Die Flügel tragen eine kräftige und eine undeutliche weiße Binde. An seiner kastanienbraunen Kopfplatte, dem schwarzen Wangenfleck und dem schwarzen Kehlfleck ist die Art leicht vom Haussperling zu unterscheiden. Männchen und Weibchen sind gleich gefärbt. Der Vogel lebt gesellig. Seine Rufe klingen wie »tschick« oder »tek-tek-tek«, auch hell »twit«. Der Gesang setzt sich aus diesen Tönen zu einem schnellen Tschilpen zusammen.
Vorkommen: Der Feldsperling kommt mit Ausnahme von Island und großen Teilen Norwegens und Schwedens in ganz Europa vor und ist ein Vogel der offenen Kulturlandschaft. Er ist Teilzieher; viele Vögel überwintern aber in Mitteleuropa.
Biologie: Der Sperling ernährt sich von Beeren, Samen, grünen Pflanzenteilen und Kleintieren, vor allem Insekten. Das Nest wird hauptsächlich in Baumhöhlen gebaut. Das Weibchen legt 5 bis 6, auf hellem Grund dicht dunkel gefleckte Eier. Gelege findet man ab Ende April. Regelmäßig werden 2 Bruten aufgezogen.

2 Stieglitz, Distelfink
Carduelis carduelis

Merkmale: Verwechseln kann man den 12 cm langen Stieglitz kaum. Die weiß eingerahmte, rote Gesichtsmaske, die schwarze Kopfplatte, der ebenfalls schwarze Nacken, die weißen Wangen, der weiße Bürzel und die gelben Flügelbinden machen zusammen eine unverkennbare Vogelgestalt aus. Brust und Bauch sind heller braun als der Rücken, und Teile von Brust und Bauch sind weißlich. Der Schwanz ist schwarz und trägt weiße Flecken im hinteren Teil. Beide Geschlechter sind gleich gefärbt. Junge Stieglitze sind ober- und unterseits gelblich-bräunlich und gestreift. Die »stigelitt«-Rufe sind typisch (Name!). Der Gesang ist eine hastige Folge aus diesen Rufen und schmetternden Tönen, Trillern und Schnörkeln.
Vorkommen: Man begegnet dem Vogel an Rainen und auf Ödland. Er bewohnt aber auch Gärten, Parks und Obstpflanzungen. Der Stieglitz ist über große Teile Europas verbreitet, ausgenommen Island und fast ganz Norwegen und Schweden, und er dringt auch weit nach Asien vor. Er ist Teilzieher und wandert außerhalb der Brutzeit meist in kleinen Trupps umher.
Biologie: Der Vogel ernährt sich mit Vorliebe von Distelsamen. Die Nester stehen in Hecken, aber auch ziemlich hoch in Bäumen. Stieglitze legen 5 bis 6 Eier, die auf bläulich-weißlichem Grund fein rotbraun gefleckt sind; am stumpfen Pol sind die Flecken gehäuft. Der Stieglitz brütet zweimal im Jahr. Die ersten Gelege findet man Anfang Mai, ganz späte noch im August. Die Jungen schlüpfen nach etwa 12 Tagen und verlassen das Nest nach weiteren 2 Wochen.

3 Goldammer
Emberiza citrinella

Merkmale: Mit 16,5 cm Länge ist die Goldammer etwas größer als ein Haussperling. Beim Männchen (Foto) sind Kopf und Unterseite goldgelb gefärbt (Name!). Der Kopf zeigt feine grünlichbräunliche Streifen. Der Rücken ist braun und dabei dunkel gestreift. Die Flanken sind braun gestreift. Auffällig sind die hell rotbraune Bürzel und die weißen Schwanzkanten, die vor allem im Flug gut zu sehen sind. Das Weibchen hat insgesamt weniger Gelb im Gefieder als das Männchen. Es ist auch an Kopf und Kehle gestreift. Häufig hört man wie »zirk« oder auch »tirr« klingende Rufe. Typisch ist der Gesang, den man etwa mit »zizizizi-zieh« oder mit »Wie, wie, wie hab ich dich lieb« umschreiben kann.
Vorkommen: Die Goldammer fehlt nur in Nordskandinavien und auf der Iberischen Halbinsel, ist aber sonst über ganz Europa und bis weit nach Asien hinein verbreitet. Ihr Lebensraum ist die offene Feld- und Wiesenlandschaft, die durchsetzt ist mit Hecken und Feldgehölzen.
Biologie: Die Nahrung der Ammer besteht aus Kleintieren, Knospen und Samen (Getreidekörnern). Das Nest kann direkt am Boden in einer Vertiefung oder niedrig in Hecken stehen. Das Weibchen legt 3 bis 5 weißliche, mit grauen und rötlichen Flecken und feinen Linien übersäte Eier. Goldammern brüten zweimal im Jahr.

1

2

3

1 Igel, Westigel, Braunbrustigel
Erinaceus europaeus

Merkmale: Der zur Ordnung der Insektenfresser (Insectivora) gehörende Säuger hat ein Stachelkleid, eine spitze Schnauze und rundliche, kurze Ohren. Die abgebildete Form mit der braunen Brust kommt nur im westlichen Mitteleuropa einschließlich der westlichen Teile Österreichs vor. Im östlichen Teil ist der <u>Ostigel</u> mit der weißen Brust verbreitet.
Vorkommen: Der Igel kommt mit Ausnahme von Island und Mittel- und Nordskandinavien in ganz Europa und bis weit nach Asien hinein vor. Er bevorzugt einen abwechslungsreichen Lebensraum, wo er genügend Nahrung und Deckung findet, und kommt auch in Gärten und Parks vor.
Biologie: Igel sind dämmerungs- und nachtaktiv. Sie ernähren sich von Insekten, fressen aber auch andere wirbellose Tiere, Vogeleier, Früchte und kleine Wirbeltiere. Im Mai/Juni werden nach 5 bis 6 Wochen Tragzeit 2 bis 10 blinde Junge geboren, die bereits ein – allerdings noch weiches – Stachelkleid besitzen.

2 Maulwurf
Talpa europaea

Merkmale: Der Maulwurf gehört wie der Igel zu den Insektenfressern. Er ist an seinen unterirdischen Lebensraum gut angepaßt. Die Gliedmaßen sind kurz, die Hände zu Grabschaufeln umgebildet. Der etwa 15 cm lange Körper hat die Form einer Walze, die durch Muskelkontraktionen noch schlanker gemacht werden kann. Das kurzhaarige, blauschwarze Fell zeigt nicht den üblichen Strich. Der Maulwurf kann sich also problemlos in den engen unterirdischen Gängen vorwärts und rückwärts bewegen. Ohrmuscheln fehlen; die Gehörgänge können durch Hautfalten verschlossen werden. Die Augen sind nicht sehr leistungsfähig.
Vorkommen: Der Maulwurf ist über fast ganz Europa verbreitet. Man findet ihn am häufigsten auf Wiesen, er kommt aber auch in Parks und großen Gärten vor.
Biologie: Maulwurfshügel sind unterirdisch (60 cm und tiefer) durch ein System aus Verbindungsgängen mit Wohnkessel, Vorratskammer und Tränke verbunden. In den Jagdgängen geht der Maulwurf auf Beutefang. Er ernährt sich von Insekten und deren Larven, anderen Gliederfüßern, Schnecken und Würmern. Nach der Paarung im März/April und einer Tragzeit von 1 Monat bringt das Weibchen 4 bis 5 Junge zur Welt.

3 Europäischer Feldhase
Lepus europaeus

Merkmale: Der Feldhase wird 50 bis 70 cm lang und 2,5 bis 7 kg schwer. Sein Fell ist gelblich-braun und hat eine rotbraune Tönung. Gute Kennzeichen sind die langen Ohren mit der schwarzen Spitze und die langen Hinterläufe. Der Schwanz ist oben schwarz und unten weiß gefärbt.
Vorkommen: Der Feldhase ist ein Bewohner offener Kulturlandschaft (Rote Liste: »potentiell gefährdet«). Er ist mit Ausnahme Islands, großer Teile Irlands und Skandinaviens über ganz Europa verbreitet. In den Alpen kommt er bis in etwa 2000 m Höhe vor. Er ist zudem über große Teile Asiens, in Nord- und Mittelamerika sowie in Australien verbreitet (z. T. angesiedelt).
Biologie: Die Tiere werfen drei- bis viermal im Jahr Junge, pro Wurf jeweils 2 bis 4. Die Junghasen werden im Alter von 5 bis 8 Monaten geschlechtsreif.

4 Wildkaninchen
Oryctolagus cuniculus

Merkmale: Das Kaninchen gehört wie der Feldhase zur Säugetierordnung der Hasenartigen. Die flinken Tiere werden 35 bis 45 cm lang und 1,5 bis 2 kg schwer. Kennzeichen sind das graubraune Fell und die gegenüber dem Feldhasen deutlich kürzeren Ohren, die keine schwarzen Spitzen aufweisen.
Vorkommen: Die Tiere sind über große Teile Mittel- und Südeuropas verbreitet. Ihr Lebensraum sind trockene Heideflächen mit warmem, sandigem Boden. In den lockeren Boden können die Kaninchen ihre tief reichenden Erdbaue graben.
Biologie: Kaninchen leben gesellig. Die Weibchen können 5 bis 7 Würfe pro Jahr mit jeweils bis zu 7 Nachkommen zur Welt bringen. Nach 3 Wochen zeigen sich die Jungen erstmals am Baueingang.

1

2

3

4

1 Europäisches Ziesel, Schlichtziesel
Citellus citellus

Merkmale: Das Ziesel ist ein am Boden lebender Verwandter des Eichhörnchens. Es wird rund 20 cm lang und 200 bis 400 g schwer. Der dicht behaarte Schwanz wird bis 8 cm lang. Das Fell ist auf der Oberseite gelbgrau und dabei undeutlich gesprenkelt, auf der Unterseite heller. Das Tierchen hat sehr große, dunkle Augen und kurze, breite Ohren.

Vorkommen: Das Ziesel ist ein typischer Bewohner der Steppengebiete, und die findet es in Anklängen noch im Burgenland vor; die Bestände sind allerdings bereits als »vom Aussterben bedroht« in der Roten Liste eingestuft. Um den Neusiedler See herum ist das Gebiet, wo man noch am ehesten Bekanntschaft mit dem kleinen Nager machen kann. Ansonsten liegt das eigentliche Verbreitungsgebiet des Ziesels weiter östlich. Es ist überwiegend ein Bewohner des Tieflands.

Biologie: Das Ziesel lebt gesellig und ist auch am Tag aktiv. Es ist flink und wendig. Immer wieder sieht man die Tiere auf den Hinterbeinen sitzen, um Ausschau zu halten. Sie ernähren sich von grünen Pflanzenteilen, Samen und Wurzeln. Die Nahrung wird meist in den weit verzweigten unterirdischen Bau eingetragen und dort verzehrt. Von September/Oktober bis März halten die Tiere Winterschlaf. Nach dem Erwachen im Frühling setzt die Paarungszeit ein, und wenig später werden meist 6 Junge geboren. Ziesel bekommen nur einmal im Jahr Junge.

2 Hamster
Cricetus cricetus

Merkmale: Der Hamster ist ein großer, gedrungen wirkender Nager. Er wird 22 bis 30 cm lang und bis 500 g schwer. Das Fell ist auf der Oberseite bräunlichgelblich gefärbt, auf der Unterseite schwarz. An der Grenze beider Farben liegen auffällige weiße Flecken. Der Schwanz ist nur kurz.

Vorkommen: Der bevorzugte Lebensraum des Hamsters sind Steppengebiete und heute auch die Kulturlandschaft im Flach- und Hügelland. Bedingung ist aber Lehm- oder Lößboden, damit das Tier seinen Bau graben kann. Schwerpunkt der Verbreitung sind die kontinentalen Steppengebiete auf dem Balkan und in Rußland. Bei etwa 400 m liegt die vertikale Verbreitungsgrenze. Österreichs Hamster sind nach der Roten Liste »gefährdet«.

Biologie: Der Hamster zeigt ähnlich wie der Feldhase größere Bestandsschwankungen. Es gibt ausgesprochene Hamsterjahre, in denen man den Nager häufiger zu Gesicht bekommt als in anderen Jahren. Hamster sind meist nur in der Dämmerung und in der Nacht aktiv. Im Herbst müssen die Tiere Vorräte für die Überwinterungszeit (Oktober bis März/April) in den unterirdischen Bau eintragen. Die Tiere stopfen sich die Backentaschen mit Getreidekörnern und anderen Pflanzenteilen voll und speichern alles in der Vorratskammer. Der Bau weist weiter einen Wohnkessel auf, einen oder mehrere Zugänge und eine Fallröhre für die rasche Flucht vor einem Verfolger. Hamster bekommen zweimal im Jahr Junge, pro Wurf bis zu 12. Die Tierchen werden nackt und blind geboren.

3 Feldmaus
Microtus arvalis

Merkmale: Die Feldmaus wird 9 bis 13 cm lang, der Schwanz mißt weitere 4,5 cm. Oberseits ist das kurzhaarige Fell bräunlich oder grau gefärbt, unterseits gelblich oder silbergrau. Insgesamt ist die genaue Bestimmung von Mäusen recht schwierig; gegebenenfalls muß man auf ein größeres Bestimmungsbuch zurückgreifen.

Vorkommen: Mit Ausnahme großer Teile der Iberischen Halbinsel, Großbritanniens, Italiens, Skandinaviens und der Bretagne ist die Feldmaus über Europa und bis nach Mittelasien hinein verbreitet. Der Nager ist typisch für offene Landschaften bis in etwa 2000 m Höhe. Überall auf Feldern, Wiesen und Weiden kann man die dicht unter der Oberfläche angelegten Gänge sehen.

Biologie: Die Feldmaus gehört zu den Nagern, die immer wieder massenhaft auftreten. Drei- bis siebenmal im Jahr werden jeweils 4 bis 13 nackte, blinde Junge geboren, die im Alter von 21 Tagen selbständig werden.

1

2

3

1 Hermelin, Großes Wiesel
Mustela erminea

Merkmale: Hermeline werden 20 bis 30 cm lang. Der Schwanz mißt weitere 8 bis 12 cm. Die Weibchen sind im Durchschnitt etwas kleiner als die Männchen. Die braune Oberseite ist durch eine scharfe, gerade Trennlinie gegen den weißen Bauch abgesetzt. Typisch ist außerdem die schwarze Schwanzspitze, die auch im Winter nicht fehlt, wenn die Hermeline ihr weißes Winterfell tragen. Die schwarze Schwanzspitze ist außerdem – neben der Größe – das wichtigste Unterscheidungsmerkmal zum Mauswiesel *(Mustela nivalis)*, das im selben Lebensraum vorkommen kann wie das Hermelin. Beim Mauswiesel ist außerdem die Trennlinie zwischen Braun und Weiß nicht gerade, sondern eher unregelmäßig.

Vorkommen: In Europa fehlt das Hermelin nur im Süden. Darüber hinaus kommt es in weiten Teilen Asiens und Nordamerikas vor. In der Wahl seines Lebensraumes zeigt sich das Hermelin als sehr anpassungsfähig. Man sieht das Tier in Gärten und Parks, auf Wiesen und Feldern, aber auch in felsigem Gelände und in Feuchtbiotopen.

Biologie: Das Hermelin gehört zu den marderartigen Raubtieren, zu denen auch Dachs, Iltis und Fischotter gehören. Fast alle diese Räuber sind dämmerungs- und nachtaktiv. Man wird sie also nur recht selten zu Gesicht bekommen, obwohl gerade das Hermelin noch recht häufig ist. Die Paarungszeit des Tieres liegt zwischen Februar und August. Die Jungen werden stets erst im darauffolgenden Jahr geboren, und zwar zwischen Mai und Juli. Je Wurf können 4 bis 7 Junge geboren werden, die 5 bis 7 Wochen lang gesäugt und mit 3 bis 4 Monaten selbständig werden.

2 Reh
Capreolus capreolus

Merkmale: Rehe gehören zur Säugetierordnung der Paarhufer. Die Tiere werden 90 cm bis 1,25 m lang und 15 bis 30 kg schwer. Das Sommerfell ist überwiegend rotbraun, das Winterfell mehr graubraun. Typisch sind die weiße Zone um den kurzen Wedel herum, der »Spiegel«, und beim männlichen Tier, dem Bock, das kurze Stangengeweih, das jedes Jahr abgeworfen wird. (Es ist also eine andere Bildung als das Gehörn etwa einer Gemse, eines Steinbocks oder eines Mufflons.) Das Geweih trägt maximal 4 Enden je Stange; Sechserböcke (3 Enden je Stange) sind aber die Regel. Junge Böcke bilden zunächst Knöpfe, dann gerade Stangen aus. Später ist jede Stange einfach verzweigt, dann mehrfach. Während das neue Geweih heranwächst, ist es von einer kräftig durchbluteten Haut, dem Bast, bedeckt, die im Spätsommer austrocknet und an Büschen abgestreift wird.

Vorkommen: Das Reh kommt außer in Mitteleuropa noch in großen Teilen Spaniens, in Schottland, in Mittelnorwegen und Mittelschweden und darüber hinaus in Teilen Asiens vor. In Mitteleuropa kann man je nach dem bevorzugten Lebensraum zwischen Feldrehen und Waldrehen unterscheiden. Die einen leben also in Gebieten mit vorherrschender niedriger Vegetation, wie Wiesen und Feldern, Moor- und Heidegebieten, die anderen in aufgelockerten Laub- und Mischwäldern.

Biologie: Trotz der Veränderungen in der Landschaft haben sich in Mitteleuropa größere Rehbestände halten können. Davon bemerkt man allerdings tagsüber nur recht wenig. Rehe halten sich am Tag meist in Deckung verborgen und treten erst in der Abenddämmerung zur Nahrungssuche aus. Vom Herbst bis zum Frühjahr leben die Tiere in gemischten Gruppen zusammen, die sich zur Setzzeit hin auflösen. Im Mai setzt die Geiß oder Ricke – so nennt man das weibliche Reh – 1 bis 3 Junge. Die Kitze können sofort sehen und laufen, also schon bald nach der Geburt der Mutter folgen. Die Kitze werden 3 Monate lang von der Geiß gesäugt. Danach bleiben sie noch lange mit ihr zusammen und werden erst mit etwa 1 Jahr selbständig. Besonders interessante Beobachtungen zum Verhalten der Rehe kann man während der Paarungszeit machen. Dann sind die Tiere auch tagsüber sehr aktiv. Der Bock sucht die weiblichen Tiere und treibt sie längere Zeit, bevor es zur Begattung kommt. Rehe können bis 15 Jahre alt werden.

1

2

FEUCHTGEBIETE

Feuchtgebiete

Feuchtgebiete im Überblick

Der Begriff »Feuchtgebiete« umfaßt eine Vielzahl recht unterschiedlicher Lebensräume, und er wird nicht einheitlich gehandhabt. Im »Tiroler Naturschutzgesetz 1991« beispielsweise wird in § 3 definiert: »Feuchtgebiet ist ein vom Wasser geprägter, in sich geschlossener und vom Nachbargebiet abgrenzbarer Lebensraum mit den für diesen charakteristischen Pflanzen- und Tiergemeinschaften. Dazu gehören insbesondere auch Röhrichte und Großseggensümpfe, Quellfluren und Quellsümpfe, Flach- und Zwischenmoore, Hochmoore, Moor- und Bruchwälder.« Separat wird in dem Gesetz der Begriff »Gewässer« definiert: »Gewässer ist ein von ständig vorhandenem oder periodisch auftretendem Wasser geprägter Lebensraum, der die Gesamtheit von Wasserwelle, Wasserkörper, Wasserbett, Sediment und Ufer einschließlich der dort vorkommenden Tiere und Pflanzen umfaßt.« Im Gegensatz zu diesem Gesetz werden unter dem Begriff »Feuchtgebiete« meist alle hier separat definierten Lebensräume zusammengefaßt, die durch mehr oder weniger feuchten Untergrund bzw. durch das Element Wasser geprägt sind. Zu den Feuchtgebieten gehören nach einer mehr allgemeinen Definition die Quellen, die Fließgewässer vom Bach über den Fluß bis zum breiten Strom, die stehenden Gewässer von der kleinsten Pfütze bis zum größten See, vom Gartenteich bis zum Stausee, daneben aber auch Auen, Flach- und Hochmoore und Sumpfwiesen.

Im weiteren Sinne gehören zu den Feuchtgebieten sogar auch das Wattenmeer und Küstengewässer, also nicht nur Süßwasserbiotope, sondern auch Brack- und Salzwasserbiotope, die wir hier aber außer Acht lassen können, weil Österreich keine Verbindung zum Meer hat. Auf die Salzgewässer des Binnenlandes dagegen kommen wir zu sprechen; Österreich hat im Burgenland diese hochinteressanten Biotope aufzuweisen.

Vorhergehende Doppelseite:
Donau-Auen bei Orth. Auwälder verdienen heute überall in Europa unbedingten Schutz.

1 Burgenland
2 Kärnten
3 Niederösterreich
4 Oberösterreich
5 Salzburg
6 Steiermark
7 Tirol
8 Vorarlberg
9 Wien

Die Einteilung der Binnengewässer

Die Binnengewässer können in eine Reihe unterschiedlicher Typen aufgegliedert werden. Zunächst lassen sich die unterirdischen von den oberirdischen Gewässern trennen.

Unterirdische Gewässer sind zum einen die Höhlengewässer, die trotz ihrer ungewöhnlichen Lebensbedingungen eine Anzahl charakteristischer Organismen beherbergen, etwa die Höhlenassel (*Asellus cavaticus*) oder den in Höhlen des dalmatinischen Karstgebirges (z.B. in den öffentlich zugänglichen Höhlen von Postojna/Jugoslawien 100 km südlich von Klagenfurt) vorkommenden Grottenolm (*Proteus anguinus*). Zum anderen bildet das Grundwasser einen großen unterirdischen Lebensraum, der ebenfalls speziell

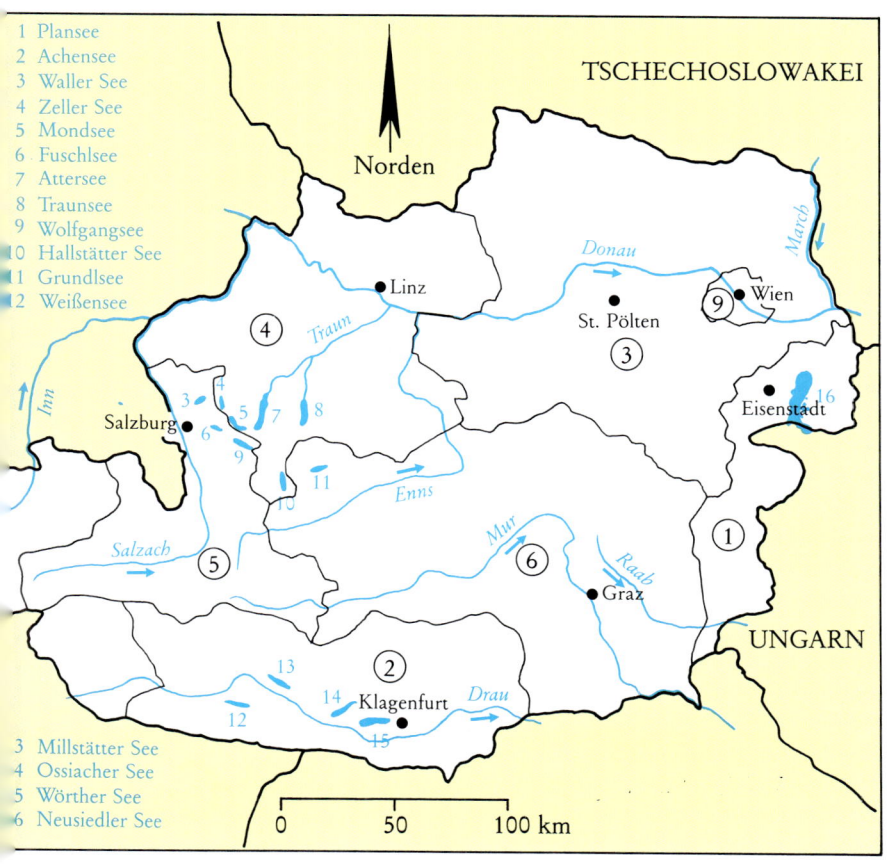

angepaßten Organismen Lebensmöglichkeit bietet.
Die <u>oberirdischen Gewässer</u> gliedert man in fließende und stehende Gewässer auf.
<u>Fließende Gewässer</u> (= <u>Fließgewässer</u>) sind etwa die <u>Quellen</u> und ihre Abflüsse, die verschiedenen Typen von <u>Bächen</u> (Gebirgsbäche, Tieflandbäche), die <u>Flüsse</u> und die großen <u>Ströme</u>. Im Bereich der Mündungen in die Meere treffen Süß- und Salzwasser zusammen – ein Lebensraum mit speziellen Bedingungen.
<u>Stehende Gewässer</u> (= <u>Stillgewässer</u>) kann man einteilen in natürliche und künstliche Seen, Weiher und Tümpel. <u>Seen</u> lassen sich am besten dadurch kennzeichnen, daß sie eine flache Uferzone (Litoral) besitzen, die meist von Pflanzen besiedelt ist, und eine Tiefenzone (Profundal), in der Pflanzen wegen Lichtmangels nicht mehr existieren können. Künstliche Seen stellen die Talsperren dar; sie sind in vielem natürlichen Seen ähnlich, unterscheiden sich aber dadurch grundlegend von diesen, daß abfließendes Wasser nicht aus den Oberflächen-, sondern aus den Tiefenschichten des Wasserkörpers stammt.
<u>Weiher</u> kann man als Seen mit nur geringer Wassertiefe auffassen, die kaum 3 m übersteigt. Litoral und Profundal kann man hier nicht gegeneinander abgrenzen, der gesamte Gewässerboden kann von Pflanzen besiedelt sein. Künstlich angelegte Weiher nennt man Teiche. Sie entstehen beispielsweise beim Aufstauen eines Baches, und oft regulieren Wehre den Wasserstand von Teichen.
Als <u>Tümpel</u> bezeichnet man kleine Gewässer, die im Sommer oft austrocknen. Daneben gibt es noch eine Vielzahl von anderen stehenden Kleingewässern, etwa Regentümpel, Pfützen, kleine Wasseransammlungen in Felsvertiefungen, wassergefüllte Baumhöhlen und Pflanzenorgane.

Feuchtgebiete

Gesondert sind die stehenden <u>Salzgewässer</u> des Binnenlandes zu betrachten, da sie einen ganz eigenständigen Charakter haben. In Österreich finden wir Beispiele für solche Gewässer im Burgenland (Neusiedler See und die Lacken im Seewinkel). Man trifft sie aber vor allem in ariden Klimazonen an, in denen die Verdunstung den Niederschlag überwiegt (Beispiele: Nakuru-See in Kenia, Großer Salzsee im US-Bundesstaat Utah).

Fließgewässer als Lebensraum

Fließgewässer sind ganz wesentlich von der <u>Strömung</u> her bestimmt, auf die sich die Organismen einstellen müssen. Denn gerieten sie in die Strömung, kämen sie zu Tode oder würden zumindest eine mehr oder weniger lange Strecke abgedriftet. Man kann 2 Formen von Strömung unterscheiden. Laminare Strömungen sind dadurch charakterisiert, daß sich einzelne Strömungsfäden nebeneinander her in Fließrichtung schieben. Bei turbulenten Strömungen reißen die Fäden auseinander, und es kommt zu unregelmäßigen Wasserbewegungen. Beide Strömungsformen kommen in einem Bach oder Fluß stets nebeneinander vor. Laminare Strömungen herrschen vor allem in den wassergefüllten Porenräumen im Bach- oder Flußbett, auf der Oberfläche von Steinen oder anderen im Wasser liegenden Substraten und in den Pflanzenpolstern von Moosen und Algen. Im übrigen aber dominieren Bereiche turbulenter Strömung.

Neben der Strömung prägt die <u>Temperatur</u> den Lebensraum besonders stark. Das Quellgebiet zeigt die konstantesten Temperaturbedingungen, sowohl im Tageswie im Jahresgang. Talwärts nehmen dann Tages- und Jahresschwankungen langsam zu. Trotzdem ist jeder Abschnitt einem relativ konstanten Temperaturregime unterworfen. Ähnliches trifft für den <u>Sauerstoffgehalt</u>, den Gehalt an gelösten Substanzen und andere ökologische Faktoren zu.

Lebewesen der Fließgewässer

Pflanzen und Tiere, die Fließgewässer besiedeln, müssen sich auf die Strömung als bestimmenden ökologischen Faktor einstellen. Sie tun dies auf verschiedene Weise.

Algen bilden flache Lager aus, die eng dem Substrat aufliegen. Andere Formen bilden peitschenförmige Zellfäden aus, die sich in die Strömung einpassen. Die Fließwasseralgen sind natürlich stets am Untergrund festgeheftet; Phytoplankton (siehe unten) fehlt völlig. Die Zugfestigkeit der Algenfäden und der Stengel höherer Wasserpflanzen der Fließgewässer, etwa des Flutenden Hahnenfußes *(Ranunculus fluitans)*, ist erstaunlich groß.

Die meisten Fließgewässertiere vermeiden es aktiv, in stärkere Strömung zu geraten. Man findet sie deshalb meist auf der Unterseite von Steinen, vor allem bei Tag; bei Nacht jedoch kommen viele auf die Oberseite, um dort Nahrung zu suchen. Tiere verfügen nun – wie die Pflanzen – auch über morphologische Anpassungen, um sich gegen die Strömung zu behaupten. Einmal kann die Form extrem an eine Lebensweise in der Strömung angepaßt sein, wie es etwa die Flußnapfschnecke *(Ancylus fluviatilis)* anschaulich zeigt. Auch Insektenlarven sind oft sehr flach gebaut, um laminare Strömungsbereiche an Steinen besser ausnützen zu können; ein Beispiel ist die Larve der Eintagsfliege *Epeorus*. Schließlich haben vor allem die Insektenlarven verschiedene Haftmechanismen entwickelt. Larven der Eintagsfliege *Rhithrogena* haben eine Art Saugnapf auf der Bauchseite. Die Larven der

Die Krimmler Wasserfälle (oberer Fall) – ein Naturschauspiel von europäischem Rang.

Lidmücke *Liponeura* sind mit ihren 6 großen Bauchsaugnäpfen geradezu ein Paradebeispiel für diese Möglichkeit der Anpassung an die Strömung als dominierenden ökologischen Faktor. Andere Larven wiederum heften sich mit Krallen an den Füßen oder Haken am Hinterleib auf dem Untergrund fest.

Die Zonierung von Fließgewässern
Anhand der jeweils vorliegenden ökologischen Bedingungen (Temperatur, Sauerstoffgehalt, Beschaffenheit des Untergrundes etc.) kann man ein Fließgewässer in typische Abschnitte gliedern. Diesen Abschnitten kann man als auffälligste Lebensformen bestimmte Fischfamilien bzw. -arten zuordnen. Entsprechend den Laichgewohnheiten, Vorzugstemperaturen und Sauerstoffbedürfnissen herrschen in den einzelnen Abschnitten bestimmte sogenannte Leitfische vor.

Im kalten und sauerstoffreichen Gebirgsbach dominieren die Salmoniden, vor allem die Bachforelle und – weiter unterhalb – die Äsche. Flußabwärts folgen jeweils dominierend die Barbe und der Brachsen. Mündet der Fluß schließlich ins Meer, tritt im Brackwasserbereich noch die Flunder *(Platichthys flesus)* auf. Man kann also ein Fließgewässer von der Quelle zur Mündung in folgende Regionen gliedern: Forellen-Region, Äschen-Region (z.B. Inn von Imst bis Kirchbichl, Drau von Lienz bis Spittal), Barben-Region (Unterläufe der meisten österreichischen Flüsse), Brachsen-Region (Mündungsbereiche von Donauzuflüssen, z.B. der March), Kaulbarsch-Flunder-Region.

Auen

Fließgewässer sind häufig von einem mehr oder weniger breiten Auengürtel umgeben. Zumindest waren sie das, bevor man in großem Maßstab daranging, Bäche und Flüsse zu regulieren. Daß man Fließgewässer regulierte, ist verständlich, traten doch im Zyklus der Jahreszeiten immer wieder Hochwässer auf, die weite Landstriche unter Wasser setzten, darunter auch Dörfer und Städte. Im Zuge der Regulierung der Fließgewässer gingen aber die Auen als interessante und vielfältige Lebensräume für Pflanzen und Tiere vielerorts verloren.

Der Definition nach versteht man unter Auen »räumlich breite Talzonen, die innerhalb des Einzugsbereichs von Hochwassern liegen«. Das heißt, Auen finden wir nur entlang von Flüssen, die mehr oder weniger im Tiefland fließen. Beispiele für solche Auen sind etwa die Donau-Auen oder die March-Auen. Beide Gebiete verdienen besonderes Interesse, sind sie doch einmalige Landschaften und weisen sie eine charakteristische und deshalb besonders schützenswerte Pflanzen- und Tierwelt auf.

Deshalb war auch ein Konflikt vorprogrammiert, als dort vor einigen Jahren ein Kraftwerk errichtet werden sollte; der Konflikt hat nicht ohne Grund zu einer schweren Krise in der österreichischen Innenpolitik geführt. Der Bau des Kraftwerks konnte abgewendet werden, und die Bemühungen um die Schaffung eines Nationalparks Donau-March-Auen verstärken sich. Bleibt zu hoffen, daß die Natur hier wirklich Vorrang erhält, denn die Donau-March-Auen sind nicht irgendein Gebiet von lediglich lokalem Interesse, sie haben vielmehr europäischen Rang.

Seetypen

Ein Seetypen-System kann aufgrund unterschiedlicher Kriterien aufgestellt werden, etwa der Trophie, worunter man die Intensität der biologischen Produktion versteht. Ein wenig produktiver See wird oligotroph genannt, während man einen stark produktiven See als eutroph bezeichnet. Dazwischen gibt es Übergänge, die unter den Begriff mesotroph fallen. Moorgewässer bezeichnet man als dystroph.

An dieser Stelle sei auf den Begriff Eutrophierung eingegangen, der in der Gewässerschutz-Diskussion eine große Rolle spielt. Darunter ist zu verstehen, daß ein ursprünglich oligo- oder mesotropher See (Beispiele: die Seen im Alpenvorland und in den Alpen) durch die Zufuhr von Nährstoffen/Abwässern seinen Charakter hin zu einem eutrophen Typ ändert. Mit anderen Worten: Die zusätzlich eingeführten Nährstoffe führen zu einer Erhöhung der biologischen Produktion. Dies an sich ist kein negativer Prozeß. Nur kann die Produktion so angeheizt werden, daß die Abbauprozesse nicht mehr nachkommen und am Gewässerboden sauerstoffzeh-

Feuchtgebiete

Der Wolfgangsee – der bekannteste See im Salzkammergut.

render Faulschlamm entsteht. Die Tiefenzonen der betroffenen Seen sind dann häufig sauerstofffrei und oft schwefelwasserstoffhaltig; Organismen können diese Zone dann kaum mehr besiedeln. In einigen eutrophierten österreichischen Seen hat man deshalb versucht, mit Hilfe von Rohren den Tiefenwasserabfluß künstlich zu erhöhen.

Man kann die Seen aber auch nach den hauptsächlich vorhandenen Fischfamilien/-arten grob einteilen (Salmoniden-Seen, Cypriniden-Seen). In den größeren Seen des Alpenvorlandes (z.B. Bodensee) kommen typischerweise Formen wie Felchen, Seeforelle und Seesaibling, daneben aber auch Hecht, Plötze und Flußbarsch vor. Die Seen der Mittel- und Hochlagen weisen Bachforelle und Seesaibling als charakteristische Arten auf. Und die flacheren und wärmeren Seen (z.B. viele Seen in Kärnten) haben dominierend Bestände von Weißfischen wie Rotauge, Brachsen, Schleie, Karpfen, daneben Bestände von Raubfischen wie Hecht, Zander, Wels (*Silurus glanis*) und Aal.

Die Pflanzenwelt an Weihern und Seen

Am Ufer nährstoffreicher Weiher und Seen tritt immer wieder die gleiche Zonierung bestimmter Pflanzen auf. Nähert man sich vom Land her der freien Wasserfläche, so durchquert man zunächst einen Bruchwald, in dem an feuchte Standorte angepaßte Bäume und Büsche vorherrschen. Dieser Baum- und Buschgürtel kann aber zuweilen fehlen.

Dann stößt man in eine Zone vor, in der verschiedene Arten von Sauergräsern – vor allem Seggen (*Carex*-Arten) – das Bild beherrschen. Hier ist der Boden oft monatelang trocken, dennoch reicht das Grundwasser ständig bis in den Hauptwurzelraum. Zwischen den Seggen tauchen allmählich einzelne Halme des Schilfs auf.

Seewärts verdichtet sich das Bild zum Schilfröhricht, einem Lebensraum mit ganz speziellen Lebensbedingungen. Das 1 bis 4 m hohe Schilfrohr dominiert hier, meist von nur wenigen anderen Pflanzenarten begleitet. An nährstoffreicheren Stellen, etwa im Bereich der Mündungen belasteter Flüsse, tritt der bis 2 m hohe Rohrkolben auf, der das Schilf sogar stellenweise verdrängen kann. An lichten Stellen kann man im Röhricht Igelkolben, Tannenwedel (*Hippuris vulgaris*), Echtes Pfeilkraut (*Sagittaria sagittifolia*) und Gemeinen Froschlöffel antreffen. In relativ ruhigen Gewässern bildet die Flecht-Simse oder Sumpf-Binse (*Scirpus lacustris*) den Vorposten des Röhrichts. Diese Pflanze kann auch unter Wasser Fotosynthese machen und daher in tiefes Wasser vordringen als das Schilf.

Dann aber wird das Wasser so tief, daß sich die Schwimmblattpflanzen durchsetzen, die am Boden des Gewässers wachsen, deren Blätter und Blüten aber auf der Wasseroberfläche liegen. Hierzu gehören vor allem die Weiße Seerose, die Gelbe Teichrose und verschiedene Laichkräuter. Einige andere Laichkraut-Arten leben völlig untergetaucht (submers), und nur ihre Blüten ragen aus dem Wasser heraus. Schließlich sind es größere Algen, die am weitesten ins Wasser vorstoßen. Armleuchter-Algen (Gattung *Chara*) bilden den Abschluß der Zonierung der höheren Pflanzen gegen das freie Wasser. Zwischen den Unterwasserpflanzen, aber auch zwischen den untergetauchten Teilen der anderen genannten Pflanzen wachsen Fadenalgen (beispielsweise Arten der Gattungen *Cladophora* und *Spirogyra*). Andere – vor allem einzellige – Algen wachsen auch auf den Stengeln der höheren Pflanzen. Man faßt sie unter dem Begriff <u>Aufwuchsalgen</u> zusammen.

Das Plankton

Das Pelagial eines Sees mag als eintöniger Lebensraum erscheinen, beherbergt aber eine (je nach Seetyp mehr oder weniger) große Fülle von im Wasser schwebenden Organismen, die in ihrer Gesamtheit als Plankton bezeichnet werden. Die im Wasser gelösten Nährstoffe – Phosphor, Stickstoff etc. – und im Wasser gelöstes Kohlenstoffdioxid ermöglichen zusammen mit der Strahlung eine starke pflanzliche Produktion. Mikroskopisch kleine Algen verschiedener systematischer Gruppen bilden das <u>Phytoplankton</u>. Für sie ist lebenswichtig, möglichst lange in oberflächennahen Wasserschichten zu bleiben, denn nur hier ist genügend Licht für die Fotosynthese vorhanden. Da sich nur wenige Formen aktiv bewegen können, müssen die meisten Planktonalgen versuchen, möglichst langsam abzusinken.
Dies gilt auch für das <u>Zooplankton</u>, das im Süßwasser ungleich artenärmer ist als im Meer und sich im wesentlichen aus Rädertieren (Rotatoria) und verschiedenen Kleinkrebsen zusammensetzt. Nur wenige andere Tiergruppen stellen ebenfalls einzelne Planktonformen. Zu erwähnen sind die Larve der Büschelmücke *Corethra* und die Larve der Wander- oder Dreieckmuschel *(Dreissena polymorpha)*. Kleinkrebse, *Corethra-* und *Dreissena-*Larven kann man gerade noch mit bloßem Auge beobachten, die Rädertiere erfordern ein Mikroskop.
Die meisten Zooplankter ernähren sich von den Planktonalgen. Die Rädertiere erzeugen mit ihrem Räderorgan einen Wasserstrom, der ihnen ständig Nahrung zuführt. Wasserflöhe und Hüpferlinge ernähren sich meist ähnlich. Andere Kleinkrebse leben räuberisch; sie fressen andere

Stiller Weiher mit Rohrkolben und Seerose. Auch solche kleinen Gewässer stellen erhaltenswerte Feuchtgebiete dar.

Zooplankter. Das Zooplankton insgesamt ist wiederum eine wichtige Futterquelle für viele Fischarten. Das Plankton spielt also in den Nahrungsbeziehungen von stehenden Gewässern eine große Rolle.

Spezialfall Neusiedler See

Der Neusiedler See an der österreichisch-ungarischen Grenze wird oft als »der größte Steppensee Mitteleuropas« bezeichnet. Er erstreckt sich in Nord-Süd-Richtung, mißt in der Länge 35 km, in der Breite 12 km, hat ungefähr eine Fläche von 220 km² (freie Wasserfläche: rund 100 km²) und ist damit Österreichs größter See überhaupt. Er liegt nur wenig mehr als 100 m hoch in einer abflußlosen Senke der Kleinen Ungarischen Tiefebene. Seine Wassertiefe beträgt 1,50 m. Charakteristisch ist der schwache Salzgehalt, der im Südteil des Sees höher ist als im Nordteil (Mittelwert: 1200 mg/l). Der See ist von einem sehr ausgedehnten Schilfgürtel umgeben, in dem Brutkolonien von so seltenen Vogelarten wie Silberreiher *(Casmerodius albus)*, Purpurreiher *(Ardea purpurea)* und Löffler liegen.
Ist aber der See allein schon ein ökologisch herausragender Lebensraum, so gilt dies um so mehr, wenn man auch die umliegenden Landschaftsteile – das Leithagebirge, den Ruster Höhenzug, die Parndorfer Platte, den Seewinkel und den Hanság – einbezieht. Von diesen Gebieten interessiert uns hier der <u>Seewinkel</u> mit seinen rund 80 kleinen und großen Salzlacken.

Feuchtgebiete

Die meisten der Lacken sind nur 60 cm tief; der Zicksee bei St. Andrä erreicht allerdings 1,50 m Wassertiefe. Aufgrund des Salzgehaltes leben im Wasser spezialisierte Formen, und um die Lacken herum wachsen verschiedene interessante, an salzigen Boden angepaßte Pflanzen (Halophyten). Der Seewinkel ist aber auch ornithologisch hochinteressant, sowohl zur Brutzeit als auch zur Zugzeit, wenn Tausende von Wasservögeln und Limikolen kürzere oder längere Zeit rasten. Daß das Neusiedler-See-Gebiet insgesamt nicht schon seit Jahrzehnten Nationalpark ist, versteht man heute nur schwer. Es hat eine so einzigartige Pflanzen- und Tierwelt zu bieten, daß die – mittlerweile weit vorangeschrittene – Zerstörung schon längst hätte gestoppt werden müssen. Der nun auf den Weg gebrachte Prozeß, der in die Etablierung des Nationalparks Neusiedlersee münden soll, kommt zu spät. Es kann nur noch versucht werden, die Reste einstiger ökologischer Reichtümer zu sichern.

Moore

Moore sind für den Naturfreund immer wieder eine Exkursion wert, denn hier findet er spezialisierte Pflanzen- und Tierarten vor, die in anderen Lebensräumen nicht vorkommen. Als Moore bezeichnet man Gebiete, in denen die Oberfläche von Torf bedeckt ist, d.h. hier stockt eine artenarme, torfbildende Vegetation auf feuchtem bis nassem Untergrund. Es ist klar, daß Moore nur in niederschlagsreichen Gegenden vorkommen; die Niederschläge müssen etwa oberhalb von 700 mm pro Jahr liegen. Betrachtet man die Karte Europas, so stellt man fest, daß Moore vor allem in Mittel- und Nordeuropa liegen. Aber auch hier sind sie nicht gleichmäßig über die Flächen der einzelnen Länder verteilt. In Mitteleuropa beispielsweise liegen die Schwerpunkte in Norddeutschland und im Voralpen- und Alpengebiet. In Skandinavien dagegen sind ganze Landstriche von Mooren bedeckt.

Moorentstehung

Moore können eine ganz unterschiedliche Ausdehnung und einen ganz unterschiedlichen Charakter haben, und für die einzelnen Moortypen wurden eigene Begriffe geprägt. Am Beispiel der Verlandung eines nährstoffreichen Sees oder Weihers soll hier eine Entwicklung dargestellt werden, die über das Flachmoor zum Hochmoor führt. Entlang des Ufers eines solchen nährstoffreichen, stehenden Gewässers findet man eine typische Zonierung der Vegetation (siehe S. 106). Diese Randzone eines Gewässers bietet natürlich auch vielen Tieren Lebensmöglichkeiten, vor allem Schnecken und Wasserinsekten und deren Larven, die wiederum Fischen als Nahrung dienen. Da auch im freien Wasser ein reges Leben herrscht, stirbt in solch einem Gewässer insgesamt viel biologisches Material ab, das zum Gewässerboden sinkt und sich dort als muddiger Schlamm ansammelt. Ein biologischer Abbau ist oft nicht mehr möglich, weil die vorhandenen Sauerstoffmengen dazu nicht ausreichen. Im Laufe langer Zeiträume füllt sich daher das Becken des Sees oder Weihers langsam auf. Das bedeutet, die Wassertiefe nimmt ab, und Pflanzen aus der Randzone des Gewässers können gegen die Gewässermitte hin vorrücken. Schließlich ist die freie Wasserfläche völlig verschwunden; ein Flach- oder Niedermoor ist entstanden. Das Flachmoor und seine Vegetation stehen noch in engem Austausch mit dem Untergrund; es ist also durch ausreichende Nährstoffversorgung gekennzeichnet. Die Entwicklung geht aber weiter. Man spricht jetzt vom Zwischen- oder Übergangsmoor. In den ständig durchfeuchteten Flächen siedeln sich Torfmoose an, und diese Moose sind für die weitere Entwicklung sehr bedeutsam. Sie können nämlich in Speicherzellen in den Blättern große Mengen Wasser wie ein Schwamm festhalten. Es herrscht also nach entsprechender Ausbreitung der Torfmoose eine mehr oder weniger ausgewogene, hohe Bodenfeuchtigkeit, die andere Pflanzen benachteiligt oder sogar schädigt. Die einzelnen Moospolster wachsen zu geschlossenen Decken zusammen, und die vorhandene Vegetation wird nach und nach überwachsen und erstickt. Torfmoose wachsen nun relativ schnell, und während ein Pflänzchen oben weiterwächst, sterben die unteren Teile ab. Der Untergrund ist aber stark durchnäßt, sauerstoffarm und versauert. Unter diesen Bedingungen wird der biologische Abbau erschwert, und es bilden sich Schichten

aus unvollständig zersetztem Pflanzenmaterial; solche Schichten nennt man Torf. Schicht um Schicht wächst die Torfmoosdecke also in die Höhe, um sich schließlich wie ein Uhrglas aufzuwölben. Ein Hochmoor ist entstanden.
Die lebende Pflanzendecke hat längst den Kontakt zum Untergrund verloren. Die Feuchtigkeit bezieht sie aus den Niederschlägen, Minerale aus eingeblasenem Flugstaub. Die Bedingungen im Hochmoor sind also durch Nährstoffarmut gekennzeichnet. Im Hochmoor wachsen daher auch nur noch wenige, spezialisierte Pflanzenarten.

Feuchtgebiete brauchen Schutz

Österreichs Feuchtgebiete brauchen Schutz (wie im übrigen die Feuchtgebiete überall in Europa). Bei den Gewässern sprechen zunächst ganz eigennützige Gründe für konsequenten Schutz, denn wir brauchen sauberes Wasser zum Leben. Die Probleme bei der Trinkwasseraufbereitung sind in Mitteleuropa heute schon größer, als uns lieb sein kann. Dann aber sind die Gewässer bzw. die Feuchtgebiete allgemein Lebensräume mit einer großen Artenvielfalt, und die muß erhalten bleiben. Die Roten Listen weisen mittlerweile Erschreckendes aus, und besonders häufig sind Arten der Feuchtgebiete vertreten. Als wichtigste Ursachen der Gefährdung werden immer wieder die Entwässerung von Feuchtgebieten, wasserbauliche Maßnahmen und Gewässerverschmutzung genannt.
Die Österreichische Gesellschaft für Natur- und Umweltschutz formuliert denn auch folgende aktuellen Probleme und Ziele des Gewässerschutzes in Österreich: »Die ÖGNU sieht es als dringendes Erfordernis an, Gewässer – sowohl stehende wie auch Fließgewässer – wieder rein zu bekommen. Es wird anerkannt, daß große Investitionen in den letzten Jahren für den Gewässerschutz getätigt wurden, doch konnte insgesamt die Qualität der Fließgewässer lediglich gleich gehalten werden. Neben der Verbesserung der Wasserqualität geht es aber auch um die Selbstreinigungskraft, die durch die menschlichen Eingriffe stark gelitten hat. Durch entsprechende bauliche Maßnahmen (Rückbau) sollen wieder die Strukturen (Viel-

Moore wie dieses Hochmoor am Gartnerkofel (Karnische Alpen) weisen eine hochspezialisierte Pflanzen- und Tierwelt auf.

falt) geschaffen werden, die die Vielfalt der Lebewesen in diesen Gebirgsflüssen wieder zurückbringt.«
Es muß also versucht werden, die Gewässer bzw. die Feuchtgebiete allgemein zu renaturieren, wo dies möglich ist. Und man muß sie unter Naturschutz stellen und so für die Zukunft sichern, wenn es sich um noch relativ naturnahe Areale handelt. Feuchtgebiete sind sinnvollerweise als große Flächen zu schützen, damit der Wasser- und der Nährstoffhaushalt nicht gefährdet werden. Konkrete Schritte können aber auch im Kleinen erfolgen: Jede nicht mit Bauschutt aufgefüllte, sondern renaturierte Kiesgrube kann zum Lebensraum für Lurche wie die Kreuzkröte und Vögel wie die Uferschwalbe werden. An jedem Weiher, der nicht zu einer wilden Müllkippe verkommen ist, können Gelbrandkäfer und Libellen jagen und Teichhuhn und Zwergtaucher ihre Jungen aufziehen. Wird ein ehemaliges Moor durch Vernässen regeneriert, siedeln sich langsam wieder die typischen Moorpflanzen an. In einem Gartenteich, der ohne großen Aufwand angelegt werden kann, können Schnecken, Libellen und Wasserwanzen einen »Lebensraum aus zweiter Hand« finden.

1 Torfmoos
Sphagnum-Art

Merkmale: Die Torfmoose als charakteristische Gruppe innerhalb der Laubmoose erkennt man daran, daß ihr Stengel regelmäßig mit büscheligen Ästchen besetzt ist, die an der Spitze einen dichten Schopf bilden. Unter dem Mikroskop würde man sehen, daß zwischen schmalen, grünen Zellen große, farblose Zellen mit versteifenden Querleisten und groben Poren liegen. Die Gattung umfaßt über 300 Arten, bei deren Bestimmung Spezialwissen vonnöten ist.
Lebensraum: Torfmoose gedeihen ausschließlich an sumpfigen, meist kalkarmen Stellen. Eine ganze Reihe von Arten kommt in Flach- und Hochmooren vor.
Biologie: Torfmoose speichern in ihren Polstern sehr viel Wasser. In den tieferen Schichten der Polster kommt es immer wieder zur Verarmung an Sauerstoff, was zum Absterben der Pflanzenteile in diesem Bereich führt. Unter Sauerstoffmangelbedingungen ist aber kein vollständiger Abbau des toten Pflanzenmaterials möglich, und es bildet sich Torf. Torfmoose spielen daher eine ausschlaggebende Rolle bei der Entstehung von Hochmooren (siehe Seite 108). Besonders hübsch sehen die Moospolster aus, wenn die Sporenkapseln ausgebildet sind. Die reifen Kapseln öffnen sich, und die Sporen werden entlassen.

2 Weiße Seerose
Nymphaea alba

Merkmale: Die Seerose besitzt einen dicken, kriechenden Wurzelstock, der bis 1 m lang werden kann. Er ist allseits mit Blattnarben und Wurzeln besetzt. Am Wurzelstock treiben 2 verschiedene Typen von Blättern aus, die salatartigen Unterwasserblätter und die lang gestielten Schwimmblätter. Diese rundlichen, ledrigen Blätter weisen am Grund eine tiefe, schmale Bucht auf. Ihre Seitennerven verzweigen sich gegen den Blattrand hin rechtwinklig und verbinden sich auch miteinander. Die großen Blüten mit den 4 grünen Kelchblättern und den vielen spiralig angeordneten, weißen Kronblättern, die allmählich in die zahlreichen gelben Staubblätter übergehen, sind unverkennbar. Von Juni bis September trifft man die Pflanze blühend an. Familie: Seerosengewächse (Nymphaeaceae).
In nährstoffärmeren Gewässern im Gebiet kommt noch zerstreut die sehr ähnliche Glänzende Seerose *(Nymphaea candida)* vor, deren Kronblätter kürzer als die Kelchblätter sind.
Vorkommen: Die Seerose ist über fast ganz Europa verbreitet. In Mitteleuropa kommt sie von der Ebene bis ins Gebirge in stehenden oder langsam fließenden Gewässern vor und bevorzugt dabei Verlandungszonen, besonders stille Buchten.
Biologie: Die Seerose ist eine Charakterart der Zone der Schwimmblattpflanzen, die sich dem Röhricht seewärts anschließt. Die Pflanze geht kaum weiter als über eine Wassertiefe von 1,50 m hinaus.

3 Wasser-Hahnenfuß
Ranunculus aquatilis

Merkmale: Der Wasser-Hahnenfuß ist gut an seinen Lebensraum angepaßt. Man kann Unterwasser- und Schwimmblätter unterscheiden. Die Unterwasserblätter sind in lange, fädig erscheinende Zipfel geteilt. Die Schwimmblätter haben eine nierenförmige, fünflappige Spreite. Alle Blätter sind deutlich gestielt. Zwischen Juni und September erscheinen über Wasser die 2 bis 2,5 cm großen Blüten, die aus 5 grünen Kelch- und 5 weißen Kronblättern aufgebaut sind. Familie: Hahnenfußgewächse (Ranunculaceae).
Es gibt noch einige weitere aquatische *Ranunculus*-Arten. Der Flutende Hahnenfuß *(Ranunculus fluitans)* bildet untergetaucht flutende Stengel, die bis 6 m lang werden können. Entsprechend den Lebensbedingungen in Fließgewässern sind die Blätter bei dieser Art völlig anders gestaltet als bei Landformen. Die Blattspreiten sind aufgelöst in lange, parallel gerichtete Zipfel.
Vorkommen: Der Wasser-Hahnenfuß ist in den gemäßigten Zonen weltweit verbreitet. In Mitteleuropa kommt er zerstreut in Schwimmblattpflanzen-Gesellschaften in stehenden oder nur träge fließenden Gewässern vor. Er ist von der Ebene bis in mittlere Gebirgslagen anzutreffen.
Biologie: Wenn Überflutung die Bestäubung durch Insekten unmöglich macht, erfolgt Selbstbefruchtung.

1 Sumpf-Herzblatt, Studentenröschen
Parnassia palustris

Merkmale: Die Blüten des Herzblatts öffnen sich im Juli/August. Sie stehen einzeln an den Enden etwa 20 cm langer Stiele und haben einen Durchmesser von 3 cm. Sie sind weiß gefärbt und fein grünlich geädert. In der Mitte der 5 Kronblätter stehen 5 Staubblätter und 5 drüsig gefranste Staminodien, umgewandelte Staubblätter. Die lang gestielten Grundblätter sind herzförmig (Name!). Familie: Steinbrechgewächse (Saxifragaceae).
Vorkommen: Die Pflanze kommt zerstreut, dann aber gesellig wachsend, in Flach- und Quellmooren, auf Moorwiesen und in Magerrasen auf Kalk vor. In den Alpen ist sie bis in 2300 m Höhe anzutreffen.
Biologie: Die Staminodien dienen der Anlockung bestäubender Insekten. Erst entlassen die Staubblätter den Pollen, dann erscheint der Fruchtknoten. So wird Fremdbestäubung gesichert.

2 Rundblättriger Sonnentau
Drosera rotundifolia

Merkmale: Sonnentau-Blätter liegen als Rosetten dem Boden an. Sie werden nur wenige Zentimeter lang. Der die Blüten tragende Stengel wird maximal 20 cm hoch. Den Rundblättrigen Sonnentau erkennt man leicht an seinen runden Blättern, und der Blütenstand ist wesentlich länger als die Blätter. Die Pflanze blüht zwischen Juni und August. Familie: Sonnentaugewächse (Droseraceae).
Vorkommen: Sonnentau findet man im Hochmoor, aber auch in Zwischen- und Flachmooren. Die Pflanzen sind eigentlich nirgends häufig. Den Rundblättrigen Sonnentau findet man bis in 1400 m Höhe.
Biologie: Die Blätter der Sonnentau-Arten sind mit Tentakeln besetzt und als Klebfallen ausgebildet. Wird ein Insekt durch das Glitzern der Tropfen und die ausgeschiedenen Duftstoffe angelockt, bleibt es daran kleben und wird verdaut. Durch diese sogenannte Insectivorie erschließt sich der Sonnentau zusätzliche Nährstoffquellen. Die Insekten liefern vor allem Stickstoff.

3 Echte Brunnenkresse
Nasturtium officinale

Merkmale: Die Brunnenkresse gehört zu den Kreuzblütlern (Brassicaceae). Kennzeichnend für diese Familie ist der Blütenbau: 4 Kelch- und 4 Kronblätter stehen übers Kreuz (Name!). Weiter fallen die 6 Staubblätter auf, von denen die beiden äußeren kürzer als die 4 inneren sind. Ein ganz wichtiges Bestimmungsmerkmal sind die Früchte, die bei der Reife mit zwei Klappen aufspringen. Die Brunnenkresse wird 20 bis 80 cm hoch. Die wechselständigen Blätter sind drei- bis neunzählig gefiedert. Sie bleiben den Winter über grün. Die Kronblätter sind weiß, die Staubblätter gelb. Die Pflanze blüht von Mai bis August.
Vorkommen: Die Brunnenkresse kommt in den gemäßigten, ozeanischen Zonen weltweit vor. Sie wächst an und in Gräben, Bächen und Quellen mit kühlem, klarem Wasser. In den Alpen trifft man die Pflanze bis in 1850 m Höhe an.
Biologie: Die Brunnenkresse ist eine seit langer Zeit genutzte Salat- und Heilpflanze.

4 Fieberklee, Bitterklee
Menyanthes trifoliata

Merkmale: Die überdauernde Grundachse des Fieberklees kriecht im Boden entlang und geht am Ende in einen 15 bis 30 cm hohen Stengel über. Die kahlen Blätter sind wechselständig angeordnet. Sie haben einen langen, am Grund scheidigen Stiel. Im Mai/Juni blüht die Pflanze. Die rötlich-weißen Blüten stehen in einer aufrechten Traube. Die Einzelblüten sind fünfzählig; die 5 oft nach hinten geschlagenen Kronblätter werden von 5 Kelchzipfeln eingehüllt. Auf der Innenseite der Kronblätter stehen lange, saftreiche Haare. Die Staubblätter tragen dunkelviolette Staubbeutel. Familie: Fieberkleegewächse (Menyanthaceae).
Vorkommen: Man findet den Fieberklee in Flach- und Quellmooren, in der Verlandungszone von Weihern und Seen und in Hochmoorschlenken. Er wächst oft in herdenartigen Beständen und besiedelt Lagen bis etwa 1800 m Höhe.
Biologie: Der Name zeigt, daß es sich um eine alte Heilpflanze handelt.

1 Gemeiner Froschlöffel, Wegerich-Froschlöffel
Alisma plantago-aquatica

Merkmale: Der Froschlöffel besitzt einen knollig verdickten Wurzelstock. Die lang gestielten, eiförmig-linealischen Blätter stehen in einer Rosette, aus der der pyramidenförmige, rispige Blütenstand emporwächst. Die Blüten sind weiß. Von Juni bis September kann man die Pflanze blühend antreffen. Familie: Froschlöffelgewächse (Alismataceae).
Vorkommen: Der Froschlöffel ist fast weltweit verbreitet. In Mitteleuropa kommt die Pflanze in flachen, schlammigen Buchten von nährstoffreichen Weihern und Seen, in Sümpfen und Gräben vor, wo sie oft massenhaft auftritt. Sie geht nicht höher hinauf als etwa 1200 m.
Biologie: Die Blüten werden meist von Schwebfliegen bestäubt.

2 Drachenwurz, Schlangenkraut, Sumpf-Calla
Calla palustris

Merkmale: Die Pflanze überdauert mit einem langen, kräftigen Wurzelstock. In 2 Zeilen treiben von hier die Blätter aus. Sie haben lange Stiele und stehen aufrecht. Die rundliche oder herzförmige Spreite und die lederartige Beschaffenheit der Blätter sind gute Kennzeichen. Wenn die Pflanze in der Zeit von Mai bis Juli blüht, ist sie ohnehin nicht zu verwechseln. Typisch ist der etwa 2 cm lange Blütenkolben, der unten Zwitterblüten und an der Spitze männliche Blüten trägt. Der Kolben ist von einer weißlichen Scheide umstanden, aber nicht – wie beim nah verwandten Aronstab (siehe Seite 202) – eingeschlossen. Familie: Aronstabgewächse (Araceae).
Vorkommen: Die Drachenwurz wächst an den Ufern von Weihern und Tümpeln, in Waldsümpfen, Erlenbrüchen, am Rand von Hochmooren und vor allem in aufgelassenen Torfstichen. Meist tritt sie in ausgedehnten, dichten Beständen auf. Die Pflanze ist über das gesamte nördliche und mittlere Europa verbreitet. Allerdings ist sie nicht überall in Mitteleuropa zu finden; sie fehlt über weite Strecken ganz. Darüber hinaus kommt sie in Sibirien und im atlantischen Nordamerika vor.

Biologie: Im Herbst ist der Boden in einem Bestand der Drachenwurz mit braunen, abgestorbenen Blättern und mit den mit tiefroten Früchten besetzten Kolben bedeckt.

3 Scheiden-Wollgras, Moor-Wollgras
Eriophorum vaginatum

Merkmale: Die Wollgräser fallen auf einer Exkursion sofort auf. Nach der Blütezeit tragen sie weiße Köpfchen, die aus den langen Samenhaaren gebildet werden (deshalb hier unter »Blütenfarbe weiß« aufgenommen). Die unscheinbaren Einzelblüten sind zu Ähren zusammengefaßt. Nach der Anordnung der Ähren am Stengel kann man die verschiedenen Wollgras-Arten unterscheiden. Beim Scheiden-Wollgras und beim Scheuchzer's Wollgras (*Eriophorum scheuchzeri*) stehen die Ähren einzeln. Beim Schmalblättrigen, Breitblättrigen und Schlanken Wollgras (*Eriophorum angustifolium*, *latifolium* und *gracile*) stehen die Blütenähren zu mehreren an den Enden der Stengel. Weitere Bestimmungsmerkmale sind die Form der Blattscheiden – beim Scheiden-Wollgras sind sie beispielsweise aufgeblasen – und das Vorhandensein oder Nichtvorhandensein von Ausläufern (beim Scheiden-Wollgras nicht vorhanden). Die Pflanzen werden bis 40 cm hoch. Familie: Sauergräser, Riedgräser (Cyperaceae).
Vorkommen: Quellmoore, Flach- und Hochmoore sind die Lebensräume, in denen man zur richtigen Zeit – ab etwa Juni/Juli – ganze Flächen mit den weißen Wollgras-Köpfchen übersät sehen kann.
Biologie: An den Samen sitzen lange Flughaare, die der Verbreitung der Art dienen.

1 Gelbe Teichrose, Gelbe Nixenblume
Nuphar lutea

Merkmale: Der Wurzelstock der Teichrose kann bis 10 cm dick und 3 m lang werden. Er trägt zahlreiche Blattnarben und Büschel von Wurzeln. An der Spitze des Wurzelstocks entwickeln sich erst einige »Salatblätter«, dann die lang gestielten Schwimmblätter und die Blütenstiele. Die Teichrose blüht zwischen Mai und September. Ihre gelben, kugeligen Blüten haben etwa 5 cm Durchmesser. Familie: Seerosengewächse (Nymphaeaceae).
Eine andere gelb blühende Schwimmblattpflanze ist die Seekanne *(Nymphoides peltata).* Ihre Blüten messen etwa 3 cm im Durchmesser und zeigen eine trichterförmige, tief fünflappige Blumenkrone. Die einzelnen Zipfel sind am Rand bewimpert. Die Pflanze blüht zwischen Juli und September. Familie: Fieberkleegewächse (Menyanthaceae).
Vorkommen: Die Teichrose ist von Europa durch das mittlere Asien bis nach Sibirien verbreitet. In Mitteleuropa ist die Pflanze in stehenden oder sehr langsam fließenden Gewässern mit Schlammgrund häufig anzutreffen, vor allem in der Verlandungszone von Weihern und Seen. In den Alpen liegt die vertikale Grenze bei knapp 1100 m.
Biologie: Wie die Seerose (siehe Seite 110), ist die Teichrose eine typische Art der Schwimmblattpflanzen-Gesellschaften. Sie wächst aber auch noch in einer Wassertiefe von 2 m, also in noch tieferem Wasser als die verwandte, weiß blühende Art.

2 Sumpf-Dotterblume
Caltha palustris

Merkmale: Die 15 bis 40 cm hohe, ausdauernde Pflanze entwickelt einen kräftigen Wurzelstock, von dem sich zahlreiche strangartige Wurzeln im Boden ausbreiten. Die am Grund rötlich überlaufenen Stengel sind hohl, saftig und verzweigen sich nach oben hin. Die satt grünen, unbehaarten Blätter mit dem gekerbten Rand, der rundlich-herzförmigen Basis und dem langen, rinnigen Stengel lassen eine eindeutige Bestimmung auch dann zu, wenn die Pflanze in nichtblühendem Zustand angetroffen wird. Im März/April erscheinen die großen gelben Blüten. Sie weisen 5 Kronblätter, 20 und mehr Staubblätter und 5 bis 10 Stempel auf, zwischen denen kleine Honigdrüsen sitzen. Nach der Befruchtung bilden sich mehrsamige, kurz geschnäbelte Balgfrüchte aus, die beim Reifen an der Oberseite von den Spitzen nach unten aufreißen und die Samen entlassen. Familie: Hahnenfußgewächse (Ranunculaceae).
Vorkommen: Die Sumpf-Dotterblume ist in ganz Europa, in Nordamerika, Mittel- und Nordasien verbreitet. Bei uns kommt sie überall an Graben- und Bachrändern, am Rand verlandender Gewässer, aber auch auf sumpfigen, moorigen Wiesen und in Quellsümpfen vor. Sie ist bis in 2200 m Höhe anzutreffen.
Biologie: Als Bestäuber fungieren Bienen, Hummeln, Fliegen, manchmal auch kleine Käfer. Die geschlossenen Blütenknospen hat man früher eingelegt und als Kapern-Ersatz in der Küche verwendet.

1

2

1 Gemeiner Gilbweiderich
Lysimachia vulgaris

Merkmale: Die gelben Blüten des Gilbweiderichs erscheinen von Juni bis August und stehen in einer Rispe gehäuft. Die bis zu 14 cm langen Blätter sind länglicheiförmig und entweder gegenständig oder drei-, selten auch vierquirlig am Stengel angeordnet. Der Gilbweiderich wird bis 1,50 m hoch. Familie: Primelgewächse (Primulaceae).
Vorkommen: Die Pflanze ist über das gemäßigte Eurasien verbreitet. Sie wächst auf feuchten Wiesen, an Quellaustritten, Bachrändern und ähnlichen Plätzen. Ihre Vorkommen liegen maximal 1850 m hoch.
Biologie: Blüten und Blätter des Gilbweiderichs verwendete man früher als Heilmittel gegen verschiedene Krankheiten, beispielsweise Geschwüre, Skorbut und Fieber.

2 Gemeiner Wasserschlauch
Utricularia vulgaris

Merkmale: Die Gattung *Utricularia* ist in Mitteleuropa mit 6 Arten vertreten. Alle sind submerse Wasserpflanzen, die teils im Wasser frei schwimmen, teils aber auch mit bleichen Erdsprossen im Schlamm verankert sind. Alle Arten haben fein zerteilte Blätter, an denen Fangblasen sitzen, und gelbe Blüten, die in gestielten Trauben stehen. Die Blütezeit liegt zwischen Juni und September. Familie: Wasserschlauchgewächse (Lentibulariaceae).
Vorkommen: Alle Wasserschlauch-Arten kommen nur in stehenden Gewässern vor: in Gräben, Altwässern, besonders aber in moorig-sumpfigen Gewässern und in aufgelassenen Torfstichen. Die Fundorte liegen nicht höher als 900 bis 1000 m.
Biologie: Die Fangblasen der Pflanzen dienen dazu, Kleinkrebse aus dem Wasser herauszufangen. Vorne sind die Blasen durch eine Klappe verschlossen. In deren Nähe stehen einige Berührungsborsten. Im Innern der Blase wird ein Unterdruck aufgebaut. Gerät ein Wasserfloh an die Borsten, springt die Klappe auf, und Wasser wird zusammen mit dem Beutetier passiv eingesogen. Mit dieser zusätzlichen Nährstoffquelle können die Wasserschlauch-Arten besser in ihrem nährstoffarmen Lebensraum überdauern.

3 Kohl-Kratzdistel, Kohl-Distel
Cirsium oleraceum

Merkmale: Der gefurchte, leicht behaarte Stengel der Kohl-Kratzdistel ist im oberen Bereich verzweigt. Die Laubblätter und auch die Dornen an den Blatträndern fühlen sich weich an. Die unteren Blätter sind eiförmig bis elliptisch und gespalten, die oberen sind ungeteilt und umfassen den Stengel herzförmig. Von Juli bis September öffnen sich die 2,5 bis 4 cm langen Blütenköpfchen. Sie stehen zu mehreren an den Stengelenden, sind weißlich-gelb und von bleich gelbgrünen Hochblättern umgeben. Familie: Köpfchen- bzw. Korbblütler (Asteraceae).
Vorkommen: Die Pflanze kommt auf feuchten Wiesen, aber auch in Auwäldern und in Staudenfluren an Bachrändern und Quellen vor. Sie ist über Mitteleuropa, Mittelasien und Sibirien verbreitet. Vertikal liegt die Verbreitungsgrenze bei 2000 m.
Biologie: Für den Landwirt ist die Kohl-Kratzdistel ein lästiges »Unkraut«.

4 Sumpf-Schwertlilie, Gelbe Schwertlilie, Wasser-Schwertlilie
Iris pseudacorus

Merkmale: Die linealischen, säbelförmigen Blätter der Schwertlilie werden 1 bis 3 cm breit und 50 cm bis 1 m lang. Sie wachsen aus einem überdauernden Wurzelstock hervor, der meist stark verzweigt ist, so daß ein horstartiger Wuchs zustande kommt. In der Mitte des Horstes erscheinen im Mai/Juni die Blütenstengel. An ihnen sitzen krautige Hochblätter. Die großen, lang gestielten, gelben Blüten mit feiner brauner Linienzeichnung stehen in einer kleinen Traube zusammen, die in einer Gipfelblüte endet. Die äußeren 3 Blütenblätter sind zurückgeschlagen, die inneren 3 stehen aufrecht. Familie: Schwertliliengewächse (Iridaceae).
Vorkommen: Die Pflanze wächst in den ebenen und mittleren Lagen Europas, Vorderasiens und Nordamerikas. Sie ist in Wald- und Wiesensümpfen, an Gräben und Flußufern und in der Verlandungszone von Weihern und Seen anzutreffen.
Biologie: Die Bestäubung erfolgt durch Hummeln und Schwebfliegen.

1

2

3

4

1 Bach-Nelkenwurz
Geum rivale

Merkmale: Die Pflanze hat lang gestielte, unterbrochen gefiederte Grundblätter mit einer großen Endfieder. An den Enden der 20 bis 60 cm hohen Sprosse sitzen jeweils mehrere nickende Blüten mit braunroten Kelchblättern und rötlichen, innen gelben Kronblättern. Die Nelkenwurz blüht im April/Mai. Nach der Blüte verlängern sich die Griffel, und es bildet sich der typische Fruchtstand aus (im Foto links). Familie: Rosengewächse (Rosaceae).
Vorkommen: Die Bach-Nelkenwurz wächst auf feuchten bis nassen Wiesen, in Gräben und an Bachrändern. Sie ist von der Ebene bis in 1900 m Höhe verbreitet.
Biologie: Der Wurzelstock der Pflanze duftet nach Nelkenöl (Name!) Die hakigen Griffel bleiben an den Früchten sitzen und ermöglichen die Verbreitung durch Tiere.

2 Blutauge, Sumpf-Fingerkraut
Potentilla palustris

Merkmale: Die Staude ist mit einer verholzten, bis 1 m langen Grundachse im Boden verankert. Während die hinteren Teile des Wurzelstocks absterben, wächst er vorne weiter, bewurzelt sich in Abständen und bildet Triebe aus. Einige der Triebe tragen nur Blätter, andere tragen die Blütenstände. Die blaugrünen Blätter sind fünf- oder siebenzählig gefiedert. Die meist sitzenden Blättchen sind breit-lanzettlich geformt, ihr Rand ist grob gesägt. Die Blüten stehen zu Trugdolden gehäuft und öffnen sich im Juni/Juli. Auffällig sind die trüb purpurfarbenen Kelchblätter. Kaum halb so lang sind die dunkelroten Kronblätter. Familie: Rosengewächse (Rosaceae).
Vorkommen: Das Blutauge ist eine in Flach-, Zwischen- und Hochmooren weit verbreitete Pflanze. Man trifft es darüber hinaus auch in schlammigen Moorwäldern an, in aufgelassenen Torfstichen und an ähnlichen Stellen. In den Alpen wächst die Pflanze bis in 1800 m Höhe.
Biologie: Gegenüber den auffälligen Kelchblättern sind die Kronblätter viel kleiner. Bei dieser Pflanze übernimmt also vor allem der Kelch die Anlockung der die Blüte bestäubenden Insekten.

3 Blut-Weiderich
Lythrum salicaria

Merkmale: Der untere Teil des bis 1,20 m hohen Stengels ist mit gegenständig oder dreiquirlig angeordneten, ungestielten, lanzettlichen Blättern besetzt. Der obere Teil wird von der Blütenähre eingenommen. Die Einzelblüte baut sich aus bis zu 7 mm langen Blütenblättern auf, die kräftig rot gefärbt sind. Die Blütezeit liegt zwischen Juni und September. Familie: Blutweiderichgewächse (Lythraceae).
Vorkommen: Der Pflanze begegnet man häufig in staudenreichen Naßwiesen, an Grabenrändern und in der Verlandungszone von Gewässern – also überall dort, wo es genügend feucht ist. Ebene Lagen werden ebenso besiedelt wie mittlere Gebirgslagen (bis 1400 m).
Biologie: Die Samen sind schleimhaarig und werden verbreitet, indem sie etwa am Gefieder von Vögeln kleben bleiben.

4 Rosmarinheide, Polei-Gränke, Gränke
Andromeda polifolia

Merkmale: Die Rosmarinheide wird 10 bis 40 cm hoch. Sie kriecht mit einer Grundachse in den obersten Torfmoosschichten entlang. Die aufstrebenden Zweige tragen linealisch-lanzettliche Blätter, die denen des Rosmarins ähneln (Name!). Sie sind ledrig-fest, oberseits dunkelgrün und unterseits hellgrün oder bläulich-grün gefärbt. Die Blattränder sind eingerollt. Im Mai/Juni erscheinen kleine Dolden mit jeweils 2 bis 8 kugeligen, zart rosa Blüten. Familie: Heidekrautgewächse (Ericaceae).
Vorkommen: Die Rosmarinheide ist eine typische Pflanze der Hochmoore, wo man sie in den Torfmoosdecken auf den Bülten findet. Die Dichte ihrer Vorkommen nimmt von Norden nach Süden ab. In den skandinavischen Mooren ist sie überall häufig. In Mitteleuropa werden die Vorkommen deutlich geringer. Am Südabfall der Alpen erreicht die Art die Südgrenze ihrer Verbreitung. In 1400 m Höhe liegt die vertikale Grenze.
Biologie: Pflanzen, die – wie die Rosmarinheide – verholzte Sprosse haben und meist nicht höher als 50 cm werden, nennt man Zwergsträucher.

1

2

3

4

1 Moorbeere, Rauschbeere, Moor-Heidelbeere
Vaccinium uliginosum

Merkmale: Die bis 80 cm hohe Moorbeere trägt wie die Blau- oder Heidelbeere (siehe Seite 212) bläulich bereifte Früchte; der Saft der Moorbeere ist allerdings farblos, der der Blaubeere rot. Die Blätter sind bei der Moorbeere auf der Oberseite hell mattgrün, auf der Unterseite blaugrün. Die Blüten haben die Form kleiner Glöckchen und stehen bis zu viert traubig angeordnet an den Enden kurzer Seitenzweige. Die 4 bis 5 Kronblätter sind leicht rötlich oder weiß gefärbt und nur wenige Millimeter lang. Die Moorbeere blüht im Mai/Juni. Familie: Heidekrautgewächse (Ericaceae).
Vorkommen: Diesen Zwergstrauch trifft man auf Zwischen- und Hochmooren und in moorigen Wäldern an. In den Alpen kommt er bis in 2500 m Höhe vor.
Biologie: Die Beeren können bei reichlichem Genuß rausch- oder schwindelartige Zustände hervorrufen (Name!).

2 Kleinfrüchtige Moosbeere
Vaccinium oxycoccus

Merkmale: Die Pflanze kriecht mit einer bis 80 cm langen, verholzten Grundachse in der Moosdecke von Hochmooren. Daran sitzen die 8 mm langen, länglich-eiförmigen Blättchen. Ihr Rand ist umgebogen. Die Oberseite ist dunkelgrün gefärbt, die Unterseite grauweiß. Die Blätter fühlen sich ledrig-derb an; sie können den Winter überdauern. Die rötlichen Blüten sehen zunächst wie vierstrahlige Sternchen aus. Später krümmen sich die Kronblätter nach oben zurück, und die Blüten bekommen die Form kleiner Turbane. Dann sieht man auch deutlich die aus 8 Staubblättern gebildete Röhre und den Griffel. Die Moosbeere blüht zwischen Mai und Juli. Familie: Heidekrautgewächse (Ericaceae).
Vorkommen: Die Moosbeere, eine Hochmoorpflanze, wächst auf den Torfmoospolstern der Bülten. Sie ist im Norden Europas häufiger als im Süden. In den Alpen kommt sie bis in 1800 m Höhe vor.
Biologie: Nach dem ersten Frost sind die 5 bis 15 mm großen, roten Früchte genießbar.

3 Mehl-Schlüsselblume, Mehl-Primel
Primula farinosa

Merkmale: Die Mehl-Schlüsselblume ist eine ausdauernde Pflanze, die mit einem kräftigen Wurzelstock überwintert. Die verkehrt-eiförmigen bis länglichen Blätter sind in einer grundständigen Rosette angeordnet. Sie sind auf der Unterseite mehlig bepudert (Name!). In der Mitte der Blattrosette wird der bis 15 cm lange Schaft emporgeschoben. Am Ende stehen doldig gehäuft die lilarot oder hellpurpurn gefärbten Blüten. Sie sind aus 5 Kron- und 5 Staubblättern zusammengesetzt. Der Schlund ist intensiv gelb. Die Kelchblätter sind mehlig bepudert. Die Pflanze blüht in der Zeit von Mai bis Juli. Familie: Primelgewächse (Primulaceae).
Vorkommen: Man findet die Pflanze auf sumpfigen Wiesen, Flachmooren, Quell- und Wiesenmooren. Sie hat 2 Verbreitungsschwerpunkte: einen mehr nördlichen mit Zentrum Skandinavien und einen mehr südlichen mit Zentrum Alpen und Alpenvorland, wo sie bis in 2300 m Höhe vorkommt. Die Art ist in Mitteleuropa selten geworden.
Biologie: Interessanterweise findet sich die Art auch in den Anden, in Patagonien und in Feuerland.

4 Wasser-Knöterich
Polygonum amphibium

Merkmale: Die Pflanze überwintert mit einem kriechenden Wurzelstock und blüht von Juni bis September. Die Wasserform hat einen etwa 1 m langen, von Luftkanälen durchzogenen Stengel und lang gestielte, elliptische, dunkelgrüne, ledrige Schwimmblätter. Die Blätter der Landform sind kürzer gestielt, schmaler und weichhäutig. Familie: Knöterichgewächse (Polygonaceae).
Vorkommen: Der Wasser-Knöterich ist über die gesamte nördliche gemäßigte Zone verbreitet. In Mitteleuropa ist er in stehenden und langsam fließenden Gewässern und auf nassen Wiesen anzutreffen. Er kommt von der Ebene bis in Gebirgslagen um 2000 m Höhe vor.
Biologie: Der Wasser-Knöterich ist eine typische Art der Schwimmblattpflanzen-Gesellschaften.

1 Lungen-Enzian
Gentiana pneumonanthe

Merkmale: Die ausdauernde Pflanze wird 15 bis 40 cm hoch. Ihr fehlt die grundständige Blattrosette, die für viele andere Enzian-Arten typisch ist. Vielmehr ist der kahle, stumpfkantige Stengel dicht beblättert. Die Blätter haben eine linealisch-lanzettliche Form. In der Zeit zwischen Juli und September blüht der Lungen-Enzian. Die 4 bis 5 cm langen, fünfzähnigen Blüten stehen zu mehreren gehäuft an den Enden der Sprosse. Im Inneren der Blütenkelche sind 5 grünliche Streifen sichtbar. Familie: Enziangewächse (Gentianaceae).
Vorkommen: Die Enziane kennt jeder Naturfreund von Wanderungen in den Alpen. Aber auch im Flachland finden sich verschiedene Arten. Der Lungen-Enzian kommt auf Moorwiesen, Flachmooren und feuchten Heiden von der Ebene bis in Lagen um 850 m Höhe vor.
Biologie: Wie sein Name schon andeutet, ist der Lungen-Enzian eine alte Heilpflanze.

2 Bittersüßer Nachtschatten, Bittersüß
Solanum dulcamara

Merkmale: Der Nachtschatten hat einen am Grund verholzten, kletternden Stengel (Höhe bis 3 m) und eiförmig-lanzettliche Blätter. Die Blüten stehen in lockeren Doldentrauben zusammen. An den Blüten fallen die dunkelvioletten, meist zurückgeschlagenen Kronblätter und die gelben Staubblätter auf. Die Pflanze blüht zwischen Juni und August. Nach der Blüte erscheinen grüne, im reifem Zustand glänzend rote Beeren. Familie: Nachtschattengewächse (Solanaceae).
Vorkommen: Der bevorzugte Lebensraum der Pflanze sind feuchte Gebüsche, Auwälder und Hecken. In der Verlandungszone von stehenden Gewässern findet man die Pflanze im Bruchwald, aber auch bis ins Röhricht hinein. Sie kommt bis in knapp 1400 m Höhe vor.
Biologie: Eine nahe Verwandte des Bittersüßen Nachtschattens ist die Kartoffel. Diese wichtige Kulturpflanze stammt aus Südamerika. Auch der Tabak gehört in die Familie der Nachtschattengewächse.

3 Gemeines Fettkraut
Pinguicula vulgaris

Merkmale: Das Gemeine Fettkraut wird 5 bis 15 cm hoch. Am oberen Ende des Stengels sitzt eine etwa 1 cm lange, blauviolette Blüte mit einem langen Sporn. Die Blätter sind in einer dem Untergrund aufliegenden Rosette angeordnet und dicht mit klebrigen Haaren besetzt. Familie: Wasserschlauchgewächse (Lentibulariaceae).
Vorkommen: Dem Fettkraut begegnet man in Flach- und Quellmooren und in Rieselfluren. Es besiedelt vor allem mittlere und höhere Berglagen und kommt in den Alpen bis in 1600 m Höhe vor.
Biologie: Das Fettkraut ergänzt seinen Nährstoffhaushalt, indem es kleine Tiere fängt und verdaut. Wenn ein Insekt auf einem Fangblatt landet oder darüber hinwegkriecht, bleibt es kleben. Das Blatt rollt sich von den Rändern her ein, umschließt die Beute, und ausgeschiedene Verdauungssekrete zersetzen das gefangene Tier.

4 Sibirische Schwertlilie
Iris sibirica

Merkmale: Die Pflanze wird 30 bis 60 cm hoch. Der Stengel ist hohl. Die Blätter werden 2 bis 8 mm breit. Die blauen Blüten stehen meist zu zweit, aber da der Stengel verzweigt ist, trägt er insgesamt mehrere Blüten. Die äußeren 3 Blütenblätter sind zurückgeschlagen, innen stehen 3 aufrecht. So kommt der immer wieder faszinierende Blütenbau der Schwertlilien zustande. Die Pflanze blüht im Mai und Juni. Familie: Schwertliliengewächse (Iridaceae).
Vorkommen: Durch die landwirtschaftliche Erschließung flachmoorartig ausgebildeter Wiesen ist die Sibirische Schwertlilie selten geworden. Aber sie wächst stets gesellig, und wo sie vorkommt, sind oft ganze Flächen blau gefärbt. Dies ist beispielsweise in einigen Uferbereichen des Bodensees, die als Naturschutzgebiete ausgewiesen sind, der Fall. Die Schwertlilie kommt in den Alpen bis in 900 m Höhe vor.
Biologie: Als Bestäuber kann man meist Hummeln oder Schwebfliegen beobachten.

1

2

3

4

1 Schwimmendes Laichkraut
Potamogeton natans

Merkmale: Die Gattung *Potamogeton* ist in Mitteleuropa mit rund 20 Arten vertreten, wobei manche Arten untereinander Bastarde bilden können, ihre Bestimmung also nicht ganz leicht ist. Das Schwimmende Laichkraut ist eine Art, die lang gestielte Schwimmblätter aufweist. Die Blätter sind meist eiförmig und werden bis 12 cm lang. Die unscheinbar grünlichbräunlichen Blüten sind in einer endständigen Ähre zusammengefaßt. Die Pflanze blüht zwischen Mai und August. Familie: Laichkrautgewächse (Potamogetonaceae).
Vorkommen: Das Schwimmende Laichkraut ist in den gemäßigten und subtropischen Zonen beider Halbkugeln verbreitet und bei uns in stehenden und langsam fließenden Gewässern bis in über 2000 m Höhe recht häufig.
Biologie: Laichkräuter sind charakteristisch für die Übergangszone zwischen den Schwimmblatt- und den Unterwasserpflanzen. Einige Arten gehören noch mit Seerose und Teichrose in die eine, andere Arten sind zusammen mit weiteren Pflanzen typisch für die seewärts folgende Zone und leben submers, das heißt untergetaucht.

2 Breitblättriger Rohrkolben
Typha latifolia

Merkmale: Die Pflanze wird bis 2 m hoch und hat 1 bis 2 cm breite, blaugrüne Blätter. Der Teil des Kolbens, der die männlichen Blüten enthält, ist genauso lang wie der mit den weiblichen Blüten. Der nah verwandte Schmalblättrige Rohrkolben (*Typha angustifolia*) dagegen hat bis 1 cm breite, grasgrüne Blätter, und die männlichen Blüten sind von den weiblichen deutlich getrennt. Beide Arten blühen von Juni bis August. Familie: Rohrkolbengewächse (Typhaceae).
Vorkommen: Der Breitblättrige Rohrkolben ist in den gemäßigten Zonen weltweit verbreitet. Er wächst bevorzugt in der Verlandungszone stehender Gewässer, wobei er nährstoffreiche Standorte bevorzugt. Die Vorkommen liegen nicht höher als etwa 900 m (Schmalblättriger Rohrkolben: nicht über 700 m).

Biologie: Die Blüten werden vom Wind bestäubt. Entsprechend einfach ist ihr Bau. Die Früchte werden vom Wind verbreitet.

3 Ästiger Igelkolben
Sparganium erectum

Merkmale: Der Ästige Igelkolben bildet an einer kriechenden Grundachse bis 80 cm lange Stengel aus. Diese tragen auch an den Seitenästen Blütenstände. Die unteren Köpfchen tragen die weiblichen, die oberen die männlichen Blüten. Der Igelkolben blüht von Juni bis August. Nach den kugeligen, stacheligen Fruchtständen hat die Pflanze ihren Namen bekommen. Familie: Igelkolbengewächse (Sparganiaceae).
Vorkommen: Der Ästige Igelkolben kommt an schlammigen Ufern stehender und langsam fließender Gewässer vor. Die Art ist über die gemäßigte Zone der gesamten Alten Welt verbreitet und bevorzugt Tieflagen. Im Mittel- und Hochgebirge fehlt sie.
Biologie: Die Blüten werden vom Wind bestäubt. Entsprechend einfach ist ihr Bau. Die Früchte werden vom Wasser verfrachtet.

1 Schilfrohr, Schilf
Phragmites communis

Merkmale: Aus einem weit verweigten Wurzelstock steigen an verschiedenen Stellen knotige Halme auf, die bis 4 m hoch werden. Die Halme sind ungemein biegsam. Die Blätter – in der Form lanzettlich und zugespitzt – besitzen eine lange Scheide, die es ihnen begrenzt ermöglicht, sich entsprechend den Windverhältnissen zu drehen. Die Blütenrispen werden über 40 cm lang und tragen zahlreiche Einzelblüten. Die Blütezeit liegt im August/September. Familie: Süßgräser (Poaceae).

Vorkommen: Das Schilfrohr ist eine weltweit verbreitete Pflanze. Bei rund 1100 m liegt die vertikale Grenze. In Mitteleuropa ist das Gras in Sumpfgebieten und auf vermoorten Wiesen, vor allem aber am Rand stehender und langsam fließender Gewässer überall häufig. Typisch ist das Schilf als aspektbestimmende Art der Röhrichte an den Ufern von Weihern und Seen. Bis in eine Wassertiefe von 1,50 m dringt es vor.

Biologie: Das Schilf bildet nur selten Früchte aus, und diese reifen ohnehin erst im folgenden Januar. Meist vermehrt sich die Pflanze deshalb ungeschlechtlich durch Wurzelstock-Sprosse. Eine andere Form der Ausbreitung erfolgt über die Legehalme, oberirdische Ausläufer, die bis zu einer Länge von 10 m auswachsen können und an den Knoten Wurzeln und Sprosse entwickeln.

2 Kleine Wasserlinse
Lemna minor

Merkmale: Die auf der Wasseroberfläche schwimmenden »Linsen« sind nichts anderes als die Sprosse der Pflanze, Blätter fehlen; Wasserlinsen sind also nicht in Sproß und Blatt gegliederte Blütenpflanzen. Die »Linsen« haben einen Durchmesser von 2 bis 3 mm, sind flach und tragen auf der Unterseite nur eine Wurzel – wie alle 3 Arten der Gattung *Lemna*. Die bis 5 mm große Teichlinse *(Spirodela polyrhiza)* trägt im Unterschied dazu auf der Unterseite ein ganzes Büschel von Wurzeln, die Zwerglinse *(Wolffia arrhiza)* ist wurzellos. Die Blüten aller Wasserlinsen sind winzig klein und unscheinbar. Die kleine Wasserlinse blüht im Mai/Juni. Familie: Wasserlinsengewächse (Lemnaceae).

Vorkommen: Die Kleine Wasserlinse ist weltweit verbreitet und in Mitteleuropa auf stehenden Gewässern bis in 1800 m Höhe überall anzutreffen.

Biologie: Wasserlinsen bilden nur selten Blüten aus und vermehren sich überwiegend vegetativ. Die nur 1 bis 1,5 mm (!) große Zwerglinse ist die kleinste Blütenpflanze der Erde.

1 Posthornschnecke
Planorbarius corneus

Merkmale: Innerhalb der Familie der Tellerschnecken ist die Posthornschnecke die auffälligste Art. Ihr rotbraun gefärbtes, derbes Gehäuse kann 3 bis 4 cm Durchmesser erreichen. Die Umgänge sind drehrund und nehmen rasch zu. Durch den Besitz von rotem Blutfarbstoff (Hämoglobin) ist der Körper der Schnecke rot gefärbt. Sie ist eine Wasser-Lungenschnecke, taucht also in Abständen an der Wasseroberfläche auf, um zu atmen. Man sieht sie bisweilen am Oberflächenhäutchen des Gewässers entlangkriechen.
Vorkommen: Die Posthornschnecke ist weit verbreitet und anpassungsfähig. Sie ist ein häufiger Bewohner stehender und langsam fließender Gewässer.
Biologie: Die Schnecke ist ein Allesfresser. Mit Hilfe ihrer Radula, einem mit Tausenden von Zähnen besetzten Zungenapparat, der wie ein Reibeisen hin und her fährt, raspelt sie den Algenbelag von Wasserpflanzen ab. Sie frißt aber auch Pflanzenteile und Aas. Ihren Laich klebt sie an Wasserpflanzen fest. Die jungen Schnecken schlüpfen nach einigen Wochen.

2 Spitzhornschnecke, Spitzschlammschnecke
Lymnaea stagnalis

Merkmale: Unter den Schlammschnecken ist die Spitzhornschnecke die größte Art. Ihr hornfarbenes Gehäuse kann 6 cm lang werden, und sie gehört damit zu den größten mitteleuropäischen Schnecken überhaupt. Das Gehäuse läuft spitz zu (Name!). Das Gewinde ist fast so lang wie die Mündung. Der letzte Umgang ist bauchig aufgetrieben.
Nah verwandt sind die Gewöhnliche Schlammschnecke (*Radix ovata*) und die Ohrschlammschnecke (*Radix auricularia*). Die jeweils herrschenden Umweltbedingungen führen bei diesen Schnecken zu Veränderungen in der Gehäuseform, so daß eine Unterscheidung manchmal schwerfällt. Immer aber ist das Gewinde nur kurz, die Mündung stark erweitert. Die Gehäuse werden bis 25 mm lang.
Vorkommen: Schlammschnecken sind in mehreren Gattungen und Arten in den verschiedensten Typen von Gewässern anzutreffen. Die Spitzhornschnecke ist in stehenden und langsam fließenden Gewässern allgemein verbreitet und eine häufige Art.
Biologie: Die Schnecke sieht man öfter unter der Wasseroberfläche entlangkriechen. Sie bezieht auf diese Weise Sauerstoff aus der Luft. Mit Hilfe ihres Raspelapparates weidet sie den Algenbewuchs von Steinen und Wasserpflanzen ab. Sie beißt aber auch Stücke von Wasserpflanzen ab und frißt die Reste von abgestorbenen Pflanzen und Tieren.

3 Große Teichmuschel
Anodonta cygnea

Merkmale: Die dünnen, zerbrechlichen Schalen der Teichmuschel können bis 20 cm lang werden. Meist sind sie gelbbraun gefärbt. Ihr Umriß ist länglich-eiförmig. Wichtigstes Merkmal ist das Fehlen von Schloßzähnen, wie sie für die dickeren Schalen der ähnlichen, aber eher langgestreckten Flußmuscheln (Gattung *Unio*) typisch sind.
Ähnlich in der äußeren Form ist auch die Flußperlmuschel (*Margaritifera margaritifera*). Diese Muschel ist streng an klare, kalkarme Bäche auf Urgestein oder Sandstein gebunden. Man erkennt die Muschel an der länglichen, nierenförmigen, bis 12 cm langen Schale. Deren Wirbel tritt kaum hervor und ist meist stark zerfressen. Die Schale ist je nach Alter der Tiere dunkelbraun bis schwarz gefärbt. Innen ist sie mit einer Perlmutterschicht ausgekleidet. Diese Muscheln bilden Perlen (Name!), die früher sogar gewerbsmäßig gewonnen wurden.
Vorkommen: Die Teichmuschel ist die häufigste mitteleuropäische Süßwassermuschel. Sie ist in stehenden und langsam fließenden Gewässern mit schlammigem Grund weit verbreitet.
Biologie: Die Nahrung, überwiegend Planktonalgen, wird dem in die Muschel eingestrudelten Wasser entnommen. Die Spermien werden vom männlichen Tier ins Wasser abgegeben und vom Weibchen wie die Nahrung eingestrudelt. Aus den befruchteten Eiern entwickeln sich Larven, die die Schale verlassen und sich eine Zeitlang in den Flossen von Fischen verhaken. Nach einigen Wochen lösen sich die kleinen Muscheln wieder ab.

1

2

3

1 Gewöhnlicher Wasserfloh
Daphnia pulex

Merkmale: Wasserflöhe sind kleine, im Wasser schwebende Krebse. Die hüpfenden Bewegungen kommen durch ruckartige Schläge der beiden großen, zweiästigen Antennen zustande. Mit Hilfe der Beinpaare, die in der zweiklappigen Schale verborgen sind, wird Wasser mit darin enthaltenen Planktonalgen und Bakterien herangestrudelt und dem Darm zugeführt. Der Gewöhnliche Wasserfloh wird 3 bis 4 mm lang.
Vorkommen: Der Gewöhnliche Wasserfloh besiedelt fast alle Typen von Gewässern. Meist hält er sich in den pflanzenreichen Uferzonen von Weihern und Seen auf, geht aber auch ins freie Wasser.
Biologie: Wasserflöhe vermehren sich, indem Eier in den Brutraum im Rücken abgegeben werden, aus denen Embryonen heranwachsen. Auf diesem Weg werden ohne Begattung immer nur Weibchen erzeugt. Bei niedriger Temperatur und wenig Nahrung legen die Weibchen Eier, aus denen einerseits Männchen schlüpfen, andererseits Dauereier werden, die aber befruchtet sein müssen.

2 Flußflohkrebs
Gammarus roeselii

Merkmale: Flohkrebse bewegen sich meist in Seitenlage fort, wobei sie sich mit Beinen und Hinterleib abstoßen. Beim graugrün gefärbten Flußflohkrebs werden die Männchen bis 2 cm lang, die Weibchen bleiben kleiner. Auffällig sind die 3 gekielten Segmente des hinteren Rückenabschnitts.
Vorkommen: Flohkrebse leben überwiegend im Meer, wo zahlreiche Arten in verschiedenen Tiefenzonen vorkommen. Der Flußflohkrebs ist eine Süßwasserform und besiedelt Flüsse.
Biologie: Die Hauptnahrung besteht aus abgestorbenem pflanzlichem und tierischem Material (Detritus); pflanzliche Nahrung überwiegt jedoch. Vor der eigentlichen Begattung klammert sich das Männchen fast 1 Woche lang an das Weibchen (Praekopula). Flußflohkrebse pflanzen sich das ganze Jahr über fort. Das Weibchen trägt die Eier in einer Rinne auf der Bauchseite.

3 Flußkrebs, Edelkrebs
Astacus astacus

Merkmale: Der Flußkrebs wird selten über 20 cm lang. Die Weibchen bleiben kleiner als die Männchen. Mit den großen Scheren des 1. Brustbeinpaares ergreifen die Krebse ihre Beute. Die folgenden Beine zerkleinern die Beute und führen sie den Mundwerkzeugen zu. Sie dienen aber auch der Fortbewegung. Ein gutes Artmerkmal ist die rote Färbung der Unterseite von Scheren und Beinen.
Vorkommen: Der Flußkrebs lebt in sauberen Fließgewässern, die geeignete Schlupfwinkel (überhängende Uferböschungen oder Hohlräume zwischen Wurzelwerk und Steinen) aufweisen.
Biologie: Die Krebse halten sich tagsüber versteckt und gehen erst in der Dämmerung und in der Nacht auf Nahrungssuche. Ihre Nahrung besteht aus Insektenlarven, Würmern, Muscheln, Schnecken, manchmal Fischen und Amphibien, aber auch aus toten Tieren. Flußkrebse paaren sich im Spätherbst, meist im November. Die Eier (10 bis mehrere hundert) trägt das Weibchen ein halbes Jahr am Hinterleib mit sich herum.

4 Eintagsfliegen
Ephemeroptera

Merkmale: Eintagsfliegen kann man gut daran erkennen, daß sie ihre Flügel in Ruhe senkrecht über dem Hinterleib aufstellen. Die Vorderflügel haben eine dreieckige Form und sind relativ groß, die Hinterflügel sind nur klein oder fehlen sogar ganz. Die Fühler sind kurz, dafür fallen die 2 oder 3 langen Schwanzanhänge sofort auf. Die Larven der Eintagsfliegen haben am Hinterleib Tracheenkiemen, mit denen sie atmen, und tragen 3 lange Schwanzanhänge. Nur innerhalb der Gattung *Epeorus* haben die Larven 2 Schwanzanhänge.
Vorkommen: Eintagsfliegen sind in rund 240 Arten in Europa verbreitet. Man trifft sie meist in der Nähe von stehenden und fließenden Gewässern an. Die Larven leben stets im Wasser.
Biologie: Die geschlechtsreifen Tiere leben je nach Art nur wenige Stunden, meist 2 bis 3 Tage, manche Arten auch bis 3 Wochen.

1

2

3

4

1 Gebänderte Prachtlibelle
Calopteryx splendens

Merkmale: Die Gebänderte Prachtlibelle wird 5 cm lang und erreicht eine Spannweite von 7 cm. Beim Männchen liegt etwa in der Flügelmitte ein blaugrün schillerndes Feld. Das Weibchen ist weniger auffällig gefärbt als das Männchen. Es gibt in Mitteleuropa noch eine verwandte Art, die Blauflügel-Prachtlibelle *(Calopteryx virgo)*, bei der das Männchen durchgehend blaugrün schillernde Flügel hat. Die beiden Prachtlibellen-Arten sind also leicht auseinanderzuhalten.
Vorkommen: Die Gebänderte Prachtlibelle ist eine der auffälligsten Libellen, die in Mitteleuropa vorkommen. Sie ist weiter über große Teile Europas, über Nordafrika und Vorderasien verbreitet und bis in 1200 m Höhe anzutreffen. Man findet die Libelle fast nur an Fließgewässern, wobei sie breitere Flüsse mit schattenarmen Ufern bevorzugt. Sie fliegt von Mai bis September.
Biologie: Prachtlibellen gehören – wie alle Arten auf dieser Doppelseite – zu den Kleinlibellen. Bei diesen Libellen sind Vorder- und Hinterflügel gleich gestaltet. In Ruhestellung werden die Flügel über dem Hinterleib senkrecht stehend zusammengelegt. Der Flug der Kleinlibellen ist langsam und wirkt flatternd.

2 Hufeisen-Azurjungfer
Coenagrion puella

Merkmale: Die Hufeisen-Azurjungfer ist eine sehr häufige Kleinlibelle. Ihr Hinterleib (mit der namengebenden hufeisenförmigen Zeichnung auf dem 2. Segment beim Männchen) wird 3 cm lang, die Flügelspannweite beträgt 5 cm. Beim Männchen überwiegt Hellblau in der Grundfärbung, beim Weibchen Gelbgrün.
Vorkommen: Die Hufeisen-Azurjungfer ist über fast ganz Europa verbreitet. In Mitteleuropa kommt sie an fast allen stehenden Gewässern vor. Die Art fliegt von Mai bis September.
Biologie: Die Larve der Hufeisen-Azurjungfer hat, wie alle anderen Kleinlibellenlarven auch, am Hinterleibsende 3 Ruderblättchen. Die Blättchen dienen der Fortbewegung und der Atmung. Die Larven der einzelnen Arten sind bei den Libellen nicht ganz einfach voneinander zu unterscheiden.

3 Frühe Adonislibelle
Pyrrhosoma nymphula

Merkmale: Die Frühe Adonislibelle gehört zu den Kleinlibellen und fällt vor allem durch den in beiden Geschlechtern roten Hinterleib auf. Er erreicht eine Länge von knapp 3 cm. Auf der Oberseite ist er dunkel gezeichnet. Beim Männchen beginnt diese Zeichnung am 7. Segment, beim Weibchen schon weiter vorn. Die Libelle hat schwarze Beine.
Vorkommen: Die Frühe Adonislibelle ist mit Ausnahme des Nordens über fast ganz Europa verbreitet. Sie kommt an Weihern und Gräben vor und fliegt zwischen April und August.
Biologie: Die Eier werden an Schwimmblätter oder untergetauchte Pflanzenteile abgelegt. Die Larven werden etwa 2 cm lang. Die Entwicklung vom Ei zum fertigen Insekt (Imago) erfolgt meist innerhalb eines Jahres.

1

2

3

1 Blaugrüne Mosaikjungfer
Aeschna cyanea

Merkmale: Mit einer Länge von 8 cm und einer Spannweite von 11 cm ist die Blaugrüne Mosaikjungfer eine der auffälligsten Großlibellen, denen man an unseren Gewässern begegnen kann. Das Männchen hat blaue und grüne Flecken auf dem fast 6 cm langen, schlanken Hinterleib. Alte Weibchen haben einen dunkel rotbraunen Hinterleib, dessen helle Teile grün gefärbt sind.
Vorkommen: Die Mosaikjungfer ist über ganz Europa bis nach Kleinasien und in Teilen Nordafrikas verbreitet. Im Gebirge kommt sie bis in 1400 m Höhe vor. Sie ist überall an Tümpeln, Weihern und Seen, an Gräben und selbst weitab vom nächsten Gewässer anzutreffen. Die Flugzeit der Art liegt zwischen Mitte Juni und Anfang November.
Biologie: Großlibellen – alle Arten auf dieser Doppelseite gehören hierzu – erkennt man als Gruppe an den unterschiedlich geformten Vorder- und Hinterflügeln. In Ruhestellung tragen die Tiere ihre Flügel ausgebreitet. Der Flug der Großlibellen wirkt reißend. Sie fangen ihre Beute, meist andere Insekten, in der Luft. Entweder wird das gefangene Insekt bereits im Flug verzehrt, oder die Libelle kehrt mit ihrer Beute zum Ansitz zurück, um sie dort zu verzehren. Die Larven der Mosaikjungfer schlüpfen Ende April/Anfang Mai aus den überwinterten Eiern und wachsen – je nach Lebensbedingungen – innerhalb einiger Jahre heran, wobei 2 Jahre die Regel sind.

2 Großer Blaupfeil
Orthetrum cancellatum

Merkmale: Der Blaupfeil wird bis 5 cm lang und erreicht eine Spannweite von 9 cm. Charakteristisch ist der kräftige, breite Hinterleib. Bei alten Männchen ist er blau bereift, die letzten Segmente zeigen eine schwarzgraue Färbung. Die Weibchen haben einen dunklen Hinterleib mit gelben Längsstreifen. Die Art gehört zu den Großlibellen.
Man könnte den Blaupfeil vielleicht mit dem Plattbauch (*Libellula depressa*) verwechseln. Bei dieser Art hat das Männchen auch einen blauen Hinterleib, die Flügelbasis ist aber (im übrigen bei beiden Geschlechtern) schwarzbraun abgesetzt.
Vorkommen: Der Blaupfeil ist über Europa, die angrenzenden Mittelmeerländer und Vorderasien verbreitet. Bei uns ist er an größeren Seen, aber auch an Weihern und Altwässern anzutreffen. Die Tiere patrouillieren hier entlang der Ufer, fliegen aber auch über gewässernahe Wiesen und Äcker und sonnen sich gern auf der Erde. Ihre Flugzeit liegt zwischen Ende Mai und Mitte September.
Biologie: Die Larven des Blaupfeils leben in der Vegetation am Grund der Gewässer und machen hier Jagd auf Würmer, die Larven anderer Insekten und ähnliche Kleintiere. Die Entwicklung zur Imago kann sich – je nach Nahrungsangebot und Wassertemperatur – über mehrere Jahre hinziehen. Die Imagines ernähren sich von Insekten, die sie im Flug erbeuten.

3 Gemeine Heidelibelle
Sympetrum vulgatum

Merkmale: Die Gemeine Heidelibelle gehört zu den Großlibellen und erreicht eine Spannweite von 5,5 bis 6,5 cm. Beim Männchen ist der Hinterleib rot oder rotbraun gefärbt und nach hinten verbreitert; beim Weibchen ist er in der Grundfarbe gelblich-golden. Die Beine sind außen gelb gezeichnet. Es gibt einige weitere, sehr ähnlich aussehende Heidelibellen-Arten im Gebiet.
Vorkommen: Die Gemeine Heidelibelle ist über Nord-, Mittel- und Osteuropa verbreitet. Man trifft die Art an allen Typen von Gewässern an, von Gräben bis zu Seen. In den Alpen ist sie bis in 2400 m Höhe nachgewiesen. Sie fliegt zwischen Juli und November.
Biologie: Heidelibellen setzen sich gerne auf Steine, Kies oder Erde. Die Eier werden manchmal am Ufer des Gewässers, meist aber zwischen den Wasserpflanzen (Schilf) abgelegt. Die Larven schlüpfen im folgenden Jahr und leben am Gewässerboden.

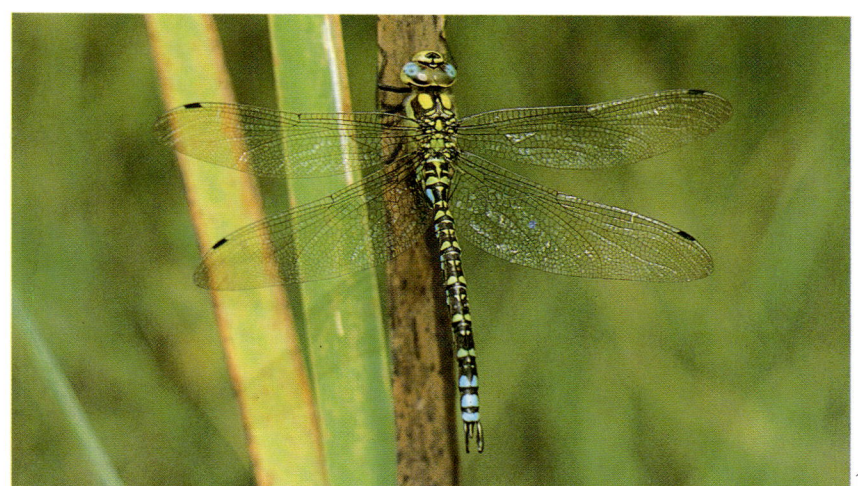

1 Steinfliegen, Uferfliegen
Plecoptera

Merkmale: Steinfliegen bilden eine eigene Ordnung innerhalb der Insekten. Die erwachsenen Insekten sind mittelgroße, unscheinbar gefärbte Tiere. Man erkennt sie an den annähernd gleich großen, häutigen Flügeln, die in Ruhehaltung flach über den Hinterleib gebreitet werden. Am Hinterleib tragen Steinfliegen stets 2 Anhänge. Die Larven tragen immer nur 2 lange, fadenförmige, gegliederte Anhänge am Hinterleibsende, die ähnlichen Eintagsfliegenlarven dagegen tragen – bis auf die der Gattung *Epeorus* – 3 solcher Anhänge. Den Larven der Steinfliegen fehlen darüber hinaus die blattförmigen Tracheenkiemen an den Seiten des Hinterleibs.
Vorkommen: Aus Mitteleuropa sind etwa 125 Steinfliegenarten bekannt. Man trifft sie stets in der Nähe von Gewässern an. Die Larven leben im Wasser, vor allem in Bergbächen.
Biologie: Die Larven sind sehr sauerstoffbedürftig und gegen Verschmutzungen ihres Lebensraumes sehr empfindlich.

2 Gewöhnlicher Rückenschwimmer
Notonecta glauca

Merkmale: Im Unterschied zu anderen Schwimmwanzen bewegt sich der Rückenschwimmer normalerweise mit dem Rücken nach unten fort (Name!). In dieser Position hängt er sich auch an die Wasseroberfläche, um Luft zu holen. Er wird 14 bis 16 mm lang. Die Hinterbeine sind zu Schwimmbeinen mit langen Borsten umgewandelt.
Vorkommen: Die Familie der Rückenschwimmer ist mit 6 Arten in Mitteleuropa weit verbreitet. Die Tiere sind das ganze Jahr über in stehenden Gewässern hauptsächlich in den oberflächennahen Schichten recht häufig anzutreffen.
Biologie: Beim Luftholen an der Wasseroberfläche gelangt Luft durch Atemöffnungen am Hinterende in das Tracheensystem und in die beiden von wasserabstoßenden Haaren gebildeten Luftkanäle auf der Bauchseite. Die Luft erzeugt einen starken Auftrieb und bedingt die merkwürdige Haltung des Tieres. Die Nahrung besteht aus verschiedenen Kleintieren.

3 Wasserskorpion
Nepa rubra

Merkmale: Der graubraune Wasserskorpion ist mit keinem anderen Wasserinsekt zu verwechseln. Er wird zwar nur 2 cm lang (ohne Atemrohr), das 1. Beinpaar ist aber zu Fangbeinen mit einer ganz typischen Form umgewandelt (Name!). Innerhalb der Ordnung der Wanzen gehört er zu den Skorpionswanzen.
Vorkommen: Der Wasserskorpion lebt in stehenden oder langsam fließenden Gewässern und hält sich in den ufernahen Bereichen auf, meist im Pflanzengürtel.
Biologie: Der Wasserskorpion ist nur zu unvollkommenem Schwimmen fähig. Er ist ein ausgesprochener Ansitzjäger. Unbeweglich lauert er dicht unter der Wasseroberfläche, wobei er mit seinem langen Atemrohr am Hinterende Luft zum Atmen aufnimmt. Kommt ein Beutetier zu nahe, wird es mit den Fangbeinen gepackt. Die Beute wird mit dem Rüssel ausgesaugt. Die Larven schlüpfen von Mai bis Juli und entwickeln sich bis zum September in 5 Häutungen zum erwachsenen Insekt (Imago).

4 Wasserläufer
Gerris-Art

Merkmale: Die schwarzbraun gefärbten Wasserläufer bilden eine sehr charakteristische Gruppe innerhalb der an Wasser gebundenen Wanzen. Man erkennt sie an ihrem schlanken Bau und daran, daß sie auf langen Beinen auf der Wasseroberfläche hin- und herschießen. Aus der Nähe sieht man, daß das 1. Beinpaar zu Fangbeinen umgewandelt ist.
Vorkommen: Die Wasserläufer sind in Mitteleuropa mit etwa 10 Arten vertreten. Ihr Lebensraum sind ruhige Gewässer, wo sie meist in Gruppen vorkommen.
Biologie: Wasserläufer haben sich die Wasseroberfläche als Lebensraum erobert, indem sie die Oberflächenspannung des Wassers ausnutzen. Ihre unbenetzbaren Beine tragen sie auf dem Oberflächenfilm. Der Vortrieb wird hauptsächlich vom mittleren Beinpaar erzeugt, die Hinterbeine dienen der Steuerung, und mit den wesentlich kürzeren Vorderbeinen wird die Beute (vor allem kleine Insekten) ergriffen.

1

2

1 Gemeiner Gelbrandkäfer
Dytiscus marginalis

Merkmale: Der Käfer wird 3 bis 4 cm lang und ist auf der Oberseite dunkel olivgrün, auf der Unterseite gelbrot gefärbt. Der ovale, flache Körper wird von breiten, gelben Streifen eingefaßt (Name!). Männchen und Weibchen kann man gut unterscheiden: Das Männchen (Foto) hat glatte Flügeldecken und Saugscheiben an den Vorderbeinen, mit denen es bei der Paarung das Weibchen festhält. Das Weibchen hat gefurchte Flügeldecken. Die Hinterbeine der Käfer sind mit Reihen von Borsten besetzt, also zu Schwimmbeinen umgewandelt.
Vorkommen: Den Gelbrand findet man in stehenden und langsam fließenden Gewässern. Er bevorzugt kleinere, pflanzenreiche Gewässer, wie Teiche, Tümpel und Gräben. Trocknet sein Wohngewässer aus, fliegt er weiter.
Biologie: Die Käfer sind genau wie die 6 cm langen Larven gefräßige Räuber. Sie erbeuten alle Wassertiere geeigneter Größe bis hin zu Kaulquappen und kleinen Fischen. Während die erwachsenen Käfer die Beute aber mit den Mundwerkzeugen packen und fressen, ergreifen die Larven die Beute mit den großen Oberkieferzangen, durchbohren sie, spritzen ein Verdauungssekret ein und saugen sie aus. Sowohl die Käfer als auch die Larven benötigen zum Wasserleben Luftsauerstoff. Deshalb sieht man die Käfer immer wieder an die Wasseroberfläche steigen, einen Luftvorrat unter die Flügeldecken aufnehmen und wieder abtauchen. Die Larven füllen ihr Tracheensystem über Atemöffnungen am Körperende auf. Zur Verpuppung kriecht die Larve an Land, wo sie sich in den Boden eingräbt, um ihn nach rund 2 Wochen als fertiger Käfer zu verlassen.

2 Köcherfliegen
Trichoptera

Merkmale: Die Köcherfliegen bilden eine eigene Insektenordnung. Erwachsene Tiere erkennt man daran, daß sie in Ruhestellung die Flügel dachartig über dem Hinterleib zusammenlegen. Die erwachsenen Köcherfliegen sind bei fast allen Arten unscheinbar gefärbt. Braune und graue Farbtöne herrschen vor, manchmal tritt eine Fleckung oder eine andere Zeichnung hinzu. Auffällig sind dagegen die langen Fühler, die nach vorn ausgestreckt werden.
Vorkommen: Köcherfliegen trifft man meist in der Nähe von Gewässern an. Die Flugzeit liegt bei der Mehrzahl der heimischen Arten zwischen Anfang Juni und Ende August und dauert gewöhnlich 3 bis 4 Wochen.
Biologie: Die Larven der Köcherfliegen leben immer im Wasser. Es gibt Larven, die ohne den charakteristischen Köcher leben. Die meisten aber setzen mit Hilfe der Vorderbeine und der Mundwerkzeuge Köcher zusammen. Sie verwenden dazu Schilfstücke, Teile von Blättern, Zweigstücken, Fichtennadeln oder anderes pflanzliches Material, aber auch kleine Kieselsteine oder Sandkörner. Die Köcher dienen dazu, sich vor Freßfeinden, aber auch vor dem Abdriften (in Fließgewässern) zu schützen.

3 Stechmücke, Hausmücke
Culex pipiens

Merkmale: Stechmücken gehören zur Insektenordnung der Zweiflügler. Die Tiere besitzen also nur 1 Paar Flügel, das hintere Flügelpaar ist zu den Schwingkölbchen (Halteren) umgewandelt. Stechmücken werden etwa 7 mm lang und sind bräunlich gefärbt.
Vorkommen: Die erwachsenen Mücken kommen sowohl im freien Gelände vor wie auch in Wohngebieten. Die Eier werden in die unterschiedlichsten Gewässer abgelegt, von wassergefüllten Dosen über Regentonnen und Gartenteiche bis hin zu Tümpeln und Gräben. An die Wasserqualität stellt die Stechmücke keine großen Ansprüche.
Biologie: Die erwachsenen Weibchen der Stechmücken saugen Blut von Säugetieren und Vögeln. Sie müssen das tun, denn nur dann entwickeln sich die Eier. Bis zu 400 Eier werden jeweils in Form winziger Schiffchen auf der Wasseroberfläche abgelegt. Die Larven entwickeln sich im Wasser. Die Puppen sind, im Gegensatz zu vielen anderen Insektenpuppen, beweglich.

1

2

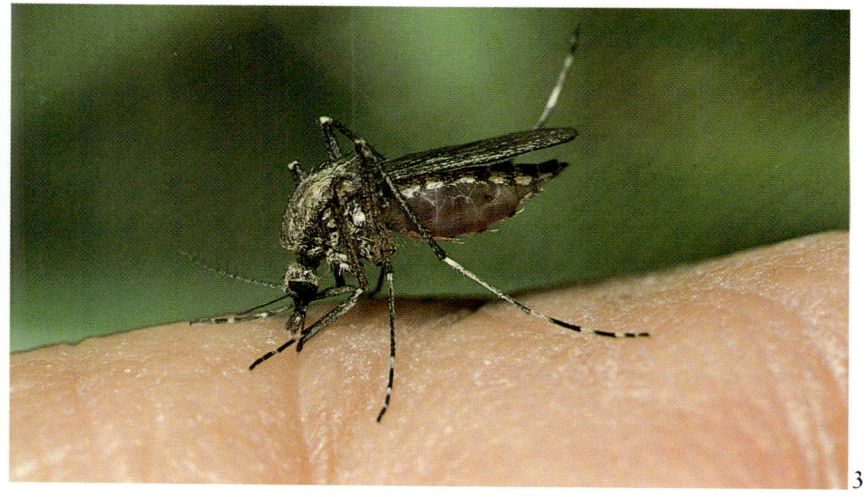

3

1 Bachforelle
Salmo trutta fario

Merkmale: Typisch für die Bachforelle ist der torpedoförmige Körper, der auf einen effektiven Schwimmer und einen Lebensraum mit starker Strömung hinweist. Rücken und Seiten sind grünlich bis bräunlich gefärbt, der Bauch ist heller. Auf dem Rücken fallen oberhalb der Seitenlinie runde, schwarze Flecken, entlang der Seitenlinie rote, hell umrandete Flecken auf. Wie alle Arten aus der Familie der Lachse (Salmonidae), hat die Forelle eine strahlenlose Fettflosse zwischen Rücken- und Schwanzflosse. Der Fisch kann 50 cm Länge erreichen.

Vorkommen: Die Bachforelle ist über ganz Europa bis hin zum Ural, nach Kleinasien und südlich des Schwarzen und des Kaspischen Meeres verbreitet. Sie bewohnt kalte, sauerstoffreiche Fließgewässer mit Kies- und Geröllgrund. Wegen ihres wohlschmeckenden Fleisches wird die Bachforelle vielerorts in Teichwirtschaften gehalten.

Biologie: Forellen ernähren sich vorwiegend von Wasserinsekten, Kleinkrebsen und ähnlichen Tieren; größere Individuen stellen auch kleinen Fischen nach. Ältere Tiere besetzen im Bachlauf regelrechte Reviere, die gegen Eindringlinge verteidigt werden. Die Laichzeit fällt in den Spätherbst und Winter. An einer flachen Stelle schlägt das Weibchen mit dem Schwanz eine Laichgrube in den Kiesgrund, in die etwa 1000 Eier abgelegt werden. Nach der Besamung durch das Männchen werden sie wieder mit Kies bedeckt. Die Larven schlüpfen bei 10°C Wassertemperatur nach etwa 40 Tagen aus den Eiern.

2 Seesaibling
Salvelinus alpinus

Merkmale: Den Seesaibling erkennt man daran, daß seine Brust-, Bauch- und Afterflossen leuchtend weiße Säume zeigen. Zur Laichzeit (September bis Januar) haben die Fische einen rötlichen Bauch. Außerhalb der Laichzeit ist der Bauch weißlich-gelblich gefärbt. Ein zusätzliches Kennzeichen ist die Fettflosse vor der Schwanzflosse. Der Fisch wird 25 bis 40 cm lang.

Vorkommen: Der Lebensraum des Seesaiblings sind kalte, sauerstoffreiche und tiefe Seen auf der Nordhalbkugel. Verbreitungsschwerpunkte liegen in Skandinavien, vor allem im seenreichen Finnland, und in Schottland und Irland. In Mitteleuropa trifft man den Fisch vor allem in den bayerischen und österreichischen Voralpen- und Alpenseen bis in 2000 m Höhe an.

Biologie: Der Seesaibling ist eine Form des Wandersaiblings. Dieser Fisch steigt zum Ablaichen in Flüsse auf. Die Jungfische bleiben 3 bis 4 Jahre im Süßwasser, bevor sie ins Meer abwandern. Der Seesaibling wandert nicht mehr.

3 Renke, Felchen, Maräne
Coregonus-Art

Merkmale: Selbst für einen Fischereibiologen ist es schwierig, eine zuverlässige Systematik der *Coregonus*-Arten aufzustellen, so sehr ähneln die verschiedenen Formen einander. Gemeinsame Merkmale sind der langgestreckte, seitlich abgeflachte Körper und der recht spitze Kopf. Zwischen der Rücken- und der tief eingebuchteten Schwanzflosse fällt außerdem die Fettflosse auf.

Vorkommen: Als Wanderform ist die Renke in den Küstengebieten der Nord- und Ostsee mit ihren Flußmündungen verbreitet, als stationärer Fisch in den größeren und tiefen Seen des Voralpen- und Alpengebietes, darüber hinaus in Norddeutschland und im nördlichen Europa.

Biologie: Renken haben ihre Laichzeit im Spätherbst und Winter. Einige Formen legen ihre Eier im freien Wasser ab, andere mehr in Ufernähe über Sand- oder Kiesgrund. Entsprechend vielfältig ist auch die Ernährungsweise. Freiwasserformen ernähren sich hauptsächlich von Zooplankton, bodengebundene Formen mehr von Insektenlarven, Würmern und ähnlichen Kleintieren. Wichtigster Nutzfisch aus der ganzen Gruppe ist der bis 50 cm lange und 2,8 kg schwere Blaufelchen (*Coregonus wartmanni*), auch Rheinanke genannt. Er ist der »Brotfisch« der Berufsfischer am Bodensee.

1

2

3

1 Äsche
Thymallus thymallus

Merkmale: Den Fisch kann man gut an seiner langgestreckten Form, der Fettflosse und der charakteristisch geformten Rückenflosse erkennen. Zur Laichzeit ist der Körper rötlich angehaucht. Dann treten auch verstreut schwarze Flecken an den Seiten auf. Äschen werden 30 bis 50 cm lang.

Vorkommen: Die Äsche ist über große Gebiete Europas verbreitet. Ausgenommen sind die Iberische und die Apennin-Halbinsel, Schottland, große Teile Skandinaviens und des Balkans. Auch innerhalb ihres Verbreitungsgebietes kommt die Äsche nur unregelmäßig vor, da sie an den Lebensraum sehr hohe Ansprüche stellt. Sie lebt nämlich als Standfisch in schnell fließenden, sauberen, sauerstoffreichen Gewässern mit festem Untergrund. Entsprechende Flußabschnitte werden durch die Verschmutzung und Verbauung der Gewässer zunehmend seltener.

Biologie: Die Nahrung der Äsche besteht aus Würmern, Schnecken und Insektenlarven, auch kleinen Fischen und Fischlaich. Äschen laichen von März bis Juni. Das Weibchen schlägt mit dem Schwanz eine Laichgrube, in die die Eier abgelegt werden. Nach der Besamung werden die Eier wieder mit Kies bedeckt. Die Larven schlüpfen nach etwa 2 Wochen. Die Fische werden im Alter von 3 bis 4 Jahren geschlechtsreif.

2 Hecht
Esox lucius

Merkmale: Der Hecht hat einen langgestreckten, walzenförmigen Körper und wird 40 bis 60 cm lang. Er hat einen abgeflachten Kopf und ein entenschnabelförmiges Maul mit starker Bezahnung. Die Färbung ist sehr variabel.

Vorkommen: Der Hecht ist ein stationärer Süßwasserfisch, der über fast ganz Europa mit Ausnahme der Iberischen Halbinsel und Süditaliens, darüber hinaus über die ganze gemäßigte Zone der Nordhalbkugel verbreitet ist. Er kommt sowohl in fließenden als auch in stehenden Gewässern vor. Bevorzugt hält er sich in flachen Uferzonen auf, wo er seine Jagdweise besonders effektiv einsetzen kann.

Biologie: Der Hecht ist ein Raubfisch. Bewegungslos lauert er in Deckung, um plötzlich hervorzuschießen und seine Beute (vor allem andere Fische, aber auch Wirbellose, Amphibien und sogar Wasservögel) mit den scharfen Zähnen zu packen. Die Laichzeit liegt zwischen Februar und Mai, wobei der Hecht dann Flachwasser mit viel Pflanzenwuchs aufsucht, auch Überschwemmungsflächen nach Frühjahrshochwässern. Die Eier werden an Pflanzen angeheftet. Die Jungen schlüpfen nach 2 bis 3 Wochen und ernähren sich zunächst von Kleinkrebsen. Die sehr gefräßigen Jungfische wachsen schon im ersten Jahr auf eine Länge von 15 bis 30 cm heran und werden bereits im zweiten Jahr geschlechtsreif.

3 Plötze, Rotauge
Rutilus rutilus

Merkmale: Die Plötze wird 20 bis 40 cm lang und bis 1 kg schwer. Neben hochrückigen, seitlich zusammengedrückten kommen auch schlanke Formen vor. Kennzeichnend ist die rote Iris (Name!). Der Rücken ist dunkel graugrün gefärbt, der Bauch silbrig-weiß.

Vorkommen: Die Plötze ist einer der häufigsten mitteleuropäischen Fische. Sie kommt überall in stehenden und langsam fließenden Gewässern bis in etwa 1000 m Höhe vor.

Biologie: Der Fisch lebt in Schwärmen. Seine Nahrung besteht aus Pflanzen und Kleintieren. Die Laichzeit liegt im April/Mai. Das Ablaichen geschieht in Flachwasserzonen. Die Weibchen legen je etwa 100 000 Eier ab, die an Wasserpflanzen haften. Die Larven schlüpfen nach wenigen Tagen. Sie ernähren sich nach Aufzehren des Dottersacks zunächst von Plankton.

1

2

3

1 Brachsen, Blei, Brassen
Abramis brama

Merkmale: Dieser Weißfisch hat einen hochrückigen, seitlich zusammengedrückten Körper. In der Regel werden Brachsen 30 bis 50 cm lang, doch werden auch Exemplare bis 75 cm Länge gefangen, die dann bis 6 kg wiegen können.
Vorkommen: Der Brachsen ist in Europa weit verbreitet. Ausgenommen sind die Iberische Halbinsel, das nördliche Skandinavien und Teile des Balkans. Der Fisch kommt in größeren, nährstoffreichen Seen vor, aber auch in langsam fließenden Abschnitten von Flüssen.
Biologie: Nahrung des Brachsens sind – wie bei einem bodenorientierten Fisch nicht anders zu erwarten – am Gewässergrund lebende Insektenlarven, Kleinkrebse, Weichtiere und Würmer. Die Fische laichen nachts in großen Schwärmen an flachen, bewachsenen Stellen des Ufers. Die Laichzeit liegt im Mai/Juni. Die Larven schlüpfen – je nach Wassertemperatur und Sauerstoffgehalt des Wassers – nach 3 bis 12 Tagen. Sie heften sich noch eine Zeitlang mit Klebdrüsen am Kopf an Wasserpflanzen fest. Im dritten bis vierten Jahr werden Brachsen geschlechtsreif.

2 Schleie
Tinca tinca

Merkmale: Die braungrüne oder dunkelolive Färbung und die abgerundeten Flossen machen die Schleie zu einem auf Anhieb eindeutig erkennbaren Fisch. Hinzu kommt als Kennzeichen, daß die Schuppen in der dicken Haut verborgen liegen, man von außen also wenig von ihnen sieht. In den Mundwinkeln steht je 1 Bartfaden. Schleien werden 20 bis 40 cm lang und 1 bis 2 kg schwer.
Vorkommen: Die Schleie ist über ganz Europa und Asien mit Ausnahme des Nordens verbreitet. Der Fisch lebt bevorzugt in warmen und reich verkrauteten, stehenden und langsam fließenden Gewässern. Wegen ihrer Umempfindlichkeit gegenüber Schwankungen der Wassertemperatur werden Schleien in Teichwirtschaften oft als Beifische des Karpfens gezüchtet.
Biologie: Schleien sind ausgesprochene Bodenfische. Ihre Nahrung besteht aus Kleintieren, vor allem aus kleinen Schnecken und Muscheln. Die Laichzeit liegt zwischen April und Juli. Die Eier werden in mehreren Portionen an Wasserpflanzen abgelegt. Bereits nach wenigen Tagen schlüpfen die Larven. Mit Klebdrüsen halten sie sich an den Pflanzen fest, bis sie schwimmen und sich selbst ernähren können. Schleien spielen als Speisefische eine größere Rolle.

3 Barbe
Barbus barbus

Merkmale: Charakteristisch für die Barbe sind der langgestreckte, schlanke Körper und das unterständige Maul, das von 4 Barteln umstanden ist. Der Fisch wird bis 90 cm lang und 8,5 kg schwer.
Vorkommen: Die Barbe fehlt auf der Iberischen Halbinsel, kommt aber ansonsten in Südwestengland, ganz Mitteleuropa und bis zum Schwarzen Meer hin vor. Sie besiedelt sauerstoffreiche, klare Fließgewässer mit Kies- oder Sandgrund.
Biologie: Barben leben gesellig, halten sich aber tagsüber versteckt, so daß man sie in ihrem Lebensraum nur selten beobachten kann. In der Dämmerung werden die Fische dann lebhafter und gehen auf Nahrungssuche. Sie fressen Bodentiere, vor allem Insektenlarven, Würmer und Mollusken. Größere Exemplare stellen auch kleinen Fischen nach. Bei der Nahrungssuche werden die Barteln eingesetzt. Sie dienen als Tastorgane und müssen die Aufgabe der in der Dunkelheit nicht mehr brauchbaren Augen übernehmen. Die Laichzeit liegt zwischen Mai und Juli. Die laichbereiten Fische wandern in Schwärmen flußaufwärts, um an flachen, kiesigen Stellen in der Strömung abzulaichen.

1 Karpfen
Cyprinus carpio

Merkmale: Karpfen können bis 1,20 m lang werden. Die ursprüngliche Form des Fisches ist am ganzen Körper mit Schuppen besetzt. Aber Schuppen sind bei der Zubereitung eines Speisefisches lästig, und so hat man sie weggezüchtet. Das Produkt der Bemühungen sind der Spiegelkarpfen, der eine Reihe vergrößerter Schuppen auf dem Rücken, hinter den Kiemendeckeln und vor der Schwanzflosse aufweist, und der Lederkarpfen, dem die Schuppen ganz fehlen. Zwischen diesen Formen gibt es Übergänge.

Vorkommen: Ursprünglich nur im Gebiet des Schwarzen und Kaspischen Meeres beheimatet, ist der Karpfen heute über ganz Europa verbreitet, da er überall in Teichwirtschaften gehalten wird und auch verwildert ist. Der Fisch besiedelt bevorzugt tiefere, stehende und langsam fließende Gewässer mit Schlamm- oder Sandgrund und reichem Pflanzenwuchs.

Biologie: Tagsüber hält sich der Karpfen gerne am Boden auf, nachts geht er auf Nahrungssuche. Karpfen fressen vor allem Kleintiere, die am Boden leben. Große Exemplare stellen auch Molchen und kleinen Fischen nach. Die Laichzeit des Fisches liegt zwischen Mai und Juli.

2 Europäischer Aal, Flußaal
Anguilla anguilla

Merkmale: Aale haben einen langgestreckten, vorne runden, hinten seitlich zusammengedrückten Körper. Die Brustflossen sind klein, die Bauchflossen fehlen, die übrigen Flossen bilden einen einheitlichen Flossensaum. Bei Gelbaalen (siehe unten) ist der Rücken dunkel braungrün, der Bauch gelblich gefärbt. Wenn die Fische ihre Endgröße von 40 bis 70 cm (maximal 1,50 m und dann 6 kg schwer) und die Geschlechtsreife erreicht haben, ist ihr Bauch silbrig-weiß. Man bezeichnet sie dann als Blankaale.

Vorkommen: Aale leben in ruhigen Flußabschnitten und stehenden Gewässern mit weichem, schlammigem Boden.

Biologie: Die Fische ruhen tagsüber in Verstecken und suchen erst nachts Nahrung. Sie fressen Kleintiere wie Insektenlarven, aber auch andere Fische. Den Winter verbringen Aale eingegraben im Schlamm in einem Ruhezustand mit herabgesetztem Stoffwechsel.

Der Aal ist ein Wanderfisch, der zum Laichen von Europa bis in das Gebiet der Sargasso-See im westlichen Atlantik wandert. Die aus den im Wasser treibenden Eiern schlüpfenden Larven wandern im Lauf von 3 Jahren mit dem Golfstrom zurück. In dieser Zeit wachsen sie über die Stadien der Weidenblattlarve und des Glasaals langsam heran. Schließlich wandern sie als sogenannte Steigaale flußaufwärts, bis sie passende Gewässer finden. Hier durchleben sie das Stadium des Gelbaals und des Blankaals. Die geschlechtsreifen Fische wandern zur Sargasso-See zurück. Mit Fettreserven ausgestattet, machen sie sich auf den 5000 bis 7000 km langen Weg, um nach dem Ablaichen zu verenden.

3 Flußbarsch
Perca fluviatilis

Merkmale: Flußbarsche werden bis 50 cm lang und 5 kg schwer. An der strahligen 1. Rückenflosse, den dunklen Querbinden auf den Körperseiten und den rötlichen Bauch- und Afterflossen sind sie leicht zu erkennen. Beim recht ähnlichen Zander *(Stizostedion lucioperca)* fallen die Querbinden nicht so stark auf wie beim Flußbarsch. Zudem sind die Rückenflossen und die Schwanzflosse bei dieser Art dunkel gefleckt.

Vorkommen: Mit Ausnahme der Iberischen Halbinsel, Italiens, Schottlands, Teilen Norwegens und des westlichen Balkans ist der Flußbarsch über ganz Europa und Teile Asiens verbreitet. Er kommt überall in stehenden und fließenden Gewässern bis in etwa 1000 m Höhe vor, bevorzugt als Standfisch aber klare Gewässer ohne starke Strömung mit einem harten Boden.

Biologie: Die Laichzeit des Flußbarsches liegt zwischen März und Juni. Die Eier werden in gallertigen Schnüren an Wasserpflanzen oder Steinen festgeheftet. Nach 2 bis 3 Wochen schlüpfen die Jungen, die eine Zeitlang als Schwarmfische leben und am Ende des zweiten Lebensjahres geschlechtsreif werden. Die Nahrung besteht zuerst aus Kleinkrebsen und anderen Wassertieren entsprechender Größe, später dann aus Fischen.

1

2

3

1 Kamm-Molch
Triturus cristatus

Merkmale: Kamm-Molche werden bis 16 cm lang. Die Männchen sind während der Laichzeit, die zwischen März und Juli liegt, leicht an ihrem hohen, gezackten Rückenkamm zu erkennen, der vom Hautsaum auf dem Schwanz durch einen tiefen Einschnitt abgesetzt ist (Foto). Das Weibchen hat anstelle des Kammes nur einen Hautsaum auf der Ober- und Unterseite des Schwanzes.
Vorkommen: Der Kamm-Molch kommt in pflanzenreichen Gräben und Weihern im Flach- und Hügelland (bis in ungefähr 1000 m Höhe) vor, ist aber nirgends häufig. In Europa ist er nördlich der Alpen verbreitet, von Großbritannien und Mittelfrankreich im Westen bis Mittelrußland im Osten und Mittelschweden im Norden.
Biologie: Nach der Fortpflanzungszeit gehen die meisten Kamm-Molche an Land, wobei sich Kämme und Hautsäume zurückbilden.

2 Bergmolch, Alpenmolch
Triturus alpestris

Merkmale: Der Molch wird bis 11 cm lang. In der Laichzeit tragen die Männchen (Foto) einen niedrigen Rückenkamm, der übergangslos in den Hautsaum des Schwanzes übergeht. Das deutlichste Kennzeichen ist aber die orangerote Unterseite. Zwischen der schiefergrauen Ober- und der auffälligen Unterseite liegen zahlreiche dunkle Flecken.
Vorkommen: Der Bergmolch ist über Mitteleuropa, die Alpenländer und die Karpaten verbreitet. Auf der Apennin-Halbinsel und auf dem Balkan kommt er in anderen Rassen vor. Zuweilen erscheint der Molch schon im Februar an den Gewässern, wobei er stehende und fließende Gewässer und ihre Ufer besiedelt, die sowohl im Hügelland als auch im Gebirge (Höhenlagen bis 3000 m) liegen können (Name!).
Biologie: Die Laichzeit dauert bis in den Mai hinein. Danach führen die Bergmolche ein heimliches Landleben.

3 Teichmolch, Streifenmolch
Triturus vulgaris

Merkmale: Die Tiere werden rund 10 cm lang und sind ziemlich schlank. Das Männchen (Foto) trägt in der Fortpflanzungszeit einen sehr hohen, welligen Rückenkamm, der aber nie so stark gezackt wie beim Kamm-Molch und auch nicht zum Schwanz hin abgesetzt ist, sondern sich durchzieht. Der Kopf zeigt 5 dunkle Längsstreifen, von denen 2 durch die Augen laufen (Name!). Diese Zeichnung ist wohl das beste Kennzeichen des Teichmolches, denn nach der Laichzeit verschwinden die Hautkanten und -säume wieder.
Vorkommen: Der Molch kommt im nördlichen und gemäßigten Europa und Asien vor; südlich der Alpen, auf der Apennin-Halbinsel, dem Balkan und am Kaukasus allerdings in anderen Rassen als in Mitteleuropa. Von allen Molchen ist der Teichmolch am wenigsten anspruchsvoll, was seinen Lebensraum betrifft. Zuweilen erscheint er schon im Februar in kleinsten Pfützen, Tümpeln und Gräben, meist in tieferen Lagen.
Biologie: Nach der Laichzeit führt der Teichmolch ein verborgenes, nächtliches Landleben.

1

2

3

1 Gelbbauchunke, Bergunke
Bombina variegata

Merkmale: Die Gelbbauchunke wird nur 5 cm lang. Ihre Oberseite ist unscheinbar grau- bis olivbraun gefärbt, manchmal dunkel gefleckt. Die Unterseite weist dagegen eine gelbe und blaugraue Fleckung oder Marmorierung auf – eine Warnfärbung. Fühlt sich die Unke an Land bedroht, wirft sie sich auf den Rücken und zeigt dem Gegner die grell gefärbte Unterseite.
Vorkommen: Die Unke ist über Mitteleuropa, die nördliche Apennin-Halbinsel und den Norden des Balkans verbreitet. Obwohl sie auch in ebenen Lagen nicht fehlt, trifft man sie doch eher im Hügel- und Bergland (Lagen bis 1000 m Höhe) an (Name!). Als Lebensraum bevorzugt sie stehende oder langsam fließende Gewässer – Altwässer, Gräben und Tümpel – mit klarem Wasser und reichem Pflanzenwuchs.
Biologie: Gelbbauchunken haben ihre Paarungszeit von April bis in den August hinein. Während dieser Zeit werden mehrfach Eiklumpen an Wasserpflanzen und Steinen abgelegt, aus denen nach etwa 1 Woche die Kaulquappen schlüpfen. Ganz ähnlich wie die Gelbbauchunke lebt die Rotbauchunke *(Bombina bombina)*, die anstelle der gelben eine rote Bauchzeichnung (zusätzlich mit weißen Flecken) aufweist. Sie besiedelt die Ebenen Norddeutschlands, Dänemarks, Südschwedens, vor allem aber das Wiener Becken und Teile des Balkans. Da sie nie in Höhenlagen über 250 m beobachtet wurde, trägt sie auch den Zweitnamen Tieflandunke.

2 Wechselkröte, Grüne Kröte
Bufo viridis

Merkmale: Wechselkröten werden bis 9 cm lang. Wegen ihrer dunkelgrünen Fleckung mit roten Punkten auf hellem Grund kann man sie kaum mit einem anderen Froschlurch verwechseln. Auch die Stimme des Männchens ist eindeutig zu erkennen. Es trillert lang »ürrr-ürrr-ürrr«.
Vorkommen: Die Wechselkröte ist eine mehr östlich verbreitete Form. Sie ist über Westasien, Süd- und Mitteleuropa verbreitet, kommt allerdings nicht auf der Iberischen Halbinsel, in großen Teilen Frankreichs, Großbritanniens, in Belgien und in Holland vor. Nach Norden hin findet man sie bis Dänemark und Südschweden. Die Kröte ist nicht sehr an Wasser gebunden, sondern erträgt Trockenheit durchaus. Folglich ist sie in den verschiedensten Biotopen anzutreffen, zur Fortpflanzungszeit natürlich an und in Gewässern.
Biologie: Die Laichzeit der Wechselkröte liegt zwischen Anfang April und Anfang Juni. Die Laichschnüre eines einzigen Weibchens können 10 000 bis 12 000 Eier enthalten.

3 Kreuzkröte
Bufo calamita

Merkmale: Die Kreuzkröte kann man gut daran erkennen, daß auf ihrem grünlich-bräunlichen Rücken ein weißlich-gelblicher Längsstreifen verläuft. Die Tiere werden bis 8 cm lang. Ihre Beine sind recht kurz; Kröten springen ja nicht wie die Frösche, sondern laufen durch die Gegend.
Vorkommen: Das Verbreitungsgebiet der Kreuzkröte erstreckt sich von der Iberischen Halbinsel bis ins nordwestliche Rußland. In Großbritannien ist sie an einigen Stellen verbreitet, in Skandinavien nur im Süden. Auf der Apennin-Halbinsel und auf dem Balkan fehlt sie größtenteils. Vertikal ist die Kreuzkröte bis in etwa 1000 m Höhe verbreitet. Ihr Lebensraum sind aber eher die Niederungen, wo sie auf sandigem Boden anzutreffen ist.
Biologie: Die Laichzeit der Kreuzkröten liegt zwischen April und Juni. Die Tiere ziehen kurze, einreihige Laichschnüre zwischen die Wasserpflanzen. Die Eier sind schwarz gefärbt und weisen einen hellen Fleck auf. 3000 bis 4000 Eier werden pro Weibchen abgelegt.

1 Europäischer Laubfrosch
Hyla arborea

Merkmale: Der Laubfrosch ist oberseits einheitlich grasgrün gefärbt, unterseits weiß. Ober- und Unterseite sind durch eine dunkle Linie scharf gegeneinander abgesetzt. Der Frosch wird 5 cm lang. Ein wichtiges Artmerkmal sind die Haftballen an den Zehen, mit denen der Frosch an Schilfhalmen und im Gebüsch gut klettern kann. Mit Hilfe der ballonartig aufblasbaren Schallblase unter dem Kinn bringt der kleine Frosch ein sehr lautes, schnelles, unverkennbares »gäck-gäck-gäck« hervor.
Vorkommen: Der Laubfrosch ist über Mittel- und Südwesteuropa, Nordafrika und große Teile Asiens verbreitet. Er lebt in Laub- und Mischwäldern des Flach- und Hügellandes (bis etwa 800 m). Zur Laichzeit sucht der Frosch Gewässer auf.
Biologie: Der Laubfrosch ist hauptsächlich nachts aktiv. Seine Paarungszeit liegt im April/Mai. Jedes Weibchen legt 150 bis 300 Eier in kleinen Klumpen ab. Im Spätsommer verlassen die Jungfrösche das Laichgewässer.

2 Wasserfrosch, Teichfrosch
Rana esculenta

Merkmale: Wasserfrösche werden 7 bis 12 cm lang und sind an ihrer grasgrünen Färbung mit den gelb und schwarzbraun marmorierten Hinterschenkeln zu erkennen. Oft zeigen sie auch einen hellen, meist gelblich-grünen Längsstreifen auf der Oberseite.
Vorkommen: Dieser häufige Frosch ist über weite Teile Europas und bis nach Asien hinein verbreitet. In Mitteleuropa kommt er an fast allen kleineren und größeren Gewässern mit reichem Pflanzenbewuchs vor.
Biologie: Zur Paarungszeit im Mai lassen die Frösche ihr lautes »ärrr-ärrr-ärrr-oäck-oäck« hören. Dabei stülpen sie Schallblasen aus je einem Spalt zu beiden Seiten des Kopfes aus. Ihren Laich geben die Wasserfrösche in großen Klumpen ins Wasser ab.
Der nah verwandte Grasfrosch ist ähnlich weit verbreitet wie der Wasserfrosch. Er hält sich aber nur im Winter und Frühjahr am Wasser auf, die übrige Zeit in Sumpfgebieten, auf feuchten Wiesen, auf Feldern und in Parks. Seine Laichzeit beginnt schon Ende Februar und dauert bis in den April. Grasfrösche sind an ihrer braunen, dunkel gefleckten Oberseite und dem dunklen Schläfenfleck zu erkennen (siehe auch Seite 82).

3 Ringelnatter
Natrix natrix

Merkmale: Der gelbe Fleck oder Halbmond hinter dem Kopf und die einheitlich olivgrau gefärbte Oberseite sind die wesentlichen Kennzeichen dieser völlig harmlosen Schlange. Erwachsene Weibchen können bis 1,50 m, männliche Tiere bis 1 m lang werden. Mit der giftigen Kreuzotter kann man die Ringelnatter kaum verwechseln. Die Kreuzotter hat eine senkrechte Pupille und meist eine dunkle Zickzack-Zeichnung auf dem Rücken (siehe auch Seite 322).
Vorkommen: Die Ringelnatter ist über Europa und Nordwestafrika, Kleinasien und Nordpersien verbreitet. Sie ist zwar nicht vom Wasser abhängig, aber sie schwimmt und taucht ausgezeichnet, und man wird sie eher als andere Schlangen am Ufer von stehenden oder langsam fließenden Gewässern mit reichem Pflanzenwuchs antreffen.
Biologie: Das Spektrum der Beutetiere reicht von Eidechsen über Molche und Frösche bis hin zu Fischen. Da die Ringelnatter keine Giftzähne hat, verschlingt sie ihre Beute lebend. Die Schlangen paaren sich im Frühling und Frühsommer. Im Juli/August legt das Weibchen 10 bis 30 Eier unter Steinen, im Laub oder in feuchter Erde ab, aus denen nach 7 bis 10 Wochen die 20 cm langen jungen Nattern schlüpfen.

1

2

3

1 Haubentaucher
Podiceps cristatus

Merkmale: Mit 48 cm Länge ist der Haubentaucher der größte europäische Lappentaucher (die Vögel haben mit Schwimmlappen versehene Zehen). Im Brutkleid ist die Oberseite graubraun gefärbt, die Flanken sind heller, der Bauch ist weiß gefärbt. Der Hals ist auf der Rückseite dunkel, auf der Vorderseite weiß. Auffällig ist die rostrote und schwarze Haube am Kopf (Name!). Die Rufe klingen bellend, etwa »körr-arr«.
Vorkommen: Als Brutvogel kommt der Haubentaucher in ganz Europa mit Ausnahme von Nordskandinavien vor. An Seen und größeren Weihern ist er regelmäßig anzutreffen, dennoch steht er als »potentiell gefährdet« auf der Roten Liste. In Mitteleuropa ist der Vogel Teilzieher; viele Haubentaucher überwintern.
Biologie: Der Haubentaucher taucht bei Gefahr und vor allem auf der Nahrungssuche. Die Nahrung besteht überwiegend aus kleinen Fischen. Daneben werden Kaulquappen, Wasserinsekten und deren Larven, Schnecken, Krebse und andere Kleintiere aufgenommen. Das Nest besteht aus einem großen schwimmenden Haufen zusammengetragenen Pflanzenmaterials. Die Taucher legen 3 bis 4 zunächst weiße Eier. Wegen der Fäulnis der zum Nestbau verwendeten Pflanzen werden die Eier bald bräunlich. In Mitteleuropa findet man volle Gelege von Mitte Mai bis in den Juni hinein. In der Regel machen die Taucher nur 1 Brut im Jahr.

2 Zwergtaucher
Podiceps ruficollis

Merkmale: Der 27 cm lange Zwergtaucher ist ein rundlicher Wasservogel mit kurzem Hals und recht kurzem, dickem Schnabel. Im Brutkleid ist er auf dem Rücken dunkelbraun, auf der Unterseite heller graubraun, an den Seiten des Halses kastanienbraun und an der Schnabelwurzel gelb gefärbt. Im Ruhekleid sind die Vögel graubraun. Zur Brutzeit lebt der Zwergtaucher recht versteckt. Durch seine Stimme wird man aber leicht auf ihn aufmerksam. Man hört ein kurzes, helles »bi-bi-bi-bi«-Trillern.
Vorkommen: Der Zwergtaucher ist Brutvogel in fast ganz Europa, in Nordafrika, Kleinasien und Teilen Asiens. Da er auch an kleinen Weihern und Teichen anzutreffen ist, ist er in Mitteleuropa häufiger als der Haubentaucher. Zwergtaucher überwintern häufig schon in Mitteleuropa. Im Winter kann man sie auch in Städten beobachten – auf Flüssen, Parkteichen oder in Hafenbecken.
Biologie: Der Taucher geht unter Wasser auf Nahrungssuche. Er frißt aber nicht nur kleine Wassertiere, sondern auch Pflanzenteile. Der Vogel baut, meist in dichter Vegetation nur wenige Meter vom Ufer entfernt, ein Schwimmnest. Die Gelege findet man von April/Mai bis in den Juli hinein. Sie bestehen meist aus 5 weißen, später bräunlichen Eiern. 2 Bruten werden aufgezogen, manchmal auch 3.

3 Große Rohrdommel
Botaurus stellaris

Merkmale: Die Große Rohrdommel wird 76 cm lang. Das Gefieder ist braun, ockergelb und schwarz marmoriert und gewährt gute Tarnung. Auffällig sind am ehesten noch die schwarze Kopfplatte und die breiten dunklen Längsstreifen vom Auge abwärts und auf der Brust. Männchen und Weibchen sind gleich gefärbt. Meist hört man nur die dumpfen »üüü-prumb«-Strophen; zu sehen bekommt man den Vogel nur selten.
Vorkommen: Die Rohrdommel trifft man an größeren Seen mit ausgedehnter Verlandungszone und einem weiten Schilfgürtel an; die österreichischen Bestände werden in der Roten Liste als »potentiell gefährdet« eingestuft. Die Art ist Teilzieher. Zugvögel kommen schon Mitte Februar wieder in ihre mitteleuropäischen Brutgebiete zurück.
Biologie: Die Vögel jagen Fische, Lurche und Kriechtiere, Krebse, Wasserinsekten und Würmer, bisweilen auch Kleinsäuger. Werden Rohrdommeln gestört, nehmen sie die sogenannte Pfahlstellung ein, d.h. sie richten Hals und Kopf senkrecht nach oben; so verschwimmen die Umrisse des Vogels mit dem Gewirr der Schilfhalme. Der Horst wird mitten im Röhricht dicht über dem Wasser gebaut. Das Gelege aus 5 bis 6 olivbraunen Eiern findet man ab Mitte April. Es erfolgt 1 Brut im Jahr.

1 Graureiher
Ardea cinerea

Merkmale: Der Reiher wird 91 cm lang. Beide Geschlechter sind gleich gefärbt. Die Oberseite ist grau, Unterseite und Hals sind weißlich-grau. Am Hals verlaufen längs kräftige schwarze Fleckenstreifen. Vom Auge zum Hinterkopf verläuft eine breite, schwarze Linie, die sich in die schwarzen Schmuckfedern fortsetzt. Der kräftige Schnabel ist gelb gefärbt. Im Flug ziehen alle Reiher den Hals s-förmig ein (im Unterschied zu den Störchen, die mit ausgestrecktem Hals fliegen!). Die krächzenden, rauhen Rufe klingen wie »grak«.
Vorkommen: Der Graureiher kommt als Brutvogel in großen Teilen Europas, Asiens und Nordafrikas vor. Seine Bestände haben vielerorts abgenommen (Rote Liste: »potentiell gefährdet«). Die Brutkolonien werden in Waldstücken angelegt. Seine Nahrung sucht der Vogel auf Feuchtwiesen, in Sumpfgebieten und an stehenden und fließenden Binnengewässern.
Biologie: Der Graureiher jagt vor allem Fische, Lurche und Kriechtiere, aber auch Kleinsäuger und Insekten. Er ist ein typischer Lauerjäger. Der Horst steht meist hoch in Bäumen. Die Gelege aus 4 bis 5 blaugrünen Eiern findet man schon Ende März. Es erfolgt 1 Brut im Jahr.

2 Weißstorch, Hausstorch
Ciconia ciconia

Merkmale: Durch seine Größe von knapp über 1 m und die Kombination von langem Hals, langen, roten Beinen, langem, rotem Schnabel und weißem Gefieder mit schwarzen Schwingen ist der Weißstorch mit keiner anderen Art zu verwechseln. Männchen und Weibchen sind gleich gefärbt. Jungstörche haben schwarze Schnäbel. Die Lautäußerungen sind fast nur in der Brutzeit zu hören. Zu gelegentlichen Zischlauten kommt das typische Klappern mit dem Schnabel hinzu.
Vorkommen: Weißstörche sind Kulturfolger. Die meisten brüten auf Häusern; es gibt aber auch Baumhorste der Vögel (March-Auen). Ihre Nahrung suchen sie in Sumpfwiesen und an Gewässern. Sie sind Sommervögel und halten sich von März bis September in Mitteleuropa auf. die österreichischen Bestände werden in der Roten Liste als »gefährdet« eingestuft.
Biologie: Die Nahrung des Weißstorchs reicht von Lurchen, Kriechtieren und Fischen über Kleinsäuger bis hin zu Insekten. Die 4 bis 5 weißen Eier werden von beiden Partnern 4 bis 5 Wochen lang bebrütet. Die Nestlingsdauer liegt bei etwa 60 Tagen. Beim Zug gibt es eine mehr oder weniger deutliche Trennlinie zwischen 2 Populationen, die verschiedene Zugwege haben. Diese Linie verläuft etwa von Südholland über das Rheinland und Hessen bis nach Bayern. Die westlichen Vögel ziehen nach Südwesteuropa, über Gibraltar hinweg und weiter nach Nordwestafrika. Die östlich der genannten Linie lebenden Störche (dazu gehören die in Österreich brütenden Vögel) ziehen dagegen nach Südosten ab, über die Dardanellen hinweg in Richtung Kleinasien und weiter nach Ost- und Südafrika.

3 Löffler
Platalea leucorodia

Merkmale: Der 86 cm lange Löffler ist überwiegend weiß im Gefieder. Altvögel haben ein gelbliches Brustband und im Brutkleid eine gelbe Federhaube auf dem Kopf. Die Geschlechter sind gleich gefärbt. Auffällig ist der breite, abgeplattete und zur Spitze hin löffelartig verbreiterte, schwarze Schnabel (Name!). Der Löffler fliegt mit ausgestrecktem Hals. Er tritt meist gesellig auf.
Vorkommen: Sumpfgebiete mit viel offener Wasserfläche sind der bevorzugte Lebensraum des Löfflers. Die einzigen österreichischen Brutplätze liegen am Neusiedler See; der Vogel steht als »stark gefährdet« auf der Roten Liste. Außerhalb der Brutzeit sieht man Löffler auch an Küstengewässern. In den mitteleuropäischen Brutgebieten halten sie sich von April bis Oktober auf.
Biologie: Der Löffler ernährt sich von Kleintieren (Wasserinsekten und deren Larven, Krebsen, Muscheln, Schnecken), die er mit dem breiten Schnabel aus dem Wasser seiht. Der Horst steht im Röhricht großer stehender Gewässer, gelegentlich auch in Büschen. Die Gelege aus 3 bis 5 weißen, rötlich-braun gefleckten Eiern findet man ab Ende April. Löffler ziehen 1 Brut im Jahr auf.

1 Höckerschwan
Cygnus olor

Merkmale: Mit 1,50 m Länge ist der Höckerschwan einer der größten flugfähigen Vögel in der europäischen Vogelwelt. Das Gefieder ist bei beiden Geschlechtern rein weiß. Der Schnabel ist orangerot und hat einen schwarzen Grund und eine schwarze Spitze. Auffällig ist der schwarze Höcker oberhalb der Schnabelwurzel (Name!); am größten ist dieser Höcker bei den Männchen in der Paarungszeit. Dunenjunge sind graubraun gefärbt. Das Gefieder des Jugendkleides zeigt hellbraune und weiße Partien. Diese Schwanenart ist nicht sehr ruffreudig. Bei Erregung, etwa Störungen am Nest, hört man zischende und schnarchende Laute. Auf fliegende Vögel wird man durch das singende Flügelgeräusch aufmerksam.
An großen, weißen Wasservögeln kommen in Mitteleuropa noch der Singschwan (*Cygnus cygnus*) und der Zwergschwan (*Cygnus bewicki*) vor, aber nur als Durchzügler und Wintergäste. Diese beide Arten haben ein gelbes Feld an der Schnabelwurzel. Der Zwergschwan ist deutlich kleiner als der Singschwan, und das Gelb an der Schnabelwurzel ist bei ihm nicht so ausgedehnt wie beim Singschwan. Verwechslungen sind dennoch möglich.
Vorkommen: Wilde Höckerschwäne brüten in Europa noch in Dänemark, Mittel- und Südschweden, in Norddeutschland und nach Osten bis nach Rußland hinein. Aus diesen Wildbeständen hat man Schwäne vor etwa 100 Jahren in verschiedenen Gegenden Mitteleuropas eingebürgert, und heute sind sie auf allen stehenden Gewässern häufig. Im Winter erfolgt ein Ausweichen auf jeweils offene Wasserflächen. Dann sieht man Höckerschwäne auch truppweise auf Küstengewässern.
Biologie: Der Schwan ernährt sich von Ufer- und Wasserpflanzen. Der Vogel erreicht gründelnd 1 m Tiefe. Er baut ein umfangreiches Nest aus Schilfhalmen und anderen Wasser- und Uferpflanzen. Das Weibchen legt 5 bis 8 graugrüne Eier mit weißlichem Kalküberzug. Gelege findet man ab April. Es kommt nur zu 1 Brut im Jahr. Da die großen Vögel keine natürlichen Feinde mehr haben und höchstens den Eiern und Jungvögeln Gefahr droht, muß der Mensch eingreifen, um die Schwanenbestände zu kontrollieren. Lästig wird bisweilen auch das in der Brutzeit ausgesprochen aggressive Schwanenmännchen. Andere Wasservögel vertreibt es rigoros aus seinem Brutrevier, und oft macht es auch vor Spaziergängern nicht halt.

2 Graugans
Anser anser

Merkmale: Die Länge der Gans kann zwischen 76 und 89 cm schwanken. Männchen und Weibchen sind gleich gefärbt. Sie sind durchgehend grau im Gefieder. In vielen Partien zeigen sich helle Federsäume. Auffällig ist eine helle Linie an der Seite. Bürzel und Unterschwanz sind weiß. Im Flug werden als gutes Artmerkmal die hellen Vorderflügel sichtbar. Je nach Rasse haben Graugänse einen fleischfarbenen (die österreichischen Brutvögel) oder einen orangegelben Schnabel. Die Beine sind stets fleischfarben. Die Graugans ist die Stammform der Hausgans. Ihre Stimme, ein nasales »gagagag«-Schnattern, mag also vielen Naturfreunden vertraut sein.
Vorkommen: Als Brutvogel ist die Graugans über weite Gebiete Europas und Asiens verbreitet. Man trifft sie vor allem an größeren Weihern und an Seen an. In Österreich beispielsweise brütet sie am Neusiedler See, in Deutschland in Ostholstein, Mecklenburg, Brandenburg und der Oberlausitz. Zur Nahrungssuche fliegt die Gans auf Wiesen. Außerhalb der Brutzeit streift sie weit umher.
Biologie: Die Gans ernährt sich von Pflanzensamen, grünen Trieben, Beeren und Wurzeln. Sie baut ein umfangreiches Nest aus Schilfhalmen, Binsen und anderem Pflanzenmaterial. Die Nestmulde wird mit feinen Halmen und Daunen ausgepolstert, die beim Verlassen des Nestes auch zum Abdecken der Eier benutzt werden. Gewöhnlich legt das Weibchen 4 bis 6 weißliche Eier, man hat aber auch Gelege mit 9 Eiern gefunden. Volle Gelege findet man in Mitteleuropa schon Ende März/Anfang April.
In Trupps überwinternder Gänse taucht regelmäßig die Saatgans (*Anser fabalis*) auf. Man erkennt sie an dem gelben Schnabel mit der unregelmäßig schwarz gezeichneten Wurzel.

1

2

1 Stockente
Anas platyrhynchos

Merkmale: Die Stockente wird 58 cm lang. Den Erpel erkennt man an dem flaschengrün schillernden Kopf, dem gelben Schnabel, dem weißen Halsring, der braunen Brust und dem schwarz-weißen Hinterende mit den 4 hakig gebogenen, schwarzen Schwanzfedern. Das Weibchen ist braun und hellbraun gestreift und gefleckt. Auffällig bei beiden Geschlechtern ist der blaugrün schillernde, weiß eingefaßte Flügelspiegel, den man aber meist nur im Flug sieht. Die Beine sind orange. Man hört laute »rähb-rähb«-Rufe.
Vorkommen: Diese Schwimmente ist als Brutvogel über ganz Europa, das nördliche und mittlere Asien, Nordamerika, Nordwestafrika und Kleinasien verbreitet. Sie kommt überall an stehenden und langsam fließenden Gewässern vor, auch auf Parkteichen.
Biologie: Die Nahrung hängt vom Lebensraum und von der Jahreszeit ab. Teile von Wasserpflanzen, Gras, Früchte und Kleintiere werden ebenso aufgenommen wie Brot und Fischfutter. Meist steht das Nest in dichter Vegetation nahe am Ufer. Die 7 bis 10 blaßgrünen oder leicht bräunlichen Eier werden 4 Wochen lang bebrütet. Stockenten machen 1 Brut im Jahr. Gelege findet man ab März.

2 Reiherente
Aythya fuligula

Merkmale: Diese Ente wird 43 cm lang. Die Erpel haben eine unverwechselbare, kontrastreiche Färbung. Kopf (mit deutlich sichtbarer Federhaube), Brust, Rücken und Hinterende sind schwarz; Flanken und Bauch sind weiß. Beim Weibchen ist die Federhaube kleiner als beim Männchen. Das Gefieder ist oberseits dunkelbraun, an Flanken und Bauch heller braun gefärbt. Um den Schnabel herum hat das Weibchen einen schmalen weißen Ring. Der Schnabel ist bei beiden Geschlechtern grau, mit schwarzer Spitze. Im Flug wird ein weißer Längsstreifen im hinteren Teil des Flügels sichtbar, der sich von der dunklen Flügelfläche abhebt. Man hört »schnarrende »arrr«-Rufe. Balzende Erpel rufen leise »bück-bück-bück«.
Vorkommen: Große Weiher und Seen im Binnenland sind der Lebensraum der Reiherente. Im Winter trifft man sie auch auf Talsperren und Flüssen an. Als Brutvogel ist diese Ente vorwiegend in Nordeuropa und im nördlichen Asien verbreitet. In Mitteleuropa kommt sie als Brutvogel, Durchzügler und Überwinterer vor.
Biologie: Reiherenten fressen Wasserinsekten und andere im Wasser lebende Kleintiere. Sie holen auch Muscheln tauchend vom Gewässerboden herauf. Die Reiherente gehört also zur Gruppe der Tauchenten, die kürzer und flacher gebaut sind als Schwimmenten. Das Nest steht versteckt in dichter Vegetation in Wassernähe, bevorzugt auf kleinen Inseln. Die Gelege aus 6 bis 14 graugrünen Eiern findet man in Mitteleuropa von Mitte Mai bis in den Juli hinein. Reiherenten machen 1 Brut im Jahr.

3 Tafelente
Aythya ferina

Merkmale: Die Ente wird 46 cm lang. Der Erpel ist im Brutkleid kaum zu verwechseln. Sein Kopf ist braunrot und gegen den grauen Rücken durch einen breiten schwarzen Ring abgesetzt. Der Bauch ist fast weiß, das Hinterende schwarz. Das Weibchen ist unscheinbar braun und graubraun gefärbt, die Kehle und die Seiten des Kopfes sind heller. Bei fliegenden Tafelenten sieht man einen weißlichgrauen Längsstreifen im hinteren Teil des Flügels. Erpel rufen zur Balzzeit »quick-quick«, erregte Weibchen schnarrend »quärr«. Außerhalb der Fortpflanzungszeit sind kaum Rufe zu hören.
Vorkommen: Die Tafelente kommt an großen Weihern und Seen im Binnenland vor. In Mitteleuropa brütet sie nur vereinzelt. Im Winter trifft man Tafelenten in großen Mengen auf Seen und Staubecken an. Es sind überwiegend Zuzügler aus Brutgebieten im Norden.
Biologie: Die Tafelente beschafft sich ihre Nahrung, indem sie mit den Füßen paddelnd zum Grund der Gewässer hinabtaucht (Tauchente). Sie nimmt pflanzliche Nahrung und Kleintiere, die im und am Wasser leben (Kleinkrebse, Insekten und deren Larven, Schnecken, Muscheln) auf. Volle Gelege bestehen aus 7 bis 12 grünlich-grauen Eiern. Man findet sie ab Mitte April. Es erfolgt 1 Brut im Jahr.

1 Rohrweihe
Circus aeruginosus

Merkmale: Mit 48 bis 56 cm Länge wird die Rohrweihe so groß wie ein Bussard, ist aber schlanker gebaut. Das Männchen ist mit seinem braunen Gefieder, den grauen Flügeln mit schwarzer Spitze und dem grauen Stoß gut vom Weibchen (Foto) zu unterscheiden, das zu einem einfarbig braunen Gefieder Gelb an Oberkopf, Nacken und Kehle zeigt. Der Schnabel ist schwarz. Die Beine sind gelb und haben schwarze Krallen. Rufe hört man von der Weihe fast nur während der Paarungszeit und am Brutplatz.
Vorkommen: Die Weihe kommt als Brutvogel an größeren Seen mit breitem Schilfgürtel und in ausgedehnten Sumpfgebieten vor, ist aber in Österreich nach der Roten Liste »potentiell gefährdet«. Sie ist über fast ganz Europa, außerdem über große Teile Asiens verbreitet. Die meisten in Mitteleuropa brütenden Vögel ziehen bis nach Afrika.
Biologie: Mitte April treffen die Weihen wieder im Brutgebiet ein. Dann kann man ihre herrlichen Balzflüge beobachten. Die Rohrweihe frißt kleine Vögel (auch Eier, Nestlinge und Jungvögel) und Säugetiere, daneben Frösche, Eidechsen und Schlangen, auch Aas. Im dichten Röhricht bauen Weihen einen umfangreichen Horst. Die Gelege aus 4 bis 5 kalkig-weißen oder hellblauen Eiern findet man in der zweiten Mai- und ersten Junihälfte. Im Jahr wird 1 Brut aufgezogen.

2 Teichhuhn
Gallinula chloropus

Merkmale: Das Teichhuhn wird 33 cm lang. Das Gefieder ist insgesamt schwärzlich, zeigt aber an der Seite ein gebrochenes, weißes Band und weiße Unterschwanzdecken. Kennzeichnend sind der rote Schnabel mit der gelben Spitze, die rote Stirn und die grünen Beine. Beide Geschlechter sind gleich gefärbt. Der Vogel schwimmt unter Kopfnicken. Beim Schwimmen und beim Laufen zuckt der Schwanz häufig auf und ab. Beim Auffliegen hängen die Beine lang herunter. Die »kürrrk«-Rufe sind kaum zu überhören. Bei Erregung rufen Teichhühner »kickeck« und scharf »ick-ick«.
Vorkommen: Das Teichhuhn ist als Brutvogel in fast ganz Europa, in Asien und im südlichen Nordamerika vertreten. In Mitteleuropa brütet es überall an Weihern, Teichen und Tümpeln, aber auch entlang von Bächen und kleinen Flüssen, wenn die Ufer genügend dichten Pflanzenwuchs aufweisen. Seine Nahrung sucht der Vogel auch auf Wiesen und Feldern. Die meisten Teichhühner bleiben im Winter bei uns.
Biologie: Der Vogel ernährt sich von Wasser- und Uferpflanzen und im Wasser lebenden Kleintieren. Von Mitte März an werden die Brutreviere bezogen. Das Nest steht in dichtem Uferbewuchs. Gelege findet man von Anfang Mai bis in den Juli hinein. Sie bestehen aus 7 bis 10 rötlich-grauen Eiern, die gleichmäßig mit rotbraunen Flecken übersät sind. Es gibt 2, manchmal auch 3 Bruten im Jahr.

3 Bläßhuhn
Fulica atra

Merkmale: Mit 38 cm Länge wird das Bläßhuhn etwas größer als das Teichhuhn, und es ist gedrungener gebaut. Das Gefieder ist durchgehend schiefrig schwarz. Auffälligste Merkmale sind die weiße Platte auf der Stirn und der weiße Schnabel. Die Beine sind graugrün, die Zehen und die Schwimmlappen olivgelb. Die Vögel schwimmen unter Kopfnicken und tauchen mit einem kleinen Sprung. Beim Auffliegen rennen sie erst flügelschlagend eine längere Strecke über die Wasseroberfläche. Die Beine werden nach dem Abheben nach hinten ausgestreckt. Man hört vom Bläßhuhn laute »köw, köw«-Rufe, auch durchdringende, wie »pix« klingende Rufe und stimmlose, kurze »tsk«.
Vorkommen: Das Bläßhuhn ist ein typischer Brutvogel unserer Weiher und Seen. Darüber hinaus brütet es in ganz Europa, in Nordafrika und in großen Teilen Asiens. Im Winter treiben sich Bläßhühner oft in großen Trupps auf Teichen und Flußarmen herum, auch in den Städten.
Biologie: Die Nahrung des Bläßhuhns reicht von Wasserpflanzen und Samen bis zu im Wasser lebenden Kleintieren. Das Nest wird meist in nicht zu dichten Seggen- und Schilfbeständen gebaut. Die ersten Gelege aus 6 bis 10 grauen, rotbraun gefleckten Eiern findet man im März. Meist erfolgt nur 1 Brut im Jahr.

1 Flußregenpfeifer
Charadrius dubius

Merkmale: Der Regenpfeifer wird 14 cm lang. Wichtigste Merkmale sind das breite, schwarze Brustband, das schwarze, gegen den Oberkopf weiß abgesetzte Stirnband und der gelbe Ring um das Auge. Die Beine sind grau-gelblich. Beide Geschlechter sind gleich gefärbt. Man hört hohe »tiü«-Pfiffe. Der Gesang ist ein wiederholtes »tri-ä, tri-ä«.
Vorkommen: In Europa fehlt der Vogel nur auf den Britischen Inseln. Er brütet auf Sand- und Schotterbänken am Rand von Flüssen und Seen und in Kiesgruben (Rote Liste: »gefährdet«). Er überwintert im Mittelmeergebiet und in Nordafrika.
Biologie: Der Vogel ernährt sich von Insekten und anderen Kleintieren. Das Gelege besteht aus 4 sandfarbenen, fein schwarzbraun gefleckten Eiern. Die Jungen sind Nestflüchter.

2 Bekassine
Gallinago gallinago

Merkmale: Die Bekassine wird knapp 27 cm lang und hat einen im Verhältnis zur Größe sehr langen, geraden Schnabel. Ihr Gefieder ist auf der Oberseite braun und schwarz, mit gelblichen Längsstreifen, auf der Unterseite hell graubraun. Der Kopf ist längsgestreift. Der Schwanz hat nur wenig Weiß an den Ecken. Beide Geschlechter sind gleich gefärbt. Wird der Vogel aufgescheucht, hört man rätschende Rufe, sonst ein monotones »tükke-tükke-tükke-tükke«.
Vorkommen: Der Vogel brütet im mittleren und nördlichen Europa und in Asien. Sein Lebensraum sind feuchte Moore und Sumpfwiesen. In Mitteleuropa ist die Bekassine Sommervogel (Ankunft Mitte März); hin und wieder überwintern einzelne Vögel. Die Art steht als »gefährdet« auf der Roten Liste Österreichs.
Biologie: Die Nahrung besteht aus Kleintieren (Würmern, Insektenlarven, Schnecken), die mit dem langen Stocherschnabel im feuchten Grund aufgespürt werden. Während der Paarungszeit sieht man Balzflüge. Das Nest steht in dichter Vegetation. Die Gelege aus 4 olivbraunen, schwarzbraun gefleckten Eiern findet man ab Mitte April. Es gibt 1 Brut im Jahr.

3 Uferschnepfe
Limosa limosa

Merkmale: Die Kennzeichen dieses 44 cm langen, hochbeinigen Vogels sind der lange, gerade Stocherschnabel, das rostbraune Gefieder, der weißliche Bauch mit den seitlichen, schwarzen Querbinden, die weißen Längsstreifen in den Flügeln und der an der Wurzel weiße, sonst schwarze Schwanz.
Vorkommen: Die Uferschnepfe kommt auf Feuchtwiesen, in Sumpfgebieten und in Mooren vor (Rote Liste: »gefährdet«). Außerhalb der Brutzeit streift sie auch an der Küste umher. Sie ist in Mitteleuropa Sommervogel (März bis Oktober).
Biologie: Die Nahrung besteht aus im und am Boden lebenden Kleintieren. Das Gelege aus 4 Eiern, die auf olivbraunem Grund undeutlich dunkel gefleckt sind, findet man im April/Mai. Es wird 1 Brut im Jahr aufgezogen.

4 Säbelschnäbler
Recurvirostra avosetta

Merkmale: Der 43 cm lange Säbelschnäbler ist ein auffällig schwarz-weiß gefärbter Vogel mit aufgeworfenem Schnabel (Name!) und langen, blaugrauen Beinen. Man hört klangvolle »pluit«- oder »küt«-Rufe.
Vorkommen: Eigentlich ist der Säbelschnäbler ein Vogel der Flachwassergebiete an den Küsten. Er kommt aber auch im Bereich von Flußmündungen und an Binnenseen vor. In Österreich kann man den Vogel am Neusiedler See beobachten; er ist aber nach der Roten Liste »gefährdet«. Ansonsten kommt er stellenweise an den Küsten Mittel-, West- und Südeuropas vor, von Kleinasien bis nach Zentralasien und in Nord-, Ost- und Südafrika.
Biologie: Der Vogel ernährt sich von kleinen Krebstieren, Würmern und Insekten. Bei der Nahrungssuche sieht man schön das »Säbeln«: Im flachen Wasser zieht der Vogel den leicht geöffneten Schnabel durch die obersten Zentimeter des schlammigen Grundes. Hat er Beute georget, packt der Schnabel zu. Das Weibchen legt 3 bis 4 hellbraune, dunkel gefleckte Eier. Die Eiablage beginnt Ende April. Die Brutdauer beträgt 23 bis 25 Tage. Es erfolgt 1 Brut im Jahr.

1

2

3

4

1 Lachmöwe
Larus ridibundus

Merkmale: Mit 38 cm Länge wird die Lachmöwe etwa taubengroß. Beide Geschlechter sind gleich gefärbt. Das Gefieder ist weiß, mit grauen Flügeldecken und schwarz umrandeten Flügelenden. Im Brutkleid haben die Vögel einen schokoladenbraunen Kopf mit einem hellen Ring um das Auge herum. Die Beine sind rötlich, der Schnabel ist dunkelrot. Die braune Kopffärbung verliert sich im Herbst. Im Winter haben die Vögel nur einen dunklen Fleck hinter dem Auge. Sie leben ganzjährig gesellig und sind meist sehr laut. Die Rufe klingen wie »kwerr«, auch kurz »kek« und hoch »pieh«. Zur Brutzeit hört man wie »rä-grä-grä-krääh-krääh« klingende Reihen.
Vorkommen: Diese Möwe ist über große Teile Europas und Asiens verbreitet. In Mitteleuropa brütet sie in größeren See- und Teichgebieten, ist aber auch an der Ostseeküste, weniger an der Nordseeküste, ein häufiger Brutvogel. Viele mitteleuropäische Lachmöwen ziehen zwar im Herbst nach Süden, die meisten bleiben aber im weiteren Brutgebiet und treiben sich dann überall an Flüssen und Seen herum, auch mitten in den Städten, wo sie sich gerne füttern lassen.
Biologie: Bei der Nahrungssuche sieht man die Möwen oft weitab vom Wasser. So folgen sie etwa den Bauern beim Pflügen. Die Nahrung besteht aus Pflanzenteilen und kleinen Wassertieren. Lachmöwen brüten in großen Kolonien, die sich in der zweiten Märzhälfte bilden. Wo so viele Vögel auf engem Raum zusammen mit Artgenossen brüten, kommt es natürlich immer wieder zu Konflikten, zu deren Lösung die Möwen auffällige Verhaltensweisen (z.B. ausgeprägtes Drohverhalten) und ein breites Rufrepertoire entwickelt haben. Über einer Möwenkolonie liegt daher ein ständiger Lärm. Die Nester stehen meist frei auf Seggenbülten, angeschwemmten Schilfhaufen, kleinen Inseln oder kurzrasigen Wiesen am Rand des Gewässers. Ab Ende April sitzen die Weibchen auf ihren Gelegen aus 3 olivbraunen, dunkel gefleckten Eiern. Die Jungen schlüpfen nach 23 Tagen. Es wird 1 Brut im Jahr aufgezogen.

2 Flußseeschwalbe
Sterna hirundo

Merkmale: Die Flußseeschwalbe wird 36 cm lang. Man erkennt den Vogel an dem weißen und hellgrauen Gefieder, der schwarzen Kopfplatte, den roten Beinen und dem zinnoberroten Schnabel mit der schwarzen Spitze. Im Winter ist der Schnabel fast ganz schwarz, zeigt aber noch eine rote Schnabelwurzel. Beide Geschlechter sind gleich gefärbt. Der Vogel tritt oft gesellig auf und ist sehr ruffreudig. Man hört kreischende, abfallende »kriääh« und »kirrri«-Rufe, daneben bei Beunruhigung auch ein recht hartes »kekekek«.
Vorkommen: Die Flußseeschwalbe brütet in fast ganz Europa und in Teilen Nordamerikas. Sie nistet im Binnenland vor allem an größeren Flüssen. Infolge unsinniger Flußregulierungen ist der Bestand zurückgegangen, und um die verbliebenen Brutplätze machen sich die Vogelschützer Sorgen; der Vogel wird in der Roten Liste als »vom Aussterben bedroht« eingestuft. Allerdings hat die Seeschwalbe an den europäischen Küsten noch gesicherte Brutvorkommen.
Biologie: Die Nahrung der Seeschwalbe besteht aus kleinen Fischen, die im Rüttelflug erspäht und dann im Sturzflug erbeutet werden (»Stoßtauchen«), daneben aus anderen Wassertieren (Insekten, Krebsen). Der Vogel brütet im Binnenland kolonieweise an kiesigen Ufern von Gewässern und auf Inseln, er nimmt aber auch künstliche Nistplattformen an. Die Eier werden in einer ausgedrehten Bodenmulde abgelegt. Die Gelege aus 3 olivbraunen, dunkel gefleckten Eiern findet man von Mitte Mai an. Es findet 1 Brut im Jahr statt.
Ein selten gewordener Brutvogel an mitteleuropäischen Seen mit reichem Vegetationsgürtel ist die deutlich kleinere Trauerseeschwalbe *(Chlidonias niger)*. Im Brutkleid ist sie dunkelgrau, die Unterschwanzdecken sind weiß, die Unterseite der Flügel ist hellgrau gefärbt. Der Schnabel ist schwarz, die Beine sind rötlichbraun gefärbt. Die Art steht als »ausgestorben« auf der Roten Liste. Hin und wieder mögen aber noch einzelne Paare in Österreich brüten.

1

2

1 Eisvogel
Alcedo atthis

Merkmale: Der Eisvogel wird 16,5 cm lang und ist ein unverkennbar exotisch gefärbter, gedrungener Vogel mit dickem Kopf, langem, kräftigem Schnabel, kurzem Hals und kurzem Schwanz. Die Oberseite erscheint, je nach Lichteinfall, glänzend-metallisch blau oder türkisfarben. Die Kehle ist weiß, am Hals liegt ein weißer Fleck. Die Kopfseiten und die Unterseite sind rostbraun. Beide Geschlechter sind gleich gefärbt. Typisch sind die durchdringenden, wie »tiht« klingenden Pfiffe. Zur Balzzeit erklingen auch hohe, trillernde Strophen.
Vorkommen: Der Eisvogel brütet in fast ganz Europa an klaren Bächen, Flüssen, Weihern und Seen. Durch die Verbauung und Verschmutzung der Fließgewässer ist er aber in seinem Bestand sehr zurückgegangen (Rote Liste: »stark gefährdet«). Er ist Jahresvogel, weicht aber extremen Bedingungen aus.
Biologie: Der Eisvogel jagt kleine Fische, indem er von einem Ansitzast (meistens) oder aus dem Rüttelflug heraus (gelegentlich) senkrecht ins Wasser stürzt und mit dem Schnabel den Fisch ergreift (»Stoßtauchen«). In senkrechte Uferwände aus Sand oder Lehm gräbt der Vogel eine Röhre von 50 cm bis 1 m Länge, die am Ende kesselartig erweitert wird. Das Weibchen legt 6 bis 7 weiße Eier. Meist finden 2 Bruten im Jahr statt.

2 Uferschwalbe
Riparia riparia

Merkmale: Schwalben sind elegante und wendige Flieger. Mit 12 cm Länge ist die Uferschwalbe die kleinste europäische Art. An der braunen Oberseite, der weißen Unterseite mit dem braunen Querband und dem leicht eingekerbten Schwanz ist sie eindeutig zu erkennen. Beide Geschlechter sind gleich gefärbt. Meist tritt die Schwalbe gesellig auf. Ihre harten Rufe klingen wie »tschrrp«. Der Gesang ist ein unscheinbares Zwitschern.
Vorkommen: Die Uferschwalbe ist über weite Teile Europas, Asiens und Nordamerikas verbreitet. Geeignete Brutplätze findet sie vor allem in den Wänden von Sand- und Kiesgruben. Ihre Nahrung sucht sie über Gewässern. Die Uferschwalbe ist ein Sommervogel und hält sich von April bis September in Mitteleuropa auf. Österreichs Uferschwalben sind nach der Roten Liste »potentiell gefährdet«.
Biologie: Die Schwalben erbeuten im Flug Insekten und andere Kleintiere. Die Vögel brüten in Kolonien (bis über 1000 Paare). Ihre Bruthöhlen graben sie in mehr oder weniger senkrechte Erdwände. Gelege findet man ab der zweiten Maihälfte. Sie bestehen aus 4 bis 5 weißen Eiern. Es finden 2 Bruten im Jahr statt.

3 Wasseramsel, Wasserstar
Cinclus cinclus

Merkmale: Die Wasseramsel ist ein knapp 18 cm langer, gedrungen wirkender Vogel mit kurzem, oft gestelztem Schwanz. Ihre Oberseite ist schwarzbraun, der Kopf ist brauner als der Rücken. Der Bauch ist rostbraun, der Kehllatz weiß. Der Vogel folgt in geradlinigem, schnurrendem Flug in niedriger Höhe dem Wasserlauf. Er landet auf Steinen auch mitten im Flußbett und knickst dann. Von fliegenden Wasseramseln hört man kurze, kräftige »zit«- und »zerb«-Rufe. Der Gesang ist eine Folge aus Pfeiftönen, trillernden und zwitschernden Passagen.
Vorkommen: Die Wasseramsel ist über große Teile Europas und Asiens verbreitet und kommt auch in Nordwestafrika vor. In Europa brütet sie vor allem in den Mittelgebirgen und in den Alpen, denn hier findet sie klare, schnell fließende Bäche. Bei uns bleibt die Wasseramsel das ganze Jahr über im Brutgebiet, weicht aber im Winter in tiefere Lagen aus. Sie steht als »potentiell gefährdet« auf der Roten Liste Österreichs.
Biologie: Die Wasseramsel ist der einzige an das Wasserleben angepaßte europäische Singvogel. Sie stellt ihrer Beute – Wasserinsekten und anderen im Wasser lebenden Kleintieren – unter Wasser nach. Der Vogel baut ein umfangreiches Moosnest mit seitlichem Eingang. Es steht fast immer in Hohlräumen unter Brücken, in Uferböschungen und -mauern, sogar unter Wasserfällen. Das Weibchen legt 4 bis 6 weiße Eier. Meist werden 2 Bruten im Jahr aufgezogen. Erste Gelege findet man meist schon im März.

1 Gebirgstelze, Bergstelze
Motacilla cinerea

Merkmale: Stelzen sind schlanke Vögel mit feinem Insektenfresserschnabel und langem Schwanz. Beim Laufen wippen sie mit dem Schwanz, ihr Flug ist wellenförmig. Mit knapp 18 cm Länge ist die Gebirgstelze so groß wie die Bachstelze (siehe unten), bei ihr herrscht aber Gelb im Gefieder vor. Wichtige Merkmale sind die blaugraue Oberseite und die gelben Unterschwanzdecken. Das Männchen (Foto) hat im Sommerkleid ein schwarzes Kinn und eine schwarze Kehle, einen weißen Überaugenstreif und einen weißen Bartstreif. Das Weibchen sieht ähnlich aus, hat aber eine weißlich-graue Kehle. Im Flug hört man harte »ziss-ziss«-Rufe, als Alarmruf ein schrilles »sihiht«.

Vorkommen: Die Gebirgstelze brütet in großen Teilen Europas und Asiens, wo sie fast nur in der Nähe von sauberen, schnell fließenden Bächen und kleinen Flüssen (vor allem im Hügel- und Bergland, weniger im Tiefland) anzutreffen ist. An passenden Gewässern kann man den Vogel auch in Dörfern und Städten beobachten. Die Stelze ist Teilzieher in Mitteleuropa.

Biologie: Die Nahrung besteht hauptsächlich aus Insekten, Spinnen, kleinen Krebsen und Würmern, die am Boden oder in kurzem Fangflug erbeutet werden. Das Nest steht meist in Halbhöhlen und Nischen in der Uferböschung von Gewässern, in Ufermauern, unter Brücken, an Mühlen und Wehren. Im April und im Juni legt das Weibchen je 5 auf grünlichgelbem Grund rotbraun gewölkte Eier.

2 Bachstelze, Weiße Bachstelze
Motacilla alba

Merkmale: Unverkennbare Merkmale des knapp 18 cm langen Vogels sind die schwarz-grau-weiße Zeichnung und der lange, im Laufen ständig wippende Schwanz. Im Ruhekleid ist statt der schwarzen Kehle und Brust nur ein schwarzes Brustband zu sehen. Die Stelze läuft trippelnd rasch umher. Ihr Flug ist wellenförmig. Typisch sind die kräftigen »psitt«- oder »zilipp«-Rufe. Erregte Vögel stoßen scharfe »zisiss«-Rufe aus. Der Gesang wird aus abgewandelten Rufen zu einem Zwitschern zusammengesetzt.

Vorkommen: Die Bachstelze ist in ganz Europa und fast ganz Asien heimisch. Man sieht sie in kleinen Ortschaften, aber auch in offenem Gelände, bisweilen in der Nähe von Gewässern. Sie ist in Mitteleuropa Jahresvogel, weicht aber vor extremer Winterkälte aus.

Biologie: Die Nahrung besteht aus Kleintieren (überwiegend Insekten und Spinnen), die im Laufen oder kurzen Aufliegen erbeutet werden. Das Nest wird in Bretterstapeln, Mauernischen, Dachbalken in Schuppen und Ställen gebaut. Die 5 bis 7 auf weißlichem Grund grau gefleckten Eier findet man schon im April. Die Bachstelze macht meist 2 Bruten.

3 Teichrohrsänger
Acrocephalus scirpaceus

Merkmale: Knapp 13 cm lang; in beiden Geschlechtern oberseits einfarbig braun, unterseits weißlich, an den Flanken gelblich-bräunlich, der Überaugenstreif nicht sehr deutlich – der Rohrsänger ist nicht leicht zu bestimmen. Allerdings hört man typische, schnarrende Lock- und Warnrufe und einen typischen, rhythmischen Gesang. Er ist eine lange anhaltende Folge von Motiven, die oft einige Male wiederholt werden (»tek-tek- tirri-tirri-tirri«), und kratzenden Tönen.

Vorkommen: Der Teichrohrsänger kommt als Brutvogel in großen Teilen Mittel- und Südeuropas, in Nordwestafrika und Vorderasien vor. Man trifft ihn hauptsächlich im Schilfröhricht am Rand von stehenden Gewässern, daneben aber auch in kleineren Schilfbeständen auf feuchtem Grund an. Als Sommervogel hält sich die Art von April bis in den Oktober hinein in Mitteleuropa auf.

Biologie: Bemerkenswert ist der Nestbau der Teichrohrsänger. Schilfstengel werden mit Grashalmen, Schilfblättern und ähnlichem Material zusammengebunden, so daß eine kleine Plattform entsteht, die dann höher gebaut wird. Aus dem so geflochtenen Nest mit tiefer Mulde können Eier und Junge auch bei starkem Wind nicht hinausgeworfen werden. Teichrohrsänger legen 3 bis 5 auf hell grünlichem Grund grau und grünlich gefleckte Eier. Erste Gelege findet man in der zweiten Maihälfte. Es kommt nur zu 1 Brut im Jahr.

1

2

3

1 Blaukehlchen
Cyanosylvica suecica

Merkmale: Das Blaukehlchen wird 14 cm lang. Das Männchen (Foto) ist in der Brutzeit oberseits braun, unterseits weißlich gefärbt. Auffällig sind der helle Überaugenstreif, der rostbraune Bürzel und vor allem der blaue, zum Bauch hin durch ein schwarz-rostbraunes Band abgesetzte Brustlatz mit einem weißen Fleck in der Mitte. Das Weibchen ist in der Gesamtfärbung ähnlich, hat aber anstelle des blauen Latzes einen schmutzig-weißen, ausgefranst schwarz begrenzten Fleck mit meist nur wenig Blau. Man hört weiche »huit«-, aber auch scharfe »teck«-Rufe. Im abwechslungsreichen Gesang lösen sich wohltönende und hart klingende Passagen mit eingebauten Imitationen der Stimmen anderer Vögel ab. Blaukehlchen überwintern in Südeuropa und Nordafrika.
Vorkommen: Das Blaukehlchen braucht als Brutgebiet Moore, Dickichte in Sumpfgebieten und Gebüsche am Ufer von Flüssen und Seen. Durch Verlust an geeigneten Lebensräumen ist es im Bestand stark zurückgegangen (Rote Liste: »potentiell gefährdet«). Als Sommervogel hält es sich zwischen März und Oktober in Mitteleuropa auf.
Biologie: Die Nahrung besteht aus Insekten, deren Larven und anderen Kleintieren. Daneben frißt der Vogel auch Beeren. Das Napfnest steht nah über dem Boden in dichter Vegetation. Das Weibchen legt 5 bis 7 grünliche oder bräunliche Eier. Erste Gelege findet man Ende April. Es erfolgt 1 Brut im Jahr.

2 Beutelmeise
Remiz pendulinus

Merkmale: Bei der knapp 11 cm langen Beutelmeise sind die Geschlechter fast gleich gefärbt. Der Kopf ist grau und weist eine breite, schwarze Maske von der Schnabelwurzel bis in die Wange auf. Die Kehle ist weißlich, der Rücken rotbraun, schwarz und grau, der Schwanz grau. Das Weibchen ist gegenüber dem Männchen oben am Kopf eher graubraun gefärbt, der Wangenfleck ist etwas kleiner, und die Oberseite ist weniger kräftig braun gefärbt. Beutelmeisen klettern geschickt im Schilf und an Zweigen. Sie lassen hohe und feine gedehnte »zieh«- oder »siiüü«- Rufe hören. Der Gesang ist ein leises Zwitschern.
Vorkommen: Gebüsche in Sumpfgebieten, Weidendickichte, gebüschartige Bestände von Erlen und Pappeln sind der bevorzugte Lebensraum. Beutelmeisen sind Sommervögel, zeigen aber keinen sehr ausgeprägten Zug, sondern streifen nur nach der Brutzeit mehr oder weniger weit umher. Nach der Roten Liste ist die Art in Österreich »potentiell gefährdet«.
Biologie: Beutelmeisen fressen überwiegend kleine Insekten und Samen. Die Vögel bauen kunstvolle, pantoffelförmige Hängenester (Name!). Zunächst wird ein Ring aus Pflanzenfasern und Tierwolle angelegt. Nach und nach werden die Wände vervollkommnet, und schließlich wird die Eingangsröhre ausgebaut. Das Nest hängt stets an den äußersten Zweigen von Bäumen und Büschen, oft über dem Wasser. Das Weibchen legt 5 bis 8 längliche, weiße Eier. Die Gelege findet man im Mai. Es wird 1 Brut im Jahr aufgezogen.

3 Rohrammer
Emberiza schoeniclus

Merkmale: Die Rohrammer wird mit 15 cm Länge sperlingsgroß. Beide Geschlechter sind auf der Oberseite dunkelbraun, mit schwarzen Fleckenstreifen in Längsrichtung. Die Unterseite ist weißlich-grau. Das Männchen (Foto) hat eine schwarze Kopfkappe, die durch einen weißen Streifen von der schwarzen Kehle und vom braunen Rücken abgesetzt ist. Das Weibchen ist insgesamt unscheinbarer gefärbt, die auffällige Kopfzeichnung fehlt. Man hört einfache, gedehnte »zieh«- Rufe. Der kurze Gesang beginnt langsam und wird dann beschleunigt.
Vorkommen: Die Ammer ist über fast ganz Europa verbreitet und bewohnt Schilfröhrichte und feuchte Dickichte. Im Winter streift sie weit umher.
Biologie: Der Vogel ernährt sich von Kleintieren (vor allem Insekten) und – im Herbst und Winter – von Sämereien. Das Nest steht am Boden in dichter Vegetation, etwa in Seggenbülten. Das Weibchen legt 4 bis 6 auf bräunlichem Grund dicht mit schwarzen oder violetten Flecken und Linien besetzte Eier. Gelege findet man ab April. Meist kommt es zu 2 Bruten.

1 Wasserspitzmaus
Neomys fodiens

Merkmale: Das Tierchen wird rund 10 cm lang, der Schwanz weitere 6 bis 7 cm. Das Fell ist auf der Oberseite schwarz, auf der Unterseite meist weißlich. Die Spitzmaus hat als Anpassung an ihren Lebensraum Schwimmborsten an den Hinterzehen und auf der Schwanzunterseite.
Vorkommen: Die Wasserspitzmaus kommt in fast ganz Europa und in der nördlichen Hälfte Asiens vor und lebt am Ufer von meist ruhig fließenden Gewässern. Ihre Bestände in Österreich sind nach der Roten Liste »gefährdet«.
Biologie: Die Spitzmaus ist meist tagsüber und nachts aktiv, wenn auch die Nachtaktivität überwiegt. Sie schwimmt viel und gut, taucht sehr geschickt und läuft dann auf dem Grund des Gewässers umher, immer auf der Suche nach Nahrung. Die Wasserspitzmaus bevorzugt Kleinkrebse, Würmer, Schnecken, Wasserinsekten und deren Larven; sie greift aber gelegentlich auch Fische und Frösche an. Die Spitzmaus bewohnt öfter die Gänge anderer Kleinsäuger, gräbt sich ihren Bau aber auch selbst. Das Nest ist ein großer, fester Ball aus Laub, Grashalmen und Moos. Die Fortpflanzungszeit liegt zwischen April und September. Nach rund 80 Tagen Tragzeit werden 4 bis 8 blinde Junge geboren, die nach etwa 2 Wochen ihre Augen öffnen. Ungefähr 50 Tage lang werden die Jungen gesäugt. Schon im ersten Jahr werden sie geschlechtsreif. Wasserspitzmäuse haben 2 bis 3 Würfe pro Jahr.

2 Bisamratte
Ondrata zibethicus

Merkmale: Die Tiere werden bis 40 cm lang und 1,5 kg schwer. Ihr Fell ist auf der Oberseite dunkelbraun oder sogar schwarzbraun; an der Seite wird es heller. Die Zehen der Hinterbeine sind mit Schwimmborsten besetzt. Der 19 bis 27 cm lange, seitlich zusammengedrückte Schwanz pendelt beim Schwimmen hin und her und ist im Wasser meist zu sehen.
Vorkommen: Die Bisamratte stammt aus Nordamerika. Da man das Nagetier wegen seines geschätzten Felles als eine Bereicherung der europäischen Tierwelt empfand, wurde es ausgesetzt, und heute sind Bisamratten in Mittel- und Osteuropa stark verbreitet. An stehenden und langsam fließenden Gewässern und in Sumpfgebieten fühlen sich die Tiere mittlerweile sehr wohl.
Biologie: In Uferböschungen legen Bisamratten umfangreiche Erdbaue an. Oft werden Dämme und Deiche völlig unterwühlt und die Tiere deswegen bekämpft. An stehenden Gewässern legen die Nager dagegen Baue aus Schilf an. Ihre Fortpflanzungszeit liegt zwischen April und Oktober. Die Tragzeit dauert etwa 1 Monat. Bisamratten werfen dreimal im Jahr 5 bis 9 Junge, die mit 3 bis 5 Monaten selbst wieder fortpflanzungsfähig werden.

3 Fischotter
Lutra lutra

Merkmale: Fischotter werden bis 80 cm lang und bis 15 kg schwer. Charakteristisch für diesen braunen Marder sind die Schwimmhäute zwischen Vorder- und Hinterzehen. Hauptsächlich schwimmen die Otter aber mit dem Schwanz, unterstützt durch die Hinterfüße. Beim schnellen Schwimmen benutzen sie nur den Schwanz.
Vorkommen: Der Fischotter ist über ganz Europa verbreitet, mit Ausnahme Islands und vieler Mittelmeerinseln. Auch in Nordafrika und Teilen Asiens kommt er vor. Sein Lebensraum wird jedoch ständig stärker eingeschränkt, so daß er heute in vielen Gebieten verschwindet oder bereits ausgestorben ist (in Österreich nach der Roten Liste »vom Aussterben bedroht«). Der Otter braucht saubere stehende und fließende Gewässer, vor allem Bäche und Flüsse, deren Ufer ihm Deckung und Unterschlupf bieten. Im Gebirge ist er bis in 2500 m Höhe anzutreffen.
Biologie: Fischotter sind vorwiegend Nachttiere, in abgelegenen Gebieten aber auch tagsüber aktiv. Die Baue weisen meist einen Zugang unter der Wasseroberfläche auf und einen Luftschacht. Daneben benutzen Otter aber auch Unterschlupfe in hohlen Bäumen und natürlichen Uferhöhlen. Sie scheinen keine fest begrenzte Paarungszeit zu haben. Nach einer Tragzeit von rund 60 Tagen wirft das Weibchen 2 bis 4 Junge, die mit 6 bis 9 Monaten selbständig werden.

1

2

3

WALD

Wald

Europa – ein Waldland

Unseren Erdteil als »Waldland« zu bezeichnen, scheint auf den ersten Blick kaum berechtigt zu sein, denn das Bild der heutigen europäischen Landschaft wird durchaus nicht durchgehend von Wäldern geprägt. Aber die heutige Landschaft ist auch nicht mehr unberührt, sie wird vielmehr seit Jahrhunderten vom Menschen genutzt – gestaltet und kultiviert, ausgebeutet und ruiniert. Die Verteilung der mit Wald bestandenen Flächen im heutigen Europa ist also durch die Aktivität des Menschen verursacht. Von den klimatischen Bedingungen, den relativ milden Temperaturen und den ausreichend hohen Niederschlägen, her ist Europa aber ein Waldland. Man sagt, der Wald ist die potentielle natürliche Vegetation unserer Breiten. Mit anderen Worten: Ohne den Einfluß des Menschen wären weite Teile Europas mit Wäldern unterschiedlicher Typen bestanden.

Die potentielle natürliche Vegetation unserer Breiten sieht so aus: In niedrigeren Lagen würden Buchenwälder vorherrschen, die nach Osten hin von Hainbuchenwäldern ersetzt würden. In Gebirgslagen fände man Mischwälder aus Buche, Tanne und Fichte. Dies wäre in groben Zügen die Vegetation, die wir vorfänden, hätte der Mensch nicht seit langer Zeit eingegriffen und sie umgewandelt.

Der Mensch hat in Mitteleuropa einerseits Waldgebiete gerodet, um Platz für Weide- und Ackerland, aber auch für seine Siedlungen zu gewinnen. Andererseits hat er die vorhandenen Wälder in unterschiedlicher Weise genutzt (siehe unten) und vor allem den Charakter der Wälder seit dem Mittelalter stark verändert. Heute findet man deshalb große entwaldete Gebiete, und die waldbestandenen Gebiete sind von der Artenzusammensetzung, der Wuchsform und verschiedenen anderen Komponenten her durch die Aktivitäten des Menschen geprägt. Die ursprünglichen Wälder (Urwälder) sind weitgehend verschwunden. An ihre Stelle sind mehr oder weniger stark vom Menschen genutzte und gestaltete Forste getreten. Bezogen auf Österreich, läßt sich sagen, daß heute 38 % der Staatsfläche mit Wald bestanden sind. Für die Bundesländer liegen folgende Angaben für die Bewaldung vor: Steiermark 59 %, Kärnten 57 %, Salzburg 45 %, Oberösterreich 40 %. Nach einer anderen Tabelle wird die Bewaldung Österreichs so aufgeschlüsselt: Voralpengebiet 68 %, Alpenostrand 65 %, Kärntner Becken 52 %, Hochalpengebiet 46 %, Wald- und Mühlviertel 40 %, Südöstliches Flach- und Hügelland 37 %, Alpenvorland 20 % und Nordöstliches Flach- und Hügelland 16 %. Die Wälder werden mehr oder weniger intensiv bewirtschaftet. Urwälder sind nur noch in geringen Resten vorhanden (z.B. Rothwald, aus ökologischen Gründen nicht öffentlich zugänglich).

1 Burgenland
2 Kärnten
3 Niederösterreich
4 Oberösterreich
5 Salzburg
6 Steiermark
7 Tirol
8 Vorarlberg
9 Wien

Vorhergehende Doppelseite:
Ein Laubwald im Mai; in diesem Bestand herrscht die Rotbuche vor.

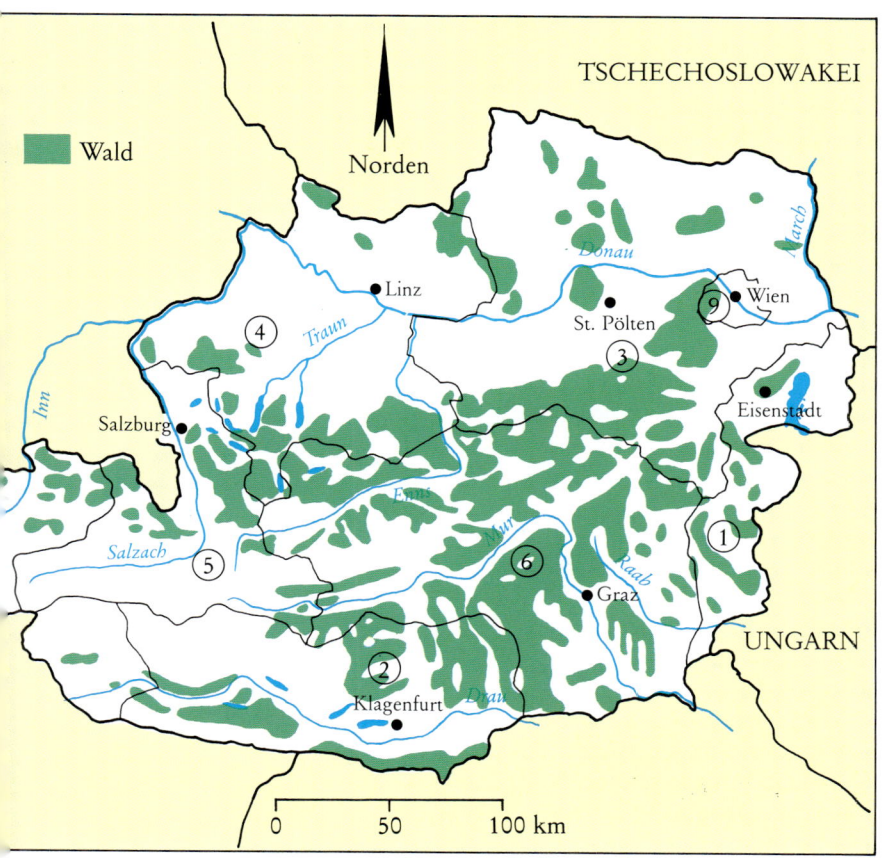

Wald und Forst – Klärung von Begriffen

Es ist nicht ganz einfach, die Begriffe Wald und Forst eindeutig zu definieren, denn man kann von verschiedenen Gesichtspunkten aus einen Wald oder Forst betrachten. Man kann juristische, wald- und forstwirtschaftliche Definitionen finden, aber auch biologisch-pflanzensoziologische. Ausgehend von letzterem Aspekt kann man einen Wald allgemein als »eine durch einen charakteristischen, mehr oder weniger geschlossenen Baumbestand, der mindestens etwa 6 m Höhe erreicht, gekennzeichnete Lebensgemeinschaft von Pflanzen und Tieren« definieren. Betrachtet man die Baumartenzusammensetzung eines Waldes, kann man stärker differenzierende Begriffe finden. Besteht der Baumbestand ausschließlich aus Laubhölzern, nennt man ihn Laubwald. Dominieren dagegen Nadelbäume, spricht man von Nadelwald. Sind Laub- und Nadelbäume gleichmäßig vertreten, bietet sich der Begriff Mischwald an.

Zur Kennzeichnung der unterschiedlichen Waldtypen steht außerdem noch das Vokabular der Vegetationskunde oder Pflanzensoziologie zur Verfügung. Dieser Zweig der Botanik beschäftigt sich mit der Erforschung von Pflanzengemeinschaften/-gesellschaften, ihrer Abhängigkeit von den ökologischen Bedingungen, aber auch ihrer geschichtlichen Entwicklung und anderer Fragen. Nach einem bewährten System der Pflanzensoziologie sind die Strauchgesellschaften und Wälder Mitteleuropas in folgende Klassen (in Klammern einige typische Verbände als Untereinheiten) zu ordnen:

Klasse: Ufer-Weidengebüsche und -wälder (Grauweidengebüsche, mitteleuropäische Weiden- und Pappelgesellschaften)

Wald

Klasse: Eurosibirische Schlehengebüsche (subatlantische Brombeerhecken, kalk- und wärmebedürftige Gebüsche)

Klasse: Bruchwälder und -weidengebüsche (Grauweidengebüsche, Erlenbruchwälder)

Klasse: Schneeheide-Kiefernwälder

Klasse: Fichtenwälder und kontinentale Kiefernwälder (mitteleuropäische Fichten- und Lärchenwälder, Sand-Kiefernwälder)

Klasse: Birken-Eichenwälder

Klasse: Artenreiche, eurosibirische Fallaubwälder (Hartholz-Auwälder, Eichen-Hainbuchen-Mischwälder, Rotbuchenwälder)

Stellt sich nun die Frage, wie Wald und Forst gegeneinander abzugrenzen sind. Die Übergänge sind hier fließend, so daß man sinnvollerweise Urwald und Forst als stärkste Gegensätze betrachtet. Unter Urwald versteht man einen vom Menschen unberührten Wald. Er wurde also nie vom Menschen genutzt, und es wurde in ihn auch nicht in anderer Weise eingegriffen. Als Forst kann man dann »einen unter forstwirtschaftlichen Gesichtspunkten regelrecht bewirtschafteten, fest abgegrenzten Wald« bezeichnen. Da oftmals Baumbestände nur einer Art angelegt werden, kann man im Falle einer Monokultur der Fichte, der Kiefer oder einer anderen Baumart von einem Fichtenforst, Kiefernforst etc. sprechen.

Spezialfall Auwald

Entlang von Fließgewässern – genauer: von Flüssen und Strömen – haben sich gebietsweise Wälder ausgebildet, die als Lebensraum nur in enger Verzahnung mit dem Gewässer zu verstehen sind, das sie begrenzen. Man spricht hier von Auwäldern, von denen Österreich einige besonders bemerkens- und erhaltenswerte aufweist, wie die Donau-Auen und die March-Auen.

Da sie aber solche ökologischen Kleinode sind, hat man den Auwäldern in der Naturschutzgesetzgebung besonderes Augenmerk gewidmet, und folglich mußte in den Gesetzestexten explizit definiert werden, was ein »Auwald« ist. Das »Tiroler Naturschutzgesetz 1991« gibt folgende Definition: »Auwald ist eine Grundfläche entlang eines fließenden natürlichen Gewässers, die mit Holzgewächsen bestockt

Auwald in den March-Auen unweit von Marchegg. Es ist zu hoffen, daß dieses schöne Gebiet durch entsprechende Schutzmaßnahmen erhalten werden kann.

ist, die von der Unregelmäßigkeit der Wasserführung abhängen, und die so weit reicht, wie Überschwemmungen erfolgen oder erfolgt sind. Dazu gehören insbesondere auch Grauerlen-, Eschen-Hartholz-, Eichen-, Ulmen-Hartholz-, Weiden-Weichholzauen und Augebüsche sowie Kiefern-Trockenauwälder.«

Aus diesem Auszug aus dem Tiroler Gesetzestext geht schon hervor, wie vielfältig Auwälder sind. Die Baumartenzusammensetzung kann sehr unterschiedlich sein und damit auch die übrige Pflanzenwelt und die Tierwelt. Im Zuge der Regulierung vieler Flüsse sind aber viele Auwälder verschwunden, und um die vorhandenen Reste müssen Naturschützer kämpfen (siehe die Einführung zu »Feuchtgebiete«).

Wald- und Forstwirtschaft

Betrachtet man die heutigen mitteleuropäischen Wälder, so stellt man fest, daß gegenüber der ursprünglich vorhandenen Baumartenzusammensetzung der Anteil der Laubbäume stark zurückgegangen ist, wogegen der Anteil der Nadelbäume stark zugenommen hat. Dies ist im wesentlichen darauf zurückzuführen, daß vor allem die Fichte verstärkt angepflanzt wurde. Als relativ anspruchsloser, schnellwüchsiger Baum erbringt sie rasch hohen Ertrag. Allerdings wurden Fichten fast immer in Form von <u>Monokulturen</u> angepflanzt, und das hat eine Reihe ökologischer Konsequenzen (siehe unten).

Hier seien nun einige Begriffe aus der Arbeit des Försters erläutert, die einerseits die Waldgeschichte widerspiegeln, andererseits aber auch biologisch-ökologische Probleme der Waldbewirtschaftung deutlich machen.

Gebüschartige Wälder nennt man <u>Niederwälder</u>. Die Bäume werden meist schon nach 1 bis 3 Jahrzehnten geschlagen. An den in der Erde verbliebenen Stöcken bilden sich Stockausschläge, die man eine Zeitlang wachsen läßt, um sie dann – meist auf größeren Flächen – zu schlagen. Bleiben in einem solchen Wald einzelne hohe Bäume als sogenannte Überhälter stehen, spricht man von einem <u>Mittelwald</u>. Weit verbreitet ist heute der <u>Hochwald</u>. Hier wachsen die Bäume aus (Keimlingen oder) ausgebrachten Jungpflanzen heran. Man läßt die Bäume mehrere Jahrzehnte wachsen, um sie dann auf großen Flächen einzuschlagen (Kahlschlag). <u>Kahlschläge</u> stellen einen tiefen Eingriff in die Ökologie des betreffenden Waldgebietes dar, so daß man auch den anderen Weg, den des <u>Plenter-</u> oder <u>Femelschlages</u>, beschreitet. Hier werden einzelne hiebreife Bäume oder Baumgruppen herausgeschlagen, so daß Einschlag auf großen Flächen vermieden werden kann; außerdem ist ein Plenter- oder Femelwald im allgemeinen abwechslungsreicher und damit ökologisch stabiler. Wird diese Art des Holzeinschlags angewendet, bezeichnet man den Wald als Dauerwald. Es werden stets nur einige Bäume gefällt, aber die Flächen bleiben durchgehend von einem Baumbestand bedeckt.

Heute werden neben dem Holzertrag auch andere Funktionen des Waldes wichtiger; daher gehen die Förster dazu über, wieder mehr Mischwald anzupflanzen. Die Artenzusammensetzung der Wälder wird sich also langfristig – vom Menschen gelenkt – wieder verändern, was auch Konsequenzen für die Bewirtschaftungsformen haben wird.

Ökologie des Waldes

Warum es sinnvoll ist, heute immer mehr ökologisch zu denken und beispielsweise anstelle von Fichtenforsten wieder Mischwälder anzulegen, wird deutlich, wenn man einen solchen Wald einmal näher bertrachtet. In einem naturnahen Mischwald bildet sich typischerweise ein geschichteter oder stockwerkartiger Aufbau der Vegetation heraus. Zuunterst lassen sich eine <u>Boden-</u> und eine <u>Moosschicht</u> abgrenzen. Eine Schicht aus Fallaub, abgestorbenen Pflanzen und Tierresten liegt dem Boden auf. In dieser Schicht und den oberen Zentimetern des darunter liegenden Oberbodens leben unzählige kleine und kleinste Bodenbewohner. Dazu gehören Bakterien, Pilze, Algen, Springschwänze, Milben und viele andere Organismen. Insgesamt zersetzen sie die organische Substanz, bauen sie um und führen die bei ihrer Tätigkeit entstehenden mineralischen Nährstoffe dem Boden wieder zu, so daß diese den Pflanzen erneut zur Verfügung stehen. Stellenweise ist der Boden mit Flechten

Wald

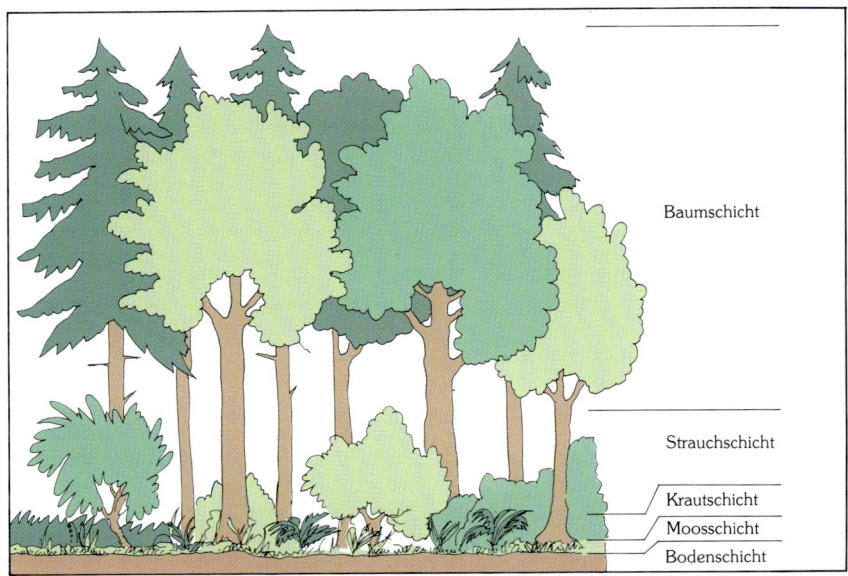

Stockwerkartiger Aufbau eines Mischwaldes. Je stärker der Lebensraum strukturiert ist, desto reichhaltiger ist die hier lebende Pflanzen- und Tierwelt.

und Moosen überwachsen. Die Moose haben eine besonders wichtige Funktion: Sie nehmen über die Blättchen Wasser auf und geben es nach und nach wieder an die Umgebung ab. Dadurch kommt es zu einer relativ ausgeglichenen Feuchtigkeit in der gesamten Bodenschicht und im Wald überhaupt.

Am Waldboden wächst auch eine Vielzahl von verschiedenen krautigen Pflanzen, die in ihrer Gesamtheit als <u>Krautschicht</u> bezeichnet werden. Im Frühling wachsen hier zunächst die Frühblüher, wie das Busch-Windröschen, das Leberblümchen oder die Wald-Schlüsselblume. Ist das Laub der Waldbäume entfaltet, ändern sich die Strahlungsverhältnisse ganz drastisch. Den krautig wachsenden Bodenpflanzen steht nur noch ein geringer Bruchteil der einfallenden Strahlung zur Verfügung, und viele der früh blühenden Arten sterben ab. Jetzt setzen sich am Waldboden Pflanzenarten durch, die an die relative Lichtarmut angepaßt sind (Beispiel: Wald-Sauerklee).

Die dritte Schicht wird durch die zwischen den Bäumen wachsenden <u>Sträucher</u> gebildet. Zwergsträucher wie die Heidelbeere und die Preiselbeere bilden den Übergang von der Kraut- zur Strauchschicht. Dann kommen aber höher wachsende Sträucher wie etwa der Trauben-Holunder *(Sambucus racemosa)* in Betracht, und man rechnet in diese Schicht auch die jungen Bäume hinein.

Über die Strauchschicht erhebt sich die <u>Baumschicht</u>. Hier bilden die Kronen der verschiedenen Baumarten ein mehr oder weniger geschlossenes Dach. Auch in dieser Schicht herrschen besondere Bedingungen, wie in den anderen beschriebenen Schichten auch. Einmal konkurrieren die Bäume untereinander um Licht. Dann prägen sie aber vor allem die ökologischen Bedingungen in den darunter liegenden Stockwerken. Durch die Dichte des Baumbestandes wird etwa das Strahlungsklima im Innern der Bestände maßgeblich bestimmt. Starke Niederschläge werden in den Baumkronen gebremst, das Regenwasser wird langsam nach unten abgeleitet. Schließlich liefern die Bäume große Mengen an Fallaub, das zu Boden fällt und in der Bodenschicht wieder abgebaut wird.

In einem solchen Mischwald mit mehreren Stockwerken findet eine Fülle von Organismen zusagende Lebensbedingungen. Das liegt daran, daß der gesamte Lebensraum gut strukturiert ist. Deshalb steht

Zeitig im Jahr dringt in Laub- und Mischwäldern das Licht noch ungehindert zum Boden. Frühblüher wie hier das Busch-Windröschen können sich reich entfalten.

ein reichhaltiges Angebot an verschiedenartigen Wohn- und Aufenthaltsräumen, an Verstecken, an Nahrung und Ernährungsmöglichkeiten zur Verfügung. Bezogen auf die Vögel, finden etwa Waldlaubsänger oder Rotkehlchen als Bodenbrüter Möglichkeiten genug, ihre Nester gut versteckt am Boden anzulegen. Amsel und Singdrossel brüten halbhoch und legen ihre Nester frei auf Zweigen und Ästen an; im Mischwald finden sie für ihre Nester genügend geeignete Plätze. In die Stämme der Bäume können Spechte ihre Höhlen zimmern und dort brüten. Die verlassenen Spechthöhlen wiederum werden von anderen Höhlenbrütern, die keine eigenen Höhlen bauen können, genutzt. Hierzu gehören Meisen, Kleiber, Stare und Hohltauben. Die Kronen vor allem der Laubbäume bieten Greifvögeln wie Mäusebussard und Habicht Platz zur Anlage ihrer Horste.

Ähnlich Vielfältiges kann man aufzeigen, wenn man die Ernährung der Vögel betrachtet. Einige Arten suchen am Boden Nahrung (Drosseln), andere auf der Baumrinde (Spechte, Kleiber, Baumläufer), wieder andere im Blätterwald der Baumkronen (Grasmücken, Laubsänger). Manche Vogelarten fressen Knospen und Früchte von Pflanzen (Finken), andere Insekten und Spinnen (Grasmücken, Laubsänger, Meisen), und dritte fressen andere Vögel, kleine Säugetiere etc. (Greifvögel, Eulen). Es ist also eine intensive Verknüpfung zwischen den Lebewesen vorhanden.

An diesen Beispielen zeigt sich schon, daß wir im Mischwald mit einer reichen Vogelwelt rechnen können. Dies gilt aber auch für die Säugetiere. Einige ernähren sich am Boden von Insekten und anderen Kleintieren (Spitzmäuse), andere fressen die Pflanzen oder deren Früchte und Samen (Mäuse). Das Eichhörnchen ernährt sich sowohl am Boden wie in den Baumkronen; es überstreicht räumlich und von der Art der Nahrung her einen weiten Bereich. Der Baummarder stellt dem Eichhörnchen nach etc. Auch hier wird eine netzartige Beziehung zwischen den Lebewesen sichtbar.

Als letzte Gruppe seien noch die Insekten einbezogen, unter denen es ja eine ganze Reihe von Schädlingen gibt, die in der Forstwirtschaff nicht zu Unrecht gefürchtet sind (z.B. Buchdrucker, Eichenwickler, Nonne). In einem Mischwald finden sie ein vielfältiges Nahrungsangebot, ohne daß eine bestimmte Nahrung allein und

Wald

im Überfluß vorhanden wäre. Außerdem gibt es in einem solchen Waldtyp viele Freßfeinde der Insekten. Es spielt sich also ein biologisches Gleichgewicht ein, das kaum jemals stark gestört wird.

Anders liegen die Verhältnisse in weniger abwechslungsreichen Wäldern; besonders schlimm ist die Situation in reinen Fichtenforsten, die oft aus Bäumen nur einer Altersklasse bestehen. Einen solchen Bestand bezeichnet man als Monokultur. Monokulturen sind dadurch charakterisiert, daß in ihnen ein Überangebot an spezieller Nahrung besteht, was zur Folge hat, daß sich Insekten, die auf diese Nahrung spezialisiert sind, stark vermehren können. Freßfeinde sind aber nur wenige vorhanden, da sie in dem einseitigen Lebensraum keine entsprechenden Lebensbedingungen finden. Ein reiner Fichtenforst ist ein sehr wenig abwechslungsreicher und sehr wenig strukturierter Lebensraum. Solche Lebensräume sind auch schlecht stabilisiert. In Abständen gerät das biologische Gleichgewicht außer Kontrolle, und Massenvermehrungen von Schadinsekten sind die Folge. Die verbreitete Form der Waldbewirtschaftung, Fichten in Monokulturen anzupflanzen, ist zwar wirtschaftlich möglicherweise noch sinnvoll, aber ökologisch absolut unsinnig. Mittlerweile scheint denn auch bei Förstern und Forstwissenschaftlern ein Prozeß des Umdenkens begonnen zu haben, der in die Richtung eines ökologischen Waldbaus geht.

Funktionen des Waldes

Wald liefert Holz. Dies ist sicher die derzeit wichtigste Funktion unserer Wälder bzw. Forsten. 1986 wurden in Österreich 13,6 Mio. m^3 Holz eingeschlagen, davon waren 82 % Nadel- und 18 % Laubholz. Holz wird in vielfältiger Weise verwendet und in großen Mengen gebraucht. Es findet beispielsweise als Bauholz Verwendung, Holz ist die Grundlage der Möbelindustrie, und ein riesiger Teil des Holzes wird zu Papier und Pappe weiterverarbeitet. Holz wird auch als Brennmaterial benötigt, heute allerdings in wesentlich geringerem Maß als früher. Von der gesamten Einschlagsmenge Österreichs im Jahr 1986 waren 90 % als Nutzholz zu verwenden; die restlichen 10 % wurden als Brennholz deklariert.

Waldsaum mit Schwarzem Holunder. Die Fichten-Monokultur im Hintergrund ist dagegen ein artenarmer und ökologisch wenig stabiler Lebensraum.

Wälder haben daneben eine wichtige Funktion bei der Bildung unseres Klimas. Die Pflanzen, vor allem die Waldbäume, binden große Mengen an Kohlenstoffdioxid und produzieren dabei große Mengen an Sauerstoff, der der Atmosphäre wieder zugeführt wird. Man geht davon aus, daß die riesigen Urwaldgebiete in Südamerika (die Amazonas-Urwälder) und in Afrika (die Urwälder im Kongobecken) maßgeblich auf den Kohlenstoffdioxid- und Sauerstoffhaushalt der gesamten Erde einwirken! (Aus diesem Grund ist ein wirksamer Schutz der Regenwälder ein so wichtiges Thema des internationalen Umweltschutzes.)
Über die Blätter der Bäume wird aber auch Wasser in riesigen Mengen verdunstet und ebenfalls wieder in die Atmosphäre rückgeführt. Zudem lagert sich auf den Blättern eine Unmenge Staub ab, der dann bei Regenfällen abgewaschen und wieder dem Boden zugeführt wird. Der Staub wird also der Luft entzogen. Bei der heutigen Luftverschmutzung ist dies eine besonders wichtige Funktion des Waldes.
Für Österreich sind besonders die Festigung der Berghänge und der Schutz vor Lawinen durch den Wald von Bedeutung. Aber gerade die Wälder in Mittel- und Hochlagen sind heute durch die Luftverschmutzung gefährdet. Geschwächte Bäume können aber nur noch bedingt verhindern, daß sich das Hangmaterial in Bewegung setzt und es zu Erdrutschen und Muren kommt. Die Internationale Alpenschutzkommission (CIPRA) kommt zu dem Schluß, daß große Teile der Berggebiete durch Naturkatastrophen unbewohnbar würden, sollte der Bergwald sterben. Diese Perspektive ist wahrhaft beängstigend und fordert unser Handeln. Die Bewahrung der Schutzfunktion der Wälder ist eine zunehmend wichtigere Aufgabe.
Der Wald bietet zudem vielen Organismen Lebensraum. Wälder sind also Flächen, die eine wichtige arterhaltende Funktion haben. Auf die Problematik »artenreicher Mischwald kontra artenarme Monokultur« wurde schon eingegangen. Und schließlich spielt heute der Freizeitwert des Waldes eine große Rolle. Denn viele Waldgebiete – insbesondere in der Nähe städtischer Ballungsräume – werden heute als Erholungsgebiete von Millionen von Menschen genutzt. Diese Rolle der Wälder besitzt steigenden Stellenwert, wenn man dies auch nicht so leicht in Geld umrechnen kann, wie etwa die Holzmenge, die man einem Wald entnimmt.

Schutz des Waldes

Alles in allem ist der Schluß berechtigt, daß Waldgebiete besonderen Schutzes bedürfen. Die Gesamtfläche der Wälder sollte – in Österreich wie überall in Europa – nicht weiter zugunsten von Straßen, Industrieanlagen und Wohnungsbaugebieten reduziert werden. Von Seiten der Forstwirtschaft sollte zu mehr ökologischen Waldbaumethoden übergegangen werden, um die Artenvielfalt sekundär zu erhöhen und Schädlingsbekämpfungsmaßnahmen mit Pestiziden reduzieren zu können. Wir selbst sollten unseren Wald entsprechend behandeln.
Das größte Problem für alle mitteleuropäischen Wälder ist aber ihre Bedrohung durch die Luftverschmutzung, und dieses Problem muß bald, und es muß konsequent gelöst werden. In Österreich stellt sich die Situation nach Angaben des Statistischen Bundesamtes (1989) noch einigermaßen günstig dar:
»Nach dem Ergebnis der vom Bundesministerium für Land- und Forstwirtschaft im Sommer 1987 durchgeführten Erhebung über den Gesundheitszustand der österreichischen Wälder weisen 75 % der gesamten Waldfläche keine über das natürliche Maß hinausgehenden Kronenverlichtungen auf. Bei 21,5 % der Gesamtwaldfläche waren schwache Verlichtungen festzustellen. Immissionskundliche Untersuchungen lassen vermuten, daß die durch Luftverunreinigung beeinträchtigte bzw. geschädigte Waldfläche 1985 etwa 600 000 ha (etwa 19 % der gesamten Waldfläche) umfaßte. Unter den Bundesländern schienen die Waldschäden in Kärnten und Salzburg (89 % bzw. 88 % verlichtungsfreie Wälder) am geringsten, dagegen in Wien (40 %), im Burgenland (41 %) und in Vorarlberg (53 %) am stärksten ausgeprägt zu sein.«
Hier muß gehandelt werden. Aber da Luftverschmutzung nicht an Ländergrenzen haltmacht, sind nicht nur österreichische Anstrengungen erforderlich, sondern europaweite.

1 Steinpilz, Fichtensteinpilz, Herrenpilz
Boletus edulis

Merkmale: Der Steinpilz gehört in die Gruppe der Röhrenpilze. Ihm fehlen also die für die Blätterpilze typischen Lamellen auf der Hutunterseite; vielmehr sieht man hier senkrecht angeordnete Röhren, in denen die Sporen gebildet werden. Man erkennt den Steinpilz an dem dicken Stiel, der grauen bis braunen Hutoberseite und den zunächst weißen, später oliv-grünlichen Röhren. Der Hut erreicht einen Durchmesser von 8 bis 25 cm.

Vorkommen: Der Pilz kommt sowohl im Nadel- wie im Laubwald vor und ist über ganz Europa verbreitet. Um die großen Städte herum ist dieser bekannte und geschätzte Speisepilz allerdings vielerorts annähernd ausgerottet. Die Fruchtkörper findet man von Juli bis November.

Biologie: Pilze haben im Wald eine wichtige Funktion; sie bauen tote organische Substanz ab, die dem Boden aufliegt, also etwa abgestorbene Pflanzen, Fallaub, Tierleichen und Kot. Durch ihre Tätigkeit gelangen die in der organischen Substanz enthaltenen Nährsalze zurück in den Boden. Die Salze stehen damit den grünen Pflanzen erneut zur Verfügung.

2 Birken-Rotkappe
Leccinum testaceo-scabrum

Merkmale: Dieser eßbare Röhrenpilz wird bis 20 cm hoch und trägt einen orangefarbenen Hut von 5 bis 20 cm Durchmesser. Die Röhren sind grau gefärbt. Der weißliche Stiel ist dicht mit schwärzlichen Schuppen besetzt.

Vorkommen: Die Rotkappe ist in Europa weit verbreitet. Daneben kommt sie auch in Asien und Nordamerika vor. Der Pilz ist an Birken gebunden.

Biologie: Wie viele andere Pilze, lebt die Rotkappe in Symbiose mit anderen Pflanzen – in diesem Fall mit Bäumen – zusammen. Die Pilzfäden (Hyphen) umspinnen die Wurzeln der Bäume; ein Teil der Hyphen dringt in die Wurzeln ein. Man spricht hier von einer Mykorrhiza. Der Pilz bezieht aus den Wurzeln der Bäume durch Fotosynthese erzeugte organische Verbindungen, vor allem Zucker; der Baum erhält Nährsalze und Wasser.

3 Parasolpilz, Riesenschirmling
Macrolepiota procera

Merkmale: Der Parasolpilz ist aufgrund seiner Größe ein sehr auffälliger Blätterpilz. Der Hut kann einen Durchmesser von 10 bis 25 cm erreichen. Der gesamte Fruchtkörper ist hellbraun bis ockerfarben. Die Oberseite des Hutes weist eine typische Schuppung auf. Die Lamellen sind zunächst weißlich, später – wie der übrige Fruchtkörper – hellbraun. Der Stiel ist an der Basis knollig verdickt und hat einen verschiebbaren Ring (Manschette). Junge Parasolpilze haben die Form von Paukenschlegeln.

Vorkommen: Den Pilz findet man im lichten Laubwald und an Waldrändern. Er bevorzugt mit Gras bewachsene Stellen. Die Fruchtkörper erscheinen von Juli bis Oktober.

Biologie: Der Pilz ist eßbar.

4 Grüner Knollenblätterpilz
Amanita phalloides

Merkmale: Der Grüne Knollenblätterpilz zählt zu den giftigsten Pilzen überhaupt. Seine Kennzeichen sind der mit einer grünlichen Haut überzogene Hut, die rein weißen Lamellen, der unten knollig verdickte Stiel und die am Stiel hängende Manschette. Der Pilz wird bis zu 15 cm hoch, der Hut erreicht einen Durchmesser von 15 cm.

Vorkommen: Der Pilz wächst überwiegend in Eichen- und Buchenwäldern, seltener in Nadelwäldern. Man findet die Fruchtkörper von Juli bis Oktober.

Biologie: Der Knollenblätterpilz ist tödlich giftig. Die Giftwirkung beruht auf einer Schädigung der inneren Organe. Erste Anzeichen einer Vergiftung treten nach 5 bis 12 Stunden auf. Es ist dann sofort(!) ein Arzt oder ein Krankenhaus aufzusuchen! Werden nicht sofort medizinische Gegenmaßnahmen eingeleitet, sind irreparable Schäden an Leber und Nieren unabwendbar! Oft führt die Vergiftung jedoch zum Tod!

1

2

3

4

1 Fliegenpilz
Amanita muscaria

Merkmale: Der Fliegenpilz ist ein unverwechselbarer Blätterpilz. Kennzeichen sind der rote Hut mit den weißen Flecken, die die Reste der Hülle des sich entwickelnden Pilzes darstellen, und der unten knollig verdickte Stiel mit der weißen Manschette. Der Hut erreicht einen Durchmesser von 6 bis 15 cm.
Vorkommen: Der Pilz ist auf der gesamten nördlichen Halbkugel von ebenen bis in hohe Lagen verbreitet. Fruchtkörper findet man vom Sommer bis in den Herbst hinein, besonders in Nadelwäldern, aber auch unter Birken.
Biologie: Der Fliegenpilz ist mit den Knollenblätterpilzen nah verwandt und wie diese sehr giftig. Das Gift wirkt auf das Nervensystem ein. Die Anzeichen einer Vergiftung sind: Schweißausbrüche, Änderung der Herztätigkeit, Muskelzuckungen und Atembeschwerden.

2 Gemeiner Hallimasch
Armillariella mellea

Merkmale: Der Hut dieses Pilzes erreicht 10 cm Durchmesser und kann in der Farbe von gelblich bis bräunlich variieren. Die Lamellen sind zunächst weißlich, bei ausgewachsenen Exemplaren dann gelblichbräunlich; sie laufen ein wenig am Stiel herab. Kaut man ein Stückchen Fleisch, so spürt man nach einiger Zeit ein unangenehmes Kratzen im Hals.
Vorkommen: Der Pilz wächst meist gesellig, oft büschelig, auf lebendem oder vermoderndem Holz. Bevorzugt werden die Stämme und Stümpfe von Laubbäumen. Die Fruchtkörper findet man im Herbst. Die Art ist heute über die gesamte Erde verbreitet.
Biologie: Der Hallimasch kann als Baumparasit große Forstschäden anrichten. Er ist eßbar, aber manche Menschen vertragen ihn nicht und reagieren mit Magen- und Darmbeschwerden auf eine Mahlzeit. Es handelt sich also nicht unbedingt um einen guten Speisepilz.

3 Pfifferling, Eierschwamm
Cantharellus cibarius

Merkmale: Der Pfifferling ist einer der bekanntesten Pilze überhaupt. Der bis 10 cm große Hut ist zunächst gewölbt, später trichterförmig eingesenkt und normalerweise dottergelb gefärbt (Name »Eierschwamm«!). Der Hutrand ist wellig. Auf der Unterseite des Hutes laufen dicke, unregelmäßige Leisten zum Stiel und an diesem noch ein Stück herunter.
Vorkommen: Der Pfifferling ist über die gesamte nördliche Halbkugel verbreitet. Er wächst besonders in Nadelwäldern, kommt aber auch in Laubwäldern vor. Fruchtkörper findet man im Juni und von August bis Oktober.
Biologie: Der Pfifferling ist ein wohlschmeckender und deshalb sehr geschätzter Speisepilz. In Gebieten, wo viel gesammelt wird, ist dieser ansonsten häufige Pilz bereits selten geworden. Es scheint also an der Zeit zu sein, aus Gründen des Naturschutzes die Sammelaktivitäten insgesamt einzuschränken.

1 Frauenhaarmoos, Bürstenmoos
Polytrichum-Art

Merkmale: Dieses Moos kann bis 30 cm hohe Polster bilden. Es ist damit eines der größten Moose, die in Mitteleuropa vorkommen. Die einzelnen Moospflänzchen stehen in dichten Rasen zusammen. Wenn genügend Feuchtigkeit vorhanden ist, stehen die spiralig angeordneten Blättchen waagerecht, bei Trockenheit legen sie sich fast an den Stengel an. Die Gattung *Polytrichum* umfaßt eine Vielzahl sehr ähnlicher Arten, deren genaue Bestimmung schwierig ist.
Vorkommen: Das Moos findet man häufig in Laub- und Nadelwäldern. Meist zeigt es feuchten, leicht sauren Boden an. Die Vorkommen liegen vom Tiefland bis in etwa 2000 m Höhe. (Zwischen den Arten bestehen Unterschiede.) Im Frühjahr werden die bisweilen »Moosblüten« genannten Geschlechtsorgane ausgebildet.
Biologie: Trotz ihres einfachen Baues und ihrer geringen Höhe spielen Moose im Wald eine wichtige Rolle. Sie vermögen bei Niederschlägen Wasser in größeren Mengen aufzunehmen, um es langsam wieder an die Umgebung abzugeben. Die Moose tragen also zu dem ausgeglichenen Klima im Wald bei.

2 Weißmoos, Ordenskissen
Leucobryum glaucum

Merkmale: Das Weißmoos ist an seiner blaugrünen Färbung und dem dichten Polsterwuchs leicht zu erkennen. Die Polster können einen Durchmesser von 50 cm und eine Höhe von 15 cm erreichen. Die aufrechten Stengel sind gabelig oder büschelig verzweigt. Die Blättchen stehen spiralig angeordnet.
Vorkommen: Man findet dieses Moos in sauren, feuchten Nadel-, Buchen- und Eichenwäldern. Es kommt bis in 2500 m Höhe vor und ist auf der Erde weit verbreitet.
Biologie: Moose nehmen Wasser zum größten Teil über die Blättchen auf. Beim Weißmoos kann man gut sehen, wie es um den Wasserhaushalt der Pflanzen bestellt ist: Die blaugrüne Färbung der Polster geht bei Trockenheit mehr und mehr in weiß über (Name!).

3 Sprossender Bärlapp, Schlangenmoos
Lycopodium annotinum

Merkmale: Bärlappe werden vielfach übersehen oder für Moose gehalten. Typisch sind die schmalen, nadelartigen Blättchen, die unregelmäßig verteilt am Stengel sitzen. Die gabelig verzweigten Stengel des Sprossenden Bärlapps kriechen über weite Strecken (30 cm bis 1,20 m) am Boden entlang (Name »Schlangenmoos«!). Die Äste jedoch, die die Sporenähren tragen, stehen aufrecht. Die Ähren werden etwa 4 cm lang und etwa 3 mm dick. Insgesamt kann die Pflanze eine Höhe von 30 cm erreichen.
Vorkommen: Bärlappe sind recht selten, und ihre Fundorte liegen zerstreut. Der Sprossende Bärlapp ist eine noch relativ häufige Art, der man in Fichten-, Kiefern- und Birkenwäldern begegnen kann. Der Untergrund muß frisch, nährstoffarm und sauer sein. Von ebenen Lagen bis in etwa 1900 m Höhe kann man die Art auf den entsprechenden Standorten finden.
Biologie: Bärlappe sind immergrün und kommen überwiegend auf schattigen Standorten vor.

4 Wald-Schachtelhalm
Equisetum silvaticum

Merkmale: Aus einem überdauernden, unterirdischen Wurzelstock wachsen im Frühjahr unverzweigte, bleich-bräunliche, 15 bis 60 cm lange Stengel empor, die am Ende jeweils eine Sporenähre tragen. Nach dem Reifen der Sporen und ihrer Verbreitung ergrünen die vorher bleichen Stengel. Sie bilden jetzt verzweigte, in Quirlen stehende, feine Seitenäste aus.
Vorkommen: Der Wald-Schachtelhalm tritt ziemlich häufig auf nassen, kalkarmen Böden in verschiedenen Wald-Gesellschaften auf, so in moosigen Fichtenwäldern, in Eichen-Hainbuchen-Wäldern und in Auwäldern. Er liebt halbschattige oder schattige Standorte und kommt vom Tiefland bis in Höhen von über 1500 m vor.
Biologie: Bei den Schachtelhalmen sind alle oberirdischen Teile aus ineinandergeschachtelten Abschnitten aufgebaut. Darauf bezieht sich der Name dieser Pflanzengruppe.

1 Gemeine Hirschzunge
Phyllitis scolopendrium

Merkmale: Die ausdauernde Hirschzunge ist leicht an den zungenförmigen (Name!), ganzrandigen Blättern zu erkennen. Der Blattgrund ist herzförmig ausgebildet. Die Sporenbehälter werden längs der Adern auf der Blattunterseite in Linien angelegt. Der Farn wird 15 bis 40 cm hoch.
Vorkommen: Die Hirschzunge ist selten geworden, tritt aber an ihren Fundorten meist gesellig auf. Man findet sie vor allem in schattigen, feuchten Schluchtwäldern. Die Art kommt in den Alpen bis in 1500 m Höhe vor. Die Sporenreife tritt zwischen Juli und September ein.
Biologie: Aus den vom Wind verbreiteten Sporen der Farne wachsen pfenniggroße Vorkeime, auf denen die geschlechtliche Fortpflanzung abläuft. Aus einer befruchteten Eizelle wächst dann wieder eine sporentragende Farnpflanze heran. Man spricht hier von einem Generationswechsel. Die eigentliche Farnpflanze stellt also die Sporengeneration, der winzige Vorkeim die geschlechtliche Generation dar.

2 Adlerfarn
Pteridium aquilinum

Merkmale: Der ausdauernde Adlerfarn wird 0,50 bis 2 m hoch und bildet oft dichte Bestände. Auf der Wedelunterseite (Wedel doppelt bis vierfach gefiedert) werden – eingehüllt von einem häutigen Schleier – die Sporangien angelegt, die für die Bestimmung der Farne ein wichtiges Merkmal darstellen. Beim Adlerfarn bilden die Sporenhäufchen entlang den eingerollten Blatträndern eine zusammenhängende Linie.
Vorkommen: Der Adlerfarn ist einer der häufigsten einheimischen Farne und zudem über ganz Europa verbreitet. Er kommt von der Ebene bis ins Gebirge vor. In den Alpen findet man ihn bis in 1400 m Höhe. Die Sporenreife liegt zwischen Juli und Oktober.
Biologie: Schneidet man einen Stengel des Farns quer durch, so sieht man mit etwas Phantasie das Bild eines Doppeladlers (Name!) vor sich. Es wird durch die dunklen Leitungsbahnen im Stengel gebildet.

3 Gemeiner Wurmfarn
Dryopteris filix-mas

Merkmale: Der Farn besitzt einen umfangreichen, ausdauernden Wurzelstock, aus dem jedes Jahr die neuen Farnwedel emporwachsen. Die jungen Wedel sind zunächst spiralig eingerollt und von braunen Spreuschuppen bedeckt. Nach und nach entfalten sie sich, wobei sie zeitweise wie Bischofsstäbe aussehen und auch so genannt werden. Ausgewachsene Wedel werden bis 1,40 m lang. Die Blätter sind auf der Oberseite dunkler grün gefärbt als auf der Unterseite. Insgesamt sind die Wedel doppelt gefiedert, d.h. jede einzelne Fieder ist selbst nochmals gefiedert.
Vorkommen: Den Wurmfarn findet man in Laub-, Misch- und Nadelwäldern mit einer gut ausgebildeten Krautschicht. Die Fundorte liegen von der Ebene bis in Gebirgslagen. In den Alpen liegt die Grenze bei etwa 1700 m.
Biologie: Der Wurmfarn ist Anzeiger für frischen, nährstoffreichen Lehmboden mit guter Humusbildung. Sein Name bezieht sich auf die Verwendung der Wurzelstöcke als Bandwurmmittel.

4 Gemeiner Tüpfelfarn, Engelsüß
Polypodium vulgare

Merkmale: Beim Tüpfelfarn sind die Farnwedel zwar wie bei vielen anderen Farnen gefiedert, aber nur einfach. Die Wedel bleiben zudem im Winter grün. Dieser Farn ist also recht leicht zu erkennen. Die Sporenhäufchen sind rund.
Vorkommen: Der Tüpfelfarn gedeiht auf mäßig trockenen, kalkarmen Böden und ist typisch für lichte, artenarme Eichenwälder. Er kommt von der Ebene bis in mittlere Gebirgslagen vor. In den Alpen trifft man die Art bis in 1400 m Höhe an. Die Sporenreife liegt zwischen Juli und September.
Biologie: Der Tüpfelfarn wächst nicht nur auf dem Waldboden, sondern auch auf Felsen und als sogenannter Epiphyt am Fuß alter, bemooster Bäume oder manchmal auch höher am Stamm.

1 Gemeine Waldrebe
Clematis vitalba

Merkmale: Die Gemeine Waldrebe hat einen verholzten, kletternden Stengel. Er wird 1 bis 8 m lang. Die unpaarig gefiederten Blätter sind gegenständig am Stengel angeordnet. Die Blüten sind gelblich-weiß gefärbt und stehen in Trugdolden zusammen. Die Pflanze blüht von Juni bis September. Typisch sind die Früchte, die einen interessanten Flugapparat zeigen. Familie: Hahnenfußgewächse (Ranunculaceae).
Vorkommen: Die Art ist zirkumpolar verbreitet. Sie ist typisch für Auwälder, kommt aber auch an Waldrändern und in siedlungsnahen Gebüschen vor. In den Alpen tritt sie bis in 1400 m Höhe auf (siehe auch Alpen-Waldrebe, Seite 306).
Biologie: Die Waldrebe stellt zwar bescheidene Ansprüche an den Untergrund, aber sie ist sehr lichtbedürftig. Und Licht ist im Wald am ehesten zu finden, wenn die Pflanze möglichst weit nach oben gelangt. Wenn eine Pflanze aber selbst nicht sehr hoch werden kann (der Stengel der Waldrebe ist zwar verholzt, aber nur wenige Zentimeter dick), dann bleibt nur die Möglichkeit, an anderen hohen Pflanzen (Bäumen) emporzuklettern, um in einiger Höhe in stärkeren Lichtgenuß zu kommen als am Boden. Die Waldrebe benutzt zum Klettern ihre Blattstiele und erreicht manchmal Höhen von 20 m. Diesen Typ von Pflanzen nennt der Botaniker Lianen.

2 Busch-Windröschen
Anemone nemorosa

Merkmale: Die 3 Fiederblätter des Busch-Windröschens bilden einen Wirtel, aus dessen Zentrum der Blütenstiel entspringt. Die Blüten sind aus 6 rosa überhauchten, weißen Kronblättern und zahlreichen Stempeln und Staubblättern aufgebaut. Die Pflanze blüht im März/April und wird 15 bis 20 cm hoch. Familie: Hahnenfußgewächse (Ranunculaceae).
Vorkommen: Die Art ist über große Teile Europas und Asiens verbreitet. Bei uns kommt sie in krautreichen Laub- und Nadelwäldern vor, bisweilen auch auf Bergwiesen. In den Alpen tritt sie bis in 2000 m Höhe auf.
Biologie: Im zeitigen Frühjahr, lange bevor an den Laubbäumen die ersten Blätter erscheinen, blühen am Waldboden verschiedene Pflanzen, die oft in Herden wachsen und den Aspekt des Waldes prägen. Man nennt diese Gruppe von Pflanzen, zu der auch das Busch-Windröschen gehört, Frühblüher. Die Lichtstrahlen können zwar in dieser Jahreszeit ungehindert bis zum Boden gelangen, aber die Tageslichtdauer und die Strahlungsintensität würden es den Pflanzen dennoch nicht ermöglichen, Baustoffe für Blüten und Blätter zu produzieren. Die Frühblüher können so früh im Jahr Blätter und Blüten ausbilden, weil sie über Speicherorgane verfügen, in denen bereits im Vorjahr diese Bausubstanz angesammelt wurde. Würde man ein Busch-Windröschen ausgraben, stieße man auf einen verdickten Wurzelstock, der als Speicherorgan fungiert. Wenn sich im Mai/Juni das Kronendach geschlossen hat und kaum mehr Licht zum Waldboden dringt, sterben die meisten Frühblüher bereits wieder ab.

3 Wald-Erdbeere
Fragaria vesca

Merkmale: Die Wald-Erdbeere sieht wie eine verkleinerte Ausgabe der im Garten angepflanzten Erdbeere aus. Sie zeigt – genau wie die Gartenform – die typischen, gezähnten, dreiteiligen Fiederblätter und die weißen Blüten. Von April bis Juni trifft man die Waldpflanze blühend an. Einige Zeit später reifen dann die Früchte. Familie: Rosengewächse (Rosaceae).
Vorkommen: Die Wald-Erdbeere findet man regelmäßig entlang der Waldwege, an Waldrändern und auf Kahlschlägen. Die Art kommt fast überall von ebenen Lagen bis ins Hochgebirge vor (Alpen: bis 2200 m).
Biologie: Erdbeeren haben sogenannte Scheinfrüchte. Auf dem fleischigen, roten Blütenboden sitzen viele gelbliche Samen. Übrigens: Wald-Erdbeeren geben eine vorzügliche Bowle ab!

1 Wald-Sauerklee
Oxalis acetosella

Merkmale: Der Wald-Sauerklee hat mit den verschiedenen Klee-Arten lediglich die Form der Blätter gemeinsam, steht aber systematisch anders. Die Blätter wachsen aus einem Wurzelstock hervor und enthalten sehr viel Oxalsäure bzw. Oxalate, die ihnen den säuerlichen Geschmack verleiht. Die Blüten stehen einzeln und sind weiß, oft auch blaßrosa gefärbt; meist sind die Blütenblätter deutlich violett geadert. Die Pflanze blüht im April/Mai. Familie: Sauerkleegewächse (Oxalidaceae).
Vorkommen: Die Pflanze kommt auf frischen, nährstoffreichen Böden in krautreichen Laub- und Nadelmischwäldern vor. In den Alpen tritt sie bis in 1900 m Höhe auf. Sie ist zirkumpolar verbreitet und in ganz Europa zu finden.
Biologie: Als ausgesprochene Schattenpflanze ändert der Wald-Sauerklee entsprechend der vorhandenen Einstrahlung die Stellung seiner Blätter. Bei schwacher Beleuchtung stehen die Blattzipfel flach ausgebreitet. Bei starker Einstrahlung stehen sie dagegen angewinkelt; auf diese Weise wird die assimilierende Fläche verkleinert.

2 Preiselbeere
Vaccinium vitis-idaea

Merkmale: Die derben, am Rand eingerollten Blätter der Preiselbeere sind auch im Winter grün. Die Blüten – kleine, weißlich-rosa gefärbte Glöckchen – stehen zu mehreren in traubigen Blütenständen vereinigt. Sie öffnen sich in der Zeit zwischen Mai und Juli. Die Früchte sind rot. Familie: Heidekrautgewächse (Ericaceae).
Vorkommen: Die gerade kniehohen Arten der Gattung *Vaccinium* – man spricht hier von Zwergsträuchern – wachsen alle auf saurem Boden. Die Preiselbeere findet man vor allem in Kiefern- und Fichtenwäldern. In den Alpen kommt die Art bis in 2300 m Höhe vor. Sie ist zirkumpolar verbreitet.
Biologie: Die Früchte der Preiselbeere sind eßbar und werden gerne gesammelt. Aus ihnen läßt sich ein vorzügliches Kompott bereiten.

3 Große Sternmiere
Stellaria holostea

Merkmale: Die Sternmiere wird 10 bis 30 cm hoch. Ihr Stengel ist vierkantig. Die Blätter sind lanzettlich zugespitzt und auch im Winter grün. Die Blütenblätter werden 10 bis 15 mm lang, sind weiß gefärbt und etwa bis zur Mitte gespalten. Die Pflanze blüht zwischen April und Juni. Familie: Nelkengewächse (Caryophyllaceae).
Vorkommen: Die Sternmiere wächst vor allem in lichten, krautreichen Laubmischwäldern, in Hecken und Gebüschgruppen. Sie kommt von der Ebene bis in 1100 m Höhe vor und ist über ganz Europa verbreitet.
Biologie: Die Pflanze meidet Kalkboden, gedeiht vielmehr auf neutralen bis mäßig sauren Böden.

1 Waldmeister
Galium odoratum

Merkmale: Die Pflanze wird bis 20 cm hoch. Der glatte, vierkantige Stengel wächst aus einem Wurzelstock empor, der im Boden kriecht. Jahr für Jahr wächst der Wurzelstock vorne ein Stück weiter, während die hinteren Teile absterben. Am Stengel sitzen Quirle aus 6 bis 8 lanzettlichen Blättern. Die kleinen, weißen Blüten stehen in Trugdolden dicht beieinander. Die Pflanze blüht im April/Mai. Familie: Rötegewächse (Rubiaceae).
Vorkommen: Den Waldmeister findet man häufig in krautigen Buchen- oder Laubmischwäldern. Die Pflanze liebt frischen, nährstoffreichen, lockeren Lehmboden und einen schattigen Standort. In den Alpen kommt sie bis in etwa 1400 m Höhe vor.
Biologie: Alle Teile des Waldmeisters enthalten das angenehm duftende Cumarin. Waldmeister wird deshalb gerne für die Maibowle verwendet (daher auch der regional gebräuchliche, volkstümliche Name Maikraut!). Das Cumarin gibt der Bowle den typischen Geschmack. Die reifen Früchte sind mit hakigen Borsten besetzt, die leicht im Fell von Tieren hängenbleiben und oft wieder weit entfernt abgestreift werden. Dies ist ein biologischer Trick, mit dem eine Pflanze ihre Samen verbreiten lassen kann.

2 Bären-Lauch, Wald-Knoblauch
Allium ursinum

Merkmale: Der Bären-Lauch wird 15 bis 30 cm hoch. Aus der im Boden überdauernden, länglichen Zwiebel wachsen 1 bis 2 deutlich gestielte Blätter hervor. Wie bei fast allen Einkeimblättrigen Pflanzen verlaufen auch bei ihnen die Blattadern parallel. Insgesamt haben sie eine breit-elliptische Form und sind 2 bis 5 cm breit. Von April bis Juni öffnen sich die zu einer Scheindolde vereinigten, sternförmigen, weißen Blüten. Familie: Liliengewächse (Liliaceae).
Vorkommen: Den Bären-Lauch findet man auf feuchten, nährstoffreichen Lehm- und Tonböden in feuchten, schattigen Laubwäldern häufig und meist gesellig wachsend. In den Alpen kommt die Art bis in 1700 m Höhe vor.
Biologie: Man erkennt die Pflanze leicht an ihrem typischen Geruch nach Zwiebel oder Knoblauch. Oft wird man auf Bestände des Bären-Lauches zuerst durch den Geruch aufmerksam.

3 Vielblütige Weißwurz
Polygonatum multiflorum

Merkmale: Die bis 70 cm hohe, schattenliebende Pflanze überdauert mit einem kräftigen Wurzelstock, aus dem der runde Stengel emporwächst. Er trägt elliptisch-eiförmige, wechselständig angeordnete Blätter. Im Mai/Juni hängen in den Blattachseln Gruppen von je 2 bis 5 weißlich-grünen Glockenblüten. Später bilden sich die dunkelblauen Früchte aus. Familie: Liliengewächse (Liliaceae).
Ganz ähnlich sieht die nah verwandte Wohlriechende Weißwurz, das Salomonssiegel *(Polygonatum odoratum)* aus. Diese Art besitzt aber einen kantigen Stengel, und die Blüten hängen meist einzeln, manchmal auch zu zweit in den Blattachseln.
Vorkommen: Die Vielblütige Weißwurz findet man in krautreichen Buchen-, Eichen- und Nadelmischwald-Gesellschaften auf frischen, nährstoffreichen Lehmböden. Sie kommt von der Ebene bis in etwa 1800 m Höhe vor.
Biologie: Die Blüten werden überwiegend von Hummeln bestäubt. Die Pflanze ist giftig! Unglücksfälle sind zwar selten, aber man sollte Kinder rechtzeitig auf die Gefahr hinweisen.

1

2

3

1 Maiglöckchen
Convallaria majalis

Merkmale: Das Maiglöckchen ist eine ausdauernde Pflanze, die mit einem Wurzelstock im Boden überwintert. Aus dem Wurzelstock wachsen im Frühjahr die tütenförmig eingerollten Blätter hervor, die sich nach und nach entfalten. Im Mai/Juni blüht das Maiglöckchen. Die weißen, glockenförmigen Blüten stehen zu einer Traube vereinigt und duften sehr intensiv. Im Herbst fallen die roten Beeren auf. Familie: Liliengewächse (Liliaceae).
Vorkommen: Das Maiglöckchen finden wir auf mäßig trockenen, mäßig nährstoffreichen Böden in lichten Laub- und Mischwäldern. Die Pflanze kommt von der Ebene bis in etwa 1900 m Höhe vor und ist über fast ganz Europa verbreitet.
Biologie: Alle Teile der Pflanze sind giftig! Unglücksfälle kommen immer wieder vor, und man sollte Kinder rechtzeitig auf die Gefahr hinweisen!

2 Gefleckter Aronstab
Arum maculatum

Merkmale: Aus einem im Boden überdauernden Wurzelstock wachsen schon zeitig im Frühjahr lang gestielte, breitpfeilförmige Blätter heraus. Zwischen ihnen erscheint im April/Mai die weißlichgrüne, tütenförmige Blütenscheide, in der – wenn sie sich öffnet – der bräunlich-rote Endabschnitt des Blütenkolbens sichtbar wird. Die Blütenscheide ist am unteren Ende bauchig erweitert und hüllt die Blüten ein. Die Scheide trocknet nach der Bestäubung ein. Im Spätsommer und Herbst wird man durch die auffälligen, roten Früchte auf den Aronstab aufmerksam. Familie: Aronstabgewächse (Araceae).
Vorkommen: Der Aronstab bevorzugt frische, nährstoffreiche Lehm- und Tonböden. Er kommt in krautreichen Laub- und Mischwäldern fast überall in Europa vor – von der Ebene bis in mittlere Gebirgslagen (950 m).
Biologie: Die Pflanze ist besonders interessant, weil ihr Blütenstand wie eine Kesselfalle funktioniert. Am Eingang der tütenförmigen Blütenscheide stehen sterile Hindernisblüten, die Insekten zwar hereinlassen, aber zunächst nicht wieder hinaus. Nach unten folgen die männlichen Blüten, und ganz unten sitzen die weiblichen Blüten. Vom Aasgeruch der Blüten angelockte Insekten bestäuben zunächst die weiblichen Blüten. Dann nehmen sie Blütenstaub aus den inzwischen gereiften, männlichen Blüten mit; die Hindernisblüten welken, und die Insekten können zu anderen Aronstabpflanzen fliegen, um diese zu bestäuben.

3 Frühlings-Knotenblume, Märzenbecher
Leucojum vernum

Merkmale: Die Pflanze wird 10 bis 35 cm hoch und hat bis zu 5 dunkelgrüne, linealische Blätter. Der Stengel trägt 1 glockenförmige Blüte (selten 2 Blüten), die von einer häutigen Blattscheide überragt wird. Die Perigonblätter sind weiß und an der Spitze gelb oder grünlich gefleckt. Die Pflanze blüht in der Zeit zwischen Februar und April. Familie: Narzissengewächse (Amaryllidaceae).
Ähnlich ist die <u>Sommer-Knotenblume</u> *(Leucojum aestivum)*, die aber 30 bis 50 cm hoch wird, 3- bis 7-blütige Stengel hat und später (April/Mai) blüht.
Vorkommen: Die Art ist relativ selten, tritt aber gesellig auf. Ihr Lebensraum sind Auen- und feuchte Laubmischwälder, aber auch sumpfige Wiesen. Sie kommt von der Ebene bis in mittlere Gebirgslagen um 1500 m vor.
Biologie: Knotenblumen sind giftig! Die Pflanzen sind mit dem <u>Schneeglöckchen</u> *(Galanthus nivalis)* nah verwandt. Alle drei Arten sind Frühblüher, die mit Zwiebeln überdauern.

1 Scharbockskraut
Ranunculus ficaria

Merkmale: Schon zeitig im Frühjahr sprießen die niederliegenden, hohlen Stengel des Scharbockskrautes mit den saftig-grünen, glänzenden, herz- oder nierenförmigen Blättern aus dem Boden hervor. Die Blattstiele umhüllen den Stengel scheidenartig. Wenig später – von März bis Mai – öffnen sich die goldgelben Blüten. Die Art wird 5 bis 15 cm hoch. Familie: Hahnenfußgewächse (Ranunculaceae).
Vorkommen: Das Scharbockskraut wächst häufig und gesellig in Auen- und krautreichen Laubmischwäldern. Es kommt von der Ebene bis in mittlere Gebirgslagen vor und ist in den Alpen bis in etwa 1400 m Höhe anzutreffen.
Biologie: Die Pflanze gehört zu den Frühblühern. Sie überdauert mit einer Knolle. Der Name bezieht sich übrigens auf die Verwendung der Vitamin-C enthaltenden Blätter als Mittel gegen Skorbut: Scharbockskraut = Skorbutskraut.

2 Rührmichnichtan, Großes Springkraut
Impatiens noli-tangere

Merkmale: Das Große Springkraut besitzt einen saftigen, glasig wirkenden Stengel und wird 80 cm hoch. Die 2 bis 3 cm langen, gelben Blüten mit dem gekrümmten Sporn hängen in gestielten Trauben herab. Die Blütezeit liegt zwischen Juni und September. Familie: Balsaminengewächse (Balsaminaceae).
Vorkommen: Die Pflanze kommt in feuchten Laub- und Nadelwäldern vor. Ebene Lagen werden ebenso besiedelt wie mittlere Gebirgslagen.
Biologie: Interessant ist der Verbreitungsmechanismus: Bei Berührung springen die saftigen Kapseln auf (Name!), und die Samen werden weit fortgeschleudert. Man spricht von Selbstverbreitung.

3 Wald-Schlüsselblume, Hohe Schlüsselblume
Primula elatior

Merkmale: Aus der grundständigen Blattrosette wird ein bis zu 20 cm hoher Blütenstengel emporgeschoben. Die schwefelgelben, nicht oder nur schwach duftenden Blüten stehen doldig gehäuft. Sie haben einen anliegenden Kelch. Die Pflanze blüht von März bis Mai. Familie: Primelgewächse (Primulaceae).
Die nahe verwandte Wiesen-Schlüsselblume (siehe Seite 50) unterscheidet sich von der Wald-Schlüsselblume durch den glockig aufgeblasenen Kelch. Außerdem fallen im Schlund der goldgelben (nicht schwefelgelben!) Blumenkrone 5 rote Flecken auf; die Blüten dieser Art duften.
Vorkommen: Die Wald-Schlüsselblume ist in Laub- und Mischwäldern mit gut ausgebildeter Krautschicht überall in Mitteleuropa anzutreffen. Frische, nährstoffreiche Lehmböden sagen ihr besonders zu. In den Alpen kommt die Art bis in 2200 m Höhe vor. Sie ist über fast ganz Europa verbreitet.
Biologie: Bei dieser Pflanze gibt es Individuen mit langen Griffeln und tief angeordneten Staubblättern und Individuen mit kurzen Griffeln und hoch angeordneten Staubblättern (Heterostylie). Durch Kreuzbestäubung wird eine optimale Verbreitung der Art erreicht.

4 Goldnessel, Gelbe Taubnessel
Lamium galeobdolon

Merkmale: Typisch für Taubnesseln sind der vierkantige Stengel und die kreuz-gegenständig angeordneten Blätter. Man sollte sich einmal die Mühe machen, die Blüte ganz aus der Nähe zu betrachten, am besten mit Hilfe einer Lupe: Ein glockenförmiger, fünfzähliger Kelch umschließt die zweiseitig-symmetrische Blumenkrone, bei der Goldnessel goldgelb gefärbt. Man kann eine Oberlippe und eine Unterlippe unterscheiden. Die Goldnessel wird 30 bis 60 cm hoch und blüht in der Zeit von April bis Juli. Familie : Lippenblütler (Lamiaceae).
Vorkommen: Die Pflanze kommt auf frischen, nährstoffreichen Böden in krautreichen Laub- und Nadelmischwäldern überall häufig vor. Sie ist über fast ganz Europa verbreitet und besiedelt ebene Lagen wie auch Gebirgslagen.
Biologie: Die Blüten werden von Bienen bestäubt, die Samen von Ameisen verbreitet.

1 Hohler Lerchensporn
Corydalis cava

Merkmale: Der Hohle Lerchensporn blüht manchmal bereits im März. Die zum Aufbau der Blätter und Blüten notwendigen Substanzen bezieht die Pflanze aus den überwinternden, hohlen Knollen (Name!). Die doppelt-dreizähligen Blätter werden von einer endständigen Blütentraube überragt. Die Traube kann 10 bis 20 Einzelblüten vereinigen, deren Farbe von lila über rötlich bis weiß variieren kann. Der Hohle Lerchensporn wird etwa 25 cm hoch. Familie: Erdrauchgewächse (Fumariaceae).
Vorkommen: Man findet die Pflanze in lichten Laubwäldern – vor allem Buchenwäldern – mit einer gut ausgebildeten Krautschicht. Sie wächst meist in Herden oder sogar großen Beständen und kommt von der Ebene bis in die Gebirge (Alpen: bis 1400 m) vor.
Biologie: Einige der Lerchensporn-Arten, die in Mitteleuropa vorkommen, zählen zu den Frühblühern. Der Hohle Lerchensporn ist zudem eine Mullbodenpflanze und zeigt nährstoffreichen Lehmboden an.

2 Frühlings-Platterbse
Lathyrus vernus

Merkmale: Die Frühlings-Platterbse wird 20 bis 40 cm hoch. Die unpaarig gefiederten Blätter setzen sich aus 4 bis 6 Blättchen zusammen; die Endfieder ist nur als kurze Spitze vorhanden. Die Pflanze ist oft schon im März blühend anzutreffen. Die Blüten sind anfangs purpurn, dann blau und zuletzt grünlich gefärbt. Familie: Schmetterlingsblütengewächse (Fabaceae).
Vorkommen: Man findet die Pflanze in krautreichen Buchen- und Nadelmischwäldern auf frischen, nährstoffreichen, lockeren Ton- und Lehmböden von der Ebene bis in Gebirgslagen.
Biologie: Die Frühlings-Platterbse ist, wie ihr Name schon nahelegt, ein Frühblüher – genau wie das Busch-Windröschen, das Leberblümchen und der Hohle Lerchensporn. Die unterschiedliche Färbung der Blüten wird dadurch hervorgerufen, daß bestimmte Blütenfarbstoffe in Abhängigkeit von den Bedingungen in den Zellen ihre Farbe ändern. Dasselbe Phänomen tritt auch beim Echten Lungenkraut (siehe Seite 210) auf.

3 Schmalblättriges Weidenröschen, Unholdenkraut
Epilobium angustifolium

Merkmale: Das Schmalblättrige Weidenröschen wird etwa 1 m hoch. Seine lanzettlichen Blätter sind am Stengel wechselständig angeordnet. Die Pflanze wächst meist in großen Beständen. Vielfach sind die ihr zusagenden Flächen im Sommer über und über rot gefärbt von den auffälligen Blütenständen. Wegen der kräftig gefärbten Blüten nennt man das Schmalblättrige Weidenröschen regional auch Feuerkraut. Familie: Nachtkerzengewächse (Onagraceae).
Vorkommen: Das Weidenröschen ist eine ganz typische Pflanze der Kahlschläge, aber es kommt auch an anderen freien Stellen im Wald und an Waldrändern vor. Die Art besiedelt Lagen von der Ebene bis in etwa 1900 m Höhe und ist zirkumpolar verbreitet.
Biologie: Wenn die Blüten bestäubt sind, reifen die Samen heran. Diese besitzen einen Flugapparat, der hier aus einer Haarkrone besteht. Der Wind kann die Samen weit verfrachten. Dieser sehr effektive Verbreitungsmechanismus erklärt, warum freiwerdende Stellen im Wald so rasch vom Schmalblättrigen Weidenröschen besiedelt werden können.

1

2

3

1 Heidekraut, Gemeine Besenheide
Calluna vulgaris

Merkmale: Der Zwergstrauch wird bis 60 cm hoch. Die Zweige sind dicht mit linealisch-lanzettlichen Blättchen besetzt, die dachziegelartig in 4 Zeilen angeordnet sind. Im Juli/August blüht die Pflanze, und dann sind oft große Flächen durchgehend rosa überhaucht. Familie: Heidekrautgewächse (Ericaceae).
Vorkommen: Die Besenheide ist weit verbreitet und wächst gesellig auf eher trockenen, sandig-steinigen, sauren Böden. Ihr Lebensraum sind Heidegebiete, Magerweiden, lichte Kiefern- und Eichenwälder, aber auch Moore (vor allem, wenn diese trockengelegt worden sind). Sie kommt von der Ebene bis in Lagen um 2000 m Höhe vor.
Biologie: Die Blätter der Besenheide sind insofern bemerkenswert, als auf ihrer Unterseite eine von Haaren umstandene Höhlung in Längsrichtung ausgebildet ist, in die auch die Spaltöffnungen münden. Mit Hilfe dieser sogenannten Rollblätter wird die Verdunstung herabgesetzt; dies ist eine Form der Anpassung von Pflanzen an trockene Standorte.

2 Roter Fingerhut
Digitalis purpurea

Merkmale: Im ersten Jahr bildet die Pflanze lediglich eine Blattrosette aus. Die großen Blätter sind filzig behaart – ein Verdunstungsschutz für die an sonnigen Stellen wachsende Pflanze. Im zweiten Jahr erhebt sich aus der Blattrosette der Blütenstengel, der 1,60 m hoch werden kann. Die Stengelblätter werden nach oben hin kleiner. In den Blattachseln sitzen zahlreiche, purpurrote Blüten, die aufgrund ihrer Form der Pflanze zu ihrem Namen verholfen haben. Die Blüten werden 5 cm lang, sind außen glatt, tragen aber auf der Innenseite Haare und eine kräftige, schwarze Fleckung (die einzelnen Flecken sind weiß umrahmt). Die Pflanze blüht im Juni/Juli. Familie: Rachenblütler (Scrophulariaceae).
Vorkommen: Der Rote Fingerhut ist eine typische Pflanze der Kahlschläge, Waldlichtungen und anderer offener Stellen im Wald, vor allem im Buchenwald. Er kommt überall in Westeuropa vor. Mittelgebirgslagen werden bevorzugt.
Biologie: Die Blätter des Fingerhutes sind giftig. Also Vorsicht!

3 Türkenbund-Lilie
Lilium martagon

Merkmale: Die Pflanze wird 30 cm bis 1,20 m hoch. Die mittleren Blätter stehen in Quirlen angeordnet, die Blüten in Trauben. Die Perigonblätter sind hell braunrot gefärbt und dunkel gefleckt. Aufgrund der zurückgeschlagenen Blütenblätter erhält die Blüte die Form eines Turbans (Name!). Die Pflanze blüht im Juli/August. Familie: Liliengewächse (Liliaceae).
Vorkommen: Die Türkenbund-Lilie kommt in krautreichen Laub- und Nadelwäldern, in Gebüschen, auf Bergwiesen und in Hochstaudenfluren vor. Der Untergrund muß kalkhaltig sein, der Wuchsort im Halbschatten liegen. Ebene Lagen werden ebenso besiedelt wie Gebirgslagen. In den Alpen findet man die Art bis in 1950 m Höhe.
Biologie: Die Blüten werden überwiegend von Tag- und Nachtfaltern (Schwärmern) bestäubt.

4 Rotes Waldvöglein
Cephalanthera rubra

Merkmale: Das Rote Waldvöglein hat 5 bis 8 schmale, spitze Blätter und wird 20 bis 60 cm hoch. Die 3 bis 10 roten Blüten stehen in einer lockeren Traube. Die Pflanze blüht im Juni/Juli. Familie: Knabenkrautgewächse (Orchidaceae). Ähnliche Standortansprüche wie das Rote Waldvöglein hat auch das Weiße Waldvöglein *(Cephalanthera damasonium)*. Diese Art besitzt weißlich-gelbliche Blüten. Die Stengelblätter sind eiförmig. Letzteres Kennzeichen ist wichtig, da es in Europa noch das ebenfalls weiß blühende Schwertblättrige Waldvöglein *(Cephalanthera longifolia)* gibt, das aber lanzettliche Blätter besitzt.
Vorkommen: Das Rote Waldvöglein wächst in lichten Laub- und Mischwäldern auf Kalkboden. In den Alpen kommt es bis in 1300 m Höhe vor.
Biologie: Die Waldvöglein überdauern mit kurzen, verzweigten Wurzelstöcken.

1 Dreilappiges Leberblümchen
Hepatica nobilis

Merkmale: Die Pflanze wird 8 bis 15 cm hoch. Die typischen, dreilappigen Blätter bleiben den Winter über erhalten. Bereits im März/April entfalten sich die blauen Blüten. Sie sind gleich gebaut wie die des Busch-Windröschens (siehe Seite 196). Wenn sie verblüht sind, erscheinen die neuen Blätter; die vorjährigen Blätter sterben dann ab. Familie: Hahnenfußgewächse (Ranunculaceae).
Vorkommen: Leberblümchen wachsen oft herdenweise in schattigen, krautreichen Buchen-, Eichen- und Nadelmischwäldern auf frischen, nährstoffreichen, meist kalkhaltigen, lockeren Böden mit entsprechender Mullschicht. Die Fundorte liegen von der Ebene bis in mittlere Gebirgslagen (Alpen: bis 1500 m Höhe) hinauf.
Biologie: Das Leberblümchen ist mit dem Busch-Windröschen nah verwandt und zählt ebenfalls zu den Frühblühern. Die Samen haben nährstoffreiche Anhängsel und werden von Ameisen verbreitet.

2 Wald-Veilchen
Viola reichenbachiana

Merkmale: Das Wald-Veilchen wird 10 bis 20 cm hoch. Die Grundblätter sind herz-eiförmig mit einer meist deutlichen Spitze, nur zerstreut behaart und auf der Unterseite oft violett gefärbt. Die rötlichvioletten Blüten mit den 5 Kronblättern werden 1,5 cm groß, ihr Sporn 5 bis 6 mm lang. Die Pflanze blüht zwischen April und Juni. Familie: Veilchengewächse (Violaceae).
Vorkommen: Dem Wald-Veilchen begegnet man ziemlich häufig in krautreichen Laub- und Nadelmischwäldern. Es bevorzugt schattige Stellen. Von der Ebene bis in etwa 1700 m Höhe kann man die Pflanze antreffen.
Biologie: Die Familie der Veilchengewächse ist in Mitteleuropa nur mit der Gattung *Viola* vertreten. Die einzelnen Arten kommen in ganz unterschiedlichen Lebensräumen vor (siehe Gewöhnliches Stiefmütterchen, Seite 48, und Zweiblütiges Veilchen, Seite 288).

3 Echtes Lungenkraut
Pulmonaria officinalis

Merkmale: Die ausdauernde Pflanze wird 20 bis 40 cm hoch. Die borstig behaarten Stengel tragen nur wenige, oft weißlich gefleckte Blätter. In den Blattachseln sitzen zu mehreren die Blüten, deren Färbung blau und rot sein kann. Das Lungenkraut wird man oft schon im März blühend antreffen. Es ist ein Frühblüher. Familie: Rauhblattgewächse (Boraginaceae).
Vorkommen: Das Lungenkraut bevorzugt als Standort lichte Laubwälder, es kommt aber auch an Bachufern und in Auen vor. Die Pflanze ist in den Alpen bis in 1200 m Höhe zu finden und über fast ganz Europa verbreitet.
Biologie: Die Blütenfarbe des Lungenkrautes schlägt im Laufe der Blütezeit von rot nach blau um. Dies hängt mit dem Säuregrad in den Zellen zusammen, der die beteiligten Farbstoffe unterschiedlich erscheinen läßt. Dasselbe ist auch bei der Frühlings-Platterbse der Fall (siehe Seite 206).

1 Haselwurz
Asarum europaeum

Merkmale: Die Haselwurz wird 5 bis 10 cm hoch. Charakteristisch sind die dunkelgrünen, glänzenden, nierenförmigen Blätter. Sie sitzen an langen, behaarten Stielen. Da die Blätter ledrig-derb sind, können sie den Winter überdauern. Biegt man sie im März/April auseinander, entdeckt man die rotbraunen Blüten. Erst nach der Blüte erscheinen die diesjährigen Blätter. Familie: Osterluzeigewächse (Aristolochiaceae).
Vorkommen: Die Haselwurz kommt ziemlich häufig an schattigen Stellen in krautreichen Laub- und Nadelmischwäldern und in Auwäldern vor. Der Boden muß feucht und nährstoffreich sein, vor allem aber Kalk enthalten. Ebene Lagen werden ebenso besiedelt wie mittlere Gebirgslagen (Alpen: bis 1200 m).
Biologie: Die Pflanze bildet nach erfolgter Selbstbestäubung Samen aus, die von Ameisen verbreitet werden.

2 Gemeiner Efeu
Hedera helix

Merkmale: Der Efeu zeigt im bodennahen Bereich winterharte, gelappte Blätter. An den oberen blühenden Sprossen (Foto) findet man dagegen rautenförmige Blätter. Dieses bemerkenswerte Phänomen bezeichnet man als Heterophyllie. Der Efeu blüht im Herbst, die blauschwarzen Früchte erscheinen im darauffolgenden Frühjahr. Familie: Efeugewächse (Araliaceae).
Vorkommen: Der Efeu kommt in Laubwäldern im mittleren und westlichen Europa vor. Die Pflanze ist etwas frostempfindlich, verträgt daher kontinentales Klima nicht und geht nicht weit nach Osten. Sie ist nicht sehr anspruchsvoll, was den Boden angeht, bevorzugt aber Kalk. Halbschattige und schattige Standorte werden eher besiedelt als offene Stellen. Efeu wird vielfach angepflanzt und verwilderte an Orten, wo er früher nie vorkam. Er ist von der Ebene bis in mittlere Gebirgslagen zu finden.
Biologie: Der Efeu ist eine Kletterpflanze und erreicht mit Hilfe seiner Haftwurzeln Höhen von 20 m. Er klettert sowohl an Baumstämmen als auch auf Gestein.

3 Blaubeere, Heidelbeere, Schwarzbeere
Vaccinium myrtillus

Merkmale: Typisches Merkmal der Blaubeere sind der kantige, kahle Stengel und die fein gesägten, eiförmigen, sommergrünen Blätter. Im Mai/Juni erscheinen die grünlich-rötlich gefärbten, glockenförmigen Blüten. Wenn der Zwergstrauch im Spätsommer und Herbst seine schwarzblauen, hellblau bereiften Früchte trägt, wird ihn jeder leicht erkennen. Familie: Heidekrautgewächse (Ericaceae).
Vorkommen: Die Heidelbeere findet man in lichten Laub- und Nadelwäldern auf Urgestein. Sie kommt von der Ebene bis ins Gebirge (Alpen: bis 2350 m) vor.
Biologie: Die Beeren geben ein vorzügliches Kompott ab.

4 Tollkirsche
Atropa belladonna

Merkmale: Die Staude wird bis 1,50 m hoch. Die Pflanze blüht zwischen Juni und August. Die grünlich-violetten, glockigen Blüten fallen allerdings weniger auf als später die glänzend-schwarzen Früchte. Blüten und Früchte können auch gleichzeitig ausgebildet sein (Foto). Familie: Nachtschattengewächse (Solanaceae).
Vorkommen: Der Tollkirsche begegnet man in Laub- und Mischwäldern. Man suche sie auf Kahlschlagflächen, Waldlichtungen oder an Waldwegen. Fundorte liegen von der Ebene bis in mittlere Gebirgslagen (Alpen: bis 1650 m).
Biologie: Die Tollkirsche gehört in die berühmt-berüchtigte Familie der Nachtschattengewächse. Berühmt ist diese Pflanzenfamilie, weil Kartoffel, Tomate und Tabak als wichtige Kulturpflanzen hierher zu stellen sind. Berüchtigt ist sie, weil zu ihr einige der giftigsten Pflanzen unserer Flora gehören, wie der Stechapfel *(Datura stramonium)* und das Bilsenkraut *(Hyoscyamus niger)*. Auch die Tollkirsche enthält stark giftige Alkaloide. Die glänzend-schwarzen Früchte werden von Kindern leicht für Kirschen gehalten und gegessen. Bei Vergiftungen ist schnellstens Erbrechen auszulösen und das nächstgelegene Krankenhaus aufzusuchen!

1 Einbeere
Paris quadrifolium

Merkmale: Die Einbeere ist eine ausdauernde Pflanze, die mit einem Wurzelstock überwintert. Aus ihm wächst der bis zu 40 cm hohe Stengel empor. Er trägt oben einen Blattquirl aus meist 4 waagerecht abstehenden Blättern. Im Mai/Juni erscheint oberhalb dieses Blattquirls die unscheinbare Blüte. Die Früchte – blauschwarze, kirschgroße Beeren – reifen im Juli/August. Familie: Liliengewächse (Liliaceae).
Vorkommen: Die Einbeere kommt in feuchten, schattigen Laub- und Mischwäldern in fast ganz Europa vor. Ihre Fundorte liegen von der Ebene bis in fast 1900 m Höhe (Alpen).
Biologie: Die Pflanze ist giftig! Das Gift liegt vor allem in den Wurzeln und in den Früchten.

2 Großes Zweiblatt, Wald-Zweiblatt
Listera ovata

Merkmale: Diese Orchidee wird 20 bis 65 cm hoch, ist aber trotz ihrer Größe eine sehr unauffällige Pflanze. Sie weist knapp über dem Boden 2 derbe, breit-eiförmige Blätter auf (Name!), die 5 bis 18 cm lang werden. Zwischen den beiden Blättern schiebt sich der Blütenstengel empor. Er ist mit zahlreichen, unscheinbar gelblichgrünlichen, etwa 1 cm langen Blüten besetzt. Das Zweiblatt blüht in der Zeit zwischen Mai und Juli. Familie: Knabenkrautgewächse (Orchidaceae).
Vorkommen: Das Große Zweiblatt kommt in feuchten Auen- und Laubmischwäldern, aber auch auf mit Buschgruppen bestandenen Wiesen und sogar in Halbtrockenrasen vor. Die Art ist von der Ebene bis in fast 1700 m Höhe (Alpen) anzutreffen.
Biologie: Die Blüten stellen reichlich Honig bereit und werden vor allem von Schlupfwespen bestäubt.

3 Nestwurz, Vogelnestwurz
Neottia nidus-avis

Merkmale: Die bis 40 cm hohe Pflanze fällt sofort durch ihre blaßbraune Farbe auf. Ihren Namen bekam sie von dem ähnlich wie ein Vogelnest aussehenden Wurzelstock, mit dem die Pflanze auch den Winter überdauert. Die Nestwurz blüht von Mai bis Juli. Familie: Knabenkrautgewächse (Orchidaceae).
Vorkommen: Die Pflanze ist auf humusreichen Lehmböden in Buchenwäldern, aber auch in Eichen- und Kiefernmischwäldern fast überall in Europa zu finden. Sie kommt von der Ebene bis in Lagen um 1400 m Höhe vor.
Biologie: Die Orchidee ist durch das Fehlen von Blattgrün gekennzeichnet. Die Pflanze kann also keine Fotosynthese machen. Sie ernährt sich vielmehr saprophytisch. Das bedeutet, sie lebt im Bereich ihrer Wurzeln mit Pilzen zusammen, die ihr bei der Nährstoffbeschaffung dienen.

1 Waldkiefer, Föhre, Rot-Kiefer, Rot-Föhre
Pinus sylvestris

Merkmale: Der Nadelbaum wird 10 bis 30 m hoch. Die Rinde junger Kiefern ist rotbraun gefärbt (Name!), die älterer Bäume graubraun. Die bis zu 8 cm langen, zugespitzten, blaugrünen Nadeln stehen paarweise in kurzen Blattscheiden. Der Baum blüht im Mai/Juni. Familie: Kieferngewächse (Pinaceae).
Vorkommen: Die Waldkiefer stellt keine großen Ansprüche an den Boden, aber sie ist eine ausgesprochene Lichtholzart. In den Alpen ist sie bis in 1600 m Höhe anzutreffen. Sie ist der wichtigste Forstbaum Europas.
Biologie: Die Kiefer kann auch auf armen, trockenen Sandböden existieren, weil ihr Pfahlwurzelsystem in beträchtliche Tiefe hinabreicht, von wo das nötige Wasser heraufgeholt wird. Bei starkem Sturm wird der Baum nicht umgeworfen, sondern einige Meter oberhalb des Erdbodens abgeknickt.

2 Fichte, Rottanne
Picea abies

Merkmale: Die typischen Merkmale der 30 bis 50 m hohen Fichte sind die spitzkegelige Krone und die rotbraune Rinde (Name!). Bei älteren Bäumen kann die Rinde jedoch auch grau aussehen; besonders häufig sieht man dies in Berglagen. Die etwa 2 cm langen Nadeln stehen allseitig um den Zweig herum und sind vierkantig, vorne zugespitzt und meist nach vorne gerichtet – wichtige Merkmale zur Unterscheidung von der Tanne (siehe Seite 316). Wesentlich für die Unterscheidung von Fichte und Tanne ist noch die Tatsache, daß die reifen Zapfen bei der Fichte an den Zweigen hängen; außerdem fallen sie als Ganzes ab. Familie: Kieferngewächse (Pinaceae).
Vorkommen: Die Fichte ist neben der Waldkiefer der bekannteste Nadelbaum in Mitteleuropa. Ihre natürlichen Verbreitungsgebiete liegen in den Mittel- und Hochgebirgen (bis 1900 m) und in Skandinavien.
Biologie: Die Fichte ist ein Flachwurzler. Daher ist sie stark durch Windbruch gefährdet.

3 Rotbuche
Fagus sylvatica

Merkmale: Buchen werden 30 bis 40 m hoch. Für alte Bäume ist die kuppelförmige Krone typisch. Im Bestand dagegen haben die Bäume meist bis in 20 m Höhe kaum Äste. Kennzeichnend für die Buche ist die glatte, graue Rinde. Die Blätter sind von elliptischer Form, haben 5 bis 9 deutliche Nervenpaare, und ihr Rand ist flaumig bewimpert. Die Blätter sind, wenn der Baum im Schatten steht, heller grün und dünnhäutiger, als wenn der Baum frei oder am Waldrand steht. Die Blüten sind unscheinbar. Die männlichen Kätzchenblüten stehen büschelig zusammen an den Enden langer Stiele. Die weiblichen Blüten stehen in den obersten Blattachseln. Die Früchte (Foto) sind dreikantig. Familie: Buchengewächse (Fagaceae).
Vorkommen: Die Rotbuche ist der häufigste Laubbaum der mitteleuropäischen Wälder. Da sie kein kontinentales Klima verträgt, dehnt sich ihr Verbreitungsgebiet nicht weit nach Osten aus. In den Alpen kommt sie bis in 1500 m Höhe vor.
Biologie: Als windblütige Pflanze kann die Rotbuche auf Schaublüten verzichten.

4 Stiel-Eiche, Sommer-Eiche
Quercus robur

Merkmale: Eichen werden bis 45 m hoch und bis 600 Jahre alt. Sie sind mehr oder weniger stark verästelt; die Borke weist tiefe Risse auf. Bei der Stiel-Eiche sind die Blätter unregelmäßig gelappt und am Grund herzförmig geöhrt; der Blattstiel ist sehr kurz. Die Früchte, die bekannten Eicheln (Foto), sitzen an langen Stielen (Name!). Familie: Buchengewächse (Fagaceae).
Nah verwandt ist die Trauben-, Stein- oder Winter-Eiche *(Quercus petraea)*. Bei dieser Art sind die gelappten, meist symmetrischen Blätter 1 bis 3 cm lang gestielt, die Früchte dagegen nur kurzstielig.
Vorkommen: Die Stiel-Eiche kommt auf frischen und tiefgründigen Böden vor. Bei etwa 1000 m liegt die vertikale Grenze ihres Vorkommens.
Biologie: Eichen liefern wertvolles, teures Nutzholz. Besonders gerade, zur Furnierherstellung geeignete Stämme erzielen hohe Preise.

1 Hänge-Birke, Warzen-Birke
Betula pendula

Merkmale: Typisch für die 10 bis 20 m hohe Hänge-Birke sind die herunterhängenden, jungen Triebe (Name!). Die Triebe sind mit vielen warzigen Harzdrüsen besetzt (Zweitname!). Die Blätter sind dreieckig bis rautenförmig und lang zugespitzt. Die Birke blüht im April/Mai. Familie: Birkengewächse (Betulaceae).
Vorkommen: Der Baum ist mit Ausnahme der Iberischen Halbinsel über fast ganz Europa verbreitet. Man findet ihn in lichten Laub- und Nadelwäldern, besonders auf Kahlschlagflächen. Typische Wuchsorte sind auch Magerwiesen, Heiden und Steinbrüche. In den Alpen kommt die Art bis in 1800 m Höhe vor.
Biologie: Die Birke beobachtet man oft als Erstbesiedler auf Sandböden. Das Foto zeigt die jungen Fruchtstände.

2 Schwarze Erle
Alnus glutinosa

Merkmale: Die Rinde dieses bis 25 m hohen, oft mehrstämmig wachsenden Laubbaumes ist schwarzgrau und zeigt tiefe Risse. Die jungen Triebe sind klebrig. Die Blätter sind rundlich oder verkehrt-eiförmig und an der Spitze abgerundet, oft auch leicht eingebuchtet. Sie weisen 5 bis 6 Paare von Blattnerven auf. Die Ränder der Blätter sind doppelt gesägt. Ende März/ Anfang April öffnen sich die Blütenkätzchen. Familie: Birkengewächse (Betulaceae).
Vorkommen: Die Schwarze Erle verträgt sehr hohe Bodenfeuchtigkeit. Sie ist daher für Auen- und Bruchwälder typisch. Der Baum ist über Mittel- und Nordeuropa verbreitet und geht bis nach Sibirien hinein ostwärts. In den Alpen trifft man ihn bis in rund 1000 m Höhe an.
Biologie: An freihängenden Erlenwurzeln sieht man kleine Knöllchen, die von Strahlenpilzen hervorgerufen werden. Für die Erle hat das Zusammenleben mit den Strahlenpilzen den Vorteil, daß der in der Luft enthaltene Stickstoff verwertet werden kann, der für den Baum sonst nicht direkt zugänglich ist. So erklärt sich, daß Erlen bei der Begrünung staunasser Flächen gerne als Pionierpflanzen eingesetzt werden.

3 Gemeine Hainbuche
Carpinus betulus

Merkmale: Die Hainbuche kann man, vor allem als Jungbaum, mit der Rotbuche verwechseln. Sie wird etwa 25 m hoch. Durch Stockausschläge kommt meist eine von unten herauf dichtere Wuchsform zustande als bei der Rotbuche. Hainbuchenblätter zeigen eine dichtere Nervatur als Rotbuchenblätter, und die Blattoberfläche erscheint durch die Nerven stärker strukturiert; zudem ist der Blattrand gesägt. An den Früchten kann man beide Bäume leicht auseinanderhalten: Die Hainbuche hat dreilappige Flugfrüchte (Foto), die Rotbuche die bekannten Bucheckern. Familie: Haselnußgewächse (Corylaceae).
Vorkommen: Die Hainbuche ist ein verbreiteter und oft bestandbildender Baum krautreicher Laubwälder in Tieflagen. In Lagen höher als 800 bis 900 m kommt sie nicht mehr vor.
Biologie: Die Art kommt auch an Waldrändern und in Hecken vor. Als Heckenstrauch findet man die Hainbuche häufig in Gärten und Parks angepflanzt.

4 Gemeine Hasel, Haselnußstrauch
Corylus avellana

Merkmale: Die Blätter der Hasel sind rundlich oder verkehrt-eiförmig, zugespitzt und am Grund meist herzförmig eingebuchtet. Im Februar, lange vor den Blättern, erscheinen die typischen männlichen Blütenstände. Die weiblichen Blüten sind unscheinbar: Aus grünen Knospen ragen die roten Griffel heraus. Im Herbst ist der Strauch gut an den Früchten, den Haselnüssen, zu erkennen. Die Nüsse stehen meist zu mehreren dicht beieinander. Familie: Haselnußgewächse (Corylaceae).
Vorkommen: Die Hasel ist eine Lichtholzart und bevorzugt deshalb freie Stellen im Wald oder noch eher die Waldränder. Sie kommt überall in Europa häufig vor (in den Alpen bis in 1400 m Höhe).
Biologie: Die Nüsse werden von Eichelhähern, Spechten, Eichhörnchen, Mäusen und Bilchen gerne gefressen. Bei Nahrungsüberfluß legen die Tiere Vorräte an, die sie oft nicht wiederfinden. So tragen sie unfreiwillig zur Verbreitung der Hasel bei.

1 Himbeere
Rubus idaeus

Merkmale: Die Himbeere ist wohl jedem Waldwanderer wegen ihrer roten, wohlschmeckenden Früchte (Sammelfrüchte) bekannt. Die Blätter sind drei- bis fünfzählig gefiedert und unterseits weiß-filzig. Der Strauch wird bis 1,50 m hoch und blüht im Mai/Juni. Familie: Rosengewächse (Rosaceae).
Vorkommen: Die Himbeere wächst besonders auf feuchten, nährstoffreichen Böden, deren Untergrund steinig sein kann. Sie ist sehr lichtbedürftig und gedeiht daher am besten auf Waldlichtungen, Kahlschlägen und an Waldrändern. In den Alpen kommt sie bis in 1850 m Höhe vor.
Biologie: Ähnliche Standortansprüche wie die Himbeere stellt die nahe verwandte Brombeere *(Rubus fruticosus)*, die an den schwarzblauen Früchten leicht zu erkennen ist (siehe Seite 70).

2 Gewöhnliche Trauben-Kirsche
Prunus padus

Merkmale: Der Baum wird bis 15 m hoch. Die weichen Blätter sind eirundlich-zugespitzt und am Rand scharf gesägt. Die weißen Blüten sind zu 10 bis 20 in hängenden (bei einer anderen Unterart auch waagerecht abstehenden oder sogar aufrechten) Trauben zusammengefaßt (Name!) und riechen stark. Die Kirsche steht von April bis Juni in Blüte. Familie: Rosengewächse (Rosaceae).
Vorkommen: Man trifft den Baum vor allem in Laubmischwäldern und in Auenwäldern an. Er ist über fast ganz Europa verbreitet und kommt in den Alpen bis in 1500 m Höhe vor.
Biologie: Die kugeligen, schwarz glänzenden Früchte werden von Vögeln verbreitet.

3 Spitz-Ahorn
Acer platanoides

Merkmale: Der Spitz-Ahorn erreicht eine Höhe von 20 m und ein Alter von 150 Jahren. Der Baum hat fünf- bis siebenlappige Blätter mit buchtig-gezähnten Abschnitten (Name!). Die gelbgrünen Blüten stehen in Trugdolden zusammen und erscheinen kurz vor dem Laub. Der Baum blüht im April/Mai. Die beiden Flügel der Früchte stehen in einem stumpfen Winkel zueinander. Familie: Ahorngewächse (Aceraceae).
Vom Spitz-Ahorn unterscheidet sich der Berg-Ahorn durch die stumpf-gesägten Ränder der gelappten Blätter, die hängenden Blütenstände und die stark gewinkelt stehenden Flügel der Früchte (siehe auch Seite 318).
Vorkommen: Der Spitz-Ahorn wächst bevorzugt in lichten Wäldern und ist in den Alpen bis in knapp über 1000 m Höhe anzutreffen. Er wird auch als Zierbaum angepflanzt und findet sich heute in vielen Gärten und vor allem Parks, darüber hinaus als Straßenbaum.
Biologie: Die geflügelten Früchte sorgen für eine effektive Ausbreitung des Ahorns. Sie bieten dem Wind eine große Angriffsfläche und können leicht weit verfrachtet werden.

4 Blutroter Hartriegel
Cornus sanguinea

Merkmale: Den bis 5 m hohen Strauch erkennt man an den rötlich überlaufenen jungen Zweigen (Name!). Die elliptischen, zugespitzten Blätter sind gegenständig an den Zweigen angeordnet. Auf der Ober- und Unterseite sind sie grün und locker behaart. Im Mai/Juni öffnen sich die weißlichen, in Trugdolden zusammengefaßten Blüten. Die Früchte sind schwarz. Familie: Hartriegelgewächse (Cornaceae).
Vorkommen: Dem Blutroten Hartriegel begegnet man meist in Waldrand-Gesellschaften und in Hecken, aber auch in lichten Laubmischwäldern. In den Alpen ist der Strauch bis 900 m Höhe anzutreffen. Er ist über fast ganz Europa verbreitet.
Biologie: Der Hartriegel hat als Bienenweide Bedeutung. Er wird auch als Zierstrauch in Gärten und Parks angepflanzt.

1 Europäisches Pfaffenhütchen, Spindelstrauch, Pfaffenkäppchen
Euonymus europaeus

Merkmale: Der bis 3 m hohe, sperrige Strauch ist nicht leicht zu erkennen, solange er keine Früchte trägt. Die gegenständigen Blätter sind von elliptisch-lanzettlicher Form und am Rand leicht gesägt. Die gelbgrünen, vierzähligen Blüten sind klein. Der Strauch blüht im Mai/Juni. Die nicht zu übersehenden Früchte sind vierkantige, abgerundete und karminrot gefärbte Kapseln. Sie sehen der Kopfbedeckung geistlicher Würdenträger ähnlich (Name!). Die Kapseln platzen später auf, und die Samen mit ihrem kräftig orangefarbenen Mantel werden sichtbar. Familie: Spindelbaumgewächse (Celastraceae).
Vorkommen: Das Pfaffenhütchen kommt in Gebüschen an Waldrändern, an offenen Stellen im Wald und ähnlichen Wuchsorten vor. In den Alpen ist der Strauch bis in 1100 m Höhe anzutreffen.
Biologie: Die Samen werden von Vögeln verbreitet. Sie sind giftig, passieren aber unzerstört den Darm des Vogels und werden oft erst weit von der Mutterpflanze entfernt wieder ausgeschieden.

2 Kellerhals, Gemeiner Seidelbast
Daphne mezereum

Merkmale: Der kleine, bis 1,50 m hohe Strauch fängt schon im Februar an zu blühen, lange bevor die ersten Blätter erscheinen. Die zu mehreren zusammenstehenden, rosa gefärbten Blüten duften sehr stark. Die bis 8 cm langen, lanzettlichen Blätter stehen an den Zweigenden gehäuft, in den übrigen Abschnitten der Triebe weniger dicht. Die Früchte werden etwa erbsengroß. Zunächst sind die Beeren glänzend-grün, in reifem Zustand dann glänzend-rot gefärbt. Familie: Seidelbastgewächse (Thymelaeaceae).
Vorkommen: Der Kellerhals liebt Kalkboden und kommt zerstreut in Laub- und Laubmischwäldern in fast ganz Europa vor. Er ist darüber hinaus über Teile Asiens verbreitet. In den Alpen ist der Strauch bis über 2000 m hoch anzutreffen.
Biologie: Wegen des frühen Blühtermins und des angenehmen Duftes wird der Seidelbast gerne als Zierstrauch angepflanzt. Seine Früchte sind aber sehr giftig, und man sollte Kinder unbedingt auf die Gefahr hinweisen!

3 Espe, Zitter-Pappel
Populus tremula

Merkmale: An den Blättern kann man die Espe leicht erkennen: Sie sind fast kreisrund und lang gestielt. Espen können bis zu 35 m hoch werden, haben eine gelblichgraue Rinde und blühen von Februar bis April. Familie: Weidengewächse (Salicaceae).
Vorkommen: Espen brauchen eine gewisse Bodenfeuchtigkeit, stellen aber keine hohen Ansprüche an den Nährstoffgehalt des Bodens. Dagegen ist die Art recht licht- und wärmebedürftig. Man findet Espen folglich am ehesten an Waldrändern, in größeren Baumgruppen und in Hecken. In den Alpen kommt die Espe bis in 1300 m Höhe vor.
Biologie: Bereits beim leisesten Luftzug bewegen sich die Espenblätter. Aus dieser Beobachtung erklärt sich die Redensart »zittern wie Espenlaub«

4 Sal-Weide
Salix caprea

Merkmale: Die Weiden machen jedem Pflanzenfreund Kopfzerbrechen, da sie so schwer zu bestimmen sind. Die Sal-Weide erkennt man an den dicken, kahlen Knospen und den nicht brüchigen Zweigen. Junge Zweige sind kurz weiß behaart, ältere sind braun, glänzend und kahl. Die Blätter werden bis 12 cm lang und 6 cm breit. Sie sind rundlich-elliptisch, etwa in der Mitte am breitesten und haben bis 2 cm lange Stiele. Die bis 10 cm langen Kätzchen erscheinen vor den Blättern. Der 3 bis 9 m hohe, stark verästelte Strauch blüht im März/April. Familie: Weidengewächse (Salicaceae).
Vorkommen: Die Sal-Weide ist über fast ganz Europa verbreitet. Sie kommt meist in Gebüschen und Hecken, aber auch an Waldrändern vor. In den Alpen trifft man sie bis in 1700 m Höhe an.
Biologie: Die Sal-Weide ist zweihäusig, d.h. männliche (Foto) und weibliche Blüten stehen auf getrennten Pflanzen.

1 Schwarzer Holunder
Sambucus nigra

Merkmale: Der Holunder wächst als 3 bis 7 m hoher Strauch oder Baum. Die Zweige sind mit weißem Mark gefüllt. Die meist fünfzählig gefiederten Blätter werden 10 bis 30 cm lang. Die weißen oder gelblichen, stark duftenden Blüten stehen in schirmförmigen Trugdolden zusammen. Der Strauch blüht im Juni/Juli. Familie: Geißblattgewächse (Caprifoliaceae).
Vorkommen: Den Strauch findet man auf frischen, nährstoffreichen Böden in Gebüschen und Hecken, an Waldrändern und in krautreichen Wäldern. In den Alpen ist er bis in 1600 m Höhe anzutreffen.
Biologie: Aus den schwarzen Beeren kann man Saft, Wein, Marmelade und Gelee, aus den Blüten Tee gegen Erkältungskrankheiten bereiten.

2 Wolliger Schneeball
Viburnum lantana

Merkmale: Beim 1 bis 2,50 m hohen Wolligen Schneeball stehen die Blüten zu Trugdolden vereinigt. Sie sind alle gleich groß. Die Blütezeit liegt im Mai/Juni. Die Früchte sind anfangs rot gefärbt, später glänzend-schwarz. Die eiförmigen Blätter sind unterseits filzig behaart, auf der Oberseite fällt die netzartige Runzelung auf. Familie: Geißblattgewächse (Caprifoliaceae).
Nah verwandt ist der Gemeine Schneeball *(Viburnum opulus)*. Um ein Zentrum von kleinen, unscheinbaren Blüten stehen zu einem Kranz angeordnet größere, schneeweiße Schaublüten (Name!). Letztere sind steril und haben nur die Funktion, Insekten zur Bestäubung anzulocken.
Vorkommen: Den Wolligen Schneeball trifft man an sonnigen Waldrändern, in Hecken und Feldgehölzen häufig an. Oberhalb von etwa 1400 m wird man nach dem Strauch vergeblich suchen.
Biologie: Im Herbst hängen Schneeballgebüsche voller Beeren. Die Beeren werden gerne von Vögeln gefressen. Im Magen und Darm der Vögel wird aber nur das Fruchtfleisch verdaut; die Samen werden unverdaut wieder ausgeschieden, oft weit von der Mutterpflanze entfernt.

3 Gemeine Esche
Fraxinus excelsior

Merkmale: Die Borke der Esche ist grau gefärbt und zeigt nicht sehr tiefe Längsrisse. Die Blüten erscheinen, bevor sich die Blätter entfalten. Blühende Eschen trifft man im April/Mai an. Die schlanken Bäume können 40 m Höhe erreichen. Meist haben sie bis hoch hinauf keine Äste. Im Juni ist das Laub voll entfaltet. Die Blätter sind unpaarig gefiedert. Sie werden bis 30 cm lang und sind gegenständig am Zweig angeordnet. Die geflügelten Früchte (Foto) bleiben den Winter über am Baum hängen. Familie: Ölbaumgewächse (Oleaceae).
Vorkommen: Zum Gedeihen braucht die Esche lockeren, tiefgründigen und nährstoffreichen Boden, der zudem eine ziemlich hohe Feuchtigkeit aufweisen muß. Daher findet man den Baum besonders in Auwäldern. Er ist über fast ganz Europa und Nordasien verbreitet, in den Alpen bis in etwa 1300 m Höhe.
Biologie: Mit Hilfe der anhängenden Flügel kann die Pflanze ihre Samen wirkungsvoll verbreiten.

4 Gemeiner Liguster, Rainweide
Ligustrum vulgare

Merkmale: Der Strauch wird 1 bis 5 m hoch. Man erkennt ihn an den länglich-lanzettlichen Blättern. Junge Zweige sind mehr oder weniger stark behaart. Auffällig sind die Blütenstände. Die kleinen, weißlich-gelblichen Einzelblüten stehen in dichten Rispen zusammen. Im Juni/Juli ist der Liguster voll erblüht. Familie: Ölbaumgewächse (Oleaceae).
Vorkommen: Der Liguster ist eine wärmeliebende Art und kommt in sonnigen Gebüschen, an Waldrändern und in lichten Eichen- oder Kiefernwäldern vor. Er besiedelt ebene bis mittlere Gebirgslagen. In den Alpen kommt er bis in 1100 m Höhe vor.
Biologie: Der Strauch wird häufig in Gärten und Parks angepflanzt. Er ist ein beliebter Heckenstrauch. Kinder sollte man vor den giftigen, schwarzen Beeren warnen!

1 Rote Wegschnecke, Große Wegschnecke
Arion rufus

Merkmale: Im Gegensatz zu vielen anderen Schnecken besitzt die Rote Wegschnecke kein Gehäuse. Erwachsene Tiere werden bis 15 cm lang und bis 2 cm breit. Bei der kriechenden Schnecke fällt der langgestreckte, hellbraune Fuß auf, auf dem sie, unterstützt durch einen ausgeschiedenen Schleimfilm, dahingleitet. Über die Sohle verlaufen wellenartige Muskelbewegungen, die das Tier langsam fortbewegen. Der ziegelrote Körper ist in Längsrichtung kräftig gerunzelt. Im vorderen Bereich fällt der glattere Mantelschild auf, in dem das Atemloch liegt, das zur Atemhöhle führt. Das Atemloch liegt bei den Wegschnecken immer vor der Mitte des Schildes (im Gegensatz zu den verwandten Egelschnecken, bei denen es hinter der Mitte liegt). Am Kopf trägt die Schnecke 2 Paar Fühler. Die oberen, langen Fühler tragen die Augen, die kurzen, unteren die Geruchsorgane.
Vorkommen: Bei feuchtem Wetter wird man der Wegschnecke in Wäldern verschiedener Typen regelmäßig begegnen. Sie ist über Mittel- und Westeuropa verbreitet und kommt in den Alpen bis in etwa 1800 m Höhe vor.
Biologie: Wegschnecken sind überwiegend Pflanzenfresser, verschmähen aber auch Aas nicht. Zur Fortpflanzungszeit sieht man die zwittrigen Tiere paarweise zusammenliegen. Die Eizahl bei den verschiedenen Arten von Wegschnecken schwankt zwischen 2 bis 5 und 400.

2 Hain-Bänderschnecke, Hain-Schnirkelschnecke
Cepaea nemoralis

Merkmale: Das Gehäuse der Hain-Bänderschnecke erreicht einen Durchmesser von 2,5 cm. Es kann in der Färbung zwischen gelblichen und rötlichen Grundtönen schwanken. Meist zeigen die Gehäuse 1 bis 5 schwarze oder braune Bänder, es gibt aber auch ungebänderte Formen. Der Mundsaum ist außen und innen schwarzbraun gefärbt. (Dies ist ein wichtiges Merkmal, denn bei der nah verwandten Garten-Bänderschnecke, *Cepaea hortensis,* ist der Mundsaum hell.) Der langgestreckte Fuß ist meist weißlich-gelblich gefärbt. Nimmt man eine Schnecke hoch, sieht man oberhalb des Fußes am Gehäuserand das Atemloch, das zur Atemhöhle führt.
Vorkommen: Die Hain-Bänderschnecke kommt in Hecken, Feldgehölzen und lichten Wäldern vor, und zwar von der Ebene bis ins Mittelgebirge. Die Schnecke ist über weite Teile Europas verbreitet.
Biologie: Das Gehäuse erfüllt für die Schnecke eine doppelte Funktion. Zum einen kann sie sich bei Gefahr darin zurückziehen und sich so vor Feinden schützen, zum anderen kann sie darin ungünstige Bedingungen überdauern. Bei Trockenheit verschließt ein erstarrtes Schleimhäutchen die Öffnung und schützt die Schnecke, die ja ein Feuchtlufttier ist, vor übermäßigem Wasserverlust.

3 Weinbergschnecke
Helix pomatia

Merkmale: Mit einem Gehäusedurchmesser von rund 5 cm ist die Weinbergschnecke die größte mitteleuropäische Landschnecke überhaupt. Das Gehäuse ist bräunlich gefärbt. Bei jungen Schnecken besteht es nur aus 2 Umgängen. Während des Wachstums werden am Mündungsrand jedoch Zuwachsringe angelegt, so daß ein altes Tier ein Gehäuse mit 5 Windungen besitzt. Der Fuß ist gelblich-bräunlich gefärbt.
Vorkommen: Die Weinbergschnecke kommt an Waldrändern und in lichten, feuchten Laub- und Mischwäldern, aber auch in Parks und auf Wiesen häufig vor. Sie bevorzugt Tieflagen, geht aber stellenweise auch bis in 2000 m Höhe und ist über Mittel- und Südosteuropa verbreitet.
Biologie: Im Winter wird das Gehäuse durch einen porösen Kalkdeckel verschlossen. Die Schnecke macht dann eine Winterstarre durch, die bis zum Frühjahr dauert. Sie hat übrigens eine Bedeutung als Speiseschnecke. Der Weltmarkt entfällt zu 70 % auf Frankreich.

1

2

3

1 Gartenkreuzspinne
Araneus diadematus

Merkmale: Diese wohl bekannteste mitteleuropäische Spinne hat eine von gelbbraun bis schwarzbraun variierende Grundfärbung. Ihr bestes Kennzeichen ist das weiße Kreuz auf dem Hinterleib (Name!). Zudem ist sie mit 1,5 cm Länge eine der größten heimischen Arten.
Vorkommen: Die Spinne ist über ganz Europa verbreitet und kommt in den verschiedensten Lebensräumen häufig vor.
Biologie: Kreuzspinnen bauen kreisförmige Netze von etwa 30 cm Durchmesser. Zunächst entsteht der Rahmen, der an Pflanzen aufgehängt wird. Dann werden die Speichen eingezogen und anschließend die Spirale aus klebrigen Fangfäden. Die Spinne sitzt meist im Zentrum des Netzes oder in einem Versteck in der Nähe. Bei Erschütterung des Netzes durch ein gefangenes Beutetier kommt sie sofort an die entsprechende Stelle und lähmt die Beute durch einen Biß. Interessant ist das Paarungsverhalten: Durch bestimmte Vibrationen im Netz versucht das Männchen dem Weibchen seine Absichten zu vermitteln. Nach der Paarung verschwindet das Männchen auf dem schnellsten Weg, es könnte sonst vom Weibchen gefressen werden. Im Herbst legt dieses einige hundert Eier ab, aus denen im kommenden Frühjahr dann die Jungspinnen schlüpfen.

2 Zecke, Holzbock
Ixodes-Art

Merkmale: Diese 2 bis 3 mm langen Spinnentiere tragen 4 Beinpaare und am Kopf einen langen Saugrüssel mit Widerhaken an der Spitze.
Vorkommen: Zecken leben in den unterschiedlichsten Wald-Typen.
Biologie: Die Zecke läßt sich von Sträuchern und Bäumen aus auf Säugetiere, aber auch auf Menschen fallen und bohrt sich mit dem Rüssel in die Haut ein, um Blut zu saugen. Vollgesogen erreicht das Tier etwa die Größe einer Erbse. Es läßt sich dann zu Boden fallen. Zeckenstiche erzeugen einen starken Juckreiz, es kann dabei aber auch die gefährliche Hirnhautentzündung übertragen werden. Man sollte die Tiere daher sofort entfernen und dabei darauf achten, daß der Saugrüssel oder gar der ganze Kopf nicht in der Haut steckenbleiben (Entzündungsgefahr).

3 Kellerassel
Porcellio scaber

Merkmale: Asseln haben einen in Segmente gegliederten Körper. Jedes Segment trägt 1 Paar ebenfalls gegliederter Beine. Am Kopf stehen 2 Paare Antennen und 3 Paare Mundgliedmaßen. Der Körper ist abgeflacht und hat insgesamt eine ovale Form. Kellerasseln sind graubraun gefärbt und werden bis 11 mm lang.
Vorkommen: Kellerasseln findet man in feuchten Kellerräumen (Name!), an Mauern und unter Steinen. Sie halten sich aber auch unter Rinde und abgestorbenem Holz verborgen, wie auch im Fallaub.
Biologie: Interessanterweise gehören Kellerasseln zu den Krebstieren; sie sind die einzige Gruppe der Krebse, die im Lauf der Evolution die Atmung von Luftsauerstoff erworben haben und heute in größerer Artenzahl das Festland besiedeln. Als Atmungsorgane dienen Taschen an den hinteren Beinen. Sie müssen mit einem Feuchtigkeitsfilm überzogen sein, daher leben die Asseln immer in feuchter Umgebung. Die Tiere ernähren sich von weichen Pflanzenteilen und verrottenden Blättern.

4 Schnurfüßer
Julus-Art

Merkmale: Der langgestreckte Körper der Schnurfüßer glänzt dunkelbraun oder schwarz. Er ist in einzelne Ringe gegliedert, von denen mit Ausnahme der 4 ersten und des letzten jeder 2 Beinpaare trägt. Die Tiere werden 1 bis 2 cm lang. Sie sind mit etwa 50 Arten in Mitteleuropa vertreten.
Vorkommen: Die Tiere leben vor allem in der Streuschicht und unter faulender Baumrinde. Als Kulturfolger sieht man die Tiere auch in Gärten, Parks und Friedhöfen.
Biologie: Schnurfüßer sind Allesfresser und werden ihrerseits gerne von Igeln, Maulwürfen und Spitzmäusen gefressen. Bei Gefahr rollen sich die Tiere spiralig zusammen.

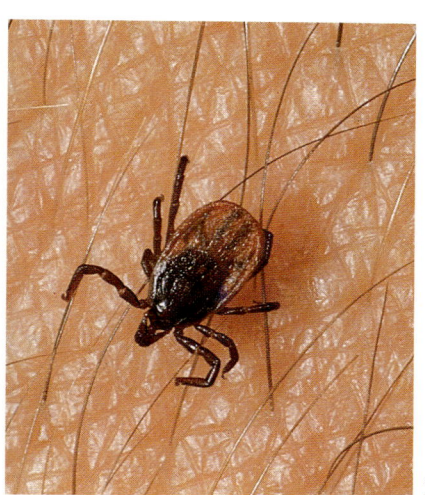

1 Grüne Stinkwanze
Palomena prasina

Merkmale: Generell kann man Wanzen an dem abgeplatteten Körper erkennen, der meist auch etwas gedrungen gebaut ist. Die Vorderflügel sind am Grund stark chitinisiert und nur an der Spitze häutig ausgebildet. Zwischen den Vorderflügeln liegt ein dreieckiges Schildchen, das für viele Landwanzen kennzeichnend ist, ebenso wie der Saugrüssel. Die Grüne Stinkwanze wird 1 bis 1,5 cm lang und ist im Frühjahr grün, im Herbst hellbraun.
Vorkommen: Die Grüne Stinkwanze ist eine typische Landwanze und weit verbreitet. Man kann sie in Laub- und Mischwäldern an Büschen und Bäumen sehen.
Biologie: Mit ihrem Saugrüssel stechen die Wanzen Pflanzenstengel und Früchte an, um deren Saft herauszusaugen. Die Art bekam ihren Namen wegen ihrer Stinkdrüsen an den Beinen.

2 Totengräber
Necrophorus vespillo

Merkmale: Von allen Aaskäfern ist der Totengräber am ehesten zu beobachten. Der Käfer wird 1 bis 2 cm lang. Er ist leicht daran zu erkennen, daß er auf den Deckflügeln schwarz und orange gebändert ist. Allerdings gibt es noch eine ganz ähnlich aussehende Art *(Necrophorus vespilloides)*, die aber einen gelblich behaarten Halsschild hat.
Vorkommen: Der Käfer ist in Wäldern, vor allem Mischwäldern, überall anzutreffen. Er kommt aber auch in Parks und großen Gärten vor. Seine Verbreitung umfaßt die gesamte Nordhalbkugel.
Biologie: Aaskäfer treiben intensive Brutpflege. Totengräber graben Aas, etwa eine tote Maus, in die Erde ein. In das vergrabene Tier legen sie ihre Eier ab. Die Larven entwickeln sich inmitten eines Überflusses an Nahrung.

3 Mistkäfer
Geotrupes-Art

Merkmale: Die schwarzen, dunkelblau oder violett schimmernden Mistkäfer werden bis 2,5 cm lang. Sie bewegen sich nur gemächlich vorwärts. Es gibt mehrere, sehr ähnlich aussehende Arten.
Vorkommen: Auf fast jedem Waldspaziergang wird man die Käfer beobachten können. Sie sind aber auch in Parks zu finden. Ihre Verbreitung erstreckt sich über ganz Europa.
Biologie: Mistkäfer wittern schon aus großer Entfernung tote Tiere und Kot. Dort angelangt, graben sie unterhalb der Leiche oder des Kotes ein Gangsystem in den Boden, das mit Kot ausgefüllt wird. Dorthinein werden die Eier abgelegt. Die Larven ernähren sich eine Zeitlang von dem Nahrungsvorrat und verpuppen sich dann. Die Entwicklung vom Ei über die Larve und die Puppe zum fertigen Insekt dauert 8 bis 10 Monate. Die fertigen Käfer kriechen dann ins Freie.

4 Feldmaikäfer, Maikäfer
Melolontha melolontha

Merkmale: Diesen bekannten mitteleuropäischen Käfer erkennt man gut an Größe und Färbung. Der Käfer wird 2 bis 3 cm lang und hat ein glänzend-schwarzes Brustück und braune Deckflügel. Auf der Unterseite sieht man weiße Keile in die schwarze Zeichnung hineinlaufen. Der Hinterleib läuft am Ende in eine nagelartige Spitze aus.
Vorkommen: Da die Käfer bei Massenvermehrung ganze Wälder (bis in etwa 1000 m Höhe) schädigen können, hat man sie jahrelang mit chemischen Mitteln rigoros bekämpft. Diese Maßnahmen sind der Grund dafür, daß der Maikäfer eine Zeitlang fast verschwunden zu sein schien. Heute mehren sich die Anzeichen, daß sich die Maikäferbestände wieder etwas erholt haben. Der Käfer kommt auch in Gärten, besonders Obstgärten, vor.
Biologie: Maikäfer machen eine mehrjährige Entwicklung durch. Ende Mai/Anfang Juni graben sich die begatteten Weibchen in die Erde ein und legen dort etwa 70 Eier ab. Die Larven (Engerlinge) ernähren sich von den Wurzeln verschiedener Pflanzen und können – wie die adulten Käfer – enormen Schaden anrichten, wenn sie in großen Mengen auftreten. Im Sommer des 3. Jahres verpuppen sich die Larven. Aus den Puppen schlüpfen im Herbst die Imagines, die aber erst im folgenden Frühjahr ans Licht kriechen.

1 Hirschkäfer
Lucanus cervus

Merkmale: Einschließlich des »Geweihs« (= umgewandelte Oberkiefer) werden Hirschkäfer-Männchen 3,5 bis 8 cm lang. Die Weibchen bleiben mit 2,5 bis 5 cm Länge deutlich kleiner. Abgesehen von der auffälligen Größe erkennt man Hirschkäfer an der schwarzen Brust und den dunkelbraunen Deckflügeln.
Vorkommen: Der Hirschkäfer ist an das Vorhandensein von alten Eichenbeständen gebunden. Deshalb ist er zwar über weite Teile Europas verbreitet, aber nirgends mehr häufig.
Biologie: Durch die Umwandlung der Oberkiefer können diese Mundwerkzeuge von den Männchen nicht mehr zum Zerkleinern von Nahrung eingesetzt werden. Die Weibchen haben wesentlich kleinere Oberkiefer und können mit diesen noch zubeißen. Im wesentlichen ernähren sich Hirschkäfer, indem sie mit der Unterlippe Pflanzensäfte (vor allem von Eichen) aufsaugen. Die »Geweihe« der Hirschkäfer-Männchen dienen also nur der Auseinandersetzung mit anderen Männchen. Es kann zu regelrechten Ringkämpfen kommen, bei denen sich 2 Männchen gegenseitig von einem Baumstumpf zu werfen versuchen. Nach der Begattung legt das Weibchen seine Eier in einen morschen Eichenstumpf ab. Die Larven werden bis 10 cm lang. Die Entwicklung bis hin zum fertigen Insekt dauert 3 bis 5 Jahre. Werden während dieser Zeit die alten Eichenstümpfe entfernt, sind die Brutplätze unwiderbringlich verloren.

2 Moschusbock
Aromia moschata

Merkmale: Bockkäfer allgemein erkennt man an ihrer langgestreckten, schmalen Gestalt und den sehr langen Fühlern, die oftmals länger sind als der Körper selbst. Die Kennzeichen des Moschusbocks sind vor allem der nach hinten schmaler werdende Hinterleib und die insgesamt schwarzblaue Färbung, die aber durch einen metallisch blaugrünen oder goldenen Glanz überlagert wird. Der Körper wird über 3 cm lang.
Vorkommen: Man findet diesen Käfer besonders auf Weidenbäumen; am ehesten wird man daher in Auwäldern mit ihm rechnen können.
Biologie: Von den insgesamt 825 000 auf der Erde vorkommenden Insektenarten sind 350 000 Käfer. Von diesen wiederum sind 30 000 Arten in die Familie der Bockkäfer (Cerambycidae) einzuordnen. Beim Moschusbock scheiden Drüsen im Brustabschnitt ein Sekret aus, das angenehm nach Moschus duftet. Dieser Duft hat dem Käfer seinen Namen eingetragen. Bockkäfer fliegen gut und auch recht häufig.

3 Buchdrucker
Ips typographus

Merkmale: Buchdrucker sind winzige Käfer; sie werden 4 bis 6 mm lang. Der Körper ist walzenförmig. Er ist glänzendschwarz gefärbt und dabei bräunlich behaart. Die kurzen Fühler tragen an ihren Enden eine bräunliche Keule. An gefällten Bäumen sieht man häufig die Fraßmuster verschiedener Borkenkäfer-Arten (Foto). Will man sie einer Art genau zuordnen, bedarf es spezieller Bestimmungsliteratur.
Vorkommen: Der Käfer kommt vor allem in Nadelwäldern vor. Fichtenbestände werden deutlich bevorzugt. Nur gelegentlich brütet der Käfer auch in Kiefer und Lärche.
Biologie: Der Buchdrucker gehört in die von allen Forstleuten gefürchtete Familie der Borkenkäfer (Ipidae), die größte wirtschaftliche Bedeutung haben. Zwar geht der hier angesprochene Buchdrucker in erster Linie an kranke oder abgestorbene Bäume, bei Massenvermehrung greift er aber auch auf gesunde Bäume über und kann Millionenschäden anrichten. Der Buchdrucker befällt besonders Fichten, unter deren Rinde die Weibchen Fraßgänge anlegen. Von diesen Gängen gehen rechts und links Nischen ab, in die die Eier gelegt werden. Die weißlichen Larven fressen nun ihrerseits weitere Gänge in das Holz. Die aus den Puppen geschlüpften Käfer bohren sich ein rundes Flugloch in die Rinde, um ins Freie zu gelangen.

1 Schlupfwespe
Rhyssa-Art

Merkmale: Schlupfwespen (Familie: Ichneumonidae) gehören zu den Hautflüglern. Es gibt Arten von nur wenigen Millimetern Länge, aber auch solche, die einige Zentimeter lang werden. Die abgebildete Form erreicht eine Länge von 2 bis 3,5 cm. Allgemein kann man Schlupfwespen an ihrer schlanken, wespenartigen Gestalt relativ gut erkennen. Außerdem haben sie lange Beine und Fühler, sind recht beweglich, und bei den Weibchen fällt der lange Legeapparat sofort auf. In Europa rechnet man mit etwa 6000 Arten, die nur schwer zu unterscheiden sind.
Vorkommen: Schlupfwespen kommen in unterschiedlichen Lebensräumen vor. Die abgebildete Form trifft man in Laubmischwäldern regelmäßig an.
Biologie: Schlupfwespen spielen bei der Aufrechterhaltung des biologischen Gleichgewichts – etwa in Wäldern – eine große Rolle. Die erwachsenen Tiere leben zwar von Pollen und Nektar, ihre Larven entwickeln sich aber in anderen Tieren, vornehmlich in den Larven anderer Insekten. Viele Larven von Schadinsekten werden durch Schlupfwespen getötet.

2 Rote Waldameise
Formica rufa

Merkmale: Der gut organisierte Ameisenstaat setzt sich – wie bei den Bienen – aus verschiedenen Mitgliedern zusammen, die sich im Körperbau unterscheiden. Die Mehrzahl sind Arbeiterinnen, verkümmerte Weibchen, die etwa 5 bis 8 mm lang werden und keine Flügel besitzen. Zur Schwarmzeit im Frühjahr sieht man auch die 9 bis 11 mm langen Geschlechtstiere, geflügelte Männchen und Weibchen.
Die Baue der Roten Waldameise sind bis 1,50 m hohe, kuppelförmige Haufen, die aus Nadeln, kleinen Zweigen und Erde zusammengetragen werden. Meist werden sie an trockenen, sonnigen Stellen am Waldrand angelegt. Oberirdisch erkennt man aber nur einen kleinen Teil des Nestes; unter der Erde kann es sich bis zu 2 m tief ausdehnen.
Vorkommen: Die Rote Waldameise ist in Laub- und Nadelwäldern regelmäßig anzutreffen. Oft wird man zunächst durch die Baue auf Vorkommen der Tiere aufmerksam. Die Art ist über die gemäßigte Zone der gesamten Nordhalbkugel verbreitet.
Biologie: Die Baue beherbergen oft 100000 und mehr Individuen, die sich in ihren Aufgaben unterscheiden. Die Aufgaben der Arbeiterinnen sind Brutpflege, Nestbau und Nahrungsbeschaffung, aber auch die Verteidigung des Baues. Ameisen besitzen zwar keinen Stachel, verspritzen aber Ameisensäure und können empfindlich beißen. Im Mai/Juni sieht man gelegentlich die Ameisen auf ihrem Hochzeitsflug. Die befruchteten Weibchen brechen danach ihre Flügel ab und versuchen, an einer geeigneten Stelle selbst einen Ameisenstaat aufzubauen. Da Ameisen verschiedene Schadinsekten jagen, sind sie für die Ökologie der Wälder von großer Bedeutung.

3 und 4 Pflanzengallen

An Blättern und Stengeln unterschiedlichster Pflanzen fallen ab und zu eigentümliche Wucherungen auf. Die Bildung dieser sogenannten Gallen wird meist von Insekten ausgelöst, aber auch von Mikroorganismen und Pilzen. Die Gallen-Erreger greifen in den Stoffwechsel der Wirtspflanze ein, so daß es zu örtlich und zeitlich begrenzten Wachstumsprozessen kommt. Die Gallen haben deshalb meist eine ganz bestimmte, unverwechselbare Form.
Unter den verschiedenen Insekten, die eine Gallbildung auslösen können, sind besonders Wespen, Mücken und Läuse hervorzuheben. Die Eier werden in Blätter oder Stengel abgelegt, und die Larven entwickeln sich dann in den sich ausformenden Gallen bis zum fertigen Tier. Das gewucherte Pflanzengewebe ernährt die Larven.
An Fichten sieht man oft an den Enden der Zweige die wegen ihrer Form so genannten Ananasgallen (siehe Foto 3). Ihr Erreger ist die Rote Fichtengallaus *(Adelges laricis)*. Diese Gallen enthalten mehrere Larvenkammern. Auf der Unterseite von Eichenblättern findet man bisweilen kugelige Gebilde, die 1 bis 2 cm Durchmesser haben können (siehe Foto 4). Ihr Erreger ist die Eichengallwespe *(Cynips quercusfolii)*.

1

2

3

4

1 Grüner Eichenwickler
Tortrix viridiana

Merkmale: Der Eichenwickler erreicht eine Spannweite von 18 bis 23 mm. Man erkennt den Schmetterling sofort an den einheitlich grünen Vorderflügeln. Wickler (Tortricidae) heißt die ganze Familie, weil die Raupen in eingerollten, zusammengesponnenen Blättern leben.
Vorkommen: Eichenwickler schädigen vor allem Eichenbestände. Sie gehen aber auch an andere Laubbäume. Die Falter fliegen von Ende Mai bis in den Juni hinein, bevorzugt in der Abenddämmerung.
Biologie: Unter »Schmetterlingen« versteht man meist die häufig sehr reizvoll gefärbten Tagfalter. Diese Arten machen jedoch nur einen kleinen Teil der gesamten Schmetterlingsfauna aus. Viel umfangreicher sind die großen Gruppen der Spinner, Spanner, Eulen und Schwärmer. Unter ihnen sind Arten, die für die Ökologie unserer Wälder teilweise von großer Bedeutung sind. Viele Arten aus den zuletzt genannten Gruppen sind nämlich Schadinsekten, deren Raupen bei massenhaftem Auftreten ganze Wälder kahlfressen können. Dies wiederum hat ein massives Eingreifen der Forstleute zur Folge, die manchmal gar keine andere Wahl haben, als mit Insektiziden zu versuchen, die Bestände der Schädlinge zu reduzieren oder zu vernichten. Schäden bei anderen Insekten sind da nicht zu vermeiden. Eine schonendere Maßnahme gegen solche Massenentwicklungen bestimmter Schadinsekten ist, den Lebensraum abwechslungsreich zu gestalten. Eine Chance liegt auch in biologischen Methoden, etwa in der Ansiedlung von Vögeln, die Schadinsekten fressen.

2 Nonne
Lymantria monacha

Merkmale: Den Falter erkennt man leicht an den weißen Vorderflügeln mit den schwarzen gezackten Bändern. Die Hinterflügel sind grau und tragen dunkel gefleckte Fransen. Der Hinterleib ist weiß gefärbt.
Vorkommen: Die Raupen dieses Spinners fressen sowohl auf Laubbäumen als auch auf Nadelbäumen; Fichten werden bevorzugt. Der Falter fliegt im Juli/August.
Biologie: Jeder Forstmann fürchtet Massenentwicklungen der Nonne. Der Schmetterling zählt zu den ärgsten Forstschädlingen Mitteleuropas.

3 Pappelschwärmer
Laothoe populi

Merkmale: Die allgemeinen Kennzeichen der Schmetterlingsfamilie der Schwärmer (Sphingidae) sind das dicke Bruststück, der dicht behaarte Hinterleib und die kräftigen Beine mit den ebenfalls dicht behaarten Schenkeln. Es handelt sich durchweg um große Arten. Pappelschwärmer werden bis 2,5 cm lang und erreichen eine Spannweite von 9 cm. Auffällig ist die Stellung der Flügel. In Ruhe werden die Hinterflügel nach vorne gezogen, so daß der Eindruck entsteht, der Falter hätte relativ kleine Vorderflügel, aber sehr große Hinterflügel. Die Auflösung der Form ergibt zusammen mit der grau-goldenen Färbung eine ausgezeichnete Tarnung.
Vorkommen: Bevorzugter Lebensraum des Pappelschwärmers sind Laubwälder. Man findet ihn aber auch in größeren Gärten und in Parks. Der Schwärmer ist in der Dämmerung und während der Nacht aktiv. Die Raupen leben an Pappeln und Weiden. Man wird der Art daher in Auwäldern, wo die genannten Baumarten einen großen Anteil des Bestandes ausmachen, am ehesten begegnen.
Biologie: Die Falter nehmen keine Nahrung mehr zu sich, da ihre Rüssel verkümmert und zur Nahrungsaufnahme nicht mehr geeignet sind. Schwärmer gehören zu den ausdauerndsten Fliegern unter den Schmetterlingen.

1 Kaisermantel, Silberstrich
Argynnis paphia

Merkmale: Bevorzugt besucht der Falter Disteln. Es gibt verschiedene Arten, die ganz ähnlich aussehen wie der Kaisermantel. Hier muß auf spezielle Bestimmungsbücher verwiesen werden; auch ausführliche Bildführer können bei der Artdiagnose eine große Hilfe sein. Die Raupe des Kaisermantels ist bräunlich gefärbt, trägt verästelte Dornen und zeigt deutliche gelbe Längsstreifen auf dem Rücken. Sie lebt an Wald-Veilchen.

Vorkommen: Der Kaisermantel ist einer der Tagfalter, denen man heute noch relativ häufig begegnet. Man sieht ihn besonders an Waldrändern, auf Waldwiesen, auf Lichtungen und an den Rändern von Waldwegen. Er fliegt von Ende Juni bis Anfang September. Seine Verbreitung erstreckt sich über fast ganz Europa; ausgeklammert sind Südspanien, die nördliche Großbritannien und Nordskandinavien. Der Falter kommt aber auch in weiten Teilen Asiens (bis nach Japan) und in Algerien vor.

Biologie: Viele Schmetterlinge sind heute recht selten geworden, zumindest im dicht besiedelten Mitteleuropa, wo viele Lebensräume dieser schönen Insekten ruiniert worden sind, Pflanzenschutzmittel die Futterpflanzen (häufig sogenannte Unkräuter) im Bestand dezimiert und auch die Falter selbst vernichtet haben.

2 Damenbrett, Schachbrett
Melanargia galathea

Merkmale: Seinen Namen hat dieser Augenfalter aufgrund der schwarz-weißen Flügelzeichnung bekommen. Die Grundfarbe kann von weiß bis gelblich variieren, und auch die Musterung kann sehr unterschiedlich ausfallen. Die Vorderflügel des Männchens sind 2,3 bis 2,6 cm lang, die des größeren Weibchens bis 2,8 cm. Die Raupen sind grünlich gefärbt und haben einen hellen Längsstreifen. Weiter fallen die dichte Behaarung und die kurze Schwanzgabel auf.

Vorkommen: Der Lebensraum des Falters sind sonnige, trockene Hänge mit Magerrasen, trockene Waldwiesen und ähnliche Flächen im Hügelland. Der Schmetterling kommt aber auch bis in Höhen um 2000 m vor. Er ist keineswegs überall häufig, vielmehr auf geeignete Biotope beschränkt. Die Falter fliegen von Ende Juni bis August. Ihr Verbreitungsschwerpunkt insgesamt liegt mehr im Süden Europas.

Biologie: Das Weibchen läßt – wie viele andere Augenfalter auch – seine runden, weißen Eier einfach ins Gras fallen. Die Raupen findet man vor allem an Gräsern wie Lieschgras oder Honiggras. Sie überwintern, und erst im darauffolgenden Frühjahr entwickeln sich die Falter.

3 Waldbrettspiel
Pararge aegeria

Merkmale: Dieser Tagfalter ist sowohl von der Färbung wie auch von der Lebensweise her unauffällig. Da es verschiedene, ganz ähnlich aussehende Tagfalter gibt, kann man das Waldbrettspiel ziemlich leicht mit anderen Arten verwechseln. Die Raupen sind graubraun gefärbt, haben einen schwarzen Rückenstreifen und helle Seitenstreifen.

Vorkommen: Als Lebensraum bevorzugt das Waldbrettspiel lichte Laubwälder, wo es auch im Innern des Baumbestandes zu beobachten ist. Vom Tiefland geht es bis in Lagen um 1000 m Höhe. Der Falter fliegt von Mitte April bis Mitte Juni (die erste Generation) und von Juli bis September (die zweite Generation). Die Art ist von Westeuropa bis Zentralasien verbreitet und kommt auch in Nordafrika vor. In Europa fehlt sie nur im nördlichen Großbritannien und in Mittel- und Nordskandinavien.

Biologie: Die Raupen des Waldbrettspiels leben an verschiedenen Gräsern.

1

2

3

1 Feuersalamander
Salamandra salamandra

Merkmale: Feuersalamander können je nach Fundort sehr unterschiedliche Färbungen zeigen. Zum einen variieren Größe, Form und Zahl der Flecken sehr stark, zum anderen kommen in Nordspanien, Frankreich und der Schweiz gelb gebänderte Rassen vor, und schließlich findet man manchmal völlig gelbe Tiere. Westspanische Tiere haben oft eine rote Zeichnung, und bei Exemplaren aus Italien kann der Bauch rot gefleckt sein. Für Mitteleuropa/Österreich ist die abgebildete Form typisch.
Vorkommen: Salamander sind an mehr oder weniger feuchte Lebensräume gebunden. Dem Feuersalamander begegnet man in feuchten Wäldern an Bächen, Quellen und Tümpeln. Er ist mit Ausnahme Großbritanniens und Skandinaviens über fast ganz Europa verbreitet. Darüber hinaus kommt er auch in Nordwestafrika und in Teilen Südwestasiens vor.
Biologie: Tagsüber hält sich der Feuersalamander unter Moos, Steinen und Fallaub versteckt. Erst mit Einbruch der Dämmerung geht er auf die Suche nach Nahrung, die aus Würmern, Schnecken und Kerbtieren besteht. Nach der Paarung im Frühjahr und Sommer entwickeln sich im Weibchen 30 bis 70 Larven, die im Flachwasser abgesetzt werden. Die Larven tragen große Kiemenbüschel, besitzen Beine und einen Schwimmsaum am Schwanz. Je nach Lebensbedingungen entwickeln sich die Larven in einigen Monaten oder erst nach Ablauf von 2 oder 3 Jahren zu Volltieren, die dann an Land leben.

2 Waldeidechse, Bergeidechse
Lacerta vivipara

Merkmale: Waldeidechsen werden 16 bis 18 cm lang. Ihre Färbung ist recht variabel. Der Rücken kann grau, rötlich oder dunkelbraun gefärbt sein. Meist verläuft ein dunkler Längsstreifen und/oder eine gelbe und schwarze Punktierung auf der Mitte des Rückens. Die Flanken sind dunkler gefärbt. Auf der Unterseite ist die Eidechse gelblich oder orange gefärbt; besonders die Männchen zeigen hier schwarze Flecken.
Vorkommen: Der Lebensraum der Waldeidechse sind ziemlich feuchte Gebiete in Wäldern, sumpfige Wiesen und Moore. Im Gebirge trifft man die Eidechse bis in etwa 3000 m Höhe an. Sie kommt mit Ausnahme der Iberischen Halbinsel, fast ganz Italiens und Griechenlands überall in Europa und darüber hinaus in großen Teilen Nordasiens vor.
Biologie: Diese Eidechse ist insofern bemerkenswert, als sie lebende Junge zur Welt bringt, meist 3 bis 10, in Ausnahmefällen auch bis zu 15. Den Winter verbringen die Tiere in Winterstarre. In hohen Lagen dauert die Ruheperiode oft 8 bis 9 Monate.

3 Blindschleiche
Anguis fragilis

Merkmale: Die Blindschleiche wird in vielen Fällen für eine Schlange gehalten (und daher leider auch prompt getötet). Sie ist aber vielmehr eine Eidechse, bei der im Laufe der Evolution die Beine reduziert worden sind. Die Tiere werden bis 50 cm lang. Ihr Körper ist ganz mit glatten, glänzenden Schuppen bedeckt. Blindschleichen können in der Farbe ziemlich variieren; typisch ist aber eine rötlichbraune Rückenfärbung. Manchmal ist der Rücken dunkel gestreift.
Vorkommen: Am ehesten hat man Gelegenheit, Blindschleichen zu beobachten, wenn man in ihrem typischen Lebensraum – pflanzenreichen Waldlichtungen, Waldrändern und ähnlichen Stellen – in der Abenddämmerung oder nach Regenfällen nach ihr sucht. Blindschleichen kommen in ganz Europa vor – mit Ausnahme von Irland, dem südlichen Spanien und großen Teilen Skandinaviens.
Biologie: Ab Oktober ruhen die Blindschleichen in tiefen Erdverstecken. Die Weibchen gebären im April/Mai 5 bis 15 fertig ausgebildete Junge von etwa 7 bis 10 cm Länge.

1

2

3

1 Habicht
Accipiter gentilis

Merkmale: Der Habicht wird 47 bis 61 cm lang; das Weibchen ist größer als das Männchen. Beide Geschlechter haben eine schwarzbraune Oberseite und eine helle, eng schwarz-braun quergebänderte Unterseite, einen hellen Überaugenstreif und kräftig gelbe Beine. Im Flug fallen die relativ kurzen, rundlichen Flügel und der relativ lange Schwanz auf. Man hört kurze Rufe, die an das »hiäh« des Mäusebussards erinnern, am Nest auch »gigigig«-Rufreihen.

Vorkommen: Als Lebensraum braucht der Habicht größere Wälder; in der Nachbarschaft sollte das Gelände offen sein. Sein Verbreitungsgebiet erstreckt sich über große Teile Europas, Mittelasiens und Nordamerikas. Der Greifvogel bleibt das ganze Jahr über im Brutgebiet. Für Österreich gilt der Habicht als »potentiell gefährdet«.

Biologie: Hauptbeute des Habichts sind Drosseln, Eichelhäher, Tauben, Eichhörnchen, Kaninchen, Hasen. Der Greifvogel baut einen großen Horst in die Kronen hoher Laub- und Nadelbäume. Gelege findet man ab März/April. Das Weibchen legt 2 bis 5 weißlich-bräunliche oder grünlich-weiße Eier. Die Jungen schlüpfen nach rund 35 Tagen und verlassen nach weiteren 5 bis 6 Wochen den Horst. Habichte ziehen 1 Brut im Jahr auf.

2 Hohltaube
Columba oenas

Merkmale: Die Taube wird 33 cm lang. Die Oberseite ist blaugrau, die Unterseite etwas heller, mit einem rötlichen Anflug auf der Brust. Auffällige Kennzeichen sind die grün bis purpurrot schillernden Flecken an den Seiten des Halses, die 2 schwarzen Querbinden auf den Flügeln und die breite, schwarze Endbinde am Schwanz. Der Schnabel ist gelb, die Füße sind korallenrot. Der Gesang der Taube klingt wie »hu-ru« oder »huh-hup« und ist auf der ersten Silbe betont.

Vorkommen: Die Hohltaube ist an Waldgebiete gebunden. Laub-, Misch- und Kiefernwälder, aber auch größere Parks mit altem Baumbestand vom Tiefland bis in Mittelgebirgslagen sind ihr Lebensraum. Außerhalb der Brutzeit sieht man die Hohltaube auch auf Feldern, die mit Gebüsch, Hecken und Feldgehölzen aufgelockert sind. Meist zieht die Art im Winter weg. Sie steht als »potentiell gefährdet« auf der Roten Liste.

Biologie: Die Nahrung der Hohltaube besteht überwiegend aus Blättern, Beeren und Samen krautiger Pflanzen, aus Bucheckern und Eicheln und aus einem geringen Anteil an Kleintieren. Die Taube brütet vor allem in verlassenen Baumhöhlen des Schwarzspechts. Sie legt 2 weiße Eier. Gelege findet man ab Mitte März. Es kommt zu 2 bis 3 Bruten im Jahr.

3 Ringeltaube
Columba palumbus

Merkmale: Mit reichlich 40 cm Länge ist die Ringeltaube die größte aller heimischen Tauben-Arten. Das in der Grundfärbung blaugraue Gefieder zeichnet sich durch weiße Flecken an den Kopfseiten und weiße Flügelbinden, die vor allem im Flug sichtbar werden, aus. Das typische Gurren ist eine Reihe von 5 oder 6 Tönen, von denen der zweite oder dritte betont wird. Es klingt also etwa »ku-ku-ru-ku-ku«.

Vorkommen: Die Ringeltaube kommt in kleineren und größeren Waldgebieten vor, brütet aber mittlerweile auch in Gärten und Parks, auf Straßenbäumen und auf Friedhöfen. Sie ist mit Ausnahme von Island und Nordskandinavien über fast ganz Europa, Teile Asiens und Nordwestafrikas verbreitet. In Mitteleuropa ist sie ein überall häufiger Brutvogel. Ringeltauben bleiben in milden Wintern mit reichlicher Nahrung – vor allem, wenn es reichlich Bucheckern gibt – in Mitteleuropa.

Biologie: Die Taube frißt grüne Blätter, Beeren, Samen, Eicheln und Bucheckern. Im Frühjahr kann man den auffälligen, oft zwei- bis fünfmal wiederholten Balzflug beobachten. Der Tauber steigt 20 bis 30 m hoch und gleitet dann mit gestreckten Flügeln und gespreiztem Schwanz abwärts. Vor der Gleitphase hört man oft ein Flügelklatschen. Ringeltauben bauen schlampige Nester aus nur wenigen Zweigen. Von unten sieht man durch das lockere Geflecht 2 weiße Eier im Nest liegen. Ringeltauben machen mehrere Bruten hintereinander, die erste oft schon im März.

1 Kuckuck
Cuculus canorus

Merkmale: Der Vogel wird 33 cm lang. Oberseite und Kehle sind blaugrau. Die Unterseite ist in der Grundfärbung weißlich, dabei aber fein dunkel gebändert (»gesperbert«). Der Schwanz ist dunkler, hat weiße Flecken und ist am Ende gerundet. Im Flug fallen der lange Schwanz und die spitzen Flügel auf. Der Kuckuck ist ein ausgesprochener Einzelgänger. Seine zweisilbigen, gelegentlich auch dreisilbigen »kuckuck«-Rufe sind die wohl bekannteste Vogelstimme überhaupt (Name!). Daneben hört man fauchende Rufe und vom Weibchen schallende »kwi-kwi-kwi«-Reihen.
Vorkommen: Der Kuckuck bewohnt Wälder, aber auch Parks und mit Buschgruppen, Hecken und Feldgehölzen durchsetzte offene Landschaft. Er ist über ganz Europa verbreitet, ist aber ein ausgesprochener Zugvogel, der sich in Mitteleuropa nur von Mitte Mai bis Mitte August aufhält.
Biologie: Der Kuckuck ist der einzige Brutschmarotzer (Brutparasit) in der mitteleuropäischen Vogelwelt. Er läßt seine Eier von anderen Vögeln (Kleinvögel bis Drosselgröße) ausbrüten und die Jungen von ihnen aufziehen. Die 15 bis 20 Eier, die ein Weibchen in einem Frühjahr legt, ähneln meist denen des Wirtsvogels. Die jungen Kuckucke werfen nach dem Schlüpfen die restlichen Eier aus dem Nest und werden daher von den Altvögeln allein aufgezogen.

2 Waldohreule
Asio otus

Merkmale: Mit knapp 36 cm Länge gehört die Waldohreule zu den mittelgroßen Arten. Das Gefieder ist gelbbraun gefärbt und dabei grau und braun marmoriert und gestreift. Der Schnabel ist grau. Die Eule ist insgesamt schlank und durch den mehr eckigen Kopf, die aufrecht stehenden Federohren am Kopf und die orangeroten Augen leicht vom Waldkauz (siehe unten) zu unterscheiden. Ihre Stimme ist fast nur zur Paarungszeit zu hören. Man hört leise, tiefe »u-u-u«-Laute, die auch monoton gereiht werden. Bei der Flugbalz hört man Flügelklatschen.
Vorkommen: Die Eule ist in großen Waldgebieten (bevorzugt Nadelwäldern), aber auch in Feldgehölzen und in Parks mit entsprechendem Baumbestand anzutreffen. Sie ist über fast ganz Europa, Mittelasien, Nordwestafrika und Teile Nordamerikas verbreitet. Im Winter streifen Waldohreulen umher und beziehen dann auch geeignete Schlafplätze in Städten.
Biologie: Die Waldohreule jagt Kleinsäuger, vor allem Feldmäuse. In harten Wintern mit hohem Schnee sind die Eulen stark gefährdet, weil sie nicht jagen können, und viele Tiere verhungern dann. Der Vogel baut nie einen eigenen Horst, sondern benutzt die Nester von anderen Vögeln (Elstern und Krähen). Das Weibchen legt 4 bis 5 weiße, rundliche Eier, in guten Mäusejahren auch mehr. Die Eier werden 4 Wochen lang bebrütet. Gelege findet man ab März/April. Es gibt 1 Brut im Jahr.

3 Waldkauz
Strix aluco

Merkmale: Der Kauz wird 38 cm lang. Beide Geschlechter sind gleich gefärbt. Die Oberseite ist meist rostbraun, aber auch gelblich-braun bis graubraun gefärbt und weist weiße Tropfenflecken und dunkle Fleckenstreifen auf. Die Unterseite ist heller graubraun und hat dunkle Fleckenstreifen. Am besten erkennt man den Waldkauz an dem großen, runden Kopf und den großen, dunklen Augen. Die Gesichtsmaske ist einfarbig graubraun; Federohren fehlen. Den typischen, wie »hu-hu-u« klingenden Gesang hört man oft schon im ausgehenden Winter. Daneben hört man vom Waldkauz auch gellende »kuwick«- und bei Aggression harte »kwitt«-Rufe.
Vorkommen: Der Waldkauz ist eine robuste Eule, die sich noch in guten Beständen gehalten hat. Er ist vor allem in Wäldern mit alten Bäumen bis in Berglagen anzutreffen, aber auch in größeren Gärten und in Parks. Er ist Standvogel und über fast ganz Europa verbreitet.
Biologie: Die Nahrung ist vielseitig, besteht aber vor allem aus Kleinsäugern und Vögeln. Waldkäuze brüten fast immer in Höhlen. Die 3 bis 4 Eier sind rundlich geformt und weiß gefärbt. Im Alter von etwa 4 Wochen verlassen die jungen Käuze die Bruthöhle.

1

2

3

1 Buntspecht, Großer Buntspecht
Dendrocopos major

Merkmale: Der Buntspecht wird 23 cm lang. Bei allen »bunten Spechten« ist auf die Verteilung der Farben Schwarz, Weiß und Rot im Gefieder zu achten. Beim Buntspecht fallen die großen weißen Schulterflecken auf dem schwarzen Rücken und der kräftig rote Unterschwanz auf. Das Männchen hat einen roten Hinterkopf. Das Weibchen (Foto) sieht dem Männchen ähnlich, ihm fehlt aber die rote Kopfzeichnung. Spechte haben einen wellenförmigen Flug. Vom Buntspecht hört man häufig ein lautes, auffälliges »kix«. Er trommelt regelmäßig und ausdauernd (fünf- bis achtmal pro Minute je 5 bis 20 Schläge).
Vorkommen: Der Buntspecht bleibt in der Regel das ganze Jahr über bei uns. Sein Lebensraum sind Laub-, Misch- und Nadelwälder, daneben Feldgehölze, Parks und größere Gärten. Er ist über fast ganz Europa, Mittelasien und auch Nordwestafrika verbreitet.
Biologie: Der Specht frißt vor allem Kleintiere, die auf der Baumrinde leben, daneben auch Samen, Beeren, Nüsse, Bucheckern. Zapfen und Nüsse werden oft in sogenannten »Spechtschmieden« eingeklemmt und bearbeitet. Die Nisthöhlen findet man in Laub- und Nadelbäumen. Das Weibchen legt 4 bis 6 glänzend-weiße Eier (Gelege ab April). Die jungen Spechte verlassen die Höhle im Alter von etwa 3 Wochen. Es wird 1 Brut im Jahr aufgezogen.

2 Schwarzspecht
Dryocopus martius

Merkmale: Mit rund 45 cm Länge so groß wie eine Krähe, ist der Schwarzspecht der größte unter den europäischen Spechten. Das Gefieder ist – bis auf die Kopfplatte – durchgehend schwarz gefärbt. Allerdings sind Augen und Schnabel gelb. Beim Männchen (Foto) reicht die rote Kopfplatte vom Schnabel bis zum Nacken; das Weibchen besitzt lediglich einen roten Hinterkopf. Meist wird man auf den Schwarzspecht durch klagende, gezogene »klióh«-Rufe aufmerksam. Zur Paarungszeit hört man auch »gück-gück-gück«-Reihen. Der Schwarzspecht trommelt mit 17 Schlägen pro Sekunde, zwei- bis dreimal in der Minute.
Vorkommen: Dieser Specht kommt in verschiedenen Waldtypen vor; die Waldgebiete müssen aber ziemlich groß und zusammenhängend sein. Er kommt fast überall in Europa vor, fehlt aber in Großbritannien, in Dänemark, in Holland und Belgien, in Teilen Frankreichs und im südlichen Griechenland. In Asien erstreckt sich das Verbreitungsgebiet bis nach Japan.
Biologie: Zum Bau seiner Höhle bevorzugt der Schwarzspecht Buchen und Kiefern. Das Weibchen legt 4 bis 5 glänzendweiße Eier. Die Jungen schlüpfen nach etwa 2 Wochen Bebrütung aus den Eiern und bleiben dann noch etwa 1 Monat lang in der Höhle. Wegen ihrer Größe werden verlassene Schwarzspechthöhlen von Hohltauben, Blauracken und Wiedehopfen angenommen.

3 Grünspecht
Picus viridis

Merkmale: Der Grünspecht wird knapp 32 cm lang. Die Oberseite ist kräftig olivgrün, der Bürzel gelblich, die Unterseite graugrün gefärbt. Die rote Kopfplatte zieht sich bis in den Nacken. Bei beiden Geschlechtern ist das Auge schwarz umrahmt. Beim Männchen (Foto) zieht sich ein breiter, roter, schwarz eingefaßter Streifen vom Auge zum Kinn; beim Weibchen ist dieser Bartstreif einfarbig schwarz. Man hört laute, schallende »glü-glü-glü«-Reihen, die gegen Ende hin schneller und leiser werden. Die Art trommelt nur selten, und wenn, dann schwach und nicht regelmäßig.
Vorkommen: Der Grünspecht bewohnt Wälder mit einem Anteil an offenen Flächen, Feldgehölze, Streuobstwiesen und Parkanlagen. Außerhalb der Brutzeit streift er umher. Die Art ist über fast ganz Europa verbreitet, darüber hinaus noch in Teilen Rußlands und in Kleinasien.
Biologie: Die Nahrung besteht vor allem aus Ameisen und deren Entwicklungsstadien, daneben aus Beeren. Der Vogel brütet in selbstgezimmerten Baumhöhlen (2 bis 10 m über dem Boden). Das Weibchen legt 5 bis 8 weiße Eier (Gelege ab April). Es wird 1 Brut im Jahr aufgezogen.

1 Baumpieper
Anthus trivialis

Merkmale: Der unscheinbare Baumpieper wird 15 cm lang. Seine Kennzeichen sind die braune, dunkel gestreifte Oberseite, die rahmfarbene Unterseite mit den kräftigen Fleckenstreifen auf der Brust, der helle Überaugenstreif, die weißen Schwanzkanten und die hell-fleischfarbenen Beine. Der typische Gesang setzt sich aus langen Trillern zusammen, die in einem charakteristischen »zia-zia-zia« enden. Der Gesang wird oft im Singflug vorgetragen.
Vorkommen: Der Lebensraum des Baumpiepers sind lichte Wälder, Waldblößen, Kahlschläge und Kiefernheiden. Der Pieper ist über fast ganz Europa mit Ausnahme Irlands und großer Teile der Iberischen Halbinsel verbreitet. Das Verbreitungsgebiet zieht sich darüber hinaus bis weit nach Asien hinein. Der Vogel zieht im September nach Süden ab, um im April wieder im Brutgebiet einzutreffen.
Biologie: Die Nahrung besteht aus Insekten, Spinnen und anderen Kleintieren. Das Nest steht gut versteckt zwischen Grasbüscheln, Zwergsträuchern oder unter Farnen. Das Weibchen legt meist 5 Eier, die in der Färbung sehr stark variieren können. Die Brutdauer beträgt 2 Wochen. Es finden 2, ausnahmsweise auch 3 Bruten statt. Gelege findet man ab Mai.

2 Star
Sturnus vulgaris

Merkmale: Mit knapp 22 cm Länge bleibt der Star etwas kleiner als die Amsel (siehe Seite 254). Er hat in der Brutzeit ein schwarzes, metallisch grünlich und purpurn glänzendes Gefieder. Der Schwanz ist kurz, die Flügel sind spitz, der gelbe Schnabel ist lang und spitz. In der Ruhezeit (Foto) ist das Gefieder weiß getüpfelt (»Perlstar«), und der Schnabel ist dann bräunlich. Der Star hat dreieckige Flügel, und im Flug wechseln Schlag- und Gleitphasen ab. Man hört gedehnte »spreen«-Rufe, aber auch viele andere Rufe. Der Gesang ist ein geschwätziges Gemisch aus den Rufen, Pfiffen, Schnalz- und Schnurrlauten und Imitationen anderer Vogelstimmen und Geräusche.
Vorkommen: Der Star bewohnt Wälder, Feldgehölze, Parks und Gärten. Er ist Teilzieher und bildet außerhalb der Brutzeit oft riesige Schwärme. Im Winter streifen Stare weit umher.
Biologie: Die Nahrung besteht aus Kleintieren, Früchten und Beeren (z. B. Wein). Sein Nest baut der Vogel in Höhlen (Baumhöhlen, Felsspalten, Mauerlöchern, Starenkästen). Das Weibchen legt 4 bis 6 blaß blaugrüne Eier. Erste Gelege findet man im April. Stare ziehen 1 Brut im Jahr auf.

3 Eichelhäher
Garrulus glandarius

Merkmale: Der Vogel wird 35 cm lang. Männchen und Weibchen sind gleich gefärbt. Die Oberseite ist dunkel rötlich-braun, die Unterseite hell rötlich-braun gefärbt. Auf dem Kopf verlaufen feine schwarze Fleckenstreifen. Ein kurzer, schwarzer Streifen verläuft von der Schnabelwurzel abwärts. Die Augen sind hellblau. Die Flügel sind schwarz, mit weißem Feld und blauschwarz gestreiften Federn am Bug. Der Bürzel ist weiß, der Schwanz schwarz gefärbt. Der Flug ist langsam und wirkt etwas flatternd. Das heisere Rätschen des Eichelhähers warnt andere Vögel vor drohenden Gefahren. Daneben hört man rauhe, knackende und miauende Rufe und Imitationen der Stimmen anderer Vögel.
Vorkommen: Der Eichelhäher ist an Waldgebiete gebunden, wenn man ihn auch mehr und mehr in größeren Parks, zum Teil mitten in den Städten, antreffen kann. Vom Tiefland bis in Berglagen kommt er fast im gesamten paläarktischen Raum vor. In Mitteleuropa ist der Eichelhäher überwiegend Jahresvogel.
Biologie: Der Häher frißt Samen und Früchte, vor allem Eicheln und Bucheckern; er nimmt aber auch Insekten und kleine Wirbeltiere, Eier und Junge von Singvögeln. Das Nest wird aus kleinen Zweigen und Aststücken in Sträuchern und Bäumen angelegt. Das Weibchen legt 5 bis 7 Eier, die auf bräunlich-grünem Grund dicht braun gefleckt sind. Die Gelege findet man von Ende April bis in den Juni hinein. Es findet 1 Brut im Jahr statt.

1

2

3

1 Zaunkönig
Troglodytes troglodytes

Merkmale: Der Zaunkönig ist ein kleiner, rundlicher, brauner Vogel mit fast ständig gestelztem Schwanz. Er wird 9,5 cm lang. Seine Oberseite ist kräftig braun, die Unterseite heller braun gefärbt. An den Flanken zeigt sich eine dunkelbraune bis schwarze Musterung. Der Vogel ist äußerst lebhaft und huscht wie eine Maus durch das Gezweig. Bei Erregung knickst er. Sein Flug ist geradlinig und schnurrend. Als Rufe hört man ein lautes und hartes »zick-zick-zick«, bei Erregung auch ein schnurrendes »zerr«. Der Gesang ist eine Reihe von schmetternden Tönen, in die Roller eingeschoben sind, und die mit einem höheren, scharfen Ton endet. Er ist auch mitten im Winter zu hören.
Vorkommen: Unterholzreiche Wälder, Parks und große Gärten sind der bevorzugte Lebensraum dieses Vogels. Das Verbreitungsgebiet des Zaunkönigs erstreckt sich über fast ganz Europa, Teile Asiens und Nordamerikas, und er kommt auch in Nordwestafrika vor. Mitteleuropäische Zaunkönige sind Teilzieher; viele Vögel überwintern im Gebiet.
Biologie: Die Nahrung des Zaunkönigs besteht aus Kleintieren wie Insekten und Spinnen. Der Vogel baut in Bodennähe im Gestrüpp, in Wurzeln umgestürzter Bäume, an Böschungen, in Mauerlöchern und an ähnlichen Stellen ein Kugelnest aus Moos, Grashalmen und trockenen Blättern; typisch ist der seitliche Eingang. Zweimal im Jahr werden 5 bis 7 fein rötlich gefleckte, weiße Eier ausgebrütet. Gelege findet man ab April.

2 Heckenbraunelle
Prunella modularis

Merkmale: Die Heckenbraunelle wird 15 cm lang. Die Oberseite ist dunkelbraun mit schwarzer Längsstreifung, die Unterseite schiefergrau; Kopf und Hals sind ebenfalls schiefergrau, der Schnabel ist dünn. Als Rufe hört man ein hohes, pfeifendes »zieht« und ein feines, rasch aufeinanderfolgendes »di-di-di«. Der Gesang ist eine auf- und absteigende Reihe von Tönen ohne Roller und Schmettern. Der Vogel beginnt oft schon im ausgehenden Winter zu singen.
Vorkommen: Die Heckenbraunelle beobachtet man in jungen Baumbeständen in Wäldern, in Hecken, Parks, Friedhöfen und Gärten. Sie kommt vom Tiefland bis in Berglagen vor. Mitteleuropäische Heckenbraunellen sind Teilzieher; viele Vögel überwintern im Brutgebiet.
Biologie: Die Nahrung besteht aus Insekten und deren Larven, Spinnen und Würmern. Im Winter (an Winterfütterungen) frißt der Vogel auch Sämereien. Die Nahrung wird fast immer am Boden gesucht. Das napfförmige Nest steht in niedrigen Bäumen und Büschen, in Hecken und Reisighaufen – höchstens etwa 2 m über dem Boden. Das Weibchen legt 4 bis 5 einheitlich blaue oder türkisfarbene Eier. Der Beginn der Eiablage liegt um Mitte April herum. Es werden 2 Bruten im Jahr aufgezogen.

3 Mönchsgrasmücke
Sylvia atricapilla

Merkmale: Der Vogel wird 14 cm lang. Die Oberseite ist grünlich-bräunlich, die Unterseite und die Seiten des Kopfes sind aschgrau (beim Weibchen bräunlich), der Bauch weißlich. Das Männchen (Foto) hat eine glänzend-schwarze, das Weibchen eine rotbraune Kopfplatte, die jeweils bis zum Auge reicht. Der Vogel lebt recht versteckt und fällt meist erst durch den Gesang auf, ein reichhaltiges Zwitschern, das mit einem lauten Überschlag aus reinen Flötentönen beendet wird.
Vorkommen: Die Mönchsgrasmücke ist in Wäldern unterschiedlichen Typs anzutreffen, aber auch in kleineren Feldgehölzen und in größeren Parkanlagen. Sie kommt mit Ausnahme Islands, Nordschottlands und Nordskandinaviens in ganz Europa, in Nordwestafrika und Teilen Asiens vor. Als Sommervogel ist sie bei uns von Mitte April bis Ende Oktober/Anfang November zu beobachten.
Biologie: Die Nahrung besteht aus Insekten und deren Larven, Spinnen und – im Herbst – Beeren. Das Nest steht niedrig über dem Boden in Büschen und Hecken. In der Regel werden 5 Eier gelegt; meist sind sie auf weißlich-grauem Grund bräunlich oder grünlich gefleckt, wobei die Flecken um den stumpfen Pol herum dichter angeordnet sind. Es werden 2 Bruten aufgezogen.

1

2

3

1 Zilpzalp
Phylloscopus collybita

Merkmale: Der Zilpzalp wird knapp 11 cm lang. Er ist auf der Oberseite olivbraun, auf der Unterseite weißlich mit leichtem gelben Anflug gefärbt. Am Kopf trägt der Vogel einen nicht sehr deutlichen, gelbgrünen Überaugenstreif. Die Beine sind schwärzlich. Der Vogel hat wenig aussagekräftige, wie »hüid« klingende Rufe. Der Gesang, eine nicht sehr rasch vorgetragene »zilp, zalp, zalp, zilp, zilp, zalp«-Folge, ist dagegen unverkennbar; bisweilen werden harte »trrrt-trrrt«-Laute eingeschoben.
Vorkommen: Der Zilpzalp ist in lichten, unterholzreichen Wäldern und in Feldgehölzen, in Parks und in großen Gärten zu beobachten. Er kommt vom Tiefland bis in Berglagen vor. Als Sommervogel ist er in Mitteleuropa von März bis Ende Oktober anzutreffen.
Biologie: Die Nahrung besteht aus Kleintieren (Insekten und Spinnen), im Spätsommer und Herbst auch aus Beeren. Das Nest steht gut versteckt am Boden zwischen Pflanzen oder in niedrigem Gezweig. Das Weibchen legt 4 bis 6 weiße, mit feinen gelblichen und bräunlichen Punkten übersäte Eier. Gelege findet man ab Ende April/Anfang Mai. Es kommt häufig zu 2 Bruten im Jahr.

2 Waldlaubsänger
Phylloscopus sibilatrix

Merkmale: Der Waldlaubsänger ist mit knapp 13 cm Länge der größte einheimische Laubsänger. Die Oberseite ist leuchtend gelbgrün, Kehle und Brust sind schwefelgelb, die übrige Unterseite ist weißlich gefärbt. Auffällig ist der breite, gelbe Überaugenstreif. Beine und Schnabel sind hell hornfarben. Das sicherste Artmerkmal ist der Gesang. Er beginnt mit einer Folge von »düh, düh«-Tönen, denen eine Reihe von Tönen folgt, die wie »sib« klingen; schließlich endet der Gesang in einem schnurrenden »sirrr«-Triller.
Vorkommen: Der Waldlaubsänger ist in Laub- und Mischwäldern fast überall anzutreffen. Er ist über große Teile Europas verbreitet. Ende April/Anfang Mai kehren die Vögel aus ihrem Winterquartier im tropischen Afrika nach Mitteleuropa zurück, um im August/September wieder abzuziehen.
Biologie: Die Nahrung besteht aus Insekten, deren Larven und Spinnen. Das Nest steht gut getarnt am Boden in niedriger Vegetation. Die 6 bis 7 Eier sind auf hellem Grund dunkel gefleckt. Gelege findet man ab Anfang Mai. Es findet 1 Brut im Jahr statt.

3 Wintergoldhähnchen
Regulus regulus

Merkmale: Mit 9 cm Länge ist das Wintergoldhähnchen – zusammen mit dem Sommergoldhähnchen *(Regulus ignicapillus)*, das bis auf seine schwarzen und weißen Augenstreifen ganz ähnlich aussieht – die kleinste Art der europäischen Vogelwelt. Neben der geringen Größe fällt die rundliche Gestalt auf. Die Oberseite ist olivgrün, die Unterseite weißlichgrünlich gefärbt. Im Flügel fallen 2 weiße Binden und 1 schwarzes Band auf, am Kopf der leuchtendgelbe Scheitel (beim Männchen mit orangefarbenem Mittelstreifen, beim Weibchen mit gelblichem Mittelstreifen) mit der schwarzen Begrenzung. Die Stimme ist häufig zu hören, aber sehr leise und fein. Der eilig dahinfließende Gesang besteht aus einem gereihten Doppelton und einem Zwitschern als Abschluß.
Vorkommen: Das Wintergoldhähnchen trifft man hauptsächlich in reinen Nadelwäldern und in Mischwäldern an, aber auch in entsprechenden Baumbeständen in größeren Parks. Es ist mit Ausnahme der Iberischen Halbinsel und Nordskandinaviens über ganz Europa verbreitet. Die Art ist in Mitteleuropa Teilzieher. Einzelne Vögel bleiben den Winter über bei uns, streifen dann aber umher.
Biologie: Die Vögel fressen kleine Insekten und Spinnen sowie deren Entwicklungsstadien. An den Spitzen der Zweige von Nadelbäumen oder in Astgabeln bauen sie Kugelnester aus Moos. Gelege findet man ab Mai. Sie bestehen aus 8 bis 10 weißen, fein braun gefleckten Eiern. Es kommt regelmäßig zu 2 Bruten im Jahr.

1

2

3

1 Rotkehlchen
Erithacus rubecula

Merkmale: Beim 14 cm langen Rotkehlchen ist die Oberseite einfarbig olivbraun, die Unterseite graubraun gefärbt. Brust, Kopfseiten und Stirn sind satt orange gefärbt und dabei bläulich begrenzt. Der Vogel hält sich oft am Boden auf und zuckt häufig mit Schwanz und Flügeln. Als typischen Ruf hört man ein scharfes »zick«, das oft zu einem »Schnickern« gereiht wird. Der abwechslungsreiche Gesang enthält flötende und perlende Passagen und wirkt schwermütig. Er wird meist in der Dämmerung vorgetragen.
Vorkommen: Das Rotkehlchen lebt in Wäldern mit reichlich Unterwuchs, aber auch in Parks und Gärten. Der Vogel ist über fast ganz Europa verbreitet. Vögel aus Mitteleuropa verbringen den Winter meist in den Mittelmeerländern. Im März kehren die Vögel in ihre Brutgebiete zurück.
Biologie: Das Rotkehlchen ernährt sich von Kleintieren und Beeren. Der Vogel baut sein Nest gut versteckt am Boden. Gelege findet man ab Ende April/Anfang Mai. Die 5 bis 7 Eier sind auf weißlichem Grund variabel dicht rotbraun gefleckt. Es werden 2 Bruten aufgezogen.

2 Nachtigall
Luscinia megarhynchos

Merkmale: Die Nachtigall wird 16,5 cm lang. Die Oberseite ist einfarbig braun, die Unterseite heller graubraun gefärbt. Der rotbraune Schwanz wird oft gestelzt. Der Gesang beginnt mit einer ansteigenden Folge von »dü, dü, dü«-Tönen, wird lauter und schneller und endet in schluchzendem Schmettern.
Vorkommen: Die Nachtigall ist überwiegend im Tiefland in Laub- und Mischwäldern mit reichem Unterwuchs anzutreffen. Als Sommervogel hält sie sich von April bis Oktober in Mitteleuropa auf. Sie ist in Österreich als »potentiell gefährdet« eingestuft.
Biologie: Die Nahrung besteht aus Kleintieren, daneben auch aus Beeren. Das Nest steht versteckt in dichter Vegetation. Gelege findet man ab Anfang Mai; sie bestehen aus 4 bis 6 olivbraunen Eiern. Die Vögel brüten einmal im Jahr.

3 Amsel, Schwarzdrossel
Turdus merula

Merkmale: Die Amsel wird 25 cm lang. Das Männchen (Foto) ist schwarz gefärbt, mit gelbem Augenring und Schnabel. Das Weibchen ist braun im Gefieder; die Kehle ist gefleckt, der Schnabel braun. Der langsame Gesang wirkt schwermütig; er ist eine Folge von getragenen und flötenden Tönen. Die einzelnen Strophen schließen mit schwächeren gepreßten und zwitschernden Tönen ab.
Vorkommen: Früher war die Amsel ein scheuer Waldvogel, heute ist sie jedoch auch aus den Parks und Gärten der Städte nicht mehr wegzudenken; sie ist ein Kulturfolger. In Europa kommt die Amsel fast überall vor. In Mitteleuropa ist sie Jahresvogel.
Biologie: Die Nahrung setzt sich aus Schnecken, Würmern, Insekten, Früchten und Beeren zusammen. Das Nest ist ein fester Bau mit einer tiefen Mulde, in die das Weibchen zweimal im Jahr je 4 bis 6 Eier legt. Die Eier sind auf verwaschen grünem Grund bräunlich gefleckt. Die ersten Gelege findet man schon im April.

4 Singdrossel
Turdus philomelos

Merkmale: Diese Drossel ist mit 23 cm Länge etwas kleiner als die Amsel. Auf der weißlich-grauen Unterseite sieht man Längsreihen schwarzbrauner Punkte. Beim Auffliegen fallen die rahmfarbenen Unterflügel auf. Der Gesang setzt sich aus einzelnen, jeweils zwei- bis viermal wiederholten Strophen zusammen.
Vorkommen: Typische Lebensräume der Singdrossel sind Wälder mit reichem Unterwuchs, Parkanlagen, Friedhöfe und große Gärten. Die Verbreitung in Europa stimmt mit der der Amsel in etwa überein. Bei uns sind Singdrosseln Sommervögel; Anfang März treffen die Vögel ein.
Biologie: Singdrosseln ernähren sich von Kleintieren und Beeren. Die Nester stehen in Büschen, Hecken und Bäumen (nahe am Stamm). Die 4 bis 6 Eier sind auf türkisfarbenem Grund schwarz gesprenkelt. Gelege findet man ab April. Es kommt zu 2 Bruten im Jahr.

1 Sumpfmeise
Parus palustris

Merkmale: Diese Meise wird 12 cm lang und hat ein unscheinbar graubraunes Gefieder mit einer schwarzen Kopfplatte und einer schwarzen Kehle. Typisch sind die »pistjä«- Rufe. Der Gesang ist ein einförmig klappernd vorgetragenes »zje-zje-zje« oder »ziwuid-ziwuid«.
Die sehr ähnliche Weidenmeise *(Parus montanus)* hat eine mattschwarze Kopfplatte und ein helles Flügelfeld. Typisch sind die gedehnten »däh«-Rufe.
Vorkommen: Der Vogel bewohnt hauptsächlich Laub- und Mischwälder. Das Verbreitungsgebiet der Art weist 2 große, weit auseinanderliegende Areale auf, eines in Mittel- und Südeuropa und ein anderes in Ostasien. Die Meise ist in Mitteleuropa Jahresvogel, streift aber im Winter umher.
Biologie: Die Nahrung besteht aus Kleintieren und Samen. Der Vogel brütet in Höhlen. Gelege findet man Ende April/Anfang Mai. Sie bestehen aus 7 bis 10 weißlichen Eiern mit einer rötlichen, am stumpfen Pol verdichteten Fleckung. Sumpfmeisen ziehen 1 Brut im Jahr auf.

2 Haubenmeise
Parus cristatus

Merkmale: Bei der 11,5 cm langen Haubenmeise ist die Oberseite graubraun, die Unterseite weißlich mit rahmfarbenen Seiten. Kennzeichnend sind die schwarzweiße Gesichtszeichnung und die Federhaube auf dem Kopf. Charakteristisch sind die schnurrenden »zizi gürrr«-Rufe. Der lebhafte Gesang ist nichts anderes als eine Folge der Rufe.
Vorkommen: Die Haubenmeise ist bei uns in Nadelwäldern überall anzutreffen und kommt vom Tiefland bis an die Baumgrenze im Hochgebirge vor. In Mitteleuropa ist sie Jahresvogel. Die Art ist über fast ganz Europa verbreitet.
Biologie: Die Nahrung besteht aus Insekten und Samen. Haubenmeisen sind Höhlenbrüter. Gelege findet man ab April. Die Eier – 7 bis 10 je Gelege – zeigen auf hellem Grund rostrote, am stumpfen Pol zu einem Kranz angeordnete Flecken. Es werden 2 Bruten im Jahr aufgezogen.

3 Blaumeise
Parus caeruleus

Merkmale: Die 12 cm lange Blaumeise ist ein lebhafter Vogel, der geschickt in den Zweigen herumturnt und dabei oft kopfüber hängt. Das Gefieder ist olivgrün und gelb, an Kopfplatte, Flügeln und Schwanz lebhaft blau gefärbt. Die Rufe der Meise klingen wie »tsi-tsi-tsi-tsit«. Der Gesang beginnt meist mit »zi-zi«, dem eine helle, trillernde Passage folgt.
Vorkommen: Die Blaumeise brütet in Laub- und Mischwäldern, in Feldgehölzen, in Parks und Gärten. Ihr Verbreitungsgebiet ist Europa mit Ausnahme Nordskandinaviens; daneben kommt sie auch in Nordafrika und in Vorderasien vor. Bei uns ist die Art Jahresvogel; sie streift aber im Winter weit umher.
Biologie: Die Blaumeise frißt Kleintiere und Samen. Das Nest aus weichem Pflanzenmaterial steht in natürlichen oder künstlichen Höhlen. Die Vögel legen zweimal im Jahr 10 bis 12 Eier, die auf weißem Grund rotbraun gefleckt sind. Volle Gelege findet man im Mai und Juni. Es wird nur 1 Brut aufgezogen.

4 Kohlmeise
Parus major

Merkmale: Die Kohlmeise ist mit ihren 14 cm Länge, der olivgrünen Oberseite, der blauschwarzen Kopf- und Halszeichnung und dem ebenfalls blauschwarzen Streifen auf dem gelben Bauch die größte und auffälligste heimische Meisen-Art. Typisch sind die wie »pink, pink«, »zizidäh« oder kürzer »zidäh« klingenden Rufe. Der Gesang setzt sich aus den »zizidäh«-Rufen zusammen und ist oft schon im ausgehenden Winter zu hören.
Vorkommen: Die Kohlmeise ist in Laub- und Mischwäldern, in Feldgehölzen, Parks und Gärten überall zu beobachten. Ihr Verbreitungsgebiet erstreckt sich über weite Teile Europas und Asiens. In Mitteleuropa ist die Art Jahresvogel.
Biologie: Die Nahrung besteht aus Kleintieren und Samen. Der Vogel ist Höhlenbrüter. Die Gelege bestehen aus 8 bis 10 weißlichen, rostbraun gefleckten Eiern; man findet sie ab Ende März/Anfang April. Meist brüten Kohlmeisen zweimal im Jahr.

1

2

3

4

1 Schwanzmeise
Aegithalos caudatus

Merkmale: Die 14 cm lange Schwanzmeise erkennt man vor allem an dem sehr langen Schwanz. Das Gefieder ist auf der Oberseite schwarz und rötlich mit etwas Weiß, auf der Unterseite weißlich mit rötlichem Anflug an den Flanken und am Bauch. Der Kopf ist – je nach Rasse – einheitlich weiß oder weiß mit breitem, schwarzem oder braunem Streifen über dem Auge. Als Rufe hört man ein feines »si-si-si« oder ein wiederholtes, schnurrendes »tserrp«. Der Gesang ist unauffällig und nur selten zu hören.

Vorkommen: Die Schwanzmeise bevorzugt feuchte Laub- und Mischwälder, die reichen Unterwuchs aufweisen. Sie hält sich aber auch in feuchten Weidendickichten, in Parks mit gebüschreichen Waldinseln und in großen Gärten auf. Mit Ausnahme von Nordskandinavien wird ganz Europa besiedelt. Bei uns ist die Art Teilzieher. Im Winter streift die Schwanzmeise in Trupps umher.

Biologie: Die Nahrung besteht aus Insekten, deren Larven und Spinnen. Schwanzmeisen bauen aus den Gespinsten von Spinnen und Schmetterlingsraupen, aus Moos und Pflanzenfasern kunstvoll geflochtene und gewebte, eiförmige Nester mit einer seitlichen Eingangsöffnung. Die Vögel legen zweimal im Jahr jeweils bis zu 10 weißliche Eier. Gelege findet man ab Ende März/Anfang April.

2 Kleiber
Sitta europaea

Merkmale: Der 14 cm lange Kleiber ist ein untersetzter, gedrungen gebauter Vogel mit einem kurzen Schwanz. Mit seiner blaugrauen Oberseite und der rotbraunen Unterseite und seinen »tüh tüh tüh«-Pfiffen ist er ein optisch und akustisch auffälliger Vogel.

Vorkommen: In Mitteleuropa bilden Laub- und Mischwälder den bevorzugten Lebensraum des Kleibers. Der Vogel fehlt aber auch in Parkanlagen nicht und ist vom Tiefland bis ins Gebirge zu beobachten. Er ist über die gesamte Paläarktis verbreitet und in Mitteleuropa Jahresvogel.

Biologie: Der Kleiber ernährt sich von Kleintieren und Samen. Seine Nahrung sucht der Vogel an den Stämmen und Ästen von Bäumen. Durch seine Körperproportionen ist er auch in der Lage, mit dem Kopf stammabwärts zu laufen, ohne dabei den Schwanz als Stütze zu benutzen. Kleiber sind Höhlenbrüter, die es verstehen, die Einschlupföffnung auf ihre Körpermaße mit Speichel und Lehm zu verkleinern (Name Kleiber = Kleber!). Gelege findet man ab April. Sie bestehen aus 5 bis 9 weißlichen, rötlich und bräunlich gefleckten Eiern. Der Kleiber zieht 1 Brut im Jahr auf.

3 Waldbaumläufer
Certhia familiaris

Merkmale: Der Waldbaumläufer bleibt unter 13 cm Länge. Die Oberseite ist braun und zeigt rahmfarbene oder weißliche Streifen und Flecken; die Unterseite ist silbrig-weiß. Der Kopf ist oben hell längs gestreift und zeigt einen weißlichen Überaugenstreif. Der gebogene Schnabel ist relativ lang und dünn. Als Rufe hört man ein dünnes, hohes »srieh« oder »sit«, das auch gereiht wird. Der Gesang ist nicht sehr laut; er beginnt mit einer längeren, abfallenden Passage aus Gezwitscher, Trillern und Pfeiftönen, der eine wieder ansteigende Reihe von Tönen folgt.

Vorkommen: Der Waldbaumläufer ist über große Teile Europas, Asiens und Nordamerikas verbreitet. Man sieht ihn in Nadel- und Mischwäldern (bis an die Baumgrenze), an die er streng gebunden ist. Taucht ein Baumläufer in Gärten und Parks auf, handelt es sich um den äußerlich zum Verwechseln ähnlichen und nur an der Stimme (Gesang: ein rhythmisches »tütteroittitt«) zu unterscheidenden <u>Gartenbaumläufer</u> *(Certhia brachydactyla)*. Beide Arten sind in Mitteleuropa Jahresvögel, die außerhalb der Brutzeit umherstreifen.

Biologie: Baumläufer können – wie die Spechte – an Baumstämmen aufwärts klettern und auf der Rinde nach Nahrung (Insekten und deren Larven, Spinnen) suchen; dabei dient der Schwanz als Stütze. Die Nester stehen hinter abstehenden Rindenstücken, in Baumhöhlen, Holzstößen und an ähnlichen Plätzen. Gelege (Legebeginn April) bestehen aus 5 bis 7 weißlichen, rot und braun gefleckten Eiern. Es kommt nur zu 1 Brut im Jahr.

1

2

3

1 Buchfink
Fringilla coelebs

Merkmale: Der Buchfink wird gut 15 cm lang. Das Männchen (Foto) erkennt man an dem überwiegend kastanienbraunen Gefieder mit der blaugrauen Kopf- und Nackenpartie, dem grünlichen Bürzel, den beiden breiten, weißen Flügelbinden und den weißen Schwanzkanten. Die weißen Flügelbinden und Schwanzkanten weist auch das Weibchen auf, das sonst grünlich gefärbt ist. Der Ruf ist ein kräftiges »pink«, auch ein weiches »hüid«. Der Gesang setzt sich aus etwa einem Dutzend kräftiger Schmettertöne zusammen, die abfallen und in einem Schnörkel enden.
Vorkommen: Der Buchfink ist über fast ganz Europa, Teile Asiens und Nordafrika verbreitet. Man sieht ihn überall in Wäldern und Feldgehölzen, in Parks und Gärten. Die Art ist in Mitteleuropa Teilzieher.
Biologie: Die Finkenvögel haben alle einen mehr oder weniger kräftigen Schnabel. Damit können sie hartschalige Samen und Früchte aufknacken. Sie sind also Körnerfresser, die natürlich nebenbei auch Insektennahrung aufnehmen. Buchfinken bauen gut getarnte, kunstvolle Napfnester, die auf waagerecht stehenden Ästen und in Astgabeln angelegt werden. Die meist 5 Eier sind überwiegend zartblau gefärbt und dabei dicht braun und rosa gefleckt. Gelege findet man ab April.

2 Gimpel, Dompfaff
Pyrrhula pyrrhula

Merkmale: Der knapp 15 cm lange Gimpel ist kaum mit einer anderen Art zu verwechseln. Das Männchen (Foto) zeigt eine karminrote Brust, eine schwarze Kopfplatte, einen blaugrauen Rücken und eine deutliche Schwarz-Weiß-Zeichnung am Schwanz und auf den Flügeln. Das Weibchen hat eine graubraune Brust; ansonsten gleicht es in der Verteilung der Farben dem Männchen. Typisch sind die leisen, schwermütig klingenden »diüüü«-Rufe. Beim Abflug werden oft mehrere Rufe gereiht. Gimpel treten das ganze Jahr über fast stets paarweise auf.
Vorkommen: Gimpel bewohnen unterholzreiche Wälder vom Tiefland bis ins Gebirge, fehlen aber auch in größeren Gärten, Friedhöfen und Parks nicht. Die Art ist über große Teile Europas und Asiens verbreitet. In Mitteleuropa sind Gimpel Teilzieher.
Biologie: Die Nahrung besteht aus Knospen (bisweilen Schäden an Obstbäumen), Beeren und Samen, daneben auch aus Insekten. Das lockere Nest aus Zweigen, Halmen, Moos, Haaren und Federn steht gewöhnlich wenige Meter über dem Boden in Büschen. Die 4 bis 6 Eier sind auf hellblauem Grund rot- oder schwarzbraun gefleckt (oft am stumpfen Pol gehäuft). Gelege findet man ab April/Mai. Es werden 2 Bruten im Jahr aufgezogen.

3 Grünfink, Grünling
Carduelis chloris

Merkmale: Mit 15 cm Länge wird der Grünfink so groß wie der Buchfink. Das Männchen (Foto) ist durchgehend olivgrün gefärbt; auffällig sind das gelbe Flügelfeld, der gelbgrüne Bürzel und die gelben Seiten im vorderen Teil des Schwanzes. Das Weibchen ist insgesamt matter gefärbt und hat weniger Gelb im Gefieder als das Männchen. Der kräftige, kegelförmige Schnabel ist weißlich gefärbt. Beim Abflug hört man klingelnde »gigigig«-Rufe, sonst auch ein langgezogenes, rauhes »ihtsch«. Der Gesang setzt sich aus klingelnden und schnarrenden Trillern, Pfeiftönen und Rufen zusammen; darin werden auch gedehnte »dscheeh«-Laute eingestreut.
Vorkommen: Den Grünfinken kann man an Waldrändern, in Feldgehölzen und in ähnlichem, eher offenem Gelände, darüber hinaus in größeren Parks und Gärten antreffen. Er kommt vom Tiefland bis Bergland (Tallagen) vor. Sein Verbreitungsgebiet erstreckt sich über fast ganz Europa und reicht bis zum Ural; darüber hinaus bis nach Nordwestafrika. Grünfinken sind in Mitteleuropa Teilzieher; viele Vögel überwintern.
Biologie: Die Nahrung besteht aus Knospen, Blüten, Samen und Kleintieren. Der Vogel legt sein umfangreiches Nest in 2 bis 4 m Höhe in kleinen Nadelbäumen oder Büschen an. Die 4 bis 6 Eier weisen eine weißliche Grundfarbe auf und sind nur spärlich braun und schwarz gefleckt. Gelege findet man ab April. Es finden regelmäßig 2 Bruten statt.

1

2

3

1 Eichhörnchen
Sciurus vulgaris

Merkmale: Das Eichhörnchen stellen die Zoologen in die Ordnung der Nagetiere und dort in die Familie der Hörnchen (Sciuridae), zu denen auch das Ziesel (siehe Seite 96) und das Murmeltier (siehe Seite 338) gehören. Das Eichhörnchen wird bis 30 cm lang, der buschige Schwanz bis 25 cm. Die Farbe des Fells kann von rotbraun bis schwarzbraun variieren.
Vorkommen: Das Eichhörnchen kommt typischerweise im Nadelwald vor, aber es fühlt sich auch in Misch- und reinen Laubwäldern wohl und ist – wie viele andere Tierarten auch – mittlerweile in großen Parks anzutreffen, auch mitten in Städten. Es lebt überwiegend im Flach- und Hügelland, ist aber auch im Hochgebirge bis in etwa 2000 m Höhe anzutreffen. Die Art ist über ganz Europa und die nördlichen Teile Asiens bis nach Japan verbreitet.
Biologie: Das Eichhörnchen kann hervorragend an Bäumen stammauf und stammab klettern. Im Kronendach springt es geschickt von einem Baum zum nächsten. Es ernährt sich vorwiegend von Nüssen, Bucheckern, Beeren, Pilzen und Insekten. Typisch sind die Baumnester (Kobel), die von den Eichhörnchen aus Laub und Zweigen gebaut werden, meist in die Kronen von Nadel- oder Laubbäumen. Nach 5 Wochen Tragzeit werden dort 3 bis 7 Junge geworfen, die mit rund 2 Monaten selbständig werden. Die Tiere bekommen zweimal im Jahr Junge. Die Kobel dienen den Eichhörnchen auch zur Überwinterung. Die Tiere halten aber keinen echten Winterschlaf.

2 Siebenschläfer, Bilch
Glis glis

Merkmale: Der Siebenschläfer wird bis 20 cm lang, der buschige Schwanz noch einmal etwa 15 cm. Das Fell ist grau, auf der Unterseite weißlich. Die Stimme des Siebenschläfers wird beschrieben als: Muckern (Stimmfühlung), Knurren (Ärger), Schnarchen (Wut) und Quieken (Angst). Neben dem Siebenschläfer kommen noch 2 weitere Bilche in Österreich vor: der Gartenschläfer *(Eliomys quercinus)* und der Baumschläfer *(Dryomys nitedula)*. Erstere Art hat einen schwarzen Gesichtsstreifen und große, länglich-ovale Ohren; sie kommt in Laub- und Nadelwäldern in felsigem Hügel- und Bergland vor. Letzere Art hat eine schwarze Zeichnung um das Auge herum und kleine, rundliche Ohren; ihr Lebensraum sind Laubwälder mit dichtem Unterwuchs.
Vorkommen: Der Siebenschläfer kommt vor allem in Laubwäldern mit hohem Baumbestand vor, in Nadelwäldern fehlt er dagegen fast völlig. Er ist über Mittel- und Südeuropa verbreitet. Im Herbst kommen Siebenschläfer bisweilen auch in die Häuser und treiben sich dann auf den Dachböden herum. Durch ihre Stimme wird man auf diese Obermieter zuerst aufmerksam.
Biologie: Der Bilch ist überwiegend in der Dämmerung und bei Nacht aktiv. Die Tiere sind ausgesprochen gewandte Kletterer. Siebenschläfer bauen aus Moos und anderen pflanzlichen Baustoffen Nester, die sie oftmals auch in Vogelnistkästen anlegen. Sie werfen einmal im Jahr 2 bis 7 Junge, die nach einer Tragzeit von rund 1 Monat zur Welt kommen.

3 Waldmaus, Feld-Waldmaus
Apodemus sylvaticus

Merkmale: Die Waldmaus wird etwa 10 cm lang, der Schwanz – entsprechend ihrer Zugehörigkeit zur Familie der Echten Mäuse oder Langschwanzmäuse (Muridae) – ist noch einmal genauso lang. Das Tier wiegt zwischen 15 und 35 g. Eine ganz ähnlich gefärbte Art ist die Gelbhalsmaus *(Apodemus flavicollis)*, bei der die weiße Unterseite aber schärfer gegen die braune Oberseite abgesetzt ist als bei der Waldmaus.
Vorkommen: In Mitteleuropa kann man die Waldmaus in Feldgehölzen und an Waldrändern antreffen. Allerdings wird die Beobachtung dadurch erschwert, daß sie vorwiegend in der Dämmerung und in der Nacht aktiv ist. Ihr Verbreitungsgebiet erstreckt sich – mit Ausnahme Nordskandinaviens – über ganz Europa und reicht im gemäßigten Asien bis nach Japan.
Biologie: Die Waldmaus gräbt sich Erdbaue, in denen nach einer Tragzeit von jeweils 3 Wochen dreimal im Jahr 3 bis 9 Junge aufgezogen werden.

1

2

3

1 Rotfuchs
Vulpes vulpes

Merkmale: Dieses wohl bekannteste einheimische Säugetier gehört zur Familie der Hundeartigen Raubtiere (Canidae). Die Kopf-Rumpf-Länge kann bis zu 80 cm betragen, hinzu kommen etwa 50 cm für den buschigen Schwanz.
Vorkommen: Der Rotfuchs stellt nicht sehr große Ansprüche an den Lebensraum. Er bewohnt Wälder und Feldgehölze, kommt aber auch in großen Parks vor. Die Art ist über fast ganz Europa, große Teile Asiens und Nordamerikas und sogar in Australien (hier aber vom Menschen eingeführt) verbreitet.
Biologie: Das Tier lebt in Erdbauen. Das Weibchen wirft 3 bis 5 Junge, die mit 3 bis 4 Wochen selbständig und mit 9 Monaten geschlechtsreif werden.

2 Baummarder, Edelmarder
Martes martes

Merkmale: Der Baummarder gehört – zusammen mit dem Dachs, dem Hermelin und anderen Arten – zur Raubtier-Familie der Marderartigen (Mustelidae). Er weist einen geschlossenen, gelben Kehlfleck auf – im Unterschied zum nah verwandten Steinmarder *(Martes foina)*, der einen weißen, zweigeteilten Kehlfleck hat. Beide Arten haben ein braunes Fell. Ihre Kopf-Rumpf-Länge beträgt rund 50 cm; der buschige Schwanz mißt weitere 25 cm. Die Tiere erreichen ein Gewicht von 2,5 kg.
Vorkommen: Der Baummarder ist zwar annähernd über ganz Europa verbreitet (Ausnahmen: Iberische Halbinsel, Island, Großbritannien, Nordnorwegen, Finnland und Griechenland), aber er ist fast überall innerhalb dieses Gebietes selten geworden. Er ist an geschlossene Misch- und Nadelwälder gebunden und geht bis in rund 2000 m Höhe hinauf. Trifft man innerhalb von Städten einen Marder an, so handelt es sich stets um den Steinmarder.
Biologie: Baummarder sind überwiegend nachts aktiv, bisweilen sieht man sie aber auch tagsüber. Ihre Nahrung besteht aus kleinen Säugetieren (vor allem Eichhörnchen), Vögeln, Insekten und den Früchten verschiedener Pflanzenarten. Der Marder lebt in Baumhöhlen und zieht dort 3 bis 5 Junge pro Wurf auf.

3 Dachs
Meles meles

Merkmale: Der Dachs gehört – wie der Baummarder – zu den Marderartigen Raubtieren. Die rund 70 cm langen Tiere haben ein graues Fell. Neben ihrer Größe ist der schwarz und weiß gestreifte Kopf ein sicheres Kennzeichen.
Vorkommen: Bevorzugter Lebensraum des Dachses sind Laub- und Mischwälder. Die Art ist über fast ganz Europa verbreitet und fehlt nur auf Island und in großen Teilen Skandinaviens. In der Roten Liste Österreichs ist der Dachs als »potentiell gefährdet« eingestuft.
Biologie: Tagsüber halten sich Dachse in Erdbauen verborgen, die sie oftmals zusammen mit dem Fuchs bewohnen. Erst in der Abenddämmerung gehen die Tiere auf Nahrungssuche. Dachse sind Allesfresser. Sie werfen einmal im Jahr 3 bis 5 Junge, die nach etwa einem halben Jahr selbständig werden.

1

2

3

1 Wildschwein
Sus scrofa

Merkmale: Weibliche Tiere (Bachen) werden bis 1,15 m lang und 35 bis 160 kg schwer. Starke männliche Tiere (Keiler) werden bis 1,80 m lang und maximal 350 kg schwer. Für kapitale Keiler sind die Hauer, die kräftigen Eckzähne, typisch.
Vorkommen: Wildschweine leben in Laub- und Mischwäldern. Diese sollten genügend Deckung bieten und sumpfige Stellen aufweisen, da sich Wildschweine gerne im Schlamm suhlen, um lästige Plagegeister auf der Haut loszuwerden. Das Wildschwein ist heute fast ein Weltbürger, nachdem es auch in Nord- und Südamerika und in Australien eingeführt wurde. Sein eigentliches Verbreitungsgebiet erstreckt sich über große Teile Europas (Ausnahmen sind Großbritannien, Skandinavien, Island und Teile des Balkans) und das mittlere und südliche Asien.
Biologie: Wildschweine leben fast immer in Trupps zusammen. Außerhalb der Fortpflanzungszeit (Rauschzeit) leben die Bachen mit den Jungtieren (Frischlinge, später Überläufer) zusammen. Die Jungkeiler bilden eigene Rotten. Alte Keiler sind meist Einzelgänger. Nach einer Tragzeit von rund 4 Monaten setzen die Bachen 4 bis 12 längsgestreifte Frischlinge.

2 Mufflon
Ovis musimon

Merkmale: Das Mufflon wird 1,10 bis 1,30 m lang und 25 bis 55 kg schwer. Die Widder haben ein rötlich-braunes Fell, meist mit einem hellen Sattelfleck auf dem Rücken. Die weiblichen Tiere (Muffelschafe) haben ein fahl graubraunes Fell. Beide Geschlechter tragen Hörner. Für die Widder sind die schneckenförmigen Hörner typisch. Bei den Schafen sind die Hörner kurz und schmal und lediglich leicht nach rückwärts gebogen. Manchmal tragen sie auch gar keine Hörner.
Vorkommen: Das Mufflon kam nach der letzten Eiszeit nur noch auf Korsika und Sardinien vor. Von diesen beiden Inseln aus wurde es jedoch ab Ende des vorigen Jahrhunderts in ganz Europa ausgesetzt. Heute sind Mufflons in Mitteleuropa in Laub- und Mischwäldern der Mittelgebirgslagen heimisch geworden.
Biologie: Einbürgerungen wie die des Mufflons waren lange Zeit große Mode, aber letztlich wird doch das Bild der jeweils einheimischen Fauna verfälscht. Außerdem besteht die Gefahr, Krankheiten einzuschleppen oder heimischen Arten Konkurrenz zu machen. Heute ist man in dieser Hinsicht sehr zurückhaltend geworden.
Mufflons leben gesellig und sind tagsüber und nachts aktiv. Die Brunftzeit der Tiere liegt im Oktober/November. Nach einer Tragzeit von etwa 6 Monaten setzen die Schafe im März/April 1 oder 2 Lämmer, die im Alter von 6 Monaten selbständig werden. Mufflons werden 12 bis 15 Jahre alt.

3 Rothirsch, Edelhirsch
Cervus elaphus

Merkmale: Der Rothirsch kann eine Länge von 2,50 m und ein Gewicht von 70 bis 150 kg (unter günstigen Bedingungen bis 300 kg) erreichen. Das Sommerfell ist rotbraun gefärbt, das Winterfell dunkel graubraun. Der Hirsch wirft das Geweih jedes Jahr ab und bildet im darauffolgenden Jahr ein neues. Je nach Ernährung und Alter des Tieres kann das Geweih eine beträchtliche Endenzahl und Größe erreichen.
Vorkommen: Rotwild ist über große Teile Europas und Asiens verbreitet, kommt aber auch in Nord- und Südamerika vor und wurde von Jägern in Australien und Neuseeland eingeführt. In Europa liegen die Rotwildvorkommen inselartig verteilt. Das liegt daran, daß die Art große, zusammenhängende Wälder braucht, wie sie sie etwa in den Alpen noch findet.
Biologie: Das Rotwild ist heute fast ausschließlich in der Dämmerung und in der Nacht aktiv; tagsüber bezieht es in Dickungen seinen Einstand. Außerhalb der Brunftzeit (zweite September-/erste Oktoberhälfte) halten sich die Geschlechter voneinander getrennt. Erst im Frühherbst kommen die Brunftrudel zusammen. Die Rotwildbrunft ist sehr eindrucksvoll, vor allem, wenn man die Hirsche um die Vorherrschaft im Rudel kämpfen sieht. Die weiblichen Tiere setzen im Mai/Juni 1 Kitz, das 9 Monate lang gesäugt wird. Rothirsche können bis 20 Jahre alt werden.

HOCHGEBIRGE

Hochgebirge

Die Alpen

Der österreichische Anteil an den Alpen umfaßt die Ostalpen. Sie nehmen 63 % der Landesfläche ein, sind also das dominierende Element der Landschaft Österreichs. Sie lassen sich in 3 große Gebirgszüge gliedern (siehe Karte).

Die Nördlichen Kalkalpen haben einen regional unterschiedlichen Charakter. Westlich des Inns sind sie sehr schroff gestaltet (z. B. Karwendelgebirge), östlich des Inns sind öde Hochflächen typisch (z. B. Totes Gebirge, Steinernes Meer). Nach Norden hin gehen die Nördlichen Kalkalpen allmählich in die niedrigeren Voralpen über, denen im Salzkammergut eine Gruppe von Seen (Fuschlsee, Mondsee, Attersee, Wolfgangsee, Traunsee) vorgelagert ist.

Zu den österreichischen Zentralalpen gehören so markante Gebirgszüge (mit ihren jeweils höchsten Erhebungen) wie die Silvrettagruppe (Fluchthorn, 3399 m), die Ötztaler Alpen (Wildspitze, 3774 m), die Stubaier Alpen (Zuckerhütl, 3507 m), die Zillertaler Alpen (Hochfeiler, 3510 m) und die Hohen Tauern (Großglockner, 3797 m). In diesem Teil der Alpen liegen also die höchsten Berge – und die größten Gletscher – Österreichs.

Die Südlichen Kalkalpen sind nicht so deutlich gegliedert wie die Nördlichen Kalkalpen. Sie umfassen die Gebirgszüge der Karnischen Alpen, der Gailtaler Alpen und der Karawanken. Südlich schließt sich Kärnten an, vom Charakter her eine Beckenlandschaft mit einer Reihe von Seen (Millstätter See, Ossiacher See, Wörther See).

Aus dieser Gliederung der Alpen wird schon deutlich, daß sie geologisch gesehen recht kompliziert aufgebaut sind. Gesteine unterschiedlicher Art und räumlicher Herkunft sowie verschiedenen Alters sind zusammengerückt. Hebungs- und Senkungsprozesse der Erdrinde haben ebenso zum heutigen Bild beigetragen wie Auffaltung durch seitlichen Druck. Ungeheure Kräfte in der Erdkruste haben ein Gebirge entstehen lassen, das dann weiteren Einwirkungen unterworfen war – und noch immer ist.

Vorhergehende Doppelseite:
Hochgebirgslandschaft am Flexenpaß in den Lechtaler Alpen.

1 Burgenland
2 Kärnten
3 Niederösterreich
4 Oberösterreich
5 Salzburg
6 Steiermark
7 Tirol
8 Vorarlberg
9 Wien

Regen und Wind tragen Gestein ab und verfrachten es. Temperatursprünge führen zu Rissen im Gestein. Eindringendes Wasser gefriert, dehnt sich aus und sprengt den Riß weiter auf. Fließendes Wasser – Bäche und Flüsse – fördert Material zu Tal. Gletscher schieben Geröll talwärts und hobeln – wie die Flüsse – Senken und Täler aus.

Alle diese Kräfte brauchen lange Zeiträume, um ein Gebiet für den Menschen sichtbar zu verändern. Aber sie wirkten in den letzten Millionen Jahren ein, sie wirken heute ein, und sie werden auch in Zukunft auf die Alpen einwirken. Die landschaftsverändernden Vorgänge werden sich dem interssierten Naturfreund bei jeder Bergwanderung erschließen, wenn er nur genau hinsieht und vielleicht auch einmal einen geologischen Alpenführer zur Hand nimmt, in dem er weiterführende Informationen findet.

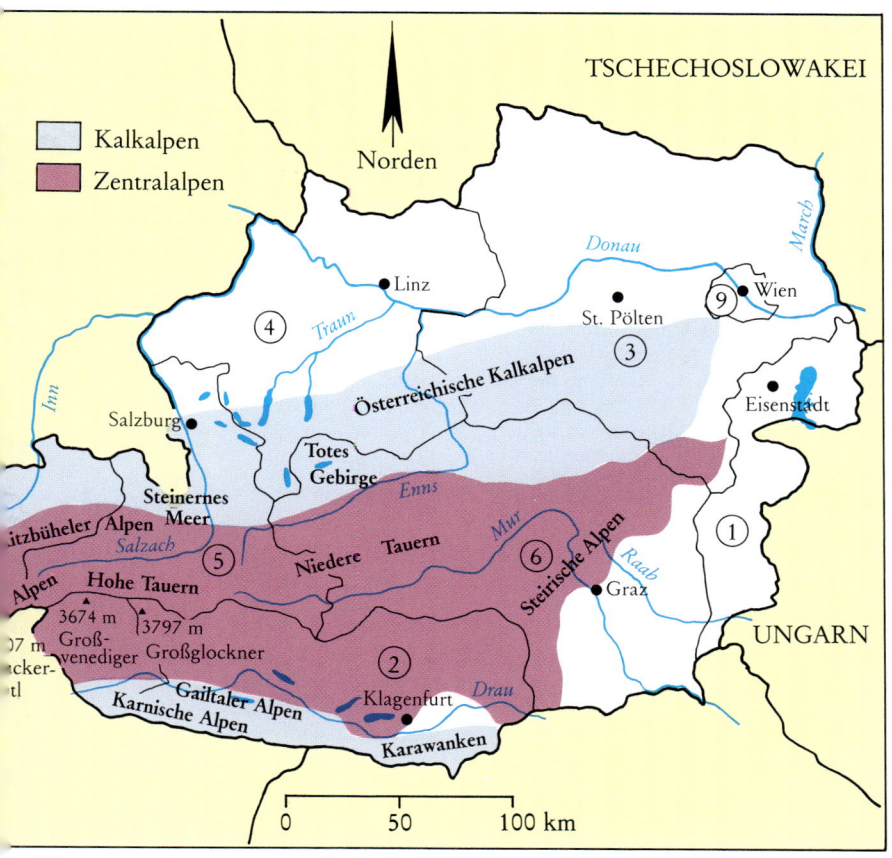

Für den vor allem botanisch interessierten Naturfreund ist hier wichtig, in welchem Gebiet der Alpen er welchen Untergrund vorfindet. Die Zentralalpen sind vorwiegend aus kristallinen Urgesteinen aufgebaut, während sich nördlich und südlich davon Gebirgszüge anschließen, die vorwiegend aus Kalken, Dolomiten und Mergeln aufgebaut sind. Das Gestein als Grundlage der Bodenbildung hat nun erhebliche Konsequenzen für die Pflanzendecke, denn es gibt Pflanzen, die eher oder nur auf kalkhaltigen Böden gedeihen, und es gibt andere, die eher auf kalkarmen oder sauren Böden gedeihen.

Lebensbedingungen im Hochgebirge

Tier- und Pflanzenwelt eines umgrenzten Gebietes spiegeln immer auch die klimatischen Bedingungen wider, die hier bestimmend wirken. Allgemein kann man sagen, daß die klimatischen Bedingungen mit zunehmender Höhenlage immer extremer werden und daher die Organismen vor immer schwierigere Verhältnisse stellen, so daß diese entweder daran angepaßt sein oder ihnen ausweichen müssen. Das Klima kann man in verschiedene einzelne Faktoren zerlegen, die hier – bezogen auf die Alpen – nacheinander betrachtet werden sollen.

Da ist zunächst der Faktor <u>Strahlung</u>. Die Sonne strahlt die Energie ab, die die Pflanzen benötigen, um Fotosynthese zu betreiben und damit organische Substanz aufzubauen, von der wiederum die Tiere und alle anderen Organismen abhängig sind. Ohne Sonnenstrahlung also kein Leben! Die Strahlung der Sonne verliert nun auf dem Weg von der Sonne zum Erdboden an Energie. Man kann die Strahlung in

Hochgebirge

verschiedene Anteile zerlegen, die zusammen die sogenannte Globalstrahlung ergeben, und mißt man diese, so stellt man fest, daß sie im Hochgebirge höher ist als in Tieflagen. Außerdem verschiebt sich der Wellenlängenbereich der Strahlung je nach dem zurückgelegten Weg durch die Erdatmosphäre; ein Produkt ist der erhöhte UV-Anteil der Strahlung in Hochlagen.

Ein weiterer für alle Lebensprozesse wichtiger Faktor ist die Temperatur. Die durchschnittlichen Jahresmitteltemperaturen nehmen mit zunehmender Höhe ab, und zwar grob gerechnet im Sommer um 0,7 °C, im Winter um 0,5 °C pro 100 m Höhenunterschied. Daraus folgt, daß die Durchschnittstemperaturen beispielsweise auf dem Großglockner wesentlich niedriger liegen als die in Heiligenblut. Hinzu kommt, daß der Gang der Temperatur sowohl im Lauf des Jahres als auch im Lauf des Tages in der Höhe ausgeprägter ist als in Tieflagen. Im Winter kann es zudem zu einer typischen Temperaturumkehr kommen, wenn kalte Luft (schwerer als warme Luft) nach unten sinkt und sich am Boden tiefer gelegener Becken sammelt (Kaltluftseen).

Dies alles sind aber insofern recht grobe Vereinfachungen, als die Alpen ja nicht etwa eine flache Hochebene sind, sondern ein bewegtes Relief aus hoch und tief liegenden Gebieten zeigen, Gebieten, die nach Norden, und Gebieten, die nach Süden exponiert sind. Dies bedeutet, daß Ökologen die Strahlungs- und Temperaturverhältnisse immer kleinräumig betrachten müssen.

Dasselbe gilt auch für die Windverhältnisse, die im Hochgebirge ebenfalls extremer sind als in Tieflagen. Tagesperiodische lokale Luftströmungen führen selten zu ruhiger Luft in den Bergen. Die Hochlagen werden außerdem den großräumigen Luftströmungen in vollem Umfang ausgesetzt. Eine besondere Wettersituation ergibt sich in den Alpen bei Föhnlage. Aus dem Gegensatz von tiefem Luftdruck nordwestlich der Alpen und relativ hohem Druck südlich bzw. südwestlich der Alpen resultieren (besonders in den Tälern des Alpennordrandes) heftige Luftbewegungen, die als bisweilen Orkanstärke annehmende, trockene, warme Fallwinde (Föhn) zu Tal brausen.

Schließlich seien noch die Faktoren Luftfeuchtigkeit und Niederschläge angesprochen. Die Luftfeuchtigkeit steht ja in engem Zusammenhang mit der Lufttemperatur. Da die Lufttemperatur – wie schon ausgeführt – mit zunehmender Höhe abnimmt, ist die Atmosphäre in höheren Lagen wasserdampfärmer als die in tieferen. Niederschlagsmessungen sind im Gebirge aus verschiedenen Gründen sehr schwierig, man kann aber grob sagen, daß die Jahresniederschlagsmengen mit zunehmender Höhe ansteigen. In den einzelnen Gebieten der Alpen gibt es aber große Unterschiede in der Menge der Jahresniederschläge und in der Verteilung der Niederschläge auf die einzelnen Monate. Niederschlagsreichstes Gebiet der Alpen insgesamt sind die Julischen Alpen (südlich von Karnischen Alpen und Karawanken) mit durchschnittlich 2500 mm Niederschlag im Jahr. (Im mittleren Wallis als anderem Extrem werden dagegen nur 500 bis 600 mm Niederschlag im Jahr gemessen.) Ökologisch relevant sind noch die Starkniederschläge, die – wenn sie lange anhalten – zu Bergrutschen, Muren oder Hochwässern führen können.

In diesem Zusammenhang ist auch auf den Schneefall einzugehen. Je höher ein Gebiet liegt, desto höher ist auch die Schneedecke, und desto länger bleibt der Schnee liegen. Auch dies ist eine grobe Regel, die kleinräumig durchbrochen sein kann. Denn natürlich wird ein exponierter Grat durch starken Wind freigefegt, und natürlich bleibt in tieferen, windgeschützten Lagen hineingewehter hoher Schnee oft lange (bis in den Hochsommer hinein) liegen. Wenn Föhn einwirkt, verschwindet der Schnee im Frühjahr oft sehr rasch. Bleiben Föhnlagen aus, bleibt auch der Schnee liegen.

Gliederung der Lebensräume in den Alpen

Betrachtet man – ausgehend von der klimatischen Charakterisierung des Alpenraumes – die Verteilung von Pflanzen und Tieren in den Alpen in ihrer Gesamtheit, so stellt man fest, daß sie – analog zu den klimatischen Faktoren – in ihrer vertikalen Verbreitung große Unterschiede aufweisen. Man kann die folgende Grobglie-

Bergwald am Penken im Zillertal. In der Höhe verdünnt sich der Baumbestand, bis er schließlich den ökologischen Bedingungen gar nicht mehr gewachsen ist.

derung vornehmen, wobei die Vegetation zugrundegelegt ist (vgl. Grafik S. 274). In den Tieflagen findet man meist Kulturland, aber auch Eichenmischwälder, Kiefernwälder und im Süden Edelkastanienbestände. Man kann diese Zone auch als Hügellandstufe bezeichnen. Ihr folgt vertikal die untere Bergwaldstufe, die geprägt ist durch Buchenwälder bzw. Wälder, die sich aus Rotbuche, Weiß-Tanne, Fichte und Berg-Ahorn zusammensetzen; Ackerbau ist in dieser Zone gebietsweise noch möglich. Darüber liegt die obere Bergwaldstufe mit vorherrschenden Fichtenwäldern oder Beständen aus Lärche und Zirbel-Kiefer. Auf Rodungsinseln liegen Bergwiesen und Weiden. Diese Stufe erstreckt sich bis in die Höhen, wo nur mehr Latschen und Grün-Erlen, Alpenrosen und andere Zwergsträucher wachsen. Man bezeichnet diese Zone auch als Krummholzstufe. Steigt man noch höher hinauf, dann verdünnen sich Latschen- und Erlengebüsche, und es wachsen zunächst noch niedrige Zwergsträucher, dann nur noch Rasengesellschaften. Diese beiden letztgenannten Zonen sind wohl die für den Pflanzenfreund interessantesten, denn hier findet er die überwiegenden Zahl der typischen Alpenpflanzen.

Mit weiter zunehmender Höhenlage haben es die Blütenpflanzen immer schwerer, sich zu halten. In die nivale Stufe oberhalb der Grenze ewigen Schnees dringen nur ganz wenige Blütenpflanzen vor (Beispiel: Gletscher-Hahnenfuß, siehe unten). Aber Moose, Flechten und Algen (Beispiel: die Grünalge *Chlamydomonas nivalis*, die mit ihren roten Farbstoffen in den Zellen den sogenannten »Blutschnee« verursacht) kommen hier noch vor.
Bisweilen stößt man auch auf andere Begriffe im Zusammenhang mit dieser vertikalen Zonierung. Die Hügellandstufe wird auch als kolline Stufe (oder Zone) bezeichnet, die beiden Bergwaldstufen als submontane bzw. montane Stufe, die Krummholzstufe zusammen mit der obersten Kampfzone des Bergwaldes als subalpine Stufe. Ihr folgen die alpine und die nivale Stufe.
Aus dieser groben Gliederung wird das Grundsätzliche der Vegetation der Alpen deutlich. Kleinräumig ergeben sich aber oft erstaunliche Abweichungen, wie sie in ähnlicher Weise schon für die klimatischen Faktoren beschrieben wurden. Ein weiterer allgemein gültiger Sachverhalt ist aber noch zu nennen: Die beschriebenen Zonen reichen in den nördlichen Alpen weiter talwärts als in den südlichen Alpen. Auch dies ist auf die unterschiedlichen klimatischen Bedingungen in den genannten Gebieten zurückzuführen. Und schließlich ergeben sich innerhalb eines Gebietes unterschiedliche Bilder, je nachdem ob man Nord- oder Südhänge betrachtet.

Hochgebirge

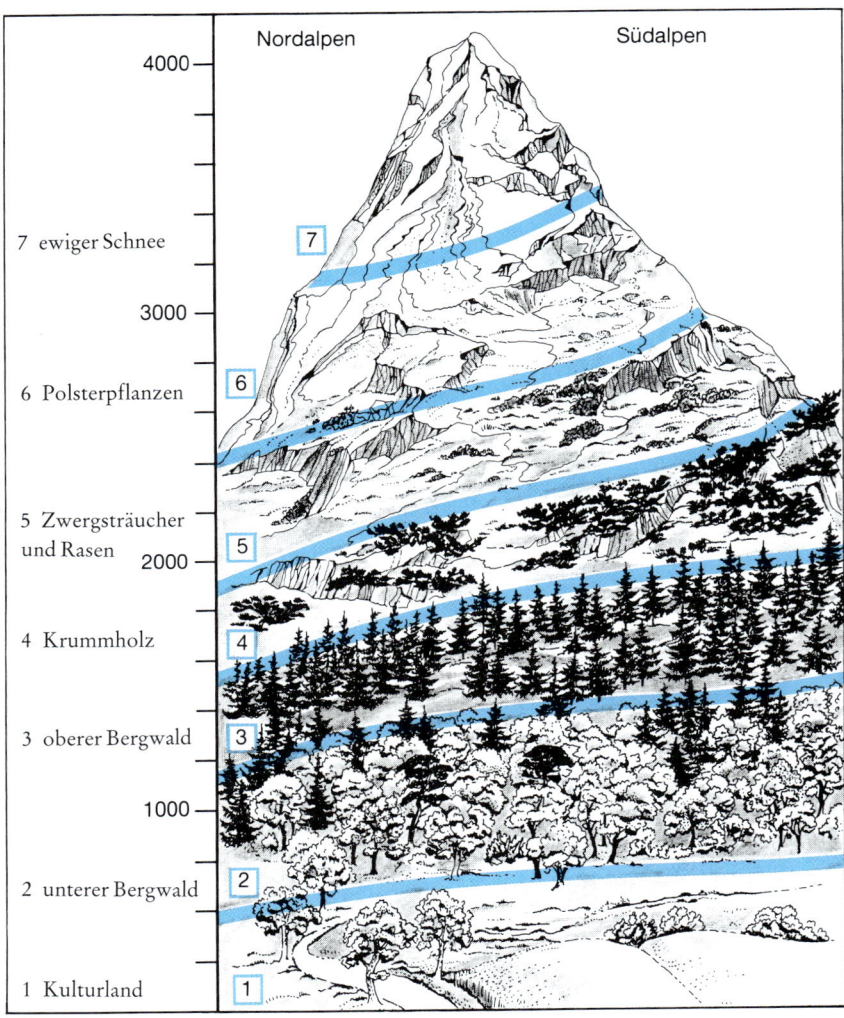

Die vertikale Zonierung der Vegetation in den Alpen.

Anpassungen bei Alpenpflanzen

Der vertikalen Zonierung der Vegetation in den Alpen liegt zugrunde, daß die Lebensbedingungen für die Pflanzen mit zunehmender Höhe immer schwieriger werden. Aus den herrschenden klimatischen bzw. ökologischen Bedingungen kann man als Faustregel ableiten: Je 100 m Höhenanstieg verkürzt sich die Vegetationsperiode um rund 1 Woche. Zudem können die kleinstandörtlichen Bedingungen extrem sein. Tag und Nacht, Licht und Schatten können in Verbindung mit entsprechendem Untergrund Temperaturunterschiede von bis zu 60 °C innerhalb von 24 Stunden verursachen. Extreme Winde und meist geröllreiche Böden lassen die in weiten Gebieten durchaus häufigen und reichlichen Niederschläge schnell wieder verschwinden; Alpenpflanzen können also unter Trockenheit leiden. Schnee dagegen behindert das Pflanzenwachstum weniger. Zwar verkürzt die eine lange Zeit des Jahres liegende Schneedecke die Vegetationsperiode beträchtlich, aber die isolierende Wirkung des Schnees macht andererseits ein Leben auf

extremen Standorten erst möglich. Der Schnee schützt darüber hinaus den Boden vor zu starker Austrocknung, die für die Pflanzen wiederum abträglich wäre.
Den am jeweiligen Standort herrschenden Lebensbedingungen müssen die einzelnen Pflanzenarten angepaßt sein, und je härter die Bedingungen sind, desto ausgeprägter zeigen sich die Mechanismen der Anpassung. Auf extremen Standorten können nur mehr Spezialisten überdauern. Beispielsweise können in einer Zone mit starkem Wind und starkem Schneefall keine Bäume mehr leben; ihre Kronen würden vom Wind zerfetzt, und die Äste würden unter der Schneelast brechen. Also kommen hier nur noch die Latsche und die Grün-Erle vor, beides niedrig wachsende Sträucher mit am Boden kriechenden Ästen. Zwergsträucher sind noch kleiner; hier findet man fast immer ledrige, widerstandsfähige Blätter, die bei manchen Arten auch winterhart sind (Beispiel: Immergrüne Bärentraube).
Will eine Pflanze in schuttreichem Hanggelände überleben, das ständig in Bewegung ist, muß sie sich in dem lockeren Material verankern können. Und so finden wir beim Rhaetischen Mohn, der bevorzugt auf solchen Standorten wächst, meterlange Wurzeln, mit denen sich die Pflanze am Ort hält. Durch die Wurzeln wird andererseits der Untergrund stabilisiert, d. h. die Pflanze verbessert selbst die für sie ungünstigen Standortbedingungen.
Mit zunehmender Höhe zeigen sich die Anpassungen der Pflanzen immer stärker ausgeprägt. Sie reichen über eine dichte Behaarung als Schutz gegen Wind/Austrocknung und gegen zu hohe Strahlung bis hin zur Fähigkeit, eigenen Boden bilden und das eigene Mikroklima zu bestimmen. Unter den krautigen Alpenpflanzen sind viele, die Polster bilden oder rasenartig wachsen. Für das Stengellose Leimkraut etwa stellen die großen Temperaturunterschiede zwischen Tag und Nacht kein Problem dar. Allerdings braucht die Pflanze rund 10 Jahre, bis sie das erste Mal Blüten ausbildet. Das Polster ist dann so dicht, daß weder der Wind zu viel Feuchtigkeit abtransportieren kann, noch Sonnenschein oder Nachtkälte nennenswerte Klimaschwankungen innerhalb des Polsters verursachen können.
Andere Alpenpflanzen mit Polsterwuchs

Schutthalde mit Zottiger Gemswurz *(Doronicum clusii)*.

sind das Alpen-Mannsschild und das Steinschmückel *(Petrocallis pyrenaica)*; rasenartig wächst die Silberwurz. Die alpine »Super-Pflanze« aber ist der hochspezialisierte Gletscher-Hahnenfuß. Er wurde in den Alpen noch in 4274 m Höhe nachgewiesen. Auf extremen Standorten schafft er es, innerhalb von nur 3 Wochen die für die nächste Vegetationsperiode notwendige Energie zu speichern!
Kurz: Wenn man sich die Pflanzen einmal genauer ansieht, wird man immer wieder auf die geschilderten Anpassungsmechanismen stoßen. Bisweilen sind auch verschiedene Mechanismen kombiniert verwirklicht. Sie alle sind aber Reaktionen auf schwierige Lebensbedingungen, und darauf sei jeder Bergwanderer an dieser Stelle besonders hingewiesen. Wo und wann immer möglich, muß die sensible Vegetation geschont werden. Die Vernichtung eines unscheinbaren, kleinen Pflanzenpolsters kann bedeuten, Jahrzehnten zähen Überlebenskampfes ein schnelles Ende zu setzen!

Anpassungen bei Tieren der Alpen

Auch die Tiere stellen an ihren Lebensraum bestimmte Ansprüche. Deshalb findet man in den verschiedenen Höhenstufen der Alpen, die verschiedenen Vegetationsstufen entsprechen, auch verschie-

Hochgebirge

dene Tierarten. Und wie die Alpenpflanzen, so zeigen auch die Tiere in diesem Lebensraum bestimmte Anpassungen an die herrschenden, teilweise extremen Lebensbedingungen.

Betrachtet man die Vögel und Säugetiere, so stellt sich in den Höhenlagen vor allem das Problem, den Winter als extrem ungünstige Jahreszeit zu überleben. Da ist zum einen die <u>Kälte</u>, gegen die ein Tier geschützt sein muß. Die Säugetiere wechseln deshalb ihr Fell. Das dichtere Winterfell besitzt mehr und längere Haare, die gegen Kälte wirksam schützen; es isoliert einfach besser, weil zwischen den Haaren mehr Luft eingeschlossen wird als im lockeren Sommerfell. Zum anderen sind die Tiere im Winter durch akuten <u>Nahrungsmangel</u> bedroht. Einige Tiere stellen sich darauf so ein, daß sie im Herbst Nahrungsvorräte anlegen. Andere verschlafen die nahrungsarme Jahreszeit einfach; sie verfallen in Winterruhe oder Winterschlaf. Zum dritten stellt sich das Problem der <u>Tarnung</u>; auf der weißen Schneedecke ist ein dunkles Tier von Freßfeinden leicht zu sehen. Schneehase und Alpenschneehuhn tauschen deshalb ihr braunes Sommerkleid gegen ein weißes Winterkleid ein, das allerdings – so weiß man heute – zusätzlich für den Wärmehaushalt günstig ist.

Schließlich gibt es aber für die Tiere auch die Möglichkeit, in tiefer (bzw. südlich) gelegene, wärmere, schneeärmere und nahrungsreichere Zonen auszuweichen, und tatsächlich findet man bei verschiedenen Tierarten (Beispiele: Tannenhäher, Alpendohle) auch jahresperiodische Wanderungen. Die Tiere der Alpen haben also nicht nur unterschiedliche morphologische Anpassungen entwickelt, sondern sie weichen ungünstigen Bedingungen auch räumlich aus, wenn es notwendig wird.

Die Rolle des Menschen

Lange Zeit waren die Berge für den Menschen etwas Unheimliches, Sitz der Götter, und er wäre nicht im Traum auf die Idee gekommen, etwa eine Bergwanderung zu unternehmen. Natürlich hatten die Menschen früher auch nicht die Ausrüstung, die heutige Bergwanderer oder gar Bergsteiger zur Verfügung haben. Aber es war weniger dieser Mangel als vielmehr eine Sache des Denkens und Fühlens, die Berge sich selbst zu überlassen. Das änderte sich, als die ersten Wagemutigen anfingen, die Alpen zu erkunden. Zunächst waren es Wanderungen, dann ging es darum, die Gipfel zu besteigen, zumal ja auch spektakuläre Erfolge und Abenteuer lockten. Als großes Ereignis wurde daher gefeiert, als der höchste Berg der Alpen, der 4807 m hohe Mont Blanc, am 8.8.1786 durch Jacques Balmat erstmals bestiegen wurde. Dann gingen auch mutige Maler und Fotografen in die Berge, und sie brachten Bilder mit, die in ganz Europa verbreitet wurden.

Es zog immer mehr Menschen an, das alles mit eigenen Augen zu sehen. Ehemals isolierte, verschlafene Bergdörfer wurden aufgesucht und später überflutet von Touristen, die die Alpen erleben wollten. Nach und nach wurden auch sehr entlegene Gebiete erwandert, »erschlossen«. Paßstraßen wurden gebaut und Tunnels – oft von beängstigender Länge – durch die Gebirgsstöcke getrieben, so daß die Alpen auch verkehrstechnisch kein allzu großes Hindernis mehr darstellten. (Heute hat der Autoverkehr in den Alpen beängstigende Ausmaße angenommen, und gerade Österreich sieht sich mit Luftverschmutzung, Lärm und gesundheitlicher Gefährdung der betroffenen Menschen konfrontiert.) Seilbahnen und Zahnradbahnen führten in die Höhen, und heute gibt es kaum noch einen Berg, der nicht leicht für jedermann erreichbar wäre. Ein Netz von Wanderwegen und Steigen durchzieht die Alpen abseits der Straßen. Und blieben früher die Berge wenigstens noch im Winter sich selbst überlassen, so übernahmen nach und nach die Skifahrer die Kontrolle über die winterlich verschneite Alpenlandschaft. Lifte wurden gebaut und Skihänge angelegt.

Das alles hatte Konsequenzen für die Menschen, die seit altersher in den Bergdörfern lebten. Sie sind heute oft das ganze Jahr über eine Minderheit gegenüber den Touristenmassen in den »Bettenburgen« und müssen mit nicht von ihnen verursachten Abwasser- und Müllproblemen fertigwerden; gewachsene soziale Strukturen sind zerbrochen. Um des Profits willen wurden aber auch Gletscherbäche und wilde Alpenflüsse zur Energiegewinnung aufgestaut (Beispiel: Kraftwerksgruppe Glockner-Kaprun), und die

Faktoren, die die Erosion verursachen oder beschleunigen, sind etwa fließendes Wasser, aber auch der Viehtritt durch weidende Kühe (Lechtaler Alpen).

billige Energie zog Industrie nach sich. Bei alledem wurde die Natur, um derentwillen die ansässigen Menschen ihre Berge lieben und die Gäste letztlich in die Alpen kommen, zumindest gebietsweise an den Rand des Ruins gebracht.

Schutz der Alpen

Heute ist die Entwicklung soweit vorangeschritten, daß man ernsthaft Einhalt gebieten muß, will man Reste der ursprünglichen Natur erhalten. So haben die österreichischen Bundesländer (wie auch die Nachbarländer) gefährdete Pflanzen und Tiere der Alpen unter Schutz gestellt. So wurde in bestimmten Gebieten der Alpen verboten, die Wege zu verlassen, um die Flora zu erhalten (etwa im Gebiet der Gamsgrube am Großglockner). So hat man Natur- und Pflanzenschutzgebiete eingerichtet und plant weitere. Aber eine länderübergreifende Konzeption zum Schutz der Alpenlandschaft und einen konkreten Handlungsrahmen gibt es bis heute nicht. Eine Hoffnung für Österreichs Anteil an den Alpen sind die beiden großen Nationalparks, die teilweise eingerichtet bzw. in Planung sind.

Der Nationalpark Hohe Tauern (beteiligte Bundesländer: Salzburg, Tirol und Kärnten) soll/wird am Ende rund 2500 km² Fläche einnehmen. Der Park umfaßt etwa das Großglockner-Massiv mit Österreichs höchstem Gipfel (3797 m), die Goldberggruppe, den Großvenediger, die Schoberggruppe, 40 % der österreichischen Gletscher (darunter mit der Pasterze auch den größten Gletscher der Ostalpen) und mit den 400 m hohen Krimmler Wasserfällen die höchsten Wasserfälle Europas. Die Vorstellung, daß hier eine großartige Landschaft unter Schutz gestellt wird, darf einen aber nicht vergessen lassen, daß die Idee zu diesem Nationalpark schon im Jahr 1909 öffentlich kundgetan wurde. Wie anders wäre die Entwicklung in diesem großen Gebiet der Alpen verlaufen, wenn es schon damals möglich gewesen wäre, den Park konkret zu etablieren!?

Der Nationalpark Kalkalpen soll »Totes Gebirge, Sengsengebirge, Haller Mauern und das Reichraminger Hintergebirge – 1200 km² ursprüngliche Landschaft im Mittelpunkt Österreichs« umfassen (beteiligte Bundesländer: Oberösterreich, Steiermark). Die Planung für diesen Nationalpark steckt derzeit erst in den Anfängen; 1990 wurde durch die Einsetzung einer Planungsstelle in Oberösterreich offiziell mit der Planungsarbeit begonnen. Ein Teil des künftigen Nationalparks ist aber bereits Naturschutzgebiet.

Neben den Bemühungen, große Schutzgebiete wie die Nationalparks weiterzuentwickeln oder einzurichten, müssen die Naturschützer – wie so häufig – auch in zäher Kleinarbeit versuchen zu retten, was zu retten ist. Sie haben mächtige Interessen gegen sich, und zu durchschlagenden Erfolgen zu kommen, ist nicht einfach.

1 Schwarze Nieswurz, Schneerose, Christrose
Helleborus niger

Merkmale: Die Pflanze fällt durch sieben- bis neunfach geteilte Grundblätter auf. Die Blätter sind lang gestielt, ledrig und winterhart. Die großen, weißen Blüten mit den 5 Kronblättern und den vielen gelben Staubblättern stehen an den Enden von bis zu 30 cm langen Stielen, die mit einigen verkümmerten, schuppenartigen Hochblättern besetzt sind. Familie: Hahnenfußgewächse (Ranunculaceae).
Vorkommen: Die Schwarze Nieswurz wächst auf frischen, nährstoffreichen, kalkhaltigen Böden. Man begegnet ihr in lichten Bergwäldern, in Buchenmischwäldern, aber auch in Kiefernwäldern. In den Alpen kommt die Art bis in 1600 m Höhe vor.
Biologie: Die Pflanze blüht schon zwischen Februar und April. Bei günstiger Witterung fängt sie auch schon mitten im Winter an zu blühen (daher der Name Christrose!). Oft liegt dann noch Schnee, und die Pflanze wird deshalb auch Schneerose genannt. Der ausdauernde Wurzelstock hat eine schwarzbraune Außenhaut (innen ist der Wurzelstock weiß gefärbt); dies hat der Pflanze ihren deutschen und ihren wissenschaftlichen Artnamen eingetragen.

2 Alpen-Küchenschelle, Alpen-Anemone
Pulsatilla alpina

Merkmale: Die Alpen-Küchenschelle wird 15 bis 30 cm hoch. Auffällig sind die großen weißen Blüten. Sie haben einen Durchmesser von 3,5 bis 5,5 cm. In der Mitte des aus 6 Blütenblättern zusammengesetzten Perigons stehen viele gelbe Staubblätter. Die Blüten haben anfangs Glockenform, in voll erblühtem Zustand stehen die Kronblätter ausgebreitet. Man trifft die Pflanze zwischen Juni und August blühend an. Die doppelt dreiteiligen Laubblätter sind weniger auffällig. Während der Blütezeit sieht man meist nur die eine Art Hülle bildenden Hochblätter unterhalb der Blüten. Die Grundblätter erscheinen erst, wenn die Pflanze verblüht ist. Familie: Hahnenfußgewächse (Ranunculaceae).

Eine Unterart der Alpen-Küchenschelle ist die Schwefel-Anemone mit schwefelgelben statt weißen Blüten. Vielfach werden beide Pflanzen auch als eigenständige Arten angesehen. Überhaupt bereitet die Bestimmung und systematische Einordnung der Küchenschellen-/Anemonen-Arten den Botanikern Mühe. Daher findet man in den verschiedenen Bestimmungsbüchern auch verschiedene Namen. Mal tauchen Arten in der Gattung *Anemone* auf, dann wieder in der Gattung *Pulsatilla*.
Vorkommen: Die Alpen-Küchenschelle kommt in den Bergen in Höhen zwischen 1500 und 2200 m ziemlich häufig vor, und zwar in steinigen Wiesen, auf rasigen Hängen und auf Felsbändern. Stets wächst sie auf kalkhaltigem Untergrund. Demgegenüber wächst die Schwefel-Anemone auf kalkarmen, sauren Böden; trockene Magerwiesen, magere Almen und Zwergstrauchbestände sind die Stellen, wo man nach ihr suchen kann. Die beiden Unterarten vertreten sich also gegenseitig, je nach dem Gestein, das den Untergrund bildet.
Biologie: Nach der Blütezeit wächst die Pflanze oft zu einer Höhe von 40 cm heran. Die Griffel verlängern sich ebenfalls, und man kann jetzt die Früchte mit den langen, behaarten Anhängen sehen. Dem Wind wird so eine große Angriffsfläche geboten.

3 Gletscher-Hahnenfuß
Ranunculus glacialis

Merkmale: Der Gletscher-Hahnenfuß wird nur wenige Zentimeter hoch. Sein auffälligstes Kennzeichen sind die kleinen, glänzenden, dreizähligen Blätter. Am Ende der Stengel stehen die kleinen, weißen Blüten. Die Kronblätter sind unterseits dunkel rostbraun. Der Hahnenfuß blüht im Juli/August. Familie: Hahnenfußgewächse (Ranunculaceae).
Vorkommen: Die Pflanze wächst überwiegend in Höhen zwischen 2000 und 2400 m. Offene Steinschuttfluren und Moränenböden werden besiedelt.
Biologie: Der Gletscher-Hahnenfuß ist ein Rekordhalter in der europäischen Pflanzenwelt. Er ist eine der Blütenpflanzen, die am weitesten in Höhenlagen vordringt. Angaben zufolge wurde die Art schon in über 4000 m Höhe gefunden.

1

2

3

1 Trauben-Steinbrech
Saxifraga paniculata (= S. aizoon)

Merkmale: Die Pflanze wird 10 bis 30 cm hoch. Typisch sind die grundständigen Blattrosetten. Die zungenförmigen Blätter sind fleischig-derb und am Rand scharf gesägt. Am Blattrand tragen sie außerdem kleine weiße Gruben, in denen Kalk abgeschieden wird. Aus den Rosetten wächst jeweils ein aufrechter Stengel empor. Er ist drüsig behaart und trägt nur wenige Blätter. Im oberen Bereich kommen Verzweigungen vor. Die Blüten stehen in einer Rispe angeordnet. Sie sind weiß gefärbt; manchmal sind die Kronblätter auch rötlich punktiert. Der Trauben-Steinbrech blüht in der Zeit zwischen Mai und Juli. Familie: Steinbrechgewächse (Saxifragaceae).
Vorkommen: Der Trauben-Steinbrech ist in Europa weit verbreitet und eine der häufigsten Steinbrech-Arten überhaupt. Man findet ihn gesellig wachsend in Spalten und Rasen auf sonnigen oder halb beschatteten Felspartien und an ähnlichen Stellen. In den Alpen ist die Pflanze in Höhen zwischen 1200 und 2600 m vertreten.
Biologie: Die Gattung *Saxifraga* ist in der mitteleuropäischen Flora mit rund 20 Arten vertreten. Die meisten kommen in den nördlichen gemäßigten Zonen vor. Fast allen europäischen Arten kann man auf Wanderungen in den verschiedenen Gebieten der Alpen begegnen.

2 Immergrüne Bärentraube, Echte Bärentraube
Arctostaphylos uva-ursi

Merkmale: Die Immergrüne oder Echte Bärentraube wird 20 bis 60 cm hoch. Ihre kahlen, ledrigen Blätter sind glänzendgrün gefärbt und ganzrandig. Zwischen März und Juli fallen die kleinen, überhängenden Trauben aus weißen oder leicht rötlichen Blüten auf, später dann die roten Früchte. Familie: Heidekrautgewächse (Ericaceae).
Die nah verwandte Alpen-Bärentraube (*Arctostaphylos alpina*) hat scharf gezähnte Blätter. Sie verfärben sich im Herbst rötlich; die Pflanze ist also nur sommergrün. Ihre Früchte werden zuletzt schwarz.
Vorkommen: Die Bärentraube kommt in den Alpen in Zwergstrauchheiden bis in Höhen um 2000 m vor.
Biologie: Die Immergrüne Bärentraube ist eine alte Heilpflanze. Die getrockneten Blätter werden zur Linderung von Blasenleiden verwendet (daher auch der bisweilen benutzte Name Arznei-Bärentraube!).

3 Achtblumenblättrige Silberwurz
Dryas octopetala

Merkmale: Die Silberwurz ist eine nur 8 bis 15 cm hohe, rasenbildende Pflanze. Horizontal über den Boden breiten sich verholzte Triebe aus, die sich in Abständen auch bewurzeln. Typisch sind die etwa 2 cm langen Blätter, die am Rand gekerbt sind und auf der Unterseite weißfilzig behaart sind (Name!). Sie fühlen sich ledrig-fest an und bleiben auch im Winter grün. Von Juni bis August blüht die Silberwurz. An aufrechten Stielen stehen dann einzeln die recht auffälligen Blüten. Die Kronblätter (meist 8, Name!) sind weiß gefärbt, die Staubblätter und der Stempel gelb. Familie: Rosengewächse (Rosaceae).
Vorkommen: Die Silberwurz kommt in Höhen zwischen 1200 und 2600 m vor. Sie besiedelt lückige Kalkmagerrasen, steinige Hänge und loses Geröll.
Biologie: Die Silberwurz hat Wurzelknöllchen und kann Luftstickstoff binden. Sie tritt deshalb als Pionierpflanze auf zur Ruhe gekommenen Steinschuttböden auf. Ähnlich wie bei den Küchenschellen wachsen bei der Silberwurz die Griffel nach der Befruchtung aus. Insgesamt bildet sich ein hoher, schopfiger Fruchtstand heraus. Die Früchte tragen Flughaare und können vom Wind weit verfrachtet werden.

1 Edelweiß
Leontopodium alpinum

Merkmale: Die Pflanze wird je nach Standortverhältnissen 5 bis 10 cm, manchmal auch bis 25 cm hoch. Die Blätter sind lanzettlich geformt. Die Blütenköpfchen setzen sich nur aus Röhrenblüten zusammen. Sie stehen gehäuft, und zusammen mit den weißfilzigen Hochblättern ergibt sich der Eindruck einer Einzelblüte. In Wirklichkeit hat man aber einen doldenartigen Blütenstand vor sich. Das Edelweiß blüht im Juli/August. Familie: Köpfchen- bzw. Korbblütler (Asteraceae).
Vorkommen: Diese wohl bekannteste Alpenblume wächst in sonnigen Steinrasen, in Felsspalten und auf Felsbändern, aber auch auf mageren Wiesen. Sie kommt in 1700 bis 2400 m Höhe vor.
Biologie: Am Beispiel des Edelweißes kann man sehr schön sehen, wie sich eine Alpenpflanze gegen Austrocknung und Auskühlung schützen kann. Die dichte Behaarung hält den Wind vom Pflanzenkörper ab. Dies ist als eine Anpassung an die ökologisch teilweise extremen Bedingungen im Hochgebirge zu verstehen.

zählen zu den »fleischfressenden« Pflanzen. Sie ergänzen ihren Nährstoffhaushalt also dadurch, daß sie kleine Tiere, vor allem kleine Insekten, fangen und die darin enthaltenen Stoffe für sich nutzbar machen. Das Einfangen der Tierchen geschieht mit Hilfe der Blätter, die dicht mit klebrigen Haaren besetzt sind. Setzt sich ein Tierchen darauf oder kriecht es darüber hinweg, bleibt es unweigerlich hängen. Die Blätter rollen sich daraufhin von den Rändern her ein, um die »Beute« sicher festzuhalten. Die Fangdrüsen scheiden nun ein Verdauungssekret aus, welches das gefangene Tierchen zersetzt. Ist die Verdauung abgeschlossen, entrollen sich die Blätter wieder. Von dem kleinen Tier sind nur noch die harten, unverdaulichen Chitinteile übrig, und die Blätter stehen erneut zum Fang bereit.

2 Alpen-Fettkraut
Pinguicula alpina

Merkmale: Das Alpen-Fettkraut wird 5 bis 15 cm hoch. Die fleischigen Blätter sind in einer grundständigen Rosette angeordnet. An den Stengeln stehen weiße Blüten mit 2 gelben Flecken im Schlund und einem kegelförmigen, kurzen Sporn. Zur Unterscheidung: Das nah verwandte Gemeine Fettkraut (siehe auch Seite 124) hat blauviolette Blüten mit einem schlanken Sporn. Beide Arten blühen im Mai/Juni. Familie: Wasserschlauchgewächse (Lentibulariaceae).
Vorkommen: Beiden Fettkraut-Arten kann man in den Alpen begegnen, wobei das Gemeine Fettkraut bis in Höhen um 1600 m gedeiht, das Alpen-Fettkraut dagegen bis in Höhen um 2300 m. Beide Arten kommen in Rieselfluren, Quell- und Flachmooren vor.
Biologie: Die Gattung *Pinguicula* ist mit 3 Arten in Mitteleuropa vertreten, dem Alpen-Fettkraut, dem Gemeinen Fettkraut und dem Dünnspornigen Fettkraut *(Pinguicula leptoceras)*. Alle 3 Arten

1

2

1 Stengellose Eberwurz, Wetterdistel, Silberdistel
Carlina acaulis

Merkmale: Die Pflanze wird nur 10 bis 30 cm hoch. Sie ist mit einer kräftigen Pfahlwurzel im Erdreich verankert. In der Mitte einer Rosette aus fiederteiligen, stachelig gezähnten, 10 bis 30 cm langen Blättern steht das Blütenköpfchen. Es hat einen Durchmesser von 5 bis 15 cm und setzt sich nur aus Röhrenblüten zusammen, die weißlich bis bräunlich-rötlich gefärbt sind. Das, was auf den ersten Blick wie Zungenblüten aussieht, sind nichts anderes als in den Blütenstand einbezogene Hüllblätter. Sie sind bei dieser Art silbrig-weiß gefärbt (daher der Name Silberdistel!). Die Stengellose Eberwurz blüht in der Zeit zwischen Juli und September. Familie: Köpfchen- bzw. Korbblütler (Asteraceae).

Vorkommen: Die großen Blütenköpfe der Stengellosen Eberwurz fallen bei jeder Wanderung über steinige Hänge, magere Wiesen und Almen sofort auf. Man trifft die Art in Höhen zwischen 800 und 2600 m an.

Biologie: Die Stengellose Eberwurz hat hygroskopische Blütenköpfchen, d. h. bei trockenem, sonnigem Wetter sind sie weit geöffnet, bei feuchtem, regnerischem Wetter nehmen sie Feuchtigkeit auf und schließen sich (daher der Name Wetterdistel!). Getrocknet halten sich die Pflanzen sehr lange, und man ist versucht, sie von einer Bergwanderung mitzunehmen. Der Wanderer sollte sie aber nur an Ort und Stelle bewundern. Die alpine Flora ist ohnehin vielen anderen negativen Einflüssen ausgesetzt, und manche Art ist heute in ihrem Bestand bedroht. Zu sehr hat der Mensch in die sensible Ökologie der hochgelegenen Lebensräume eingegriffen, als daß man noch einen Blumenstrauß von einer Bergwanderung mitbringen müßte. Im übrigen stehen viele Alpenpflanzen heute unter Naturschutz!

2 Weißer Germer
Veratrum album

Merkmale: Diese kräftige Staude wird 50 cm bis 1,50 m hoch. Die großen, ovalen Blätter sind stark gerieft; auf der Unterseite sind sie behaart. Im Gegensatz zum vor der Blütezeit ähnlich aussehenden Gelben Enzian (siehe Seite 290) sind die Blätter hier wechselständig angeordnet. An der Spitze des Stengels bildet die Pflanze eine bis 50 cm lange Blütenrispe aus. Die sternförmigen Blüten sind innen weißlich, außen grünlich gefärbt und verströmen einen betäubenden Duft. Der Weiße Germer blüht in der Zeit zwischen Juni und August. Familie: Liliengewächse (Liliaceae).

Vorkommen: Man findet den Weißen Germer häufig und gesellig auf Almen und Lägerfluren, in Hochstaudenfluren und auf sumpfig-moorigen Wiesen. Die Pflanze wächst bis in Höhen um 2100 m.

Biologie: Die Pflanze ist giftig! Sie wird deshalb vom Vieh gemieden. Vergiftungen bei Menschen kommen kaum vor, da die Pflanze bereits durch ihren unangenehmen Geschmack abstößt.

3 Krokus, Weißer Safran
Crocus vernus

Merkmale: Krokusse werden 8 bis 12 cm hoch. Aus der im Boden überwinternden Knolle schieben sich zeitig im Frühjahr die 2 bis 4 grasartigen, 4 bis 8 mm breiten Blätter. Sie sind am Blattrand umgerollt und zeigen einen hellen Mittelstreifen. Die 2 bis 3 cm langen Blüten sind meist weißlich gefärbt; es kommen aber auch violette Exemplare vor. Die Staubblätter sind lebhaft gelb bis orangerot gefärbt. Der Krokus blüht im März/April. Familie: Schwertliliengewächse (Iridaceae).

Vorkommen: Krokusse prägen an vielen Stellen der Alpen den Frühlingsaspekt von Bergwiesen und Almen. Oft sind ganze Hänge von blühenden Krokussen bedeckt, denn die Art tritt immer gesellig auf. Sie kommt bis in 1900 m Höhe vor.

Biologie: Der Krokus ist ein charakteristischer Frühblüher der Berge. Mit den in der Knolle (= Überdauerungsorgan) festgelegten Nährstoffen ist es der Pflanze möglich, schon kurz nach der Schneeschmelze zu blühen. Nach der Blüte stirbt sie bald ab. Vorher aber wurden wieder genügend Nährstoffe für das frühzeitige Austreiben im kommenden Vorfrühling in der Knolle festgelegt.

1 Europäische Trollblume, Butterblume
Trollius europaeus

Merkmale: Die Trollblume wird 10 bis 50 cm hoch. Auf den ersten Blick sieht die Pflanze einem großen, üppig gewachsenen Hahnenfuß ähnlich. Die Blätter sind handförmig geteilt und auf der Oberseite dunkler grün gefärbt als auf der Unterseite. Die grundständigen Blätter haben lange Stiele, die höher stehenden sitzen dem Stengel unmittelbar an. Besonders auffällig sind die großen Blüten. Jeweils 5 bis 15 Blütenblätter schließen sich zu goldgelben Kugeln zusammen. Die Staubblätter sind in diese Kugeln eingeschlossen. Im Mai/Juni steht die Trollblume in voller Blüte. Familie: Hahnenfußgewächse (Ranunculaceae).

Vorkommen: Zur Blütezeit sind in den Fettwiesen der Tieflagen oft ganze Flächen gelb gefärbt, andernorts sind feuchte Wiesen, Quellsümpfe und moorige Stellen gelb überzogen. Die Trollblume kommt nämlich stets gesellig wachsend vor, ist aber nicht überall anzutreffen. Bestände sind in den Alpen bis in 2400 m Höhe zu finden.

Biologie: Vergleicht man Pflanzen von Berghöhen mit denen aus dem Alpenvorland, so wird man feststellen, daß die tiefer wachsenden Exemplare wesentlich stattlicher sind als die der Hochlagen. Hier bekommt man also einen unmittelbaren Eindruck von den entsprechend der Höhenlage wechselnden ökologischen Bedingungen im Gebirge.

2 Rhaetischer Mohn, Alpen-Mohn
Papaver rhaeticum

Merkmale: Der Rhaetische oder Alpen-Mohn wird 5 bis 15 cm hoch. Die stark zerteilten, fiedrigen Blätter sind lebhaft grün gefärbt. An der Spitze des blattlosen, steif behaarten Stengels sitzen große, goldgelbe Blüten, die sich im Juli/August öffnen. Wichtigstes Merkmal aller Mohn-Arten, das auch zur Bestimmung herangezogen werden kann, ist die Samenkapsel, die in der Blüte bereits erkennbar ist, aber erst nach der Bestäubung zur vollen Größe und typischen Gestalt heranwächst. Die trockene Kapsel wirkt als Streubüchse, und der Wind kann die winzigen Mohnsamen eine Strecke weit verfrachten. Familie: Mohngewächse (Papaveraceae).

Vorkommen: Der Rhaetische Mohn ist eine typische Alpenpflanze. Er kommt nur in dem beschränkten Gebiet der Zentral- und Südalpen vor. Steinschuttfluren zwischen 1850 und 2700 m werden besiedelt.

Biologie: Wie ist es möglich, daß sich eine Pflanze in so einem bewegten Terrain wie einer Schutthalde halten kann? An diese Bedingungen ist der Rhaetische Mohn in besonderer Weise angepaßt. Zunächst einmal verankert er sich mit einer kräftigen Pfahlwurzel im Untergrund; damit gelingt es ihm sogar, das Gestein am Wuchsort zum Halten zu bringen. Von diesem Wurzelstock aus ziehen dann einzelne Wurzeln hangaufwärts, um die Pflanze zusätzlich zu sichern. Von diesen wiederum zweigen weitere Wurzeln ab, die sich durch die unter dem Geröll angesammelte feine Erde ziehen. Ihr entnehmen sie das für das Wachstum der Pflanze nötige Wasser und die ebenfalls notwendigen Nährsalze.

1

2

1 Kriechende Nelkenwurz, Kriechende Gletscher-Nelkenwurz, Gletscher-Petersbart
Geum reptans

Merkmale: Die Kriechende Nelkenwurz wird 5 bis 20 cm hoch. Die Blätter bilden eine grundständige Rosette. Sie sind fast gleichmäßig gefiedert; die Seitenfiedern sind nicht viel kleiner als die 2- bis 5-spaltige Endfieder. Dies ist ein wichtiges Unterscheidungsmerkmal zur nah verwandten Berg-Nelkenwurz *(Geum montanum)*, bei der die Endfiedern jeweils deutlich größer sind als die Seitenfiedern. Die Kriechende Nelkenwurz besitzt zudem typische, lange Ausläufer, an denen sich Tochterpflanzen entwickeln. Die Blüten haben einen Durchmesser von 3 bis 4 cm und sind lebhaft gelb gefärbt. Die Pflanze blüht im Juli/August. Familie: Rosengewächse (Rosaceae).
Vorkommen: Die Kriechende Nelkenwurz wächst auf kalkarmen Böden in alpinen Matten. Die Art kommt in Höhen zwischen 2000 und 2400 m vor.
Biologie: Nach der Blüte verlängern sich die Griffel, und es bildet sich ein ähnlicher Fruchtstand aus wie bei Küchenschelle und Silberwurz. Die Samen werden vom Wind verbreitet.

2 Zweiblütiges Veilchen
Viola biflora

Merkmale: Das Zweiblütige Veilchen wird 5 bis 15 cm hoch. Die Art ist insofern leicht zu erkennen, als eine Kombination von 2 bis 3 herz- bis nierenförmigen Blättern, ganzrandigen Hochblättern und 1 bis 2 gelben Blüten unter den Veilchen sonst nicht vorkommt. Das Zweiblütige Veilchen blüht in der Zeit zwischen Mai und Juli. Familie: Veilchengewächse (Violaceae).
Vorkommen: Dieses Veilchen kommt ziemlich häufig auf schattig-feuchten Standorten vor, etwa in Grauerlen-Auwäldern und in staudenreichen Bergwäldern, in Hochstaudenfluren und in Steinschutt am Ufer von Bergbächen. Bis in 2600 m Höhe kann man die Art antreffen.
Biologie: Die Samen werden von Ameisen verbreitet.

3 Immergrünes Felsenblümchen
Draba aizoides

Merkmale: Das Immergrüne Felsenblümchen wird 5 bis 10 cm hoch und ist – wie der deutsche Artname besagt – immergrün. Die hellgrünen, bewimperten Blätter sind in einer grundständigen Rosette zusammengefaßt. Mehrere Rosetten schließen sich oft zu mehr oder weniger kompakten Polstern zusammen. An den goldgelben Blüten, die in kopfigen Trauben am Ende blattloser Blütenstengel stehen, kann man gut den Bau einer Kreuzblüte studieren: Je 4 Kelch- und Kronblätter stehen über Kreuz. Von den 6 Staubblättern sind die beiden äußeren kürzer als die 4 inneren. Beim Immergrünen Felsenblümchen fällt noch auf, daß die Staubblätter so lang wie die Kronblätter werden. Die Pflanze blüht in der Zeit zwischen April und August. Die Früchte springen bei der Reife mit 2 Klappen auf. Diese 4 bis 5 mm langen Früchte nennt man Schötchen. Werden Kreuzblütler-Früchte mehr als dreimal so lang wie breit, nennt man sie Schoten. Familie: Kreuzblütler (Brassicaceae).
Vorkommen: Die Pflanze wächst in dichten Rasen auf Felsbändern, auf ruhendem Geröll oder in steinigen Hängen. Sie ist kalkliebend und kommt bis in 2500 m Höhe vor.
Biologie: Die Samen werden im folgenden Winter oder sogar erst im Frühjahr des nächsten Jahres entlassen.

1 Aurikel, Platenigl, Petergstamm
Primula auricula

Merkmale: Das Aurikel wird 5 bis 20 cm hoch. Ein auffälliges Kennzeichen ist die grundständige Blattrosette, die sich aus glatten, fleischigen und kahlen Blättern zusammensetzt. Die Blätter sind rundlich bis verkehrt-eiförmig und ganzrandig oder leicht gezähnt. Sie erscheinen häufig weißlich bestäubt, was auch für den Blütenstiel und den Schlund der Blüten gilt. Der Blütenstiel trägt eine Dolde aus 4 bis 12 goldgelben, wohlriechenden Einzelblüten. Ein weiteres Merkmal ist der Kelch, der bei dieser Art wesentlich kürzer als die Kronröhre ist. Das Aurikel blüht von April bis Juni. Familie: Primelgewächse (Primulaceae).
Vorkommen: Der Pflanze begegnet man in Steinrasen, in Felsspalten und Klüften im Gestein. Höhen bis 2400 m werden besiedelt. Im Alpenvorland kommt das Aurikel als Eiszeitrelikt in Mooren vor.
Biologie: In der Alpenflora finden wir noch eine ganze Reihe anderer *Primula*-Arten, die zum Teil gelb, zum Teil aber auch rötlich bis bläulich blühen. Rosa bis rotviolett blüht in Quell-, Flach- und Wiesenmooren die Mehl-Primel (siehe Seite 122). Die Art ist auch in den Alpen zu finden, und zwar bis in Höhen um 2400 m. Aus Wäldern und Wiesen der Tieflagen wird jeder Naturfreund die Hohe oder Wald-Schlüsselblume (siehe Seite 204), die Wiesen- oder Frühlings-Schlüsselblume (siehe Seite 50) und vielleicht auch die Stengellose Schlüsselblume oder Erd-Primel *(Primula vulgaris)* kennen. Alle 3 letztgenannten Arten blühen gelb.

2 Gelber Enzian
Gentiana lutea

Merkmale: Der Gelbe Enzian wird 0,50 bis 1 m hoch und ist damit die größte Enzian-Art der Alpen. Aus dem kräftigen, armdicken Wurzelstock wächst der fingerdicke, unverzweigte Stengel empor. Er ist innen hohl. Die großen breit-elliptischen Blätter sind blaugrün gefärbt. Sie sind von starken Blattadern durchzogen. Die Blätter sind im unteren Bereich des Stengels kurz gestielt, im oberen sitzen sie dem Stengel direkt an. Wichtigstes Merkmal nichtblühender Pflanzen ist die Stellung der Blätter: Sie sind gegenständig angeordnet – und nicht wechselständig wie bei dem sonst ähnlich aussehenden Weißen Germer (siehe Seite 284). Am Ende des Stengels und in den Achseln der oberen Stengelblätter öffnen sich im Juli/August die sternförmigen, tief geteilten, gelben Blüten. Der Blütenkelch ist einseitig aufgeschlitzt. Die Blüten scheinen in Quirlen zu stehen. Familie: Enziangewächse (Gentianaceae).
Vorkommen: Der Gelbe Enzian wächst zerstreut, aber meist herdenweise auf steinigen Wiesen, Karfluren und Schutthalden, in Hochstaudenfluren, Grünerlengebüschen und lichten, grasreichen Mischwäldern. In den Alpen kommt die Pflanze bis in 2100 m Höhe vor.
Biologie: Aus den zerstampften und vergorenen Wurzelstöcken des Gelben Enzians werden klare Schnäpse und Liköre hergestellt. Durch Ausgraben wurde der Enzian an manchen Stellen der Alpen nahezu ausgerottet.

3 Punktierter Enzian
Gentiana punctata

Merkmale: Der Punktierte Enzian wird 20 bis 60 cm hoch. Die großen Blätter sind länglich-eiförmig und zugespitzt. Ein eindeutiges Kennzeichen sind die blaßgelben, dunkelviolett getüpfelten Blüten (Name!), die einzeln oder zu mehreren in den Blattachseln sitzen. Die Blumenkrone ist höchstens auf ein Viertel der Länge eingeschnitten; es ergeben sich 5 bis 8 stumpfe Zipfel. Die Pflanze blüht zwischen Juli und September. Familie: Enziangewächse (Gentianaceae).
Vorkommen: Man findet diesen Enzian in Matten und Zwergstrauchheiden der subalpinen und alpinen Stufe. In den Alpen kommt er bis in 2400 m Höhe vor.
Biologie: Aus den Wurzeln dieser Enzian-Art – und der verwandten großen Arten, dem Gelben Enzian (siehe oben), dem Purpurroten Enzian (siehe Seite 302) und dem Ungarischen oder Braunen Enzian *(Gentiana pannonica)* – stellte man lange Zeit Heilmittel her. Die Droge »Radix Gentianae« fand unterschiedliche Verwendung, beispielsweise in Magenmitteln und Tinkturen.

1 Arnika, Bergwohlverleih
Arnica montana

Merkmale: Die Arnika wird 20 bis 60 cm hoch. Die ganzrandigen, meist fünfnervigen Blätter bilden eine grundständige Rosette, in deren Mitte sich der Blütenstengel erhebt. Der Stengel trägt 1 bis 2 gegenständige Blattpaare. Die Pflanze blüht im Juli/August. Die auffälligen Blütenköpfchen haben einen Durchmesser von 5 bis 8 cm. Sie sind orangegelb gefärbt. Familie: Köpfchen- bzw. Korbblütler (Asteraceae).
Vorkommen: Magere Rasen und Weiden sind die Stellen, an denen die Arnika wächst. Sie ist kalkmeidend und kommt in den Alpen bis in Höhen um 2100 m vor. Ihre Verbreitung ist auf Europa beschränkt.
Biologie: Der zweite deutsche Name deutet es schon an: Die Arnika ist eine der am meisten verwendeten Heilpflanzen innerhalb der Alpenflora. Sowohl die unterirdischen Pflanzenteile wie auch die Blüten werden medizinisch genutzt. Die Blüten enthalten neben ätherischen Ölen und Gerbstoffen vor allem den Bitterstoff Arnicin. Arnikatinktur ist ein bewährtes Hausmittel gegen allerlei Gebrechen, wie z. B. Verrenkungen und Verstauchungen, Hexenschuß, Rheuma, Quetschungen und Halsentzündungen. Wie bei anderen Heilpflanzen wurde auch der Bedarf an Arnika so groß, daß die Pflanze vor der Ausrottung bewahrt werden mußte.

2 Großblütige Gemswurz
Doronicum grandiflorum

Merkmale: Die Gemswurz hat eine am Boden kriechende Grundachse, aus der sich 15 bis 50 cm hoch der blütentragende Stengel erhebt. An ihm sitzen charakteristisch geformte Blätter. Die grundständigen Blätter sind eiförmig, am Blattgrund gestutzt oder herzförmig. Die weiter oben am Stengel angeordneten Blätter sind herzförmig, stengelumfassend und buchtig gezähnt. Sie stehen wechselständig. Die Pflanze blüht im Juli/August. Die Blütenköpfe stehen meist einzeln an den Enden der Stengel. Sie haben einen Durchmesser von 4 bis 6 cm und sind kräftig gelb gefärbt. Familie: Köpfchen- bzw. Korbblütler (Asteraceae).
Vorkommen: Die Großblütige Gemswurz kommt in den Alpen zerstreut in Kalksteinschuttfluren vor. Sie wächst aber auch in Felsspalten und auf steinigen Hängen und ist in Höhen zwischen 1200 und 2500 m Höhe anzutreffen.
Biologie: Die Pflanze wird gerne von Gemsen (aber auch von Hirschen und Ziegen) gefressen (Name!).

3 Stachelige Kratzdistel
Cirsium spinosissimum

Merkmale: Die Pflanze wird 50 cm bis 1,20 m hoch. Aus einem kräftigen, überdauernden Wurzelstock erhebt sich der meist unverzweigte Stengel. Er ist dicht mit kräftig bestachelten Blättern besetzt, die fiederspaltig geformt und meist gelblich-grün gefärbt sind. Die Hochblätter, die eher gelblich gefärbt sind, umhüllen den unscheinbar blaßgrünen Blütenstand. Die Pflanze blüht in der Zeit zwischen Juli und September. Familie: Köpfchen- bzw. Korbblütler (Asteraceae).
Vorkommen: Die Stachelige Kratzdistel ist als Art in den Alpen entstanden und heute in ihrer Verbreitung auf dieses Gebiet beschränkt. Ihr Lebensraum sind staudenreiche, feuchte Wiesen und Weiden, die Hochstaudenfluren im Bereich von Almhütten, Halden mit grobem Schutt und Schneeböden. Höhen zwischen 1300 und 2500 m werden besiedelt.
Biologie: Insgesamt macht diese Kratzdistel ihrem Namen alle Ehre. Sie erscheint wirklich als sehr stachelig und wird deshalb vom Almvieh gemieden. Dies hat zur Folge, daß ihre Bestände erhalten bleiben; sie werden aber von den Hirten als Weideunkraut bekämpft.

1 Berg-Hauswurz
Sempervivum montanum

Merkmale: Auffälligstes Kennzeichen der Berg-Hauswurz sind die fleischigen, auf der Spreite drüsenhaarigen Blätter. Sie bilden eine kugelige, geschlossene Rosette von 1 bis 3 cm Durchmesser. Daraus wächst jeweils 1 Stengel empor, der ebenfalls drüsig behaart ist. Wie Schuppen sitzen ihm fleischige Blätter an. Im Juli/August blüht die Berg-Hauswurz. Die rötlich-violetten Blüten setzen sich aus 10 bis 20 schmalen Kronblättern zusammen, die sternförmig ausgebreitet stehen. Familie: Dickblattgewächse (Crassulaceae).
Vorkommen: Die Berg-Hauswurz wächst auf steinigem Silikatuntergrund in Höhen zwischen 1700 und 3400 m.
Biologie: Die Hauswurz-Arten haben als Anpassung an die harten ökologischen Bedingungen im Hochgebirge Blattrosetten entwickelt, ähnlich wie beispielsweise der Trauben-Steinbrech (siehe auch Seite 280). Hinzu kommt, daß die Blätter – wie bei den anderen Angehörigen der Familie der Dickblattgewächse auch – fleischig sind. Diese sogenannte Blattsukkulenz ist ein Mechanismus, um sich gegen Austrocknung zu schützen. Man findet diese Anpassung überwiegend bei Wüstenpflanzen, die in einem extrem trockenen Lebensraum wachsen.

2 Roter Steinbrech, Gegenblättriger Steinbrech
Saxifraga oppositifolia

Merkmale: Der Rote Steinbrech wird 10 (bis 30) cm hoch. Er bildet meist lockere, aber auch dichte, flache Polster. Im Gegensatz zu anderen Steinbrech-Arten sind die Blätter hier gegenständig angeordnet (wissenschaftlicher Artname!). Sie sind länglich bis verkehrt-eiförmig und spitz und werden etwas über 2,5 mm lang. Die Kelchblätter sind bewimpert. Die Kronblätter sind rötlich-lila bis weinrot, die Staubblätter grauviolett gefärbt. Der Steinbrech blüht von April bis Juli. Familie: Steinbrechgewächse (Saxifragaceae).
Vorkommen: Man findet den Steinbrech an Felsen, in Steinrasen der Gratlagen und in Schuttfluren, meist auf Kalkuntergrund. In den Alpen kommt die Art in Höhen zwischen 1650 und 2700 m vor.
Biologie: Der Rote Steinbrech ist arktisch-alpin verbreitet, d. h. er kommt – wie viele andere Alpenpflanzen – sowohl im hohen Norden als auch in den Hochgebirgen Mitteleuropas vor. Eine solche Verbreitung erklärt sich aus dem Verlauf der Eiszeiten.

3 Alpen-Süßklee
Hedysarum hysaroides

Merkmale: Die Pflanze wird 10 bis 25 cm hoch. Der aufsteigende Stengel ist kantig und kahl. Die Blätter sind gefiedert; sie tragen je 5 bis 9 Paare Seitenfiedern. Die leuchtend purpurroten Blüten sind in einer verlängerten Traube angeordnet, in der 10 bis 20 Einzelblüten zusammengefaßt sind. Der Süßklee blüht im Juli/August. Familie: Schmetterlingsblütengewächse (Fabaceae).
Vorkommen: Den Alpen-Süßklee trifft man zerstreut in sonnigen Grashängen der alpinen Stufe, in Magerweiden und in lückigen Steinrasen an, meist auf kalkhaltigem Untergrund. Die Pflanze kommt in Höhenlagen zwischen 1400 und 2300 m vor.
Biologie: Der Süßklee ist eine wertvolle Futterpflanze, die sehr viel Eiweiße und Fette enthält. Die Frucht (Hülse) öffnet sich nicht, sondern sie zerfällt in kreisrunde Glieder.

1

2

3

1 Gestreifter Seidelbast, Steinröschen
Daphne striata

Merkmale: Der Gestreifte Seidelbast wird 5 bis 15 cm hoch und bildet in Anpassung an den Standort oft Polster aus. Die linealisch-keilförmigen Blätter stehen an den Zweigenden büschelig gehäuft. Ebenfalls an den Zweigenden (zu 8 bis 12) gebüschelt stehen die hellrosa gefärbten, fein gestreiften, kurz gestielten Blüten. Der mit dem Kellerhals oder Gemeinen Seidelbast (siehe auch Seite 222) verwandte Zwergstrauch blüht im Juni/Juli. Familie: Seidelbastgewächse (Thymelaeaceae).

Vorkommen: Den Gestreiften Seidelbast kann man im Bergkieferngebüsch, aber auch in offenen Steinrasen antreffen, und zwar bevorzugt auf Kalkuntergrund. Er besiedelt Höhenlagen zwischen 1700 und 2500 m.

Biologie: Die Blüten duften sehr stark (Duft ähnlich wie Flieder) und werden ausschließlich von Schmetterlingen bestäubt. Wie beim Kellerhals sind auch beim Gestreiften Seidelbast alle Pflanzenteile giftig!

2 Rostblättrige Alpenrose
Rhododendron ferrugineum

Merkmale: Die Rostblättrige Alpenrose wird 70 cm bis 1,50 m hoch. Die verholzten Zweige tragen ledrige, immergrüne Blätter. Sie sind auf der Oberseite dunkelgrün gefärbt, auf der Unterseite rostbraun. Die Blattränder sind eingerollt und tragen keine Wimpern, wie es bei der Behaarten oder Bewimperten Alpenrose (siehe unten) der Fall ist. Die Rostblättrige Alpenrose hat gehäuft stehende dunkel purpurrote Blüten. Die Pflanze blüht in der Zeit zwischen Juni und August, je nach Höhenlage eher oder später. Familie: Heidekrautgewächse (Ericaceae).

Vorkommen: Die Alpenrosen sind für die Alpen etwas ganz Typisches. Sie kommen zwar nicht überall vor, treten dann aber meist in größeren Beständen auf, und oft sind ganze Hänge zur Blütezeit rötlich überzogen. Die Rostblättrige Alpenrose gedeiht auf kalkarmen, eher feuchten und humosen Böden. Man findet sie häufig als Unterwuchs in Zirbel-Kiefer- und Latschen-Beständen, aber auch vergesellschaftet mit Blau- oder Heidelbeere (siehe Seite 212), Preiselbeere (siehe Seite 198) und Krähenbeere (siehe Seite 314). Der Zwergstrauch kommt in Höhen zwischen 1400 und 2400 m vor.

Biologie: Die beiden Alpenrosen-Arten sehen einander ähnlich, und man kann sie recht leicht miteinander verwechseln. Grundsätzlich schließen sie sich aber von ihrer Verbreitung her annähernd aus. Die Rostblättrige Alpenrose wächst nämlich mehr auf kalkarmem, die Behaarte Alpenrose mehr auf kalkhaltigem Untergrund. Man kann also grob sagen, die Rostblättrige Alpenrose kommt in den Zentralalpen vor, die Behaarte Alpenrose in den nördlichen und südlichen Kalkalpen.

3 Behaarte Alpenrose, Bewimperte Alpenrose
Rhododendron hirsutum

Merkmale: Wie die Rostblättrige Alpenrose (siehe oben) besitzt auch die Behaarte Alpenrose immergrüne Blätter. Diese sind auf der Oberseite und der Unterseite grün gefärbt. Zudem tragen sie am Rand einen Besatz von langen Wimpern. Die Blüten sind rosa bis hellrot gefärbt und stehen in dichten Doldentrauben. Ein Kennzeichen, das beide Arten unterscheidet, ist weiter die Form der Kelchblätter. Sie sind bei der Rostblättrigen Alpenrose breiteiförmig, bei der Bewimperten Alpenrose länglich-lanzettlich. Der 50 cm bis 1 m hohe Zwergstrauch blüht in der Zeit zwischen Juni und August. Familie: Heidekrautgewächse (Ericaceae).

Vorkommen: Die Bewimperte Alpenrose kommt in den Alpen zerstreut, dann aber gesellig wachsend vor. Ihr Lebensraum sind lichte Kiefernbestände und Latschengebüsche auf mäßig trockenen, meist kalkhaltigen Steinböden. Man trifft sie bis in Höhen um etwa 2500 m an.

Biologie: In Oberbayern wird diese Alpenrosen-Art häufig Almrausch genannt, die Rostblättrige Alpenrose entsprechend Echte Alpenrose.

1 Niederliegende Alpenheide, Alpen-Azalee, Gemsheide
Loiseleuria procumbens

Merkmale: Die Alpenheide ist ein niederliegender Zwergstrauch, der 15 bis 40 cm hoch wird. Die ledrigen, immergrünen Blätter sind an den Rändern eingerollt und werden 5 bis 7 mm lang. Sie sind gegenständig an den bis 45 cm langen Stengeln angeordnet. Die trichterförmigen Blüten haben einen dunkelroten Kelch, hellrosa Kronblätter und 5 Staubblätter. Je 2 bis 5 Blüten stehen in Doldentrauben zusammengefaßt. Die schöne Pflanze blüht im Juni/Juli. Familie: Heidekrautgewächse (Ericaceae).
Vorkommen: Die Alpenheide ist eine typische Art der alpinen Zwergstrauchheiden. Man trifft sie auf nährstoff- und basenarmen, meist flachgründigen Steinböden an. In den Alpen wächst die Art in Höhen zwischen (1600) 2000 und 2400 m.
Biologie: Wie andere Zwergsträucher bildet auch die Alpenheide herdenartige Bestände. Sie ist sehr widerstandsfähig gegen Winddürre und Frost und wird durch Wildverbiß im Wachstum gefördert (Name Gemsheide!).

2 Schnee-Heide, Frühlings-Heide, Erika
Erica carnea

Merkmale: Die Schnee-Heide wird 15 bis 30 cm hoch. Sie ist ein schon zeitig im Frühjahr blühender Zwergstrauch. Die rötlichen, in einer einseitswendigen Traube zusammengefaßten Blüten öffnen sich bereits zwischen Februar und April. Auffällig sind die langen, dunkelbraunen Staubblätter, die aus der Krone herausragen. Die immergrünen Blätter sind nadelförmig und spitz und stehen zu viert in Wirteln. Familie: Heidekrautgewächse (Ericaceae).
Vorkommen: In den Alpen kommt der Zwergstrauch bis in Höhen um 2400 m vor. Sein Lebensraum sind Geröll- und Felshalden, Latschenbestände und lichte Bergwälder.
Biologie: Die Schnee-Heide gehört zu den allerersten Boten des Bergfrühlings. Ihre Blüten werden schon im Herbst angelegt und können sich deshalb schon zeitig im Jahr entfalten.

3 Alpen-Mannsschild, Gletscher-Mannsschild
Androsace alpina

Merkmale: Das Alpen-Mannsschild schmiegt sich ganz dem Boden an; es wird nur 1 bis 3 cm hoch. Die Blätter werden meist nicht länger als 7 mm. Die rosafarbenen – manchmal auch weißlichen – Blüten mit dem gelben Schlund stehen einzeln in den Blattachseln. Sie haben einen Durchmesser von 5 bis 6 mm. Das Mannsschild blüht im Juli/August. Familie: Primelgewächse (Primulaceae).
Vorkommen: Das Alpen-Mannsschild kommt bis in Höhen um 4200 m vor, ist also eine der wenigen Blütenpflanzen in der nivalen Stufe. Die Pflanze wächst auf Steinschutt oder zwischen Felsen, stets auf saurem, kalkarmem Untergrund.
Biologie: In der Gattung *Androsace* ist eine Gruppe von hübschen Pflanzen zusammengefaßt, die in besonderer Weise an die extremen Lebensbedingungen im Hochgebirge angepaßt sind. Sie bilden allesamt Rosetten, Rasen oder Polster aus – eine Anpassung an die extremen Umweltbedingungen. Innerhalb der Polster ist es meist einige Grade wärmer als in der umgebenden Luft.

1 Wildes Alpenveilchen, Erdbrot, Zyklame
Cyclamen purpurascens

Merkmale: Aus einer rundlichen, abgeflachten Knolle wachsen bei dieser Pflanze charakteristische Blätter hervor. Sie sind herz- oder nierenförmig und auf der hellgrünen Oberseite weißlich-silbrig gefleckt. Die Blattunterseite ist weinrot gefärbt. Zwischen den grundständigen Blättern erheben sich die 5 bis 15 cm hohen Blütenstengel. Die Blüten sind rotviolett gefärbt und fallen durch die zurückgeschlagenen Kronblätter sofort auf. In der Zeit zwischen Juni und September trifft man das Alpenveilchen blühend an. Familie: Primelgewächse (Primulaceae).
Vorkommen: Das Wilde Alpenveilchen ist zwar nicht sehr häufig, kommt aber meist gesellig wachsend vor. Krautreiche Buchen-Tannen-Wälder, lichte Nadelwälder oder Bergkiefernbestände – das sind die Lebensräume, in denen man die Pflanze finden kann. Meist wächst sie auf Kalkboden. Sie kommt bis in Höhen um 1000 m vor, wird aber stellenweise auch noch höher angetroffen.
Biologie: Nach der Bestäubung rollen sich die Blütenstiele spiralförmig zusammen.

2 Stein-Nelke
Dianthus sylvestris

Merkmale: Die Stein-Nelke wird 10 bis 40 cm hoch. Die Blätter sind gras- oder dunkelgrün, rinnig und am Rand rauh. Sie werden 1 bis 2 mm breit. Der Stengel trägt 1 bis 4 rosa Blüten. Die Außenkelchblätter werden etwa ein Viertel so lang wie die Kelchröhre. Die Pflanze blüht im Juni/Juli. Familie: Nelkengewächse (Caryophyllaceae).
Vorkommen: Diese Nelken-Art kommt von den Tälern bis in Lagen um 2800 m Höhe vor. Sie besiedelt steinige Wiesen und Felsengelände.
Biologie: Die Nelke wächst in lockeren, polsterförmigen Rasen. Diese Wuchsform ist als Anpassung an die extremen ökologischen Bedingungen im Hochgebirge zu verstehen.

3 Stengelloses Leimkraut
Silene acaulis

Merkmale: Typisch für diese Pflanze ist ihr Polsterwuchs. Sie bildet eine kräftige Pfahlwurzel aus, die tief in den Untergrund eindringt und die Pflanze verankert. Die ledrig-derben Blätter wirken fast nadelartig. Auffälliger sind die grünen Polster, wenn die Pflanze mit Blüten übersät ist. Die Blütenfarbe kann von rosa bis dunkelrot variieren; auch weiße Exemplare kommen vor. Das Leimkraut trifft man in der Zeit zwischen Juni und August blühend an. Familie: Nelkengewächse (Caryophyllaceae).
Vorkommen: Das Stengellose Leimkraut ist eine sehr häufige Alpenpflanze, die man auf Bergwanderungen immer wieder entdecken wird. Die Polster findet man in lückigen Steinrasen, in Felsspalten und auf Felsbändern. Höhen zwischen 1600 und 2600 m werden besiedelt.
Biologie: Polster- oder kissenförmiges Wachstum, das man bei den Hochgebirgspflanzen häufig antrifft, stellt eine Anpassung an den extremen Lebensraum dar. Polsterpflanzen bieten weder Wind noch Sonne große Angriffsflächen. Die Pflanzen sind also gut geschützt.

1 Purpurroter Enzian
Gentiana purpurea

Merkmale: Der Purpurrote Enzian wird 25 bis 60 cm hoch. Er hat einen aufrechten, kahlen Stengel, an dem länglich-eiförmige Blätter sitzen. Die Blüten sitzen in Quirlen zusammen. Die unteren Quirle sind armblütig, im oberen Quirl stehen die Blüten kopfig gehäuft. Der Kelch ist zweiteilig. Die Blütenblätter sind außen rot und innen gelblich. Die Pflanze blüht im August/September. Familie: Enziangewächse (Gentianaceae).
Verwechseln kann man die Art mit dem Ungarischen oder Braunen Enzian *(Gentiana pannonica)*, der ähnlich hoch wird und auf ähnlichen Standorten wächst, aber außen trüb purpurfarbene Blüten mit schwarzroten Punkten hat. Der Kelch besteht hier aus 5 bis 8 fast gleich langen, zurückgekrümmten Zipfeln.
Vorkommen: Der Enzian kommt in subalpinen und alpinen Wiesen, Magerweiden und Hochstaudenfluren vor. Höhenlagen zwischen 1600 und 2700 m werden besiedelt.
Biologie: Aus den Wurzeln dieser Enzian-Art – und der verwandten großen Arten, dem Gelben Enzian (siehe auch Seite 290), dem Punktierten Enzian (siehe auch Seite 290) und dem Ungarischen oder Braunen Enzian – stellte man lange Zeit Heilmittel her. Die Droge »Radix Gentianae« fand in Magenmitteln und Tinkturen Verwendung. Außerdem dienten die Wurzeln der Herstellung von Schnaps.

2 Quirlblättriges Läusekraut
Pedicularis verticillata

Merkmale: Das Quirlblättrige Läusekraut ist eine ausdauernde, 5 bis 30 cm hohe Pflanze, die gut erkennbar ist. Aus der Wurzel entspringen mehrere unverzweigte, behaarte Stengel. Daran sitzen zu dreien oder vieren quirlständig angeordnet die tief fiederspaltigen Blätter. Die Blüten sind in einer kopfigen Traube zusammengefaßt. Der aufgeblasene Kelch ist rauh behaart und weist kurze Zähne auf. Die Blüten werden 1,5 bis 2 cm lang und sind purpurrot gefärbt. Die Oberlippe ist im Gegensatz zu anderen Arten nicht geschnäbelt, sondern abgerundet. Das Läusekraut blüht von Juni bis August. Familie: Rachenblütler (Scrophulariaceae).
Vorkommen: Die Gattung *Pedicularis* ist mit verschiedenen Arten auch in den Alpen vertreten. Das Quirlblättrige Läusekraut wächst vor allem in Kalkmagerrasen und kommt in Lagen zwischen 1400 und 2000 m vor.
Biologie: Interessant ist bei den Läusekraut-Arten, daß sie sämtlich Halbschmarotzer sind. Mit ihren Saugorganen an den Wurzeln zapfen sie die Wurzeln anderer Pflanzen – im vorliegenden Fall vor allem von Gräsern – an, um für sich Wasser, Nährsalze und teilweise auch organische Substanzen abzuzweigen. Trotzdem sind die Läusekräuter mit ihren grünen Blättern in der Lage, Fotosynthese zu treiben, d.h. sich auch eigenständig zu ernähren.

3 Grauer Alpendost, Graufilziger Alpendost
Adenostyles alliariae

Merkmale: Der Graue Alpendost wird 60 cm bis 1,50 m hoch. Die Blätter sind ungleichmäßig gezähnt. Auf der Oberseite sind sie kurz behaart, mehr oder weniger glänzend und netzrunzelig. Auf der Unterseite sind sie spinnwebig, grau- bis weißfilzig behaart, und es ist ein weitmaschiges Netz von Blattadern sichtbar. Die oberen Stengelblätter sitzen meist direkt am Stengel an oder umfassen ihn sogar halb. Die fleischroten Blüten stehen in Doldentrauben zusammengefaßt. Der Alpendost blüht im Juli/August. Familie: Köpfchen- bzw. Korbblütler (Asteraceae).
Nah verwandt ist der 30 bis 80 cm hohe Grüne oder Kahle Alpendost *(Adenostyles glabra)*. Bei dieser Art sind die Blätter gleichmäßig gezähnt und unterseits graugrün. Sie weisen zudem auf der Unterseite ein engmaschiges Netz von Blattadern auf. Die oberen Stengelblätter sind gestielt und nicht geöhrt. Die Pflanze blüht zur gleichen Zeit wie der Graue Alpendost.
Vorkommen: Der Alpendost tritt in Schluchtwäldern, staudenreichen Berg-Mischwäldern und Hochstaudenfluren auf. In den Alpen kommt die Pflanze bis in 2100 m Höhe vor.
Biologie: Die Blüten werden vor allem von Tagfaltern bestäubt, die Samen vom Wind verbreitet.

1 Alpen-Schnittlauch
Allium sibiricum

Merkmale: Aus einer Zwiebel wachsen 15 bis 30 cm lange Blätter hervor. Sie sind stielrund und innen hohl; ihr Durchmesser beträgt 1 bis 2 mm. Etwas länger als die Laubblätter sind die Blütenstengel. Die endständigen kugeligen Blütenköpfe sind kräftig rosa bis violett gefärbt. Die Pflanze blüht im Juli/August. Familie: Liliengewächse (Liliaceae).
Vorkommen: Man findet den Schnittlauch bis in Höhen um 2100 m auf Steinschutthalden und auf Schneeböden, auf Sumpfwiesen und Flachmooren.
Biologie: Man vermutet in dieser Pflanze die Stammform des Garten-Schnittlauchs. Die Blätter enthalten Knoblauchöl, das ihnen den typischen Lauchgeruch und -geschmack verleiht. Der Lauch bildet eine Zwiebel aus, mit der er den Winter überdauert.

2 Schwarzes Kohlröschen
Nigritella nigra

Merkmale: Das Kohlröschen ist eine kleine Orchidee, die man leicht übersehen kann. Die Pflanze wird 8 bis 20 cm hoch. Sie hat mehrere linealische, grasartige Blätter. Der Blütenstand ist anfangs kegelförmig, später fast kugelig. Die Blüten sind – wie alle Orchideen-Blüten – zweiseitig-symmetrisch gebaut, d. h. wenn man eine gedachte Linie längs durch die Blüte legt, ergeben sich 2 spiegelbildliche Hälften. Dies wird beim Kohlröschen aber kaum deutlich. Das Perigon setzt sich aus 6 schwarz-purpurnen Blütenblättern zusammen, die in 2 Kreisen angeordnet sind. Das mittlere Blatt des inneren Kreises, die sogenannte Lippe, weicht bei den Orchideen in Form und Färbung normalerweise stark von den anderen Blütenblättern ab; auch dies ist beim Kohlröschen kaum ausgeprägt. Die Pflanze blüht in der Zeit zwischen Juni und August. Familie: Knabenkrautgewächse (Orchidaceae).
Sehr ähnlich ist das 10 bis 25 cm hohe Rote Kohlröschen *(Nigritella rubra)*, das aber hellrosa Blüten hat und etwa 2 Wochen eher blüht als das Schwarze Kohlröschen. Beide Kohlröschen könnte man vielleicht mit dem Kugelknabenkraut *(Traunsteinera globosa)* verwechseln. Diese Orchidee wird aber 25 bis 50 cm hoch. Sie blüht in der Zeit zwischen Mai und August und wächst auf feuchten Bergwiesen bis in Höhen um 2100 m.
Vorkommen: Das Schwarze Kohlröschen kommt in Höhen zwischen 1600 und 2300 m vor. Bergheiden und Matten auf kalkhaltigem Untergrund sind sein Lebensraum.
Biologie: Die Familie der Orchideen umfaßt insgesamt etwa 15 000 Arten, die auf rund 500 Gattungen verteilt sind. Es sind Stauden mit kugeligen oder zerteilten Wurzelknollen. Die meisten Arten haben eine Lippe in der Blüte. Sie hat die Funktion, Insekten zur Bestäubung anzulocken. In der Blüte findet man 1 oder 2 Staubblätter. Die Pollen eines Staubbeutels sind zum sogenannten Pollinium vereinigt.

3 Feuer-Lilie
Lilium bulbiferum

Merkmale: Die Feuer-Lilie wird 20 bis 80 cm hoch. Die Blätter sind wechselständig am Stengel angeordnet. Die schöne Pflanze hat auffällige, feuerrote, dunkel gefleckte, glockig-trichterförmige Blüten. Sie stehen einzeln oder in lockeren Dolden zusammengefaßt. Die Pflanze blüht von Mai bis Juli. Familie: Liliengewächse (Liliaceae).
Vorkommen: Die Feuer-Lilie findet man in Gebüschen und an Waldrändern, in Stauden-Gesellschaften und auf sonnigen Bergwiesen. In den Alpen kommt die Art bis in 2000 m Höhe vor.
Biologie: Die Lilie wird häufig in Gärten angepflanzt und verwildert gelegentlich. So ist bei einigen Vorkommen nicht klar, ob sie ursprünglich sind, oder ob es sich um Gartenflüchtlinge handelt.

1 Gemeine Akelei
Aquilegia vulgaris

Merkmale: Die Akelei wird 30 bis 80 cm hoch. Der meist verzweigte Stengel trägt 3 bis 10 blauviolett gefärbte Blüten. Als wichtige Artkennzeichen verläuft der Sporn in gebogener Linie in das hakige Ende aus, und die Staubblätter ragen nur wenig aus der Blüte hervor. Die Pflanze blüht im Juni/Juli. Familie: Hahnenfußgewächse (Ranunculaceae).
Vorkommen: Die Akelei wächst in lichten, krautreichen Laubwäldern, in Heckensäumen und auf Wiesen. Sie bevorzugt kalkhaltigen Boden und kommt von der Ebene bis in 2000 m Höhe vor.
Biologie: Die Gemeine Akelei ist die Stammform der vielen im Garten angepflanzten (auch rosa oder weiß blühenden) Sorten.

2 Blauer Eisenhut, Echter Eisenhut
Aconitum napellus

Merkmale: Der Blaue Eisenhut ist eine 50 cm bis 1,50 m hohe Staude. Aus einem kräftigen Wurzelstock mit anhängenden Knollen treiben die Stengel aus. Die Blätter sind meist bis zum Blattgrund geteilt; die Abschnitte sind schmal-lanzettlich geformt. Die Blätter sind auf der Oberseite dunkelgrün, auf der Unterseite lichtgrün gefärbt. Die blauen Blüten stehen in einer einfachen oder leicht verästelten Traube zusammen. Die Einzelblüten sind zweiseitig-symmetrisch gebaut. Das obere Blütenblatt ist helmförmig gewölbt. Der Helm ist breiter als hoch. Die Staubblätter sind meist behaart. Auch die Blütenstiele sind häufig flaumig behaart. Der Blaue Eisenhut blüht zwischen Juni und August. Familie: Hahnenfußgewächse (Ranunculaceae).
Vorkommen: Der Blaue Eisenhut wächst vor allem in Hochstaudenfluren, an Bachrändern, in Quellfluren und in Lägerfluren, aber auch auf gut gedüngten Almwiesen. Er ist ein Feuchte- und Nährstoffzeiger. In den Alpen ist die Pflanze bis in 2300 m Höhe anzutreffen. Sie kommt aber auch in höheren Lagen der Mittelgebirge vor.
Biologie: Der Eisenhut wird oft als die giftigste Pflanze der europäischen Flora bezeichnet! Wurzeln, Blätter und Blüten sind hochgradig giftig! Todesfälle kommen vor!

3 Alpen-Waldrebe, Alpenrebe
Clematis alpina

Merkmale: Die Alpen-Waldrebe hat einen verholzten Stengel und wird 1 bis 2 m hoch. Die gegenständigen Blätter sind doppelt dreigeteilt. Die Blüten sind hellblau bis violett gefärbt. Sie hängen an langen Stielen. Die Pflanze blüht zwischen Mai und Juli. Familie: Hahnenfußgewächse (Ranunculaceae).
Vorkommen: Die Alpen-Waldrebe kommt in strauchreichen Nadelwäldern vor, aber auch in Alpenrosengebüschen, und ist bis in 2000 m Höhe anzutreffen.
Biologie: Die Alpen-Waldrebe ist insofern bemerkenswert, als sie einen in der mitteleuropäischen Flora sonst seltenen Wuchstyp darstellt. Sie ist nämlich eine Liane, die an Büschen oder Bäumen zum Licht klettert.

4 Alpen-Mannstreu
Eryngium alpinum

Merkmale: Der Alpen-Mannstreu überdauert mit einer rübenähnlichen Grundachse und wird 30 bis 40 cm hoch. Die lang gestielten Grundblätter sind ungeteilt und grob gesägt. Der Blütenstand ist köpfchenartig ausgebildet. Er setzt sich aus einer Vielzahl von amethystblauen Blüten zusammen. In ähnlicher Farbe umhüllen doppelt fiederspaltige Hüllblätter die kolbenförmige Dolde. Die Pflanze blüht zwischen Juli und September. Familie: Doldengewächse (Apiaceae).
Vorkommen: Die Pflanze kommt auf felsigen Weiden und in Hochstaudenfluren vor, auch in offenem Bergkieferngebüsch. Sie ist selten geworden, nachdem man ihr übermäßig nachgestellt hat. Man findet sie in Höhen zwischen 1500 und 2500 m.
Biologie: Beim Alpen-Mannstreu ist der Blütenstand – im Gegensatz zu vielen anderen Arten der Familie der Doldengewächse – nicht als typischer Doldenblütenstand, sondern köpfchenartig ausgebildet. Farbige Hochblätter übernehmen die Anlockung bestäubender Insekten.

1 Alpen-Troddelblume, Alpen-Eisglöckchen
Soldanella alpina

Merkmale: Die Alpen-Troddelblume wird 5 bis 15 cm hoch. Die rundlichen oder nierenförmigen Blätter sind in einer grundständigen Rosette zusammengefaßt. Sie werden bis 3 cm breit und sind meist ganzrandig. Aus der Blattrosette erhebt sich der unbeblätterte Blütenstengel mit den 1 bis 3 blauvioletten, glockigen Blüten. Aus den Blütenglocken ragt der Griffel weit hervor. Die Pflanze blüht zwischen April und Juni. Familie: Primelgewächse (Primulaceae).

Vorkommen: Überrieselte Fluren, Schneetälchen und ähnliche Stellen werden von der Alpen-Troddelblume besiedelt. In den Alpen kommt sie in Höhen zwischen 1000 und 2800 m vor.

Biologie: Troddelblumen – es gibt mehrere, ähnliche Arten – gehören zu den ersten Frühlingsboten in den Bergen. Oft trifft man die Pflanzen schon blühend an, wenn um sie herum noch Schnee liegt.

2 Stengelloser Enzian
Gentiana acaulis

Merkmale: Der Stengellose Enzian wird nur 5 bis 10 cm hoch. Die grundständigen Blätter bilden eine Rosette. Sie sind oval-lanzettlich geformt. Der Stengel ist stark verkürzt; die Stengelblätter sind klein und zugespitzt. Die Blüten können etwas unterschiedlich aussehen. Zum einen gibt es Blüten, bei denen die Zähne des Kelches so lang wie die halbe Blütenröhre sind oder länger; die Kelchbuchten sind spitz. Zum anderen gibt es Blüten, bei denen die Kelchzähne kürzer als die halbe Blütenröhre sind. Sie sind spatelig geformt und besitzen zwischen sich eine weiße Verbindungshaut. Die Blüten sind außerdem innen grün gefleckt. Diese beiden sehr ähnlichen Typen faßt man bisweilen auch als eigene Arten auf, zumal beide auf unterschiedlichem Untergrund wachsen. Die erste Form wäre nach dieser Auffassung Clusius' Enzian *(Gentiana clusii)*, die zweite Koch's Enzian *(Gentiana kochiana)*. Beide blühen zwischen Mai und August. Familie: Enziangewächse (Gentianaceae).

Vorkommen: Clusius' Enzian wächst auf kalkhaltigem Untergrund, Koch's Enzian auf kalkarmen, sauren Böden. Beide kommen in den Alpen bis in 2400 m Höhe vor.

Biologie: In den Alpen kommen fast alle Arten der Gattung *Gentiana* vor.

3 Schwalbenwurz-Enzian
Gentiana asclepiadea

Merkmale: Diese Enzian-Art wird 30 bis 60 cm hoch. Sie hat eiförmig-lanzettliche, zugespitzte, 5-nervige Blätter. Man erkennt die Pflanze leicht daran, daß die zahlreichen blauen Glockenblüten jeweils zu 1 bis 3 in den oberen Blattachseln sitzen und sie insgesamt etwas nach einer Seite überhängt. Die Art blüht von Juli bis September. Familie: Enziangewächse (Gentianaceae).

Vorkommen: Dieser Enzian wächst auf Moorwiesen, in Berg-Mischwäldern und in Hochstaudenfluren. Er bevorzugt kalkhaltigen Untergrund und kommt in den Alpen bis in 1900 m Höhe vor.

Biologie: Die Bestäubung erfolgt durch Hummeln. Langrüsselige Arten kriechen in die Blüte hinein, kurzrüsselige beißen sie hinten auf.

4 Frühlings-Enzian
Gentiana verna

Merkmale: Der Frühlings-Enzian wird 2 bis 8 cm hoch. Die Blätter sind elliptisch oder oval-lanzettlich und werden bis 2 cm lang. Die unteren Blätter, die rosettenartig gehäuft stehen, werden etwas größer als die oberen. Die Stengel tragen nur 1 Blüte, die himmelblau bis tiefblau gefärbt ist. Die Kronblätter sind zu einer engen Röhre verwachsen, die Kronzipfel stehen flach ausgebreitet. Zwischen den Zipfeln werden kleine, weiße, zweispitzige Anhängsel sichtbar. Der Kelch ist schmal geflügelt. Dieser Enzian beginnt bereits im April zu blühen. Familie: Enziangewächse (Gentianaceae).

Vorkommen: Die Art wächst gesellig in Kalkmagerrasen oder auf Steinfluren. Sie kommt von Mittelgebirgslagen bis in 2600 m Höhe vor.

Biologie: Der Frühlings-Enzian reagiert stark auf Düngung. Mit der Intensivierung der Landwirtschaft sind seine Bestände stark zurückgegangen.

1 Alpen-Leinkraut
Linaria alpina

Merkmale: Die Pflanze wird 8 bis 15 cm hoch. An niederliegenden, am Ende aufsteigenden Stengeln stehen dickliche, blaugrüne, kahle Blätter. Sie sind relativ schmal und in Quirlen zu je 4 angeordnet. Die Blüten sind in einer endständigen, gedrungenen Traube zusammengefaßt. Die blauviolette Krone besitzt einen langen Sporn. Auffällig ist der orangegelb bis ziegelrot gefärbte Gaumenfleck. Die Kelchzipfel sind lanzettlich-spitz. Die Pflanze blüht in der Zeit zwischen Juni und August. Familie: Rachenblütler (Scrophulariaceae).
Vorkommen: Das Alpen-Leinkraut ist ein typischer Bewohner offener, sonniger Steinschuttfluren, kommt aber auch in Geröllhalden und auf Flußschottern vor. In den Alpen trifft man die Pflanze in Höhen zwischen 1700 und 2600 m an. Entlang der Flüsse kommt sie auch in tieferen Lagen vor.
Biologie: Das Leinkraut wächst an sich in einem ungünstigen Lebensraum, da der Untergrund sehr instabil ist. Das bewegliche Material wird aber mit Hilfe von Ausläufern immer wieder überwachsen, und so kann sich die Pflanze halten.

2 Alpenhelm, Bartschie
Bartsia alpina

Merkmale: Die Pflanze wird 10 bis 25 cm hoch. Die Blätter sind kreuzweise gegenständig am Stengel angeordnet. Sie sind eiförmig, haben einen gezähnten Blattrand und umfassen den Stengel halb. Meist sind alle Blätter, zumindest aber die oberen, trüb violett überlaufen. Auch die Blüten, die in einer endständigen, kurzen Ähre angeordnet sind, zeigen eine ähnliche Farbe. Die Krone ist röhrenförmig und nach oben trichterförmig erweitert. Die Oberlippe überragt helmförmig die flache Unterlippe. Die filzig behaarten Staubbeutel ragen ein wenig aus der Kronröhre heraus. Der Alpenhelm blüht im Juli/August. Familie: Rachenblütler (Scrophulariaceae).
Vorkommen: Man findet diese Pflanze zerstreut in subalpinen Quellmooren oder in alpinen Steinrasen. In den Alpen kommt sie bis in Höhen um 2500 m vor.
Biologie: Wie das Quirlblättrige Läusekraut (siehe Seite 302) ist auch der Alpenhelm ein Halbschmarotzer.

3 Scheuchzers Glockenblume
Campanula scheuchzeri

Merkmale: Diese Glockenblume ist eine typische Alpenpflanze. Sie wird 10 bis 30 cm hoch, besitzt rundliche, gestielte Grundblätter, lineal-lanzettliche, sitzende Stengelblätter und blauviolette, bis 3 cm lange Glockenblüten. Familie: Glockenblumengewächse (Campanulaceae).
Vorkommen: Die Glockenblume wächst in Höhen zwischen 1300 und 2400 m in Mager- und Steinrasen.
Biologie: Wie bei allen Glockenblumen-Arten reifen auch bei Scheuchzers Glockenblume zunächst die Staubbeutel, und erst dann öffnen sich die Narbenäste. Auf diese Weise wird die Fremdbestäubung gesichert.

4 Bärtige Glockenblume
Campanula barbata

Merkmale: Die Bärtige Glockenblume wird 10 bis 30 cm hoch. Die länglich-lanzettlichen Grundblätter stehen in einer Rosette zusammen. Der aufrechte Stengel ist steif behaart und trägt nur wenige längliche, spitze Blätter. Die Blüten stehen etwas einseitswendig traubig angeordnet. Sie sind hellblau, selten auch weiß. Auffällig (und namengebend!) ist der bärtige Haarbesatz innen in der Blumenkrone. Die Pflanze blüht von Juni bis August. Familie: Glockenblumengewächse (Campanulaceae).
Vorkommen: Diese Glockenblume kommt auf den alpinen Matten und in Zwergstrauchheiden vor. Sie meidet kalkhaltigen Boden. Man findet die Pflanze in Höhen zwischen 800 und 2500 m.
Biologie: Insgesamt kann man in den Alpen mit rund 30 verschiedenen Glockenblumen-Arten rechnen. Ihre Bestimmung ist teilweise recht schwierig. Die Bärtige Glockenblume ist mit ihrer behaarten Blumenkrone eine eindeutig bestimmbare Art.

1 Schopfige Teufelskralle
Phyteuma comosum

Merkmale: Diese Teufelskralle wird 5 bis 15 cm hoch. Der Stengel ist nur locker beblättert. Die Blätter sind verkehrt-eiförmig bis länglich-lanzettlich. Die hellrosa bis hellvioletten Blüten haben eine am Grund aufgeblasene Blumenkrone. Oben verengt sich die Krone zu einer engen, dunkler erscheinenden Röhre, aus der der Griffel herausragt. 8 bis 20 solcher Blüten stehen zu einer kopfigen Dolde vereinigt. Die Pflanze blüht im Juli/August. Familie: Glockenblumengewächse (Campanulaceae).
Vorkommen: Die Schopfige Teufelskralle ist eine seltene Pflanze der südlichen Alpen, wo sie als Tertiärrelikt besonders in den Schluchten der Täler anzutreffen ist. Sie gedeiht in feuchten Felsspalten auf Kalk- oder Dolomituntergrund. Man findet sie von Tallagen bis in Höhen um 2000 m.
Biologie: Bei den Teufelskrallen stehen jeweils mehrere relativ kleine Blüten zu einem Blütenstand vereinigt. Auf diese Weise gewinnt die Pflanze an Attraktivität für bestäubende Insekten.

2 Alpen-Milchlattich, Milchkraut
Cicerbita alpina

Merkmale: Die Pflanze wird 60 cm bis 2,30 m hoch. Die oberseits dunkelgrünen, unterseits blaugrünen Grundblätter haben einen dreieckig-spießförmigen Endlappen und wenige Paare kleinerer Seitenlappen. Der unverzweigte, hohle Stengel ist oben violett überlaufen. Die blauen bis blauvioletten Blütenköpfchen (Durchmesser: 2 bis 3 cm) stehen traubig bis rispig angeordnet. Die Pflanze blüht von Juli bis September. Familie: Köpfchen- bzw. Korbblütler (Asteraceae).
Vorkommen: Der meist truppweise auftretende Alpen-Milchlattich ist eine typische Art feuchter Gebüsche, staudenreicher Schluchtwälder und Hochstaudenfluren. In den Alpen kommt er bis in Höhen von 2200 m vor.
Biologie: Der Name der Pflanze bezieht sich auf die Vorstellung der Bergbauern, wonach es sich steigernd auf die Milchleistung auswirken soll, wenn die Kühe die Pflanze fressen.

3 Alpen-Aster, Alpen-Sternblume
Aster alpinus

Merkmale: Die Alpen-Aster wird 5 bis 15 cm hoch. Die dreinervigen Blätter sind ganzrandig und behaart. Der unverzweigte Stengel trägt stets nur 1 Blütenköpfchen von 3 bis 4 cm Durchmesser. Außen stehen blaue Zungenblüten, innen gelbe Röhrenblüten. Die Aster blüht zwischen Juni und August. Familie: Köpfchen- bzw. Korbblütler (Asteraceae).
Vorkommen: Die Alpen-Aster ist nicht sehr häufig, wächst aber meist gesellig. Sie kommt in sonnigen Steinrasen in Höhen zwischen 1500 und 2400 m vor.
Biologie: Die Alpen-Aster ist ein typischer Köpfchen- oder Korbblütler. Ihre Blütenköpfchen sind aus Einzelblüten zusammengesetzt. Die blauen Zungenblüten sind steril und haben lediglich die Aufgabe, bestäubende Insekten anzulocken. Die gelben Röhrenblüten sind fertil; in den Fruchtknoten werden Samen gebildet. Eine andere Gruppe der Familie hat Köpfchen, in denen nur – sterile und fertile – Zungenblüten zusammengefaßt sind. Diese Arten haben stets einen weißen Milchsaft im Stengel. Zu dieser Gruppe gehört der oben beschriebene Alpen-Milchlattich.

1 Netz-Weide, Netzadrige Weide
Salix reticulata

Merkmale: Die Äste der Netzweide kriechen am Boden entlang und bilden überall Wurzeln. Die Blätter sind lang gestielt und rundlich-eiförmig. Sie werden 3 cm lang und 2 cm breit. Unterseits sind sie weißlich-blaugrün, oberseits dunkelgrün gefärbt. Auffällig ist die stark hervortretende Blattnervatur (Name!). Die Weide blüht im Juli/August. Die lang gestielten Kätzchen sind rötlich gefärbt. Familie: Weidengewächse (Salicaceae).
Vorkommen: Die Netzweide trifft man in den Zwergstrauchheiden oberhalb der Latschenregion an. In den Alpen wächst sie in Höhen zwischen 1700 und 2300 m. Dementsprechend ist sie oft 7 bis 8 Monate im Jahr von Schnee bedeckt.
Biologie: Neben Bäumen und Büschen gibt es eine weitere Gruppe von Pflanzen mit verholztem Sproß, die nicht einmal höher als 50 cm werden. Entsprechend nahe dem Erdboden liegen die Erneuerungsknospen, so daß die Pflanzen in schneereichen Gebieten durch die schlecht wärmeleitende Schneedecke gut geschützt sind und so überdauern können. Solche Pflanzen nennt man Zwergsträucher.

2 Schwarze Krähenbeere
Empetrum nigrum

Merkmale: Der reich verästelte, weithin am Boden kriechende und teppichartig wachsende Zwergstrauch trägt an den Astenden zahlreiche aufsteigende Zweige, die flaumig behaart und dicht beblättert sind. Die glänzenden, nadelförmigen, immergrünen Blätter werden nur etwa 5 mm lang und 1 mm breit und sind wechselständig, manchmal auch in Scheinquirlen angeordnet. An den Enden der Zweige sitzen gehäuft die unscheinbaren Blüten. Je nachdem, ob die Blüten eingeschlechtig oder zwittrig angelegt werden, unterscheiden die Botaniker 2 Unterarten. Die Krähenbeere blüht im April/Mai. Familie: Krähenbeerengewächse (Empetraceae).
Vorkommen: Die Krähenbeere wächst in Kiefernmooren, Zwischenmooren und in Zwergstrauchheiden. Sie ist zirkumpolar verbreitet. In den Alpen kommt sie in Höhen zwischen 1600 und 2100 m vor.

Biologie: Auffällig sind die großen, kugeligen, schwarzen, glänzenden Früchte. Sie werden von Vögeln gerne gefressen, die dann auch die Samen verbreiten. In den Alpen übernehmen häufig Schneehühner die Samenverbreitung.

3 Alpen-Ampfer
Rumex alpinus

Merkmale: Dieser Ampfer wird 30 cm bis 2 m hoch. Die Grundblätter sind rundlich-herzeiförmig, am Ansatz abgerundet oder herzförmig und am Rand gewellt. Sie werden bis 50 cm lang. Die gestielten Stengelblätter sind eiförmig-lanzettlich. Der Blütenstand erscheint bräunlich. Die Pflanze blüht im Juli/August. Familie: Knöterichgewächse (Polygonaceae).
Vorkommen: Der Alpen-Ampfer ist eine typische Art der Lägerfluren; man findet ihn besonders um Bauernhöfe und Almhütten herum, meist herdenweise. In den Alpen kommt er bis in 2100 m Höhe vor.
Biologie: Der Alpen-Ampfer ist ein Stickstoffzeiger, der überall in den Alpen wächst, wo Jauche und Dung ausgebracht werden. Das Vieh wiederum meidet den Ampfer wegen seines hohen Gehaltes an Oxalsäure.

4 Hohlzunge, Grüne Hohlzunge
Coeloglossum viride

Merkmale: Die Hohlzunge wird 5 bis 25 cm hoch. Sie hat 2 bis 5 kurze, ovale Blätter. Die Blüten sind zweiseitig-symmetrisch gebaut und bilden eine lockere Ähre. Das Perigon setzt sich aus 6 gelblich-grünlichen, oft bräunlich oder rötlich überlaufenen Blütenblättern zusammen. Die Orchidee blüht zwischen Mai und August. Familie: Knabenkrautgewächse (Orchidaceae).
Vorkommen: Die Grüne Hohlzunge wächst in Bergwiesen, in Magerrasen und im Latschengebüsch bis in Höhen über 2500 m. Die Art ist über die Nordhalbkugel weit verbreitet.
Biologie: Bei dieser Orchidee übernehmen vor allem Nachtfalter die Bestäubung. Sie werden durch schwach duftenden Nektar angelockt, der von Drüsen am Grund der Lippe reichlich abgesondert wird.

1 Europäische Lärche
Larix decidua

Merkmale: Nicht alle Nadelbäume tragen das ganze Jahr über Nadeln. Die Lärche ist ein solcher nur sommergrüner Nadelbaum. Sie wird etwa 40 m hoch. Die Rinde ist anfangs grünlich-bräunlich gefärbt und glatt, bei älteren Exemplaren ist sie grau oder braun und zeigt dann mehr oder weniger tiefe Längsrisse. Typisch ist, daß die weichen, etwa 4 cm langen Nadeln an den Kurztrieben büschelig stehen. Lärchen sind einhäusige Bäume. Sie blühen etwa alle 3 bis 5 Jahre; die Blütezeit liegt zwischen April und Juni. Typisch für die Lärche sind die rundlichen Zapfen, die einen Durchmesser von 2 bis 3 cm haben. Familie: Kieferngewächse (Pinaceae).
Vorkommen: Ursprünglich kam die Lärche nur in den Alpen, den Sudeten und den Karpaten vor, in Lagen zwischen 1000 und 3000 m. Aber ihr Verbreitungsbild ist, wie das anderer Baumarten auch, durch die Forstwirtschaft verändert worden.
Biologie: Ein Lärchenwald bietet ein optisch ungemein reizvolles Schauspiel, wenn sich die Nadeln im Herbst gelb verfärben. Der raschwüchsige Baum liefert ein sehr hartes und geschätztes Nutzholz, das in unterschiedlicher Weise verwendet wird.

2 Latsche, Legföhre, Berg-Kiefer, Krummholz-Kiefer
Pinus mugo

Merkmale: Meist bildet die Latsche nur niederliegende Gebüsche, die maximal 3,50 m hoch werden. Häufig findet man größere Flächen von der Kiefer bedeckt. Junge Zweige sind grünlich gefärbt, ältere braun. Die 3 bis 8 cm langen, frischgrünen Nadeln stehen in Paaren gebündelt. Der Strauch blüht im Juni/Juli. Die Zapfen werden 2 bis 5 cm lang; sie stehen zu zweit oder zu dritt zusammen. Familie: Kieferngewächse (Pinaceae).
Vorkommen: Die Latsche kommt außer im Alpenraum auch in den Pyrenäen, den Abruzzen, den Karpaten und auf dem Balkan vor. Sie stellt in den Alpen ein Eiszeitrelikt dar.
Biologie: Die Art kommt auch in Unterarten vor, die als aufrechte Bäume wachsen (Haken-Kiefer, Moor-Kiefer).

3 Zirbel-Kiefer, Arve, Zirbe
Pinus cembra

Merkmale: Der Nadelbaum wird 10 bis 25 m hoch. Die Krone ist von den in den Höhen oft heftigen Winden meist unregelmäßig geformt. Die Rinde ist bei jüngeren Bäumen graugrün und glatt, bei älteren Bäumen mehr braun und rissig. Die Nadeln – und das ist ein wichtiges Kennzeichen – stehen zu 5 gebüschelt. Sie werden 5 bis 8 cm lang. Die eiförmigen Zapfen werden 6 bis 8 cm lang. Junge Zapfen sind violett, ältere zimtbraun. Familie: Kieferngewächse (Pinaceae).
Vorkommen: Die Zirbel-Kiefer ist ein typischer Gebirgsbaum, und ihre Verbreitung beschränkt sich auf die Alpen und die Karpaten, wo sie in Höhen zwischen 1200 und 2000 m gedeiht. In Sibirien kommt sie aber auch in ebenen Lagen vor.
Biologie: Die großen, als »Zirbelnüsse« bezeichneten Samen sind eßbar. Das Holz wird vielseitig verwendet.

4 Weiß-Tanne
Abies alba

Merkmale: Die Tanne wird oft mir der Fichte (siehe Seite 216) verwechselt. Sie wird bis 60 m hoch und ist der größte mitteleuropäische Nadelbaum überhaupt. Die Nadeln stehen bei der Tanne zweizeilig vom Zweig ab, sind flachgedrückt, nicht zugespitzt und tragen auf ihrer Unterseite 2 charakteristische, helle Wachsstreifen. Ihre Zapfen stehen auf den Zweigen. Die Schuppen fallen einzeln ab, so daß auf dem Zweig die Zapfenspindel zurückbleibt. Zapfen, die man am Waldboden findet, sind also stets Zapfen der Fichte! Familie: Kieferngewächse (Pinaceae).
Vorkommen: Die Tanne braucht kühlen, etwas feuchten und nährstoffreichen Boden, der aber tiefgründig sein sollte. Sie kommt in Wäldern entweder bestandsbildend vor oder aber vermischt mit anderen Baumarten, etwa Buchen, Kiefern und Fichten. Höhen zwischen 400 und 900 m werden bevorzugt, doch findet man die Tanne in den Alpen bis in 1600 m Höhe.
Biologie: Tannen werden durch die Luftverschmutzung stark geschädigt. Auf das Waldsterben wurde man zuerst durch kränkelnde Tannen aufmerksam.

1 Heide-Wacholder
Juniperus communis

Merkmale: Typisch für den Wacholder ist die Wuchsform. Der bis 6 m hohe Strauch wächst oft in Form einer aufrechten Säule (Lüneburger Heide, Wacholder-Heiden). Allerdings wächst der Wacholder in den Bergen meist als niederliegender Strauch. Die stechenden Nadelblätter stehen zu dritt in Quirlen. Sie sind bläulich gefärbt und werden 0,6 bis 2,1 cm lang. Der Strauch ist zweihäusig und blüht ab April/Mai (Tiefland). Familie: Zypressengewächse (Cupressaceae).
Vorkommen: Der Wacholder kommt in verschiedenen Unterarten von der Ebene bis in Lagen um 3000 m Höhe vor. Er ist mit Ausnahme Nordskandinaviens über ganz Europa verbreitet, daneben bis nach China und in Nordafrika.
Biologie: Die schwarzbraunen, hellblau bereiften Beerenzapfen spielen als Gewürz eine Rolle. Aus ihnen wird auch Schnaps gebrannt.

2 Grün-Erle
Alnus viridis

Merkmale: Die Grün-Erle ist ein 2 bis 4 m hohes, strauchartig wachsendes Laubgehölz. Die Rinde ist grauschwarz gefärbt. Junge Zweige sind hellgrün, dabei oft rötlich überlaufen. Die Blätter werden 4 bis 6 cm lang. Sie sind eiförmig bis elliptisch, wechselständig angeordnet, und ihr Rand ist doppelt gesägt. Junge Blätter sind klebrig. Die Blüten stehen in eingeschlechtigen Kätzchen. Sie stehen an diesjährigen Trieben und erscheinen mit den Blättern. Die Grün-Erle blüht ab April/Mai, in Hochlagen noch im Juli. Familie: Birkengewächse (Betulaceae).
Vorkommen: Die Grün-Erle verträgt hohe Bodenfeuchtigkeit. Daneben stellt sie an den Standort den Anspruch kalkarmen, aber nicht zu sauren Untergrundes, der zudem nährstoffreich sein sollte. Das Klima am Wuchsort sollte regenreich und kühl sein. In den Alpen trifft man die Grün-Erle im Krummholzgürtel an, aber auch auf Weiden, an Bachrändern und auf Lawinenhängen. Sie wächst zwar nur zerstreut, dann aber oft bestandbildend, und kommt bis in etwa 2000 m Höhe vor.

Biologie: Als Flachwurzler trägt die Grün-Erle dazu bei, Schnee- und Erdrutsche zu verhindern. Das Foto zeigt noch grüne, diesjährige Früchte und die verholzten Zapfen des letzten Jahres.

3 Berg-Ahorn, Trauben-Ahorn
Acer pseudo-platanus

Merkmale: Typisch für diesen 15 bis 30 m hohen, stattlichen Laubbaum sind die großen fünflappigen Blätter und die bis zu 15 cm langen Blütentrauben, die sich ab April/Mai entfalten (in den Alpen oft erst im Juni). Im Laufe des Sommers entwickeln sich die geflügelten Früchte (Foto). Bei dieser Ahorn-Art stehen die beiden Flügel der Früchte annähernd rechtwinklig zueinander (Spitz-Ahorn: stumpfer Winkel, siehe auch Seite 220). Familie: Ahorngewächse (Aceraceae).
Vorkommen: Der Berg-Ahorn braucht feuchten, nährstoffreichen Boden, der in den obersten Schichten humusreich sein sollte. Da der Baum an das Licht und die Wärme nur mäßige Ansprüche stellt, finden wir ihn vor allem in Schluchtwäldern und in feuchten Hangmischwäldern. Bisweilen findet man diese Ahorn-Art auch in Auwäldern. Mittelgebirgslagen sind deutlich bevorzugt, doch wächst der Berg-Ahorn auch im Hochgebirge bis hinauf zur Laubwaldgrenze.
Biologie: Typisches Kennzeichen aller Ahorn-Arten sind die geflügelten Früchte. Die Anhänge setzen dem Wind einigen Widerstand entgegen, und die Samen werden entsprechend den Windverhältnissen mehr oder weniger weit von der Mutterpflanze wegtransportiert. Mit diesem Mechanismus wird die Ausbreitung der Art sichergestellt.

1 Rotflügelige Schnarrheuschrecke
Psophus stridulus

Merkmale: Die Schnarrheuschrecke ist eine besonders auffällige Feldheuschrecke. Wie ihre Verwandten besitzt sie als wichtigste Kennzeichen zu kräftigen Sprungbeinen umgewandelte Hinterbeine und kurze Fühler. Die Männchen werden 3 cm lang, die Weibchen bleiben mit 2,5 cm Länge etwas kleiner. Beide Geschlechter sind unscheinbar schwarzbraun gefärbt, aber wenn eine solche Heuschrecke auffliegt, werden auffällige, rote Hinterflügel sichtbar. Beim Auffliegen lassen die Insekten dann auch das typische Schnarrgeräusch hören (Name!).
Vorkommen: Die Schnarrheuschrecke findet man in den Alpen vor allem auf trockenen, sonnigen Südhängen. Sie kommt bis in etwa 1800 m Höhe vor.
Biologie: Schnarrheuschrecken leben am Boden und sind hauptsächlich am Tag aktiv. Zur Lauterzeugung ziehen sie die Kanten der Vorderflügel über eine Reihe feiner Zähne an den Hinterbeinen. Die Entwicklung ist, wie bei allen Heuschrecken, unvollständig (Ei – mehrere Larvenstadien – Imago).

2 Alpenbock
Rosalia alpina

Merkmale: Der Alpenbock gehört zur artenreichen Familie der Bockkäfer (Cerambycidae). Die Tiere sind allgemein langgestreckt und schmal gebaut. Auffällig sind die langen Fühler, die oft länger sind als der Körper selbst. Der Alpenbock wird 1,5 bis 4 cm lang und ist aufgrund seiner blauen und schwarzen Zeichnung auf Deckflügeln, Halsschild und Fühlern nicht zu verwechseln.
Vorkommen: Man wird den Alpenbock wohl nur mit Glück zu sehen bekommen. Käfer und Larve kommen vor allem an alten Buchenstämmen vor, aber auch auf geschlagenem Buchenholz. Fundorte liegen ab etwa 1500 m hoch.
Biologie: Seit eine geregelte Forstwirtschaft auch in die Bergwälder eingezogen ist, wird der Lebensraum des Alpenbocks mehr und mehr eingeschränkt. Zudem ist der Käfer wegen seiner prächtigen Färbung in Sammlerkreisen sehr begehrt.

3 Apollo
Parnassius apollo

Merkmale: Die Spannweite des Apollos liegt um 8 cm. Die Flügel sind gelblichweiß gefärbt und weisen schwarze und rote Flecken auf. Die Fühler sind grau gefärbt. Mit dem langen, einrollbaren Saugrüssel saugt der Apollo, wie alle Schmetterlinge, Nektar aus Blüten und andere Pflanzensäfte auf.
Vorkommen: Der Apollo besiedelt vor allem Bergwiesen bis in etwa 2200 m Höhe. Der Falter kommt inselartig von Spanien bis Südskandinavien vor und weiter bis nach Zentralasien. Er ist leider einer der Schmetterlinge, die heute im Bestand bedroht, in einigen Gegenden ihres Verbreitungsgebietes sogar bereits ausgestorben sind. Die Flugzeit des Falters liegt zwischen Juni und September.
Biologie: Die vom Weibchen abgelegten Eier überwintern. Die Raupen fressen bevorzugt am Weißen Mauerpfeffer, aber auch an anderen Mauerpfeffer- und an Hauswurz-Arten. Der empfindliche Schmetterling ist heute in vielen Ländern Europas streng geschützt!

4 Milchfleck
Erebia ligea

Merkmale: Der Milchfleck gehört zur Familie der Augenfalter (Satyridae), zu der eine ganze Reihe von Arten gehört, die nicht leicht voneinander zu unterscheiden sind. Beim Milchfleck werden die Vorderflügel etwa 2,5 cm lang. Kennzeichen sind die schwarzbraune Oberseite mit der breiten rotbraunen Binde. In dieser Binde stehen auf dem Vorderflügel 3 bis 4 schwarze Flecken mit weißem Zentrum, auf dem Hinterflügel 3 Flecken.
Vorkommen: Den Milchfleck beobachtet man in der Waldregion in den Alpen (bis etwa 1000 m Höhe), aber auch im Mittelgebirge. Der Falter ist über weite Teile Nord-, Mittel- und Osteuropas verbreitet. Er fliegt von Ende Juni bis August.
Biologie: Die Raupe des Milchflecks lebt an verschiedenen Süßgräsern.

1

2

3

4

1 Alpensalamander
Salamandra atra

Merkmale: Im Gegensatz zum bekannteren Feuersalamander (siehe Seite 240) mit seinen orangegelben Flecken oder Streifen ist der Alpensalamander einfarbig schwarz und mit 16 cm Länge deutlich kleiner als sein Verwandter (Länge Feuersalamander: bis 28 cm). Beide Arten sind also nicht zu verwechseln, zumal sie auch kaum nebeneinander vorkommen.

Vorkommen: Gegenüber dem in fast ganz Europa verbreiteten Feuersalamander kommt der Alpensalamander nur im eng begrenzten Gebiet der Alpen und der Berggegenden Westjugoslawiens und Nordalbaniens vor. Man findet den Lurch bis in Höhen von 3000 m hinauf, wo man den Feuersalamander nie finden wird.

Biologie: Die Ruhezeit der Tiere dauert von Oktober bis März/April. In der übrigen Zeit des Jahres halten sich die Tiere tagsüber meist unter Moos, Steinen oder Fallaub versteckt. Erst mit Einbruch der Dämmerung gehen sie auf die Suche nach Nahrung, die aus Würmern, Schnecken und Kerbtieren besteht. In Anpassung an die in ihrem hoch gelegenen Lebensraum herrschenden ökologischen Bedingungen bringen die Weibchen nur 2 voll ausgebildete, 3 bis 4 cm lange Junge zur Welt.

2 Kreuzotter
Vipera berus

Merkmale: Kreuzottern werden 70 bis 90 cm lang. Das Männchen bleibt im allgemeinen etwas kleiner als das Weibchen. Das bei den Männchen schwarze, bei den Weibchen dunkelbraune Zickzackband auf dem Rücken ist das Merkmal, an dem man die Kreuzotter leicht erkennen kann. Allerdings gibt es auch einfarbige, darunter kupferrote (»Kupferotter«) und ganz schwarze Exemplare (»Höllenotter«). Weitere Kennzeichen der Schlange sind der dreieckige Kopf und die Augen mit den senkrecht stehenden Pupillen und der feuerroten Iris.

Vorkommen: Die Kreuzotter ist über das nördliche und mittlere Europa und Asien verbreitet. Sie kommt sowohl im Tiefland wie auch in Mittel- und Hochgebirge vor und ist selbst in Höhen um 3000 m noch anzutreffen. Die Schlange bewohnt sehr unterschiedliche Lebensräume; steiniges Gelände wird meist besiedelt, daneben aber auch Moore, Heiden und Dünen.

Biologie: Die Kreuzotter gehört zur Familie der Vipern (Viperidae), ist also eine Giftschlange. Ihr Giftapparat ist so konstruiert, daß im Oberkiefer 2 Giftzähne stehen, die jeweils von einem Giftkanal durchzogen sind. Die Giftzähne sind beweglich; bei geschlossenem Maul liegen sie in Gaumenfalten verborgen, bei geöffnetem Maul richten sie sich auf. Die Kreuzotter ist überwiegend tagaktiv, und mit dem Gift tötet sie ihre Beute: Mäuse, Eidechsen und Frösche. Menschen werden nicht angegriffen. Normalerweise ziehen sich Schlangen bei Erschütterungen des Bodens zurück. Die Kreuzotter verläßt sich aber manchmal auf ihre Tarnung (vor allem, wenn sie sich morgens auf einer Felsplatte aufwärmt), und durch einen unglücklichen Zufall kann dann auch einmal ein Wanderer gebissen werden. Passiert dies, sollte man auf jeden Fall die Ruhe bewahren und versuchen, so schnell wie möglich einen Arzt oder ein Krankenhaus zu erreichen.

Zur Paarungszeit im April/Mai sieht man turnierartige Auseinandersetzungen der Kreuzotter-Männchen. Dabei umschlingen sich die Tiere, und sie versuchen, sich gegenseitig niederzudrücken. Flieht eines, ist die Rangordnung festgelegt. Im Spätsommer bringen die Weibchen aus den im Mutterleib erbrüteten Eiern 5 bis 18 lebende Junge zur Welt. Den Winter überdauern Kreuzottern in Winterstarre in geeigneten Verstecken (tiefen Erdlöchern).

1 Steinadler
Aquila chrysaetos

Merkmale: Die ausgewachsenen Adler sind einfarbig dunkelbraun gefärbt. Der Kopf ist allerdings bisweilen heller als das übrige Gefieder. Man könnte die Vögel am ehesten mit dem Mäusebussard (siehe auch Seite 84) verwechseln, doch sind Steinadler mit einer Spannweite von rund 2,20 m deutlich größer. (Mäusebussarde erreichen nur eine Spannweite von rund 1,20 m.) Auch wenn man sitzende Vögel beobachtet, ist allein aufgrund der unterschiedlichen Größe eine Verwechslung des Wappenvogels kaum möglich; Steinadler werden mit einer Länge von 90 cm etwa 30 cm größer als Mäusebussarde. Junge Adler haben eine weiße Schwanzwurzel, und in den ausgebreiteten Flügeln sind weiße Felder sichtbar.

Vorkommen: Der Steinadler ist trotz seines großen Verbreitungsgebietes ein seltener Greifvogel. Er ist über fast ganz Nordamerika und Mittelasien verbreitet. Daneben kommt er auch in Nordwestafrika vor. In Europa beschränkt sich sein Verbreitungsgebiet auf Skandinavien, Schottland, die Iberische Halbinsel, den Alpenraum und Teile des Balkans. Man schätzt, daß in den Alpen insgesamt 200 bis 300 Brutpaare horsten. Für Österreich werden »50–60 (1969), neuerdings wohl mehr« Brutpaare angegeben. Einer anderen Angabe zufolge nahm man 1984 die Zahl der beflogenen Horste in Tirol mit 30 an. In Österreichs Roter Liste wird der Adler als »potentiell gefährdet« eingestuft.

Biologie: Die Adler besetzen große Reviere, um genügend Nahrung für sich und ihre Jungen zu finden. Im Revier stehen mehrere Horste, die im Wechsel benutzt werden. Fast immer werden sie in unzugängliche Felswände gebaut. Das Weibchen legt meist 2 auf trübweißem Grund rotbraun gefleckte Eier. Gelege findet man von April an. Die Brutdauer beträgt rund 6 Wochen. Nach weiteren 11 bis 12 Wochen verlassen die flüggen Jungadler den Horst.

2 Alpenschneehuhn
Lagopus mutus

Merkmale: Das Alpenschneehuhn wird 36 cm lang. Im Winterkleid ist das Gefieder mit Ausnahme des schwarzen Schwanzes einfarbig weiß. Im Sommerkleid sind immer noch die weißen Flügel und der weiße Bauch vorhanden – sichere Erkennungsmerkmale. Der Hahn ist eher grau marmoriert, die Henne eher bräunlich gefärbt. Die Füße sind mit weißen Federn besetzt (daher der Name »Rauhfußhühner« für die gesamte Vogelgruppe!). Über den Augen haben die Schneehühner rote Hautstellen (die sogenannten Rosen). Sie sind bei jungen Vögeln (Foto) noch nicht so stark ausgeprägt wie bei erwachsenen. Als Stimme hört man ein tiefes, rauhes Krächzen. Bezeichnender ist aber ein knarrender Laut, der auch wiederholt wird.

Vorkommen: Das Alpenschneehuhn findet man vom Krummholzgürtel an aufwärts bis zur Schneegrenze. In Europa kommt es in den Pyrenäen und in den Alpen, in Schottland und großen Teilen Skandinaviens vor. Sein Verbreitungsgebiet umfaßt darüber hinaus den gesamten nördlichen Teil Asiens und Nordamerikas. Alpenschneehühner sind Jahresvögel, suchen aber im Winter meist tiefere, geschützte Lagen auf.

Biologie: Das Schneehuhn ist insofern ein bemerkenswerter Vogel, als es zu Beginn des Winters mausert, um ein weißes Gefieder anzulegen. Dieses Winterkleid tarnt es in der verschneiten Landschaft vortrefflich, und es kann einem Räuber leichter entgehen. Zudem ist dies wärmetechnisch günstiger. Alpenschneehühner legen in eine leicht ausgepolsterte Mulde am Boden 7 bis 12 auf gelblich-weißem Grund über und über dunkel gefleckte Eier. Die Eier sind also gut getarnt. Volle Gelege findet man von Ende Mai an. Die Eier werden rund 3 Wochen lang bebrütet. Die Jungen sind Nestflüchter.

1 Auerhuhn
Tetrao urogallus

Merkmale: Zunächst fällt das Auerhuhn wegen seiner Größe auf. Hähne werden 86 cm lang, Weibchen bleiben mit 61 cm Länge deutlich kleiner. Das Gefieder des Hahnes ist dunkelgrau bis schwarz mit glänzend-blaugrünen Partien. In den Flügeln zeigen sich Brauntöne, am Flügelbug weiße Flecken. Der Hahn hat einen schwarzen »Kinnbart« und über dem Auge nackte, rote Hautstellen (Rosen). Der Schnabel ist weißlich gefärbt. Die Henne ist auf der Oberseite braun und dabei dunkel gestreift, auf der Brust rostrot und am Bauch hellbraun mit dunklen Flecken und Bändern. Die Hähne zeigen eine ausgedehnte Balzzeremonie.
Vorkommen: Die Art ist über die Pyrenäen, Schottland, Skandinavien, die Alpen, Teile des Balkans und Mittelasien verbreitet. Ihr Lebensraum sind ruhige Misch- und Nadelwälder des Hügel- und Berglandes (bis etwa 1600 m) mit reichlichem Unterwuchs, besonders an Heidel- und Preiselbeeren. Die Vögel bleiben das ganze Jahr über im Gebiet. Österreichs Rote Liste führt sie als »gefährdet«.
Biologie: Das Auerhuhn ernährt sich von Pflanzentrieben, Nadeln (besonders von Kiefern), Beeren und Kleintieren (Ameisen). Die Henne brütet in einer flachen Bodenmulde, meist am Fuß eines Baumes, manchmal auch zwischen Zwergsträuchern. Die Gelege, die man ab April findet, bestehen aus 7 bis 11 gelbbraunen, dunkel gefleckten Eiern.

2 Birkhuhn
Lyrurus tetrix

Merkmale: Birkhähne werden 53 cm lang, die Hennen bleiben mit 41 cm Länge deutlich kleiner. Die Hähne haben ein glänzend-blauschwarzes Gefieder mit einem leierförmigen Schwanz mit weißen Unterschwanzfedern. Im Flug fällt die weiße Längsbinde im Flügel auf. Die Hennen sind bräunlich gefärbt und dabei kräftig dunkel gebändert. Beide Geschlechter haben rote Hautstellen (Rosen) über den Augen. Bei der Balz lassen die Hähne zischende »tschuich«-Rufe hören. Das folgende sogenannte Kullern, bei dem der Hahn den Hals nach vorne ausgestreckt hält, ist weit zu hören.
Vorkommen: Das Birkhuhn kommt sowohl in Heidegebieten und Mooren im Tiefland vor als auch im Mittelgebirge auf unbewachsenen Höhenrücken und im Hochgebirge oberhalb der Baumgrenze (bis etwa 1800 m). Es ist über weite Teile Großbritanniens, Skandinaviens, Mittel- und Osteuropas bis weit nach Mittelasien hinein verbreitet. Als Jahresvogel bleibt die Art im Gebiet (Rote Liste: »gefährdet«).
Biologie: Das Nahrungsspektrum des Birkhuhns umfaßt Knospen, Triebe und Blätter von Birken, Kiefernnadeln und Beeren, daneben auch Kleintiere, vor allem Insekten. Die Vögel machen im zeitigen Frühjahr in den frühen Morgenstunden eine Gruppenbalz. Das Bodennest steht gut versteckt in niedriger Vegetation. Die Gelege enthalten 7 bis 10 auf gelblich-bräunlichem Grund braun gefleckte Eier. Je nach Höhenlage findet man erste Gelege Ende April. Es wird 1 Brut im Jahr aufgezogen.

3 Steinhuhn
Alectoris graeca

Merkmale: Der Vogel ist mit 33 cm Länge etwas größer als ein Rebhuhn. Oberseite und Brust sind hellgrau gefärbt, die Unterseite ist rötlich-grau. Besonders auffällig sind die schwarzen Streifen an den Flanken und die helle Kehle, die von einem breiten schwarzen Streifen eingefaßt wird. Schnabel und Beine sind rot.
Vorkommen: Das »vom Aussterben bedrohte« Steinhuhn trifft man einzeln oder in kleinen Trupps in den Alpen in Höhen zwischen etwa 1600 m und 2000 m an. Sein Lebensraum sind steinige, mit Alpenrosen bestandene Hänge oberhalb der Baumgrenze. Abgesehen vom Alpengebiet, ist es eine südlich bzw. südöstlich verbreitete Art. Steinhühner sind Standvögel, die bei Einbruch des Winters tiefere Lagen aufsuchen.
Biologie: Steinhühner legen ihre Nester im Latschengebüsch oder unter überhängenden Felsen an. Die Nester sind aber nicht mehr als mit etwas weichem Pflanzenmaterial ausgelegte Mulden im Boden. Die Vögel legen 7 bis 14 gelblich-weiße Eier, die fein rötlich gefleckt sind.

1

2

3

1 Uhu
Bubo bubo

Merkmale: Mit einer Länge von 70 cm und einer Spannweite von 1,70 m ist der Uhu allein schon von seiner Größe her mit keiner anderen Eule zu verwechseln. Daneben fällt vor allem der breite, rechteckige Kopf mit den fast waagerecht abstehenden Federohren und den großen, orangeroten Augen auf. Das Gefieder ist in der Grundfarbe gelblich-braun, dabei dunkel gefleckt bis gestreift. Man hört kurze, tiefe Rufe, die wie »u-hu« (Name!) klingen. In der Paarungszeit (Februar bis April) werden sie zum Gesang gereiht.
Vorkommen: Der Uhu ist über weite Teile Europas und mit Ausnahme Nordrußlands, der Arabischen Halbinsel und Hinterindiens über ganz Asien und das nördliche Afrika verbreitet, aber nirgends häufig (Rote Liste: »potentiell gefährdet«). Sein bevorzugter Lebensraum ist eine reich gegliederte Landschaft mit großen Wäldern, offenen Flächen und Felswänden. Er bleibt das ganze Jahr über im Brutgebiet.
Biologie: Uhus schlagen Säugetiere (bis zur Größe von Hasen), Vögel und Lurche. Als Brutplätze wählen sie fast ausschließlich Felswände. Die vollen Gelege aus 2 bis 5 weißen Eiern findet man meist im April. Uhus ziehen 1 Brut im Jahr auf.

2 Alpensegler
Apus melba

Merkmale: Der 21 cm lange Alpensegler hat schmale, sichelförmige Flügel und erreicht 60 cm Spannweite. Gute Kennzeichen sind die weiße Kehle, das braune Brustband, der weiße Bauch und der kurze, gegabelte Schwanz. Man hört ein charakteristisches, anhaltendes Trillern, vor allem, wenn die Vögel in rasend schnellem Gruppenflug Insekten jagen.
Vorkommen: Der Alpensegler ist im wesentlichen südlich verbreitet (Mittelmeerraum). In Österreich brütet der Vogel vereinzelt in Tirol, Vorarlberg, Salzburg und Kärnten. Er ist nach der Roten Liste »potentiell gefährdet«. Die Vögel kommen im April an und ziehen im September wieder ab.
Biologie: Alpensegler brüten kolonieweise an hohen Gebäuden oder in Felswänden. Das Nest enthält 2 bis 3 weiße, glanzlose Eier. Die Jungen schlüpfen nach 19 bis 20 Tagen.

3 Dreizehenspecht
Picoides tridactylus

Merkmale: Der Dreizehenspecht hat im Gegensatz zu den anderen Specht-Arten nur 3 Zehen (Name!); davon sind 2 Zehen nach vorne und 1 Zehe nach hinten gerichtet. Die Art ist von den »bunten« Spechten recht gut zu unterscheiden. Ihr fehlt jegliches Rot im schwarz-weißen Gefieder. Auffällig ist die gelbe Kopfplatte des Männchens (Foto).
Vorkommen: Der Dreizehenspecht ist zum einen als Eiszeitrelikt über die mittel- und südosteuropäischen Hochgebirge verbreitet, zum anderen über die gesamte Nadelwaldzone der Nordhalbkugel. Er bewohnt Nadelholzbestände von etwa 1000 m bis an die Baumgrenze.
Biologie: Wie alle Spechte ist der Dreizehenspecht Höhlenbrüter. Das Gelege besteht aus 4 bis 5 glänzend-weißen Eiern. Volle Gelege findet man im Mai/Juni. Die Brutdauer beträgt 11 bis 14 Tage.

4 Felsenschwalbe
Ptyonoprogne rupestris

Merkmale: Der Vogel wird knapp 15 cm lang und hat ein bräunliches Gefieder. Ein Brustband fehlt. Der Schwanz der Felsenschwalbe ist hinten gerade abgestutzt und besitzt weiße Flecken, die aber erst deutlich sichtbar werden, wenn der Schwanz gespreizt wird.
Vorkommen: Die Felsenschwalbe ist über die Hochgebirge Nordwestafrikas, Südeuropas, Vorder- und Zentralasiens verbreitet. Sie erreicht also in den österreichischen und bayerischen Alpen die Nordgrenze ihrer Verbreitung in Europa. Ihr Lebensraum sind Felswände und Schluchten.
Biologie: Felsenschwalben ernähren sich von im Flug gefangenen Insekten. Die Vögel kleben napfförmige Nester aus Schlamm an Felswände und brüten in kleinen Kolonien. Von Mitte Mai an findet man die meist aus 5 Eiern bestehenden Gelege. Die Eier sind auf weißlichem Grund grau und braun gefleckt.

1 Tannenhäher
Nucifraga caryocatactes

Merkmale: Der Häher wird knapp 32 cm lang und ist unverkennbar. Der Vogel ist schokoladenbraun in der Grundfärbung, dabei aber auf Rücken, Brust und Bauch kräftig weiß getüpfelt. Kopfplatte und Nacken sind einheitlich braun, die Kopfseiten weiß gesprenkelt, die Flügel fast schwarz. Auffällig sind die weißen Unterschwanzdecken und die weiße Endbinde auf der Unterseite des Schwanzes. Beide Geschlechter sind gleich gefärbt. Manche Rufe des Tannenhähers klingen wie »rätsch«, andere sind hart und schnarrend. Die Rufe werden mitunter gereiht.
Vorkommen: Der Vogel kommt hauptsächlich in Nadelwäldern vor. Brutgebiete des Vogels liegen in Südskandinavien und in den höheren Gebirgen Mittel- und Südosteuropas. In den Alpen trifft man den Tannenhäher in den Fichten- und Zirbel-Kiefer-Beständen bis hinauf zur Baumgrenze an. Er ist dort Jahresvogel, weicht aber im Winter in tiefere Lagen aus und taucht dann auch in Bergdörfern auf. In Abständen von einigen Jahren ziehen Tannenhäher aus dem zusammenhängenden östlichen Brutgebiet in Scharen nach Mitteleuropa, um hier zu überwintern. Diese Vögel sind meist sehr vertraut.
Biologie: Die Nahrung des Hähers besteht aus Nüssen, Eicheln, Samen von Nadelbäumen (z. B. die der Arve/Zirbe, daher der regionale Name Zirbenhäher!), Früchten und Beeren. Im Sommer spielt auch Insektennahrung eine Rolle. Der Vogel versteckt Nüsse und Arvensamen als Wintervorrat. Das Nest aus Reisig wird meist einige Meter über dem Boden in Nadelbäumen gebaut. Das Weibchen legt 3 bis 4 Eier, die blaß blaugrün gefärbt sind und feine olivbraune und graue Flecken zeigen. Volle Gelege findet man schon von März/April an. Tannenhäher ziehen 1 Brut im Jahr auf.

2 Alpendohle
Pyrrhocorax graculus

Merkmale: Die Alpendohle ist kaum zu verwechseln. Sie ist ein hähergroßer (Länge: 38 cm), schwarzer Vogel mit gebogenem, gelbem Schnabel und roten Beinen. Ihre Stimme ist abwechslungsreich. Man hört klirrende, hell trillernde und metallische Rufe. Die Vögel treten meist in Gruppen auf.
Vorkommen: Die Art ist über die Hochgebirge Süd- und Mitteleuropas, Nordwestafrikas, Klein- und Zentralasiens verbreitet und kommt in den Alpen oberhalb der Baumgrenze überall vor. Oft halten sich die Vögel scharenweise in der Nähe von Berggasthöfen und Almhütten auf. Sie sind Jahresvögel, weichen aber im Winter in tiefere Lagen aus.
Biologie: Wenn sie sich nicht von Bergwanderern füttern lassen oder sich an den Abfallhaufen der Berggasthöfe herumtreiben, suchen Alpendohlen vor allem Insekten und deren Larven, aber auch pflanzliche Nahrung. Die Vögel brüten kolonieweise in Felsspalten. Die aus 4 bis 5 hell grünlich oder bräunlich gefärbten, dicht grau oder bräunlich gefleckten Eiern bestehenden Gelege findet man im Mai/Juni.

3 Kolkrabe
Corvus corax

Merkmale: Der ungeübte Naturfreund kann den mit 64 cm Länge und einer Spannweite von 1,20 m größten Rabenvogel durchaus mit anderen Krähen, etwa der Rabenkrähe *(Corvus corone)*, verwechseln. Eindeutige Kennzeichen sind aber der keilförmige Schwanz und die tiefen »korrrk«-Rufe (Name!). Auf nahe Distanz fällt außerdem der klotzige Schnabel auf. Ansonsten sind beide Arten durchgehend schwarz im Gefieder.
Vorkommen: Das Verbreitungsgebiet des Kolkraben zieht sich vom nördlichen Skandinavien, von Island und Schottland bis weit nach Süden zum Südrand der Sahara hin. Darüber hinaus kommt der Vogel in fast ganz Asien und in Nordamerika vor. In Mitteleuropa trifft man den Kolkraben schwerpunktmäßig in den Alpen an und dort bis in höchste Lagen. Die Raben sind Standvögel, streichen aber nach der Brutzeit oft weit umher.
Biologie: Der große Horst steht auf hohen Bäumen oder in Felswänden. Schon im März legen die Vögel 4 bis 6 in der Grundfarbe grünlich-blaue, gefleckte Eier, die rund 3 Wochen lang bebrütet werden. Die Familien bleiben nach dem Ausfliegen der Jungen noch einige Zeit zusammen.

1 Bergpieper, Wasserpieper
Anthus spinoletta spinoletta

Merkmale: Den 16,5 cm langen Bergpieper erkennt man an der ungefleckten, weißlichen, rötlich überflogenen Unterseite. Die Oberseite ist graubraun gefärbt. Auffällig sind der helle, deutlich erkennbare Überaugenstreif und die weißen Schwanzkanten. Kann man den Vogel aus der Nähe beobachten, dann sieht man, daß er – im Gegensatz zu den anderen heimischen Pieper-Arten – dunkle Beine hat. Man hört von dem Vogel dünne »zip«-Rufe, bei Erregung »psrieh«. Der Gesang besteht aus recht langen Strophen. Sie beginnen »tschri-tschri«, fallen dann ab und werden schneller. Der Gesang wird meist in flatterndem Singflug vorgetragen.
Vorkommen: Der Bergpieper ist eine Rasse des weit verbreiteten Wasserpiepers. Er brütet in den Alpen, kommt aber etwa auch in Deutschland im Schwarzwald und in anderen Gebirgen Mittel- und Südeuropas vor. Man trifft ihn vor allem auf moorigen Wiesen in der Latschenregion, auf feuchten, mit Felsblöcken übersäten Bergwiesen und in ähnlichem Gelände an (bis etwa 2300 m).
Biologie: Der Bergpieper ernährt sich von Insekten, deren Larven und Spinnen, die fast ausschließlich am Boden gesucht werden. Das Nest aus feinem Pflanzenmaterial steht immer gut versteckt am Boden, in einer kleinen Vertiefung oder zwischen Steinen. Das Weibchen legt 4 bis 6 trübweiße Eier, die dicht graubraun gefleckt sind. Erste Gelege findet man im Mai. Die Eier werden 14 Tage lang bebrütet. Nach weiteren 2 Wochen verlassen die Jungen das Nest. Sie sind dann aber noch nicht voll flugfähig.

2 Alpenbraunelle
Prunella collaris

Merkmale: Der 18 cm langen Alpenbraunelle wird der Naturfreund nur auf einer Bergwanderung begegnen. Der Vogel ist um Kopf und Brust grau gefärbt. Die Kehle ist weißlich und weist eine schwarze Fleckung auf. Charakteristisch sind die rostbraune Streifung und Fleckung an den Flanken und der dünne Insektenfresserschnabel.
Vorkommen: Der Vogel ist inselartig über alle höheren Gebirgszüge Europas verbreitet, doch zieht sich sein Verbreitungsgebiet bis nach Japan hin. In den Alpen begegnet man der Alpenbraunelle nur oberhalb der Baumgrenze in alpinen Matten, die von Felsblöcken übersät sind (bis etwa 3000 m). Man trifft sie aber nirgends häufig an. Im Spätherbst verlassen die Braunellen ihre hoch gelegenen Brutgebiete und suchen tiefere Lagen auf.
Biologie: Die Braunellen ernähren sich von Insekten und Spinnen. Pflanzliche Anteile sind im Winter höher als im Sommer. Das Nest steht gut versteckt unter Felsbrocken oder in Felsspalten. Es ist ein fester Bau aus Pflanzenmaterial, dessen Mulde mit Moos, Haaren und Federn ausgelegt wird. Das Weibchen legt 4 bis 5 Eier, die einfarbig blaugrün gefärbt sind. Die Gelege findet man von Ende Mai bis in den Juli hinein. Die Brutdauer beträgt etwa 15 Tage.

3 Steinschmätzer
Oenanthe oenanthe

Merkmale: Der Steinschmätzer wird 15 cm lang. Man kann ihn leicht an dem weißen Bürzel und der schwarzen Endbinde am Schwanz erkennen. Allerdings fällt diese Zeichnung bei fliegenden Vögeln eher auf als bei sitzenden. Das Männchen ist oberseits grau, unterseits hell ockerfarben. Die Kopfseiten und die Flügel sind schwarz. Das Weibchen (Foto) ist insgesamt blasser gefärbt, und ihm fehlt die markante Kopfzeichnung.
Vorkommen: Der Vogel besiedelt ganz Europa, große Teile Asiens, die Küsten Grönlands und Gebiete im nördlichen Nordamerika. Sein Lebensraum sind trockene Raine, Heiden und Ödland, im Norden auch die Tundra. In den Alpen begegnet man dem Vogel auf steinigen Matten und Felsfluren (bis 2200 m). Zur Zugzeit sieht man den Vogel in ganz unterschiedlichen Lebensräumen.
Biologie: Steinschmätzer sind im wesentlichen Insektenfresser. Sie brüten in Felsspalten und in Steinhaufen, auch in angehäuftem Bauschutt oder in Löchern von Bodenanrissen. Das Nest wird reichlich mit Federn und Haaren ausgepolstert. Die Vögel haben nur 1 Brut im Jahr und legen meist 6 weißliche bis hellgraue Eier.

1

2

3

1 Hausrotschwanz
Phoenicurus ochruros

Merkmale: Der Vogel erreicht 14 cm Länge. Die Männchen (Foto) haben eine grauschwarze Oberseite. Ihre Brust ist schwärzlich, ihre Stirn hellgrau. Die Weibchen sind eher düster graubraun gefärbt. Auffällig ist bei beiden Geschlechtern der rostrote Bürzel und der häufig zitternde, rostrote Schwanz. Rotschwänze zeigen eine aufrechte Sitzhaltung und häufiges Knicksen. Die Rufe des Hausrotschwanzes sind ein kurzes »tsip« oder auch ein hartes »tekk« oder »hid-tekk-tekk«. Der Gesang besteht aus einer recht einfachen Strophe mit 4 bis 5 gleich hohen Tönen, der eine Strophe mit gepreßten, kratzenden Zischlauten folgt.
Vorkommen: Ursprünglich ist der Hausrotschwanz ein reiner Felsbrüter (Steinbrüche, Klippen, felsige Hänge) gewesen. Heute hat er sich auch in Dörfern und Städten um die Häuser herum angesiedelt. Im Gebirge kommt der Vogel bis über die Baumgrenze hinauf vor, und es darf den Bergwanderer nicht erstaunen, ihn vom First einer Almhütte aus singen zu hören. Der Rotschwanz zieht im Oktober nach Süden, um in den Mittelmeerländern und in Nordafrika zu überwintern. Anfang März treffen die ersten Rotschwänze in Mitteleuropa wieder ein.
Biologie: Insekten und Spinnen, aber auch Beeren bilden die Nahrung des Hausrotschwanzes. Das Nest aus Pflanzenmaterial wird in Felslöcher, Höhlungen von Mauern, unter Dachvorsprünge, auf Balken und auch in halb offenen Nistkästen gebaut. Die Vögel legen 4 bis 6 Eier. Meist sind die Eier glänzend weiß gefärbt; hin und wieder sind sie fein rostrot gefleckt. Die Vögel brüten 13 Tage lang. Es finden 2 Bruten im Jahr statt. Gelege findet man ab April.

2 Ringdrossel, Ringamsel
Turdus torquatus

Merkmale: Die Ringdrossel ist mit 24 cm geringfügig kleiner als die wohl jedem bekannte Amsel (siehe Seite 254). Ein eindeutiges Artmerkmal ist der weiße, halbmondförmige Ring auf der Brust, der sich beim Männchen (Foto) ganz deutlich abhebt, bei dem eher schwarzbraun gefärbten Weibchen dagegen weniger deutlich hervortritt. Ein gutes Kennzeichen des Vogels sind auch die weißlichen Federsäume auf der Bauchseite und die hellen Schwingensäume.
Vorkommen: Die Ringdrossel kommt in Großbritannien und Irland, in großen Teilen Skandinaviens, in den Pyrenäen, im gesamten Alpenraum und in den Gebirgszügen auf dem Balkan, in Kleinasien und im Kaukasus vor. In den Alpen findet man sie in Lagen zwischen 1000 und 2000 m als Brutvogel. Sie ist eine Art der Bergwälder und des Krummholzgürtels.
Biologie: Die Nahrung des Vogels besteht aus Würmern und anderen kleinen Wirbellosen, im Herbst zusätzlich aus Beeren. Die Nester stehen meist nur wenig über dem Boden, höchstens 2 m hoch, und oft in Fichten. Der Bau des Nestes gleicht dem der Amsel. Auch die 4 bis 5 Eier sehen denen der Amsel ähnlich. Sie sind also bräunlich-grün und rötlich gefleckt. Die Brutdauer beträgt 14 Tage.

3 Mauerläufer
Tichodroma muraria

Merkmale: Der 16 cm lange Mauerläufer hat etwa die Gestalt eines Baumläufers (siehe Seite 258), ist aber von der Färbung her auffällig unterschieden. Der Rücken ist grau gefärbt, die Kehle und die Brust sind schwarz. Der Schwanz hat am Hinterende weiße Ecken und eine graue Binde. Ganz auffällig sind die karminroten Felder in den sehr rundlich geformten Flügeln. Kann man den Vogel fliegend beobachten, werden zudem weiße Flecken in den Flügeln sichtbar.
Vorkommen: Der Mauerläufer ist über die Gebirgszüge Mittel- und Südeuropas verbreitet. Er kommt darüber hinaus auch in den Gebirgen Asiens vor. Die Brutplätze in den Alpen liegen zwischen 700 und 2500 m hoch. Im Winter taucht der Vogel in tiefer gelegenen Ortschaften und selbst in Städten auf.
Biologie: Die Nahrung des Vogels besteht aus Insekten und Spinnen. Das Nest steht in Spalten von steilen Felswänden. Volle Gelege findet man zwischen Mai und Juli. Die Vögel legen 4 bis 5 weiße, matt glänzende Eier, die wenige braunrote Flecken aufweisen. Die Brutdauer beträgt 18 bis 19 Tage.

1

2

3

1 Birkenzeisig, Alpenleinzeisig
Acanthis flammea

Merkmale: Der Birkenzeisig ist ein kleiner, graubraun gestreifter Finkenvogel. Er wird knapp 13 cm lang. Auffällig sind die rote Stirn, die schwarze Kehle und die hellen Flügelbinden. Bei den Männchen ist die Brust in der Brutzeit rötlich überflogen (Foto).
Vorkommen: Der Birkenzeisig ist über die nördlichen Regionen der gesamten Nordhalbkugel verbreitet. In Europa kommt er in fast ganz Skandinavien, in Großbritannien und Irland und auf Island vor. Ein von diesen Gebieten isoliertes Brutvorkommen liegt in den Alpen, wo der Vogel in Höhen von etwa 1600 m bis zur Baumgrenze hinauf anzutreffen ist.
Biologie: Die Nahrung ist überwiegend pflanzlich; kleine Insekten spielen vor allem in der Brutzeit eine größere Rolle. Das Nest wird meist niedrig über dem Boden oder sogar direkt am Boden angelegt. Das Weibchen legt 5 bis 6 trübblaue, fein rötlich-braun gefleckte Eier. Volle Gelege findet man von Mitte Mai an bis in den August hinein.

2 Fichtenkreuzschnabel
Loxia curvirostra

Merkmale: Mit 16,5 cm Länge wird der Kreuzschnabel etwas größer als ein Haussperling. Sein wichtigstes Kennzeichen ist der Schnabel mit den sich überkreuzenden Spitzen (von weitem nicht zu sehen). Die Männchen (Foto) sind ziegelrot gefärbt. Dabei haben sie dunkle Flügelpartien, einen leuchtenden Bürzel und einen dunklen, gekerbten Schwanz. Im Gefieder des Weibchens herrscht anstelle von Rot Olivgrün vor. Zudem ist der Bürzel gelblich. Typisch sind der wellenförmige Flug und die Rufe, die wie »klipp, klipp« klingen.
Vorkommen: Der Fichtenkreuzschnabel kommt in Europa in großen Teilen der Iberischen Halbinsel, in den Alpen, in Schottland und in großen Teilen Skandinaviens vor, von wo aus sich das Verbreitungsgebiet weit nach Osten hin fortsetzt. In Mitteleuropa brüten Fichtenkreuzschnäbel vor allem in den Nadelwäldern der Mittelgebirge und der Alpen. Sie sind hier Jahresvögel.
Biologie: Kreuzschnäbel haben sich auf eine bestimmte Nahrung – die Samen von Nadelbäumen – spezialisiert, und um an diese Samen heranzukommen, sind bei ihnen hochspezialisierte Schnäbel entwickelt. Die Schnäbel sind vorne seitlich stark zusammengedrückt, und ihre Spitzen überkreuzen sich. Der Vogel baut ein stabiles Nest aus Zweigen, Halmen, Moos und Flechten. Es steht meist hoch in Bäumen. Das Weibchen legt 3 bis 5 auf grünlich-weißem Grund dunkelbraun gefleckte Eier. Die Brutzeit hat einen Schwerpunkt in der Zeit von Januar bis April. Nester mit Eiern und Jungen findet man aber, je nach Nahrungsangebot, auch im Sommer und Herbst. In günstigen Jahren kommt es zu 2 Bruten.

3 Schneefink
Montifringilla nivalis

Merkmale: Der Schneefink wird 18 cm lang. Beide Geschlechter sind gleich gefärbt. Die helle Brust, die schwarze Kehle, der braune Rücken, die weißen Schwanzkanten und vor allem die weißen Flügelfelder ergeben insgesamt eine unverwechselbare Vogelgestalt.
Vorkommen: Der Schneefink kommt in den Alpen vor, aber auch in den Pyrenäen, im Apennin und im Kaukasus, in den Hochgebirgen auf dem Balkan und in anderen Rassen auch in Hochgebirgsgegenden Vorder- und Zentralasiens. Der Vogel besiedelt nackte Berggipfel über 1800 m. Man trifft ihn auch um Almhütten, Berggasthöfe und ähnliche hoch gelegene Gebäude herum an. Im Winter weicht er bisweilen in tiefere Lagen aus.
Biologie: Das Nest des Schneefinks ist ein umfangreicher Bau aus Wurzeln und Pflanzenteilen, Moos und Flechten. Innen ist es reichlich mit feinerem Pflanzenmaterial, Haaren und Federn ausgepolstert, um Eier und Junge in dem extremen Lebensraum warmzuhalten. Das Nest steht in Felsspalten oder unter Felsblöcken, aber auch in Mauerlöchern und unter Dächern von Gebäuden. Die Vögel legen 4 bis 5 reinweiße, glanzlose Eier. Volle Gelege findet man schon Ende April/Anfang Mai. Es scheinen 2 Bruten stattzufinden.

1

2

3

1 Schneehase
Lepus timidus

Merkmale: Der Schneehase hat ein je nach Jahreszeit unterschiedlich gefärbtes Fell. Im Sommer ist die Oberseite graubraun, die Unterseite weißlich-grau. Auffällig sind die schwarzen Ohrenspitzen und das Fehlen von Schwarz auf der Oberseite des Schwanzes. Im Winter ist der Schneehase dagegen fast völlig weiß gefärbt. Lediglich die schwarzen Ohrenspitzen und die dunklen Augen fallen auf. Schneehasen werden 45 bis 60 cm lang und 2 bis 5 kg schwer.
Vorkommen: Der Schneehase ist über das gesamte Alpengebiet verbreitet, aber auch über Schottland, Irland, Island und große Teile Skandinaviens. Im Sommer hält er sich bis in Höhen oberhalb der Baumgrenze auf. Grashänge, mit Alpenrosen bewachsene Flächen und Almen werden besiedelt, und selbst an der Schneegrenze kann man die Tiere beobachten. Im Winter leben die Schneehasen in geringerer Höhe. Insgesamt kommen sie in Höhen zwischen 600 und 3700 m vor.
Biologie: Durch sein weißes Fell ist der Schneehase auf der winterlichen Schneedecke gut getarnt. Es scheint zudem für den Wärmehaushalt des Tieres günstig zu sein. Schneehasen bekommen zweimal im Jahr 2 bis 4 Junge.

2 Alpenmurmeltier
Marmota marmota

Merkmale: Das Murmeltier wird 50 bis 60 cm lang und 4 bis 8 kg schwer. Der Schwanz ist mit 13 bis 16 cm verhältnismäßig lang. Das Fell ist braun und grau, die Schwanzspitze dunkel gefärbt.
Vorkommen: Das Murmeltier ist ein ganz charakteristischer Alpenbewohner. Es ist ausschließlich in Europa verbreitet und besiedelt hier das Alpengebiet. In den Pyrenäen, in den östlichen Alpen und in den Karpaten ist das Tier eingeführt worden. Auch in der Hohen Tatra gibt es einen Murmeltierbestand. Lebensraum der Tiere sind die Matten und Almen. Der Schwerpunkt ihres Vorkommens liegt in Höhen zwischen 1400 und 2700 m.
Biologie: Die Tiere leben meist kolonieweise zusammen. Sie graben unterirdische Baue, die oft weit verzweigt sind und eine große Nestkammer aufweisen. Bei Beunruhigung oder Gefahr stellen sich die Tiere auf die Hinterbeine, um das Gelände besser zu übersehen und dann deutlich und weithin hörbar zu pfeifen. Vor Einbruch des Winters tragen die Murmeltiere büschelweise Pflanzenmaterial in den Bau ein. Dann wird der Bau verstopft, und die Tiere beginnen ihren Winterschlaf, der von Oktober bis April dauert. In den ersten beiden Wochen nach dem Aufwachen erfolgt die Paarung. Die Tragzeit beträgt 5 Wochen. Dann kommen bis zu 7 Junge (»Affen«) zur Welt. Im Alter von 4 bis 5 Wochen zeigen sich die Jungen zum ersten Mal am Eingang des Baues.

3 Luchs
Felis lynx

Merkmale: Das Fell variiert beim Luchs von einer rotbraunen bis zu einer graubraunen Grundfarbe mit einer schwach, manchmal auch kräftiger erscheinenden dunklen Fleckung. Auffällig sind die Ohren, die an der Spitze bis zu 4 cm lange, pinselartige Haarbüschel tragen, und der Backenbart. Der kurze, stummelförmige Schwanz trägt eine schwarze Spitze. Luchse werden 80 cm bis 1,30 m lang und 18 bis 45 kg schwer. Sie gehören zu den Raubtieren und innerhalb dieser Ordnung zur Familie der Katzen (Felidae).
Vorkommen: Lebensraum des Luchses sind Wälder mit dichtem Unterwuchs. Ursprünglich war die Katze über alle großen Waldgebiete Europas, Mittelasiens und Nordamerikas verbreitet. Aber als Nahrungskonkurrent des Menschen und als »gefährliches Raubtier« wurde er unbarmherzig verfolgt (in Österreich im vorigen Jahrhundert ausgerottet), und heute gibt es in Europa lediglich noch verschiedene Verbreitungsinseln. Im Bayerischen Wald, in Österreich und in der Schweiz wurde die Art in jüngster Zeit wieder ausgesetzt – wie es scheint, mit Erfolg.
Biologie: Luchse sind vorwiegend dämmerungs- und nachtaktive, ausgesprochen heimliche Einzelgänger, die sich geschickt an ihre Beute – Hasen, Rehe, kleine Nagetiere und Vögel – heranpirschen. Aus der entsprechenden Entfernung wird die Beute dann angesprungen. Im April/Mai wirft das Weibchen 2 bis 4 Junge, die 5 Monate lang gesäugt werden.

1

2

3

1 Steinbock
Capra ibex

Merkmale: Steinböcke werden 1,25 m (Geißen) bis 1,50 m (Böcke) lang, Geißen bis zu 65 kg, Böcke bis zu 120 kg schwer. Das Fell hat eine fahle, gelbliche bis graubraune Farbe und ist auf dem Bauch heller als auf dem Rücken. Die Hörner der Böcke können bis 1 m lang werden, die der weiblichen Tiere bis 30 cm.
Vorkommen: Es hätte nicht viel gefehlt, und der Steinbock, ein ganz charakteristisches Alpentier, wäre im Laufe des vorigen Jahrhunderts ausgerottet worden. Zu Beginn unseres Jahrtausends lebten Steinböcke noch im größten Teil der Alpen. Im Mittelalter setzte dann eine stetige Dezimierung der Bestände ein, weil verschiedenen Körperteilen des Tieres Heilkräfte zugeschrieben wurden. Idealisten initiierten daraufhin 1816 einen strengen Schutz der Tiere im Gran-Paradiso-Gebiet, das 1854 Privatbesitz des italienischen Königs wurde. Aus diesem geschützten Bestand stammen die Tiere, die an vielen Stellen der Alpen ausgesetzt wurden, damit sich wieder ansehnliche Kolonien bilden konnten. Steinböcke besiedeln vor allem felsiges Gelände in Höhen zwischen 2000 und 3500 m.
Biologie: Steinböcke leben in Rudeln. Vom zeitigen Frühling bis zum Spätherbst bilden einerseits die Böcke, andererseits die Geißen, Kitze und Jungtiere eigene Rudel. Während der Brunftzeit, die im Dezember/Januar liegt, lösen sich die Bockrudel auf, und die Böcke treten zu den Geißen. In dieser Zeit kommt es zu teilweise heftigen Auseinandersetzungen unter den Böcken. Nach erfolgter Paarung und einer Tragzeit von 5 bis 6 Monaten werden dann im Mai/Juni die Kitze geboren. Sie werden bis zur nächsten Setzzeit von der Mutter betreut. Steinböcke werden im Alter von 4 bis 5 Jahren geschlechtsreif.

Nacken bis zum Ansatz des kurzen Schwanzes ein schwarzbrauner Aalstrich, aus dessen sogenannten Leithaaren die »Gamsbärte« hergestellt werden. Nach dem Haarwechsel zeigen die Gemsen ein braunschwarzes, dichtes Winterfell. Die schwarz-weiße Gesichtszeichnung bleibt das ganze Jahr hindurch erhalten. Sowohl Böcke wie Geißen tragen Gehörne (»Krucken«), deren Länge und Stärke im Laufe des Lebens zunehmen. Der jährliche Zuwachs ist abhängig vom Alter des Tieres. Er ist in den ersten 4 Lebensjahren am stärksten und beträgt danach nur noch Millimeter. Bockkrucken sind stärker, runder und deutlicher gehakelt als Geißkrucken.
Vorkommen: Gemsen sind über die Hochgebirge Mittel- und Südeuropas verbreitet. Man hat die Tiere darüber hinaus auch in Mittelgebirgen angesiedelt, so im Schwarzwald, auf der Schwäbischen Alb, in den Vogesen und im Elbsandsteingebirge. Die Tiere sind mit Schwerpunkt im Waldgürtel zwischen 800 m und 2300 m anzutreffen. Man kann sie aber auch in der Mattenregion beobachten.
Biologie: Gemsen sind hervorragende Kletterer. Sie leben fast immer in Gruppen zusammen. Die Rudel bestehen außerhalb der Brunftzeit einerseits aus Geißen mit ihren Kitzen und Jährlingen, andererseits aus jüngeren Böcken. Ältere Böcke stehen meist einzeln oder zu zweit. Zur Brunftzeit im November/Dezember stoßen die Böcke zu den Geißrudeln. Nach einer Tragzeit von 6 bis 7 Monaten setzt die Geiß im darauffolgenden Mai/Juni abseits vom Rudel meist 1 Kitz. Nach 1 bis 2 Wochen schließt sich die Geiß dann zusammen mit ihrem Kitz dem Rudel wieder an.

2 Gemse, Gamswild
Rupicapra rupicapra

Merkmale: Gemsen werden 1,10 bis 1,30 m lang. Die Geißen wiegen 30 bis 40 kg, die Böcke 35 bis 50 kg. Die Tiere tragen im Sommer ein rötlich-braunes Fell. Auf dem Rücken verläuft vom

1

2

Anhang

Biologische Fachausdrücke

Amphibien ist der wissenschaftliche Name der Lurche. In diese Wirbeltierklasse gehören Salamander, Molche, Frösche und Kröten.

Biologisches Gleichgewicht bezeichnet den Zustand in einer Lebensgemeinschaft, in dem alle Vorgänge ohne große Schwankungen ablaufen.

Biotop = Lebensraum. Jeder Biotop zeigt spezielle ökologische Bedingungen, die bestimmten Pflanzen- und Tierarten an dieser Stelle das Leben ermöglichen.

Biozönose = Lebensgemeinschaft. Gesamtheit der Lebewesen, die einen bestimmten Biotop besiedeln.

Blatt ist nicht gleich Blatt. Man unterscheidet nach ihrer Funktion Blütenblätter (Kelch- und Kronblätter), Staubblätter, Fruchtblätter und Laubblätter.

Blüte heißt das Organ einer Blütenpflanze, in dem die Teile zusammengefaßt sind, die der Fortpflanzung dienen. Blüten sind auffällig (groß, farbig), wenn sie von Insekten bestäubt werden. Blüten, die durch den Wind bestäubt werden, sind dagegen unscheinbar.

Epiphyt = eine Pflanze, die auf einer anderen Pflanze wächst. Dabei dient die andere Pflanze aber nur als Unterlage, um etwa über deren Höhe in den Genuß besserer Lichtverhältnisse zu gelangen.

Fotosynthese ist der chemische Vorgang in den grünen Pflanzen, bei dem aus Wasser und Kohlenstoffdioxid mit Hilfe von Licht (Sonnenlicht) und Blattfarbstoffen (Chlorophyll) Kohlenhydrate und Sauerstoff hergestellt werden.

Früchte entwickeln sich aus den Blüten nach erfolgter Bestäubung und Befruchtung. In den Früchten liegen die Samen.

Frühblüher können schon früh im Jahr Blätter und Blüten bilden. Die dazu notwendigen Stoffe wurden im Vorjahr in besonderen Teilen der Pflanzen, den Speicherorganen, angelegt. Beispiele: Schneeglöckchen, Schlüsselblume, Krokus.

Invasionsvögel kommen unregelmäßig zu uns – meist nur dann, wenn in ihrer Heimat die Nahrung knapp wird. Beispiele: Sibirischer Tannenhäher, Bergfink.

Laich nennt man die Eier der Fische und Lurche.

Larve heißt das Jugendstadium von Tieren, das noch eine Verwandlung durchmachen muß, bevor es zum erwachsenen Tier wird.

Monokultur = Anpflanzung einer einzigen Pflanzenart auf großen Flächen (Beispiel: Fichten-Monokultur). Solche einartigen Pflanzenbestände sind ökologisch weniger stabil als Mischbestände. Das ökologische Gleichgewicht ist nur unter Energieaufwand (z. B. in Form von Schädlingsbekämpfungsmaßnahmen) aufrechtzuerhalten.

Mykorrhiza = Zusammenleben von Pilzen und den Wurzeln höherer Pflanzen, z. B. der Waldbäume; eine besondere Form der Symbiose.

Nahrungsketten bestehen in jedem Lebensraum: Tiere ernähren sich von Pflanzen oder fressen andere Tiere. Ein Beispiel für eine solche Kette ist: Wasserfloh – Rotfeder – Hecht. Nahrungsketten können aber auch länger und untereinander verknüpft sein. In einer Nahrungskette werden also Stoffe von einem zum anderen Lebewesen weitergegeben.

Nestflüchter schlüpfen schon recht weit entwickelt aus dem Ei. Sie können schon bald das Nest verlassen. Beispiele: Stockente, Fasan, Kiebitz.

Nesthocker schlüpfen nackt und blind aus dem Ei. Sie wachsen unter Betreuung der Eltern langsam heran. Das Nest verlassen die meisten Nesthocker erst, wenn sie flügge sind. Beispiele: Greifvögel, Eulen, Singvögel.

Ökologie ist die Lehre vom »Haushalt der Natur«. Die Ökologie ist eine Teildisziplin der Biologie, die die Wechselwirkungen der Lebewesen mit ihrer Umwelt und die Beziehungen der Lebewesen untereinander erforscht.

Ökosystem = Einheit aus Lebensraum (Biotop) und Lebensgemeinschaft (Biozönose).

Organische Stoffe sind alle die Stoffe, die Kohlenstoffatome enthalten. Im engeren Sinne sind die Stoffe gemeint, die von Lebewesen hergestellt werden und in Lebewesen vorkommen. Beispiele: Kohlenhydrate, Fette, Eiweiße; aber auch: chlorierte Kohlenwasserstoffe, Alkohole.

Parasiten = Schmarotzer. Parasiten leben auf Kosten anderer Lebewesen, schädigen diese zwar, aber töten sie in der Regel nicht.

Plankton ist der Oberbegriff für alle Lebewesen, die im freien Wasser eines Weihers oder Sees schweben. Die Lebewesen sind sehr klein und haben oft eine ungewöhnliche Form, um das Absinken in die Tiefe zu verlangsamen. Beispiele: kleine Algen, Rädertiere, Hüpferlinge und Wasserflöhe.

Pollen = Blütenstaub wird in den Staubblättern/Staubbeuteln gebildet. Die einzelnen Pollenkörner enthalten die männlichen Keimzellen. Auf der Narbe wachsen sie zu Pollenschläuchen aus; auf diese Weise wird die im Fruchtknoten eingeschlossene Eizelle erreicht, und die Befruchtung kann stattfinden.

Population nennt man die Gesamtheit der Individuen einer Art in einem bestimmten Lebensraum/Gebiet.

Reptilien ist der wissenschaftliche Name der Kriechtiere. In diese Wirbeltierklasse gehören Eidechsen, Schleichen und Schlangen.

Rote Listen sind die Zusammenstellungen der Pflanzen- und Tierarten eines Gebietes, die ausgestorben oder in ihrem Bestand bedroht sind. Kennzeichnend ist eine Auflistung der Lebewesen nach Gefährdungskategorien.

Samen liegen in den Früchten. Aus ihnen entwickeln sich die neuen Pflanzen. Beispiele: Kirschkern, Apfelkern.

Saurer Regen entsteht, wenn bestimmte in der Luft enthaltene Schadstoffe mit dem Regen niedergehen. Zum Beispiel reagieren Schwefeldioxid und Wasser zu schwefliger Säure; schweflige Säure kann mit Sauerstoff weiterreagieren zu Schwefelsäure.

Sommervögel verbringen nur den Sommer bei uns. Die übrige Zeit des Jahres halten sie sich regelmäßig(!) in anderen Gegenden auf. Ursache für diese jahresperiodischen Wanderungen ist meist Nahrungsknappheit. Beispiele: Weißstorch, Kuckuck, Rauchschwalbe.

Sproß heißt der oberirdische Teil einer Blütenpflanze. Er setzt sich aus Sproßachse, Blättern und Blüten zusammen. Ausnahme: Bei einigen Pflanzen gibt es auch Sproßabschnitte, die im Boden liegen. Man spricht dann von Erdsprossen.

Sukzession bezeichnet die zeitliche Abfolge von Pflanzen(gesellschaften) an einem bestimmten Ort. Eine Sukzession erfolgt immer, wenn eine Veränderung der ökologischen Bedingungen eintritt, und umfaßt mehrere Stadien. Das den ökologischen Bedingungen entsprechende stabile Endstadium heißt Klimax.

Symbiose = Zusammenleben verschiedener Organismen zu beiderseitigem Nutzen. Beispiel: Flechten (Pilz + Alge).

Teilzieher verlassen ihr Brutgebiet nicht regelmäßig. Es ziehen auch nicht alle Vögel weg, sondern oft nur ein Teil der Population.

Vegetation = Pflanzenwelt eines bestimmten Gebietes.

Wechselwarme Wirbeltiere sind die Fische, die Lurche und die Kriechtiere. Ihre Körpertemperatur wechselt mit der Temperatur der Umgebung.

Winterruhe nennt man den Zustand, in dem verschiedene Tiere überwintern. In diesem Zustand laufen viele Körpervorgänge sehr langsam ab. Die Tiere wachen von Zeit zu Zeit auf, etwa um zu fressen.

Winterschlaf halten beispielsweise die Fledermäuse und der Igel. Um die kalte, nahrungsarme Jahreszeit zu überstehen, suchen die Tiere geschützte Plätze auf. Alle Körpervorgänge sind stark verlangsamt. Mit dem beginnenden Frühjahr erwachen die Tiere und nehmen ihre normale Lebenstätigkeit wieder auf.

Winterstarre nennt man den Zustand, in dem die wechselwarmen Wirbeltiere den Winter überdauern. Sie sind regungslos; die Körpertemperatur gleicht der Temperatur der Umgebung. Herzschlag, Atmung und Stoffwechsel sind stark herabgesetzt.

Wurzel heißt der unterirdische Teil einer Blütenpflanze. Die Wurzel verankert die Pflanze im Boden; mit ihr nimmt die Pflanze Wasser und darin gelöste Mineralsalze auf.

Anhang

Weiterführende Literatur

Altmann, H. (1991): Giftpflanzen, Gifttiere. BLV Verlagsgesellschaft, München.
Bang, P. & P. Dahlström (1977): Tierspuren. BLV Verlagsgesellschaft, München.
Bauer, K. (1989): Rote Listen der gefährdeten Vögel und Säugetiere Österreichs und Verzeichnisse der in Österreich vorkommenden Arten. Österreichische Gesellschaft für Vogelkunde, Wien.
Bezzel, E. (1991): Mein Hobby: Vögel beobachten. BLV Verlagsgesellschaft, München.
Chinery, M. (1979): Insekten Mitteleuropas. Verlag Paul Parey, Hamburg/Berlin.
Dierl, W. & W. Ring (1988): Insekten. BLV Verlagsgesellschaft, München.
Dunzendorfer, W., W. Kellermayr, H. Kohl, F. Matscheko & P. Starke (1980): Naturkundliche Wanderziele in Oberösterreich. Oberösterreichischer Landesverlag, Linz.
Ferguson-Lees, J. & I. Willis (1991): Vögel Mitteleuropas. BLV Verlagsgesellschaft, München.
Fischer-Nagel, A. (1987): Neusiedler See – Bedrohtes Naturparadies. Schillinger Verlag, Freiburg.
Fritsch, K. (1922, Nachdruck 1973): Exkursionsflora für Österreich und die ehemals österreichischen Nachbargebiete. Verlag von J. Cramer, Lehre.
Gerhardt, E. (1990): Pilze. BLV Verlagsgesellschaft, München.
Gerken, B. (1988): Auen – verborgene Lebensadern der Natur. Verlag Rombach, Freiburg.
Godet, J.-D. (1987): Bäume und Sträucher. Weltbild Verlag, Augsburg.
Guglia, O. & A. Festetics (1969): Pflanzen und Tiere des Burgenlandes. Österreichischer Bundesverlag, Wien.
Harde, K. W. & F. Severa (1981): Der Kosmos-Käferführer. Franckh'sche Verlagshandlung, Stuttgart.
Hecker, U. (1985): Laubgehölze. BLV Verlagsgesellschaft, München.
Höpflinger, F. & H. Schliefsteiner (1987): Naturführer Österreich – Flora und Fauna. Verlag Styria, Graz/Wien.
Jahns, H. M. (1980): Farne, Moose, Flechten Mittel-, Nord- und Westeuropas. BLV Verlagsgesellschaft, München.
Janchen, E. (1977): Flora von Wien, Niederösterreich und Nordburgenland. Verein für Landeskunde von Niederösterreich und Wien, Wien.
Koenig, O. (1961): Das Buch vom Neusiedlersee. Wollzeilen Verlag, Wien.
Langthaler, G. (1984): Urlandschaften Österreichs. Verlag Jugend und Volk, Wien.
Leisler, B. (1979): Neusiedler See. Kilda-Verlag, Greven.
Löffler, H. (1974): Der Neusiedlersee – Naturgeschichte eines Steppensees. Verlag Fritz Molden, Wien.
Mayer, H. (1986): Europäische Wälder. Gustav Fischer Verlag, Stuttgart (UTB).
Müller, H. J. (1985): Bestimmung wirbelloser Tiere im Gelände. Gustav Fischer Verlag, Stuttgart.
Peterson, R. T., G. Mountfort & P. A. D. Hollom (1973/1976): Die Vögel Europas. Verlag Paul Parey, Hamburg/Berlin.
Pott, E. & K. Siepe (1986): Pilze. Landbuch-Verlag, Hannover.
Pott, E. (1985): Mein Hobby: Natur fotografieren. BLV Verlagsgesellschaft, München.
Pott, E. (1988): Wald. Ravensburger Buchverlag Otto Maier, Ravensburg.
Pott, E. und J. C. Roché (1989): Das Waldkonzert. Franckh'sche Verlagshandlung, Stuttgart (Tonkassetten).
Reichholf-Riehm, H. (1984): Steinbachs Naturführer – Insekten (mit Anhang Spinnentiere). Mosaik Verlag, München.
Reisigl, H. & R. Keller (1987): Alpenpflanzen im Lebensraum. Gustav Fischer Verlag, Stuttgart.
Roché, J. C. und E. Pott (1988): Vogelstimmen in Wald, Park und Garten. Franckh'sche Verlagshandlung, Stuttgart (Tonkassetten).
Roché, J. C. und E. Pott (1988): Vogelstimmen an Bach und Weiher. Franckh'sche Verlagshandlung, Stuttgart (Tonkassetten).
Schauer, T. & C. Caspari (1989): Der große BLV-Pflanzenführer. BLV Verlagsgesellschaft, München.
Schilling, D., D. Singer & H. Diller (1983): Säugetiere. BLV Verlagsgesellschaft, München.
Schubert, P. (o. J.): Nationalparks Österreichs – Paradiese in unserer Zeit. Norka Verlag, Wien.
Seidel, D. & W. Eisenreich (1988): Blütenpflanzen. BLV Verlagsgesellschaft, München.
Stüber, E. (1989): Der österreichische Naturführer in Farbe. Pinguin-Verlag, Innsbruck.
van der Kallen, W. & H. Hödl (1985): Gefährdete Paradiese – Naturlandschaften in Österreich. Verlag Styria, Graz/Wien.
Weiss, W. (1988): Die letzten Paradiese Österreichs – Wanderungen durch Österreichs Natur- und Landschaftsschutzgebiete.
– Band 1: Burgenland, Steiermark, Wien, Niederösterreich, Oberösterreich.
– Band 2: Kärnten, Salzburg, Tirol, Vorarlberg.
Edition S / Verlag der Österreichischen Staatsdruckerei, Wien.
Wendelberger, E. (1982): Grüne Wildnis am großen Strom – Die Donauauen. Verlag Niederösterreichisches Pressehaus, St. Pölten/Wien.
Wendelberger, E. (1984): Alpenpflanzen. BLV Verlagsgesellschaft, München.
Zahradnik, J. (1985): Bienen, Wespen, Ameisen – Die Hautflügler Mitteleuropas. Franckh'sche Verlagshandlung, Stuttgart.

Bildnachweis

Bethge: 329 ul
Cramm: 97 M, 229 u, 241 M, 243 o, 255 ul, 263 M, 285 u, 313 u, 317 ul, 321 ul
Diedrich: 67 or, 177 u, 193 ur, 293 ol
Elfner/Angermayer: 37 or
Eisenreich: 47 or, 211 ul
Gerhardt: 37 ol
Jacobi: 169 u, 209 ul, 268/269, 277, 279 u, 291 ul, 297 o, 309 or, 309 ur, 315 ur, 323 o
König: 75 M, 133 M, 147 M, 231 ul, 235 o, 323 u
Layer: 26/27, 35, 45 ur, 65 ol, 97 u, 113 or, 189 ul, 239 M, 267 M, 301 o, 311 ol, 335 o
Limbrunner: 7, 53 ol, 67 ol, 77 M, 77 u, 85 ol, 89 M, 89 u, 91 M, 97 o, 99 o, 131 u, 157 u, 159 o, 159 u, 165 o, 171 u, 173 M, 173 u, 203 u, 243 M, 247 o, 259 u, 329 or, 329 ur, 331 o, 335 M, 339 M
Pfletschinger/Angermayer: 75 ol, 135 u, 141 u, 229 M, 235 M
Reinhard: 43 or, 45 or, 47 ul, 49 ol, 51 ul, 55 ul, 57 ur, 59 ur, 61 o, 63 ul, 69 ol, 69 or, 73 M, 143 o, 143 u, 145 o, 145 M, 145 u, 147 u, 149 M, 151 u, 189 ol, 189 or, 193 or, 195 ul, 197 u, 205 or, 205 ul, 205 ur, 209 ur, 219 ur, 245 ur, 265 o, 265 M, 265 u, 279 o, 291 o, 291 ur, 301 M, 303 ol, 305 u, 307 ol, 309 ul, 325 o, 329 ol
Pforr: 10, 32, 37 u, 41 ul, 51 ol, 57 ul, 81 M, 83 u, 91 o, 95 M, 95 ul, 99 u, 109, 119 or, 121 ur, 123 ul, 125 ol, 127 ul, 135 o, 137 o, 139 o, 139 ur, 153 M, 153 u, 177 o, 177 M, 189 ur, 191 M, 191 u, 207 ol, 207 or, 213 ur, 217 ol, 217 or, 221 ol, 223 ur, 227 o, 231 or, 233 u, 237 u, 251 o, 263 u, 275, 289 ur, 295 o, 303 or, 305 or, 311 ur, 319 or, 337 M
Pott: 34, 39 o, 39 ul, 39 ur, 41 ol, 41 or, 41 ur, 43 ol, 43 ul, 43 ur, 45 ol, 45 ul, 47 ol, 49 ul, 51 or, 53 or, 53 ur, 55 o, 55 ur, 57 ol, 59 o, 59 o (Einklinker), 59 ul, 61 ul, 61 ur, 63 ol, 63 or, 63 ur, 65 ul, 65 ur, 67 ul, 67 ur, 69 ul, 69 ur, 71 or, 71 ul, 71 ur, 79 u, 81 o, 81 u, 83 o, 83 M, 85 u, 87 M, 107, 111 o, 111 M, 113 ur, 115 o, 115 M, 115 u, 117 u, 119 ol, 119 ul, 119 ur, 121 ol, 121 or, 121 ul, 123 ol, 123 or, 123 ur, 125 or, 125 ul, 125 ur, 127 o, 127 ur, 129 o, 129 u, 131 or, 139 M, 139 ul, 149 o, 155 M, 159 M, 161 o, 161 u, 163 o, 163 M, 163 u, 165 M, 165 u, 167 M, 167 u, 169 o, 178/179, 182, 185, 186, 193 ol, 193 ul, 195 ol, 195 or, 195 ur, 197 ol, 197 or, 199 o, 199 M, 199 u, 201 o, 201 M, 201 u, 203 ol, 203 or, 205 ol, 207 u, 209 ol, 209 or, 211 o, 211 ur, 213 ol, 213 or, 213 ul, 215 o, 215 ul, 215 ur, 217 ul, 219 ol, 219 ul, 221 ul, 221 ur, 223 ol, 223 or, 223 ul, 225 ol, 225 or, 225 ul, 225 ur, 227 M, 227 u, 229 ol, 231 ur, 233 M, 235 ul, 235 ur, 241 o, 241 u, 245 ul, 261 o, 263 o, 267 o, 267 u, 281 u, 285 ol, 289 ul, 293 u, 295 M, 297 ul, 299 or, 301 u, 303 u, 305 ol, 307 ol, 309 ol, 311 or, 315 ol, 315 or, 315 ul, 317 ol, 317 or, 319 ol, 319 u, 325 u, 327 o, 327 M, 331 ul, 331 ur, 333 u, 339 u, 341 o, 341 u
Seidel: 65 or
Tessenow: 133 or
Titz: 75 or, 77 or, 104, 191 o, 221 or, 273
Willner: 16, 31, 47 ur, 49 or, 51 ur, 73 o, 75 u, 79 o, 95 o, 100/101, 106, 113 ol, 133 u, 137 u, 141 o, 141 M, 231 ol, 237 o, 237 M, 239 o, 239 u, 311 ul, 313 or, 321 o, 321 ur, 327 u
Wothe: 49 ur, 53 ul, 57 o, 77 ol, 87 o, 111 u, 113 ul, 131 ol, 133 ol, 135 M, 153 o, 157 o, 167 or, 175 ur, 217 ur, 219 or, 229 or, 251 u, 253 u, 255 ur, 281 or, 283 u, 285 or, 287 o, 287 ul, 297 ur, 299 ol, 307 or, 307 ur, 317 ur, 321 M, 335 u, 337 o, 339 o
Zeininger: 71 ol, 73 u, 79 M, 85 or, 85 M, 87 u, 89 o, 91 u, 93 o, 93 M, 93 u, 117 o, 137 M, 143 M, 147 o, 149 u, 151 o, 151 M, 155 o, 155 u, 157 M, 167 ol, 171 o, 171 M, 173 o, 175 o, 175 ul, 233 o, 243 u, 245 o, 247 ul, 247 ur, 249 o, 249 M, 249 u, 251 M, 253 o, 253 M, 255 ol, 255 or, 257 ol, 257 or, 257 M, 257 u, 259 o, 259 M, 261 M, 261 u, 279 M, 281 ol, 283 o, 289 o, 293 or, 295 u, 299 u, 313 ol, 333 o, 333 M, 337 u
Ziesler/Angermayer: 95 ur

Foto S. 1: Cramm (Rotfuchs)

Foto S. 2/3: Bohnacker/Österreich-Werbung (Tennengebirge/Salzburg)

Fotos S. 4/5: Reinhard (Trollblumenwiese; Lärchenwald), Diedrich (Amsel, Männchen), König (Pinselkäfer auf Rose)

Grafiken: Klaus Joas, Endersbach

Anhang

Register

(die **fett** gedruckten Seitenzahlen zeigen an, wo die betreffende Art in Text und Foto ausführlich beschrieben ist)

Deutsche Namen

Aal, Europäischer 106, **148**
Acker-Distel **58**
– -Hellerkraut **40**
– -Kratzdistel **58**
– -Schachtelhalm **36**
– -Senf **50**
– -Witwenblume **62**
Adlerfarn **194**
Admiral **78**
Adonislibelle, Frühe **134**
Äsche 105, **144**
Ahorn s. Berg-Ahorn, Spitz-Ahorn, Trauben-Ahorn
Akelei, Gemeine **306**
Almrausch **296**
Alpen-Ampfer **314**
– -Anemone **278**
– -Aster **312**
– -Azalee **298**
Alpenbock **320**
Alpenbraunelle **332**
Alpendohle 276, **330**
Alpendost, Grauer **302**
–, Graufilziger **302**
–, Grüner **302**
–, Kahler **302**
Alpen-Eisglöckchen **308**
– -Fettkraut **282**
Alpenheide, Niederliegende **298**
Alpenhelm **310**
Alpen-Küchenschelle **278**
– -Leinkraut **310**
Alpenleinzeisig **336**
Alpen-Mannsschild 275, **298**
– -Mannstreu **306**
– -Milchlattich **312**
– -Mohn **286**
Alpenmolch **150**
Alpenmurmeltier **338**
Alpenrebe **306**
Alpenrose, Behaarte 273, **296**
–, Bewimperte 273, **296**
–, Echte 273, **296**
–, Rostblättrige 273, **296**
Alpensalamander **322**
Alpenschneehuhn 9, 276, **324**
Alpen-Schnittlauch **304**
Alpensegler **328**
Alpen-Sternblume **312**
– -Süßklee **294**
– -Troddelblume **308**
Alpenveilchen, Wildes **292**
Alpen-Waldrebe **306**
Ameise s. Waldameise
Amsel **254**
Ananasgalle **234**
Apollo **320**
Armleuchter-Alge **106**
Arnika 30, **292**
Aronstab **114**
–, Gefleckter **202**
Arve **316**
Aspisviper **13**
Auerhuhn **326**
Augentrost, Gemeiner **42**
Aurikel **290**

Bachforelle 19, 105, 106, **142**
Bach-Nelkenwurz **120**
Bachstelze **172**
–, Weiße **172**

Bären-Lauch **200**
Bärentraube, Echte **280**
–, Immergrüne 275, **280**
Bärlapp, Sprossender **192**
Barbe 105, **146**
Barsch s. Flußbarsch
Bartschie **310**
Baummarder 185, **264**
Baumläufer s. Waldbaumläufer
Baumpieper **248**
Baumschläfer **262**
Bekassine **166**
Berg-Ahorn 34, 220, 273, **318**
Bergeidechse 82, **240**
Berg-Hauswurz **294**
– -Kiefer **316**
Bergmolch **150**
Berg-Nelkenwurz **288**
Bergpieper **332**
Bergstelze **172**
Bergunke **152**
Bergwohlverleih **292**
Besenheide, Gemeine **208**
Beutelmeise **174**
Biber **9**
Bilch **262**
Bilsenkraut 13, 34, **212**
Birkenzeisig **336**
Birkhuhn **326**
Bisamratte **176**
Bitterklee **112**
Bittersüß **124**
Bittersüßer Nachtschatten **124**
Bläßhuhn **164**
Blattlaus **33**
Blaubeere 122, **212**
Blauer Eisenhut **306**
Blaufelchen **142**
Blaukehlchen **174**
Blaumeise **256**
Blaupfeil, Großer **136**
Blei **146**
Blindschleiche **240**
Blutauge **120**
Bluthänfling 34, **35**
Blutroter Hartriegel **220**
Blutspecht **33**
Blut-Weiderich **120**
Borkenkäfer **232**
Brachsen 105, 106, **146**
Brassen **146**
Braunbär **9**
Braunbrustigel **94**
Braunkehlchen **90**
Braunkehlchen s. Rotbuche
Brennessel, Große **68**
Brombeere, Echte **70**
Brunnenkresse, Echte **112**
Buchdrucker 185, **232**
Buche s. Rotbuche
Buchfink 21, **260**
Bürstenmoos **192**
Büschelmücke **107**
Buntspecht **246**
–, Großer **246**
Busch-Windröschen 184, 185, **196**
Butterblume **286**

Christrose **278**

Dachs **264**
Damenbrett **238**

Dichter-Narzisse **44**
Distelfalter **78**
Distelfink **92**
Dolden-Milchstern **33**
Dompfaff 34, **260**
Drachenwurz **114**
Dreieckmuschel **107**
Dreizehenspecht 9, **328**

Eberwurz, Stengellose **284**
Edelhirsch **266**
Edelkastanie **273**
Edelkrebs **132**
Edelmarder **264**
Edelweiß **282**
Efeu, Gemeiner **212**
Egelschnecke **226**
Eibe **13**
Eiche s. Sommer-Eiche, Stiel-Eiche
Eichelhäher **248**
Eichengallwespe **234**
Eichenwickler, Grüner 185, **236**
Eichhörnchen 185, **262**
Eidechse s. Bergeidechse, Waldeidechse, Zauneidechse
Eierschwamm **190**
Einbeere **214**
Einjähriges Rispengras **34**
Eintagsfliege **132**
Eisenhut, Blauer 13, **306**
–, Echter 13, **306**
Eisvogel **170**
Elster **90**
Engelsüß **194**
Ente s. Reiherente, Stockente, Tafelente
Enzian, Brauner 290, **302**
–, Clusius' **308**
–, Gelber 284, 290, **302**
–, Koch's **308**
–, Punktierter 290, **302**
–, Purpurroter 290, **302**
–, Stengelloser **308**
–, Ungarischer 290, **302**
Erdbeer **292**
Erdhummel **76**
Erdkröte 35, **82**
Erdrauch, Gemeiner **54**
Erika **298**
Erle, Schwarze **218**
Esche, Gemeine **224**
Espe 34, **222**

Faltentintling **36**
Fasan **84**
Faulbaum **34**
Felchen 106, **142**
Feldegerling **36**
Feldgrille **72**
Feldhase, Europäischer **94**
Feldlerche **88**
Feldmaikäfer **230**
Feldmaus **96**
Feldsperling **92**
Feldwespe **76**
Felsenblümchen, Immergrünes **288**
Felsenschwalbe **328**
Fettkraut, Gemeines 124, **282**
Feuer-Lilie **304**
Feuersalamander **240**
Fichte 9, 180, 183, **216**, 273

346

Fichtengallaus, Rote 234
Fichtenkreuzschnabel 336
Fichtensteinpilz 188
Fieberklee 112
Fingerhut, Roter 13, 208
Fischotter 176
Fliegenpilz 190
Flockenblume, Gemeine 58
Flunder 105
Flußaal 148
Flußbarsch 106, 148
Flußflohkrebs 132
Flußkrebs 132
Flußmuschel 130
Flußnapfschnecke 104
Flußperlmuschel 130
Flußregenpfeifer 166
Flußseeschwalbe 168
Flutender Hahnenfuß 104, 110
Föhre 216
Forelle s. Bachforelle, Seeforelle
Frauenhaarmoos 192
Frauenmantel, Gemeiner 46
Friggagras 60
Frosch s. Grasfrosch, Laubfrosch, Teichfrosch, Wasserfrosch
Froschlöffel, Gemeiner 106, 114
Frühlings-Adonisröschen 30
- -Enzian 308
- -Heide 298
- -Knotenblume 202
- -Platterbse 206
- -Schlüsselblume 50
Fuchs s. Rotfuchs
-, Großer 78
Fuchs, Kleiner 78

Gänseblümchen 29, 44
Gänse-Fingerkraut 46
Gänsegeier 10
Gamander-Ehrenpreis 64
Gamswild 340
Gans s. Graugans
Garten-Bänderschnecke 226
Gartenbaumläufer 258
Gartenkreuzspinne 228
Gartenschläfer 262
Gebirgstelze 172
Gelbbauchunke 152
Gelber Enzian 284, 290, 302
Gelbhalsmaus 262
Gelbrandkäfer, Gemeiner 109, 140
Gemse 340
Gemsheide 298
Gemswurz, Großblütige 292
-, Zottige 275
Germer, Weißer 284, 290
Gestreifte Schildwanze 74
Gilbweiderich, Gemeiner 118
Gimpel 260
Gletscher-Hahnenfuß 273, 275, 278
- -Mannsschild 298
- -Nelkenwurz, Kriechende 288
- -Petersbart 288
Glockenblume, Bärtige 310
-, Scheuchzer's 310
-, Wiesen- 66
Goldammer 14, 35, 92
Goldlaufkäfer 74
Goldnessel 204
Goldregen 13
Gottesanbeterin 30
Gränke 120
Grasfrosch 82, 154
Grashüpfer, Gemeiner 72
Graugans 160
Graureiher 158
Grille s. Feldgrille
Großtrappe 86
Grottenolm 103

Grüner Knollenblätterpilz 188
Grün-Erle 273, 275, 318
Grünfink 260
Grünling 34, 260
Grünspecht 246
Günsel, Kriechender 64
Gundelrebe, Gemeine 64
Gundermann 64

Habicht 185, 242
Händelwurz, Große 60
-, Kleine 60
-, Wohlriechende 60
Hänge-Birke 218
Hahnenfuß, Flutender 104, 110
-, Scharfer 46
Hain-Bänderschnecke 226
Hainbuche, Gemeine 9, 34, 180, 218
Hain-Schnirkelschnecke 226
Hallimasch, Gemeiner 190
Hamster 96
Hartriegel, Blutroter 33, 220
Hase s. Feldhase
Hasel, Gemeine 218
Haselnußstrauch 9, 33, 218
Haselwurz 212
Haubenmeise 256
Haubentaucher 156
Hausmücke 140
Hausrotschwanz 334
Haussperling 35
Hausstorch 158
Hecht 106, 144
Heckenbraunelle 250
Heidekraut 208
Heidelbeere 122, 184, 212
Heidelibelle, Gemeine 136
Heide-Wacholder 318
Herbst-Zeitlose 13, 30, 60
Hermelin 98
Herrenpilz 188
Heupferd, Großes 72
Himbeere 220
Hirsch s. Rothirsch
Hirschkäfer 232
Hirschzunge, Gemeine 194
Hirtentäschelkraut, Gemeines 40
Höckerschwan 160
Höhlenassel 103
Höllenotter 322
Hohltaube 185, 242
Hohlzunge 314
-, Grüne 314
Holunder, Schwarzer 33, 224
Holzbock 228
Hopfenklee 48
Hornisse 34
Hornklee, Gemeiner 48
Hufeisen-Azurjungfer 134
Huflattich 52
Hummel s. Erdhummel
Hunds-Rose 70

Igel 34, 94
Igelkolben, Ästiger 106, 126

Jagdfasan 84

Kaisermantel 238
Kamm-Molch 150
Kaninchen s. Wildkaninchen
Karpfen 106, 148
Kellerassel 18, 228
Kellerhals 13, 222
Kiebitz 86
Kiefer s. Arve, Berg-Kiefer, Föhre, Krummholz-Kiefer, Latsche, Legföhre, Rot-Föhre, Rot-Kiefer, Waldkiefer, Zirbe, Zirbel-Kiefer
Klappertopf, Zottiger 50
Klatsch-Mohn 54

Kleiber 34, 185, 258
Kleiner Fuchs 78
Knabenkraut, Breitblättriges 60
Knoblauch, Wald- 200
Knoblauchsrauke, Gemeine 34
Knollenblätterpilz 13, 36
-, Grüner 188
Knotentintling 36
Köcherfliege 140
Kohl-Distel 118
- -Kratzdistel 118
Kohlmeise 256
Kohlröschen, Rotes 304
-, Schwarzes 304
Kohlweißling, Großer 80
Kolkrabe 330
Krähenbeere, Schwarze 314
Kratzdistel, Stachelige 292
Kreuzkröte 109, 152
Kreuzotter 13, 154, 322
Kriechender Günsel 64
Kröte, Grüne 152
Krokus 304
Krummholz-Kiefer 316
Kuckuck 244
Kuckucks-Lichtnelke 29, 56
Küchenschelle, Gewöhnliche 62
Kugelknabenkraut 304
Kuhschelle, Gewöhnliche 62
Kupferotter 322

Labkraut, Echtes 50
Lachmöwe 168
Lärche, Europäische 273, 316
Läusekraut, Quirlblättriges 302
Laichkraut, Schwimmendes 106, 126
Landkartenflechte 16
Latsche 273, 275, 316
Laubfrosch, Europäischer 154
Leberblümchen, Dreilappiges 184, 210
Legföhre 316
Leimkraut, Stengelloses 275, 292
Lerchensporn, Hohler 206
Lichtnelke, Rote 29, 56
Lidmücke 105
Liguster, Gemeiner 224
Löffler 107, 158
Löwenzahn, Gemeiner 29, 33, 52
Luchs 338
Lungen-Enzian 124
Lungenkraut, Echtes 210
Luzerne 48

Mädsüß, Echtes 40
Märzenbecher 202
Mäusebussard 84, 185, 324
Mäuse-Gerste 14
Maiglöckchen 13, 202
Maikäfer 230
Maräne 142
Marder s. Baummarder, Edelmarder
Margerite 44
Mauereidechse 33
Mauerläufer 334
Maulwurf 98
Mauswiesel 98
Mehl-Primel 122
Meise s. Beutelmeise, Blaumeise, Haubenmeise, Kohlmeise, Schwanzmeise, Sumpfmeise
Milchfleck 320
Milchkraut 312
Mistkäfer 230
Möhre, Wilde 38
Mönchsgrasmücke 250
Möwe s. Lachmöwe
Mohn, Rhaetischer 275, 286
Molch s. Alpenmolch, Bergmolch, Kamm-Molch, Streifenmolch, Teichmolch

347

Anhang

Mondhornkäfer 30
Moorbeere 122
Moosbeere, Kleinfrüchtige 122
Mosaikjungfer, Blaugrüne 136
Moschusbock 232
Moschusochse 9
Mücke s. Büschelmücke, Hausmücke, Stechmücke
Mücken-Händelwurz 60
--Nacktdrüse 60
Mufflon 266
Murmeltier s. Alpenmurmeltier

Nachtigall 254
Nachtschatten, Bittersüßer 124
Narzisse, Schmalblättrige 44
–, Weiße 44
Natternkopf 62
Nelkenwurz, Kriechende 288
Nestwurz 214
Netz-Weide 314
Neuntöter 14, 34, 90
Nieswurz, Schwarze 278
Nixenblume, Gelbe 116
Nonne 236

Ohrschlammschnecke 130
Ordenskissen 192
Ostigel 94

Pappelschwärmer 236
Parasolpilz 188
Pestwurz, Gemeine 58
Petergstamm 290
Pfaffenhütchen, Europäisches 33, 222
Pfaffenkäppchen 222
Pfeilkraut, Echtes 106
Pfifferling 190
Pflanzengallen 234
Platenigl 290
Plattbauch 136
Plötze 106, 144
Polarfuchs 9
Polei-Gränke 120
Posthornschnecke 130
Prachtlibelle, Gebänderte 134
–, Blauflügel- 134
Preiselbeere 184, 198
Purpurreiher 107

Rabenkrähe 330
Rädertier 107
Rainfarn 52
Rainweide 224
Rauchschwalbe 88
Rauschbeere 122
Rebhuhn 84
Reh 98
Reiher s. Graureiher
Reiherente 162
Renke 142
Rentier 9
Riesenschirmling 188
Ringamsel 9, 334
Ringdrossel 9, 334
Ringelnatter 154
Ringeltaube 242
Rispengras, Einjähriges 34
Rohrammer 174
Rohrdommel, Große 156
Rohrkolben, Breitblättriger 106, 126
–, Schmalblättriger 106, 126
Rohrsänger s. Teichrohrsänger
Rohrweihe 164
Rosenkäfer 74
Rosmarinheide 120
Rotauge 106, 144
Rotbauchunke 152
Rotbuche 9, 34, 180, 216, 273
Rote Waldameise 234

Rot-Föhre 216
Rotfuchs 264
Rothirsch 266
Rotkappe, Birken- 188
Rotkehlchen 185, 254
Rot-Kiefer 216
--Klee 54
Rotkopfwürger 33
Rotrückenwürger 90
Rottanne 216
Rückenschwimmer, Gewöhnlicher 138
Rührmichnichtan 204

Saatgans 160
Säbelschnäbler 166
Safran, Weißer 284
Salamander s. Alpensalamander, Feuersalamander
Sal-Weide 222
Salomonssiegel 200
Sandviper 13
Schachbrett 238
Schachtelhalm s. Acker-Schachtelhalm, Wald-Schachtelhalm
Schafgarbe, Gemeine 44
Scharbockskraut 204
Scharfer Hahnenfuß 46
Scheiden-Wollgras 114
Scheuerkraut 36
Schildwanze, Gestreifte 74
Schilf 106, 128
Schilfrohr 106, 128
Schlammschnecke, Gewöhnliche 130
Schlangen-Knöterich 28, 56
Schlangenkraut 114
Schlangenmoos 192
Schlehdorn 33, 34, 70
Schleie 106, 146
Schlichtziesel 96
Schlupfwespe 234
Schlüsselblume, Duftende 50
–, Hohe 204
Schnarrheuschrecke, Rotflügelige 320
Schnee-Heide 298
Schneeball, Gemeiner 33, 224
–, Wolliger 33, 224
Schneefink 336
Schneeglöckchen 202
Schneehase 9, 276, 338
Schneerose 278
Schnurfüßer 228
Schöllkraut, Großes 13, 33
Schopfige Teufelskralle 312
Schopftintling 36
Schwalbenschwanz 80
Schwalbenwurz-Enzian 308
Schwan s. Höckerschwan
Schwanzmeise 258
Schwarzbeere 212
Schwarzdorn 34, 70
Schwarzdrossel 254
Schwarzspecht 246
Schwarzstirnwürger 33
Schwebfliege 76
Schwefel-Anemone 278
Schwertlilie, Gelbe 118
–, Sibirische 124
Seeforelle 106
Seekanne 116
Seerose, Glänzende 110
–, Weiße 106, 110
Seesaibling 106, 142
Segelfalter 80
Segge 106
Seidelbast, Gemeiner 222
–, Gestreifter 296
Siebenpunkt-Marienkäfer 76
Siebenschläfer 34, 262

Silberdistel 284
Silberreiher 107
Silberstrich 238
Silberwurz, Achtblumenblättrige 280
Singdrossel 254
Singschwan 160
Sommer-Eiche 216
--Knotenblume 202
Sommergoldhähnchen 21, 252
Sonnentau, Rundblättriger 112
Specht s. Buntspecht, Dreizehenspecht, Grünspecht, Schwarzspecht
Spierstrauch 40
Spindelstrauch 222
Spitz-Ahorn 34, 220, 318
Spitzhornschnecke 130
Spitzmaus s. Wasserspitzmaus
Spitzschlammschnecke 130
Spitz-Wegerich 42
Springkraut, Großes 204
Sprossender Bärlapp 192
Star 185, 248
Stechapfel 13, 34, 212
Stechmücke 140
Stechpalme 13
Steinadler 324
Steinbock 340
Steinbrech, Gegenblättriger 294
–, Roter 294
Stein-Eiche 216
Steinfliege 138
Steinhuhn 326
Steinkauz 86
Steinklee, Echter 46
–, Weißer 46
Steinmarder 264
Stein-Nelke 292
Steinpilz 15, 188
Steinröschen 296
Steinschmätzer 332
Steinschmückel 275
Steppenweihe 30
Sternmiere, Große 198
Stieftmütterchen, Gewöhnliches 48
Stieglitz 35, 92
Stiel-Eiche 34, 216
Stinkwanze, Grüne 230
Stockente 21, 162
Storch s. Hausstorch, Weißstorch
Streifenfarn, Mauer- 33
Streifenmolch 150
Studentenröschen 112
Sumpf-Binse 106
--Calla 114
--Dotterblume 116
--Fingerkraut 120
--Herzblatt 112
Sumpfmeise 114
Sumpf-Schwertlilie 118

Tafelente 162
Tagpfauenauge 80
Tanne s. Weißtanne
Tannenhäher 276, 330
Tannenwedel 106
Taubnessel, Gelbe 204
–, Rote 56
–, Weiße 42, 56
Teichfrosch 82, 154
Teichhuhn 15, 109, 164
Teichlinse 128
Teichmolch 150
Teichmuschel, Große 130
Teichrohrsänger 172
Teichrose, Gelbe 106, 116
Teufelskralle, Schopfige 312
Tieflandunke 152
Tollkirsche 13, 212
Torfmoos 108, 110
Totengräber 230

348

Träubelhyazinthe, Übersehene 33, 66
Trauben-Ahorn 318
- -Eiche 216
- -Holunder 184
Traubenhyazinthe, Gemeine 66
Trauben-Kirsche, Gewöhnliche 34, 220
- -Steinbrech 280, 294
Trauerseeschwalbe 168
Triel 30
Trollblume, Europäische 286
Tüpfelfarn, Gemeiner 194
Türkenbund-Lilie 208
Turmfalke 84

Uferfliege 138
Uferschnepfe 166
Uferschwalbe 15, 109, 170
Uhu 328
Unholdenkraut 206
Unke s. Bergunke, Gelbbauchunke

Veilchen, Zweiblütiges 288
Vogelnestwurz 214

Waldameise, Rote 234
Waldbaumläufer 258
Waldbrettspiel 238
Waldeidechse 82, 240
Wald-Erdbeere 196
Waldkauz 244
Waldkiefer 216
Waldlaubsänger 185, 252
Waldmaus 262
Waldmeister 200
Waldohreule 244
Waldrebe, Gemeine 196
Wald-Sauerklee 184, 198
- -Schachtelhalm 192
- -Schlüsselblume 50, 184, 204
- -Veilchen 210
Waldvögelein, Rotes 208
-, Schwertblättriges 208
-, Weißes 208
Wald-Zweiblatt 214
Wandermuschel 107
Warzen-Birke 218
Wasseramsel 170

Wasserfloh, Gewöhnlicher 132
Wasserfrosch 82, 154
Wasser-Hahnenfuß 110
- -Knöterich 122
Wasserläufer 138
Wasserlinse, Kleine 128
Wasserpieper 332
Wasserschierling 13
Wasserschlauch, Gemeiner 118
Wasser-Schwertlilie 118
Wasserskorpion 138
Wasserspitzmaus 176
Wasserstar 170
Wechselkröte 152
Wegerich, Großer 42
-, Mittlerer 42
- -Froschlöffel 114
Weg-Rauke 34
Wegschnecke, Große 226
-, Rote 226
Wegwarte, Gemeine 66
Weide, Netzadrige 314
Weidenmeise 256
Weidenröschen, Schmalblättriges 206
Weinbergschnecke 226
Weinberg-Traubenhyazinthe 66
Weißdorn, Eingriffeliger 33, 70
-, Spitzlappiger 33, 70
-, Stumpflappiger 33, 70
-, Zweigriffeliger 33, 70
Weiße Bachstelze 172
Weiß-Klee 38
Weißmoos 192
Weißstorch 158
Weiß-Tanne 9, 273, 316
Weißwurz, Vielblütige 200
-, Wohlriechende 200
Wels 106
Wespe s. Feldwespe
Westigel 94
Wetterdistel 284
Wiedehopf 33, 88
Wiesel, Großes 98
Wiesen-Augentrost 42
- -Bärenklau 38
- -Bocksbart 29, 52
Wiesenchampignon 36
Wiesen-Fuchsschwanzgras 68

- -Geißbart 40
- -Glockenblume 66
- -Kerbel 38
- -Klee 54
- -Knäuelgras 68
- -Knöterich 56
Wiesenknopf, Großer 30
Wiesen-Lieschgras 68
Wiesenotter 13
Wiesen-Salbei 64
- -Schaumkraut 29, 40
- -Schaumzikade 74
- -Schlüsselblume 50, 204
- -Wucherblume 29, 44
Wilde Möhre 38
Wildkaninchen 94
Wildschwein 266
Winter-Eiche 216
Wintergoldhähnchen 252
Wolf 9
Wollgras, Breitblättriges 114
-, Scheuchzer's 114
-, Schlankes 114
-, Schmalblättriges 114
Wundklee, Gemeiner 34
Wurmfarn, Gemeiner 194

Zander 106, 148
Zauneidechse 35, 82
Zaunkönig 250
Zaun-Wicke 62
Zaunwinde, Gemeine 42
Zecke 228
Ziesel, Europäisches 30, 96
Zilpzalp 252
Zinnkraut 36
Zirbe 316
Zirbel-Kiefer 273, 316
Zittergras 68
Zitter-Pappel 222
Zweiblatt, Großes 214
Zwerglinse 128
Zwergschwan 160
Zwerg-Schwertlilie 66
Zwergtaucher 15, 109, 156
Zyklame 292
Zymbelkraut 33
Zypressen-Wolfsmilch 48

Wissenschaftliche Namen

Abies alba 316
Abramis brama 146
Acanthis flammea 336
Accipiter gentilis 242
Acer platanoides 220
- pseudo-platanus 220, 318
Achillea millefolium 44
Aconitum napellus 306
Acrocephalus scirpaceus 172
Adelges laricis 234
Adenostyles alliariae 302
- glabra 302
Adonis vernalis 30
Aegithalos caudatus 258
Aeshna cyanea 136
Agaricus campester 36
Aglais urticae 78
Ajuga reptans 64
Alauda arvensis 88
Alcedo atthis 170
Alchemilla vulgaris 46
Alectoris graeca 326
Alisma plantago-aquatica 114
Alliaria petiolata 34
Allium sibiricum 304
- ursinum 200
Alnus glutinosa 218

- viridis 318
Alopecurus pratensis 68
Amanita muscaria 190
- phalloides 188
Anas platyrhynchos 162
Ancylus fluviatilis 104
Andromeda polifolia 120
Androsace alpina 298
Anemone nemorosa 196
Anguilla anguilla 148
Anguis fragilis 240
Anodonta cygnea 130
Anser anser 160
- fabalis 160
Anthriscus sylvestris 38
Anthus spinoletta spinoletta 332
- trivialis 248
Anthyllis vulneraria 34
Apodemus flavicollis 262
- sylvaticus 262
Apus melba 328
Aquila chrysaetos 324
Aquilegia vulgaris 306
Araneus diadematus 228
Arctostaphylos alpina 280
- uva-ursi 280
Ardea cinerea 158

- purpurea 107
Argynnis paphia 238
Arion rufus 226
Armillariella mellea 190
Arnica montana 292
Aromia moschata 232
Arum maculatum 202
Asarum europaeum 212
Asellus cavaticus 103
Asio otus 244
Asplenium ruta-muraria 33
Astacus astacus 132
Aster alpinus 312
Athene noctua 86
Atropa belladonna 212
Aythya ferina 162
- fuligula 162

Barbus barbus 146
Bartsia alpina 310
Bellis perennis 44
Betula pendula 218
Boletus edulis 188
Bombina bombina 152
- variegata 152
Bombus terrestris 76
Botaurus stellaris 156

349

Anhang

Briza media 68
Bubo bubo 328
Bufo bufo 82
- calamita 152
- viridis 152
Burhinus oedicnemus 30
Buteo buteo 84

Calla palustris 114
Calluna vulgaris 208
Calopteryx splendens 134
- virgo 134
Caltha palustris 116
Calystegia sepium 42
Campanula barbata 310
- patula 66
- scheuchzeri 310
Cantharellus cibarius 190
Capra ibex 340
Capreolus capreolus 98
Capsella bursa-pastoris 40
Carabus auratus 74
Cardamine pratensis 40
Carduelis cannabina 34
- carduelis 92
- chloris 260
Carex spec. 106
Carlina acaulis 284
Carpinus betulus 218
Casmerodius albus 107
Centaurea jacea 58
Cepaea hortensis 226
- nemoralis 226
Cephalanthera damasonium 208
- longifolia 208
- rubra 208
Certhia brachydactyla 258
- familiaris 258
Cervus elaphus 256
Cetonia aurata 74
Chara spec. 106
Charadrius dubius 166
Chelidonium majus 13, 33
Chlamydomonas nivalis 273
Chlidonias niger 168
Chorthippus parallelus 72
Chrysanthemum leucanthemum 44
- vulgare 52
Cicerbita alpina 312
Cichorium intybus 66
Ciconia ciconia 158
Cicuta virosa 13
Cinclus cinclus 170
Circus aeruginosus 164
- marcrourus 30
Cirsium arvense 58
- oleraceum 118
- spinosissimum 292
Citellus citellus 96
Cladophora spec. 107
Clematis alpina 306
- vitalba 196
Coccinella septempunctata 76
Coeloglossum viride 314
Coenagrion puella 134
Colchicum autumnale 60
Columba oenas 242
- palumbus 242
Convallaria majalis 202
Coprinus atramentarius 36
- comatus 36
Copris lunaris 30
Coregonus spec. 142
Corethra spec. 107
Cornus sanguinea 220
Corvus corax 330
- corone 330
Corydalis cava 206
Corylus avellana 218
Crataegus monogyna 70

- oxyacantha 70
Cricetus cricetus 96
Crocus vernus 284
Cuculus canorus 244
Culex pipiens 140
Cyanosylvica suecica 174
Cyclamen purpurascens 300
Cygnus bewicki 160
- cygnus 160
- olor 160
Cynips quercusfolii 234
Cynthia cardui 78
Cyprinus carpio 148

Dactylis glomerata 68
Dactylorhiza majalis 60
Daphne mezereum 222
- striata 296
Daphnia pulex 132
Datura stramonium 13, 34, 212
Daucus carota 38
Dendrocopos major 246
- syriacus 33
Dianthus sylvestris 300
Digitalis purpurea 208
Doronicum clusii 275
- grandiflorum 292
Draba aizoides 288
Dreissena polymorpha 107
Drosera rotundifolia 112
Dryas octopetala 280
Dryocopus martius 246
Dryomys nitedula 262
Dryopteris filix-mas 194
Dytiscus marginalis 140

Echium vulgare 62
Eliomys quercinus 262
Emberiza citrinella 92
- schoeniclus 174
Empetrum nigrum 314
Epeorus spec. 104
Ephemeroptera 132
Epilobium angustifolium 206
Equisetum arvense 36
- silvaticum 192
Erebia ligea 320
Erica carnea 298
Erinaceus europaeus 94
Eriophorum angustifolium 114
- gracile 114
- latifolium 114
- scheuchzeri 114
- vaginatum 114
Erithacus rubecula 254
Eryngium alpinum 306
Esox lucius 144
Euonymus europaeus 222
Euphorbia cyparissias 48
Euphrasia rostkoviana 42

Fagus sylvatica 216
Falco tinnunculus 84
Felix lynx 338
Filipendula ulmaria 40
Formica rufa 234
Fragaria vesca 196
Frangula alnus 34
Fraxinus excelsior 224
Fringilla coelebs 260
Fulica atra 164
Fumaria officinalis 54

Galanthus nivalis 202
Galium odoratum 200
- verum 50
Gallinago gallinago 166
Gallinula chloropus 164
Gammarus roeseli 132
Garrulus glandarius 248

Gentiana acaulis 308
- asclepiadea 308
- clusii 308
- kochiana 308
- lutea 284, 290, 302
- pannonica 290, 302
- pneumonanthe 124
- punctata 290, 302
- purpurea 290, 302
- verna 308
Geotrupes spec. 230
Gerris spec. 138
Geum montanum 288
- retans 288
- rivale 120
Glechoma hederacea 64
Glis glis 262
Graphosoma lineatum 74
Gryllus campestris 72
Gymnadenia conopea 60
- odoratissima 60
Gyps fulvus 10

Hedera helix 212
Hedysarum hedysaroides 294
Helix pomatia 226
Helleborus niger 278
Hepatica nobilis 210
Heracleum sphondylium 38
Hippuris vulgaris 106
Hirundo rustica 88
Hordeum murinum 34
Hyla arborea 154
Hyoscyamus niger 13, 34, 212

Ilex aquifolium 13
Impatiens noli-tangere 204
Inachis io 80
Iphiclides podalirius 80
Ips typographus 232
Iris pseudacorus 118
- pumila 66
- sibirica 124
Ixodes spec. 228

Julus spec. 228
Juniperus communis 318

Knautia arvensis 62

Laburnum anagyroides 13
Lacerta agilis 82
- muralis 33
- vivipara 82, 240
Lagopus mutus 324
Lamium album 42, 56
- galeobdolon 204
- rubrum 56
Lanius collurio 90
- minor 33
- senator 33
Laothoe populi 236
Larix decidua 316
Larus ridibundus 168
Lathyrus vernus 206
Leccinum testaceo-scabrum 188
Lemna minor 128
Leontopodium alpinum 282
Lepus europaeus 94
- timidus 338
Leucobryum glaucum 192
Leucojum aestivum 202
- vernum 202
Libellula depressa 136
Ligustrum vulgare 224
Lilium bulbiferum 304
- martagon 208
Limosa limosa 166
Linaria alpina 310
- cymbalaria 33
Liponeura spec. 105

Listera ovata 214
Loiseleuria procumbens 298
Lotus corniculatus 48
Loxia curvirostra 336
Lucanus cervus 232
Luscinia megarhynchos 254
Lutra lutra 176
Lychnis flos-cuculi 56
Lycopodium annotinum 192
Lymantria monacha 236
Lymnaea stagnalis 130
Lyrurus tetrix 326
Lysimachia vulgaris 118
Lythrum salicaria 120

Macrolepiota procera 188
Mantis religiosa 30
Margaritifera margaritifera 130
Marmota marmota 338
Martes foina 264
– martes 264
Medicago lupulina 48
– sativa 48
Melanargia galathea 238
Melandrium rubrum 56
Meles meles 264
Melilotus albus 46
– officinalis 46
Melolontha melolontha 230
Menyanthes trifoliata 112
Metasyrphus spec. 76
Microtus arvalis 96
Montifringilla nivalis 336
Motacilla alba 172
– cinerea 172
Muscari neglectum 66
Mustela erminea 98
– nivalis 98

Narcissus poeticus 44
Nasturtium officinale 112
Natrix natrix 154
Necrophorus vespillo 230
Neomys fodiens 176
Neottia nidus-avis 214
Nepa rubra 138
Nigritella nigra 304
– rubra 304
Notonecta glauca 138
Nucifraga caryocatactes 330
Nuphar lutea 116
Nymphaea alba 110
– candida 110
Nymphalis polychloros 78
Nymphoides peltata 116

Oenanthe oenanthe 332
Ondrata zibethicus 176
Ornithogalum umbellatum 33
Orthetrum cancellatum 136
Oryctolagus cuniculus 94
Otis tarda 86
Ovis musimon 266
Oxalis acetosella 198

Palomena prasina 230
Papaver rhaeticum 286
– rhoeas 54
Papilio machaon 80
Pararge aegeria 238
Paris quadrifolium 214
Parnassia palustris 112
Parnassius apollo 320
Parus caeruleus 256
– cristatus 265
– major 256
– montanus 256
– palustris 256
Passer montanus 92
Pedicularis verticillata 302

Perca fluviatilis 148
Perdrix perdrix 84
Petasites hybridus 58
Petrocallis pyrenaica 275
Phasianus colchicus 84
Philaenus spumarius 74
Phleum pratense 68
Phoenicurus ochruros 334
Phragmites communis 128
Phyllitis scolopendrium 194
Phylloscopus collybita 252
– sibilatrix 252
Phyteuma comosum 312
Pica pica 90
Picea abies 216
Picoides tridactylus 328
Picus viridis 246
Pieris brassicae 80
Pinguicula alpina 282
– vulgaris 124, 282
Pinus cembra 316
– mugo 316
– sylvestris 216
Planorbarius corneus 130
Plantago lanceolata 42
– major 42
– media 42
Platalea leucorodia 158
Platichthys flesus 105
Plecoptera 138
Poa annua 42
Podiceps cristatus 156
– ruficollis 156
Polistes gallicus 76
Polygonatum multiflorum 200
– odoratum 200
Polygonum amphibium 122
– bistorta 56
Polypodium vulgare 194
Polytrichum spec. 192
Populus tremula 222
Porcellio scaber 228
Potamogeton natans 126
Potentilla anserina 46
– palustris 120
Primula auricula 290
– elatior 50, 204
– farinosa 122
– veris 50, 204
Proteus anguinus 103
Prunella collaris 332
– modularis 250
Prunus padus 220
– spinosa 70
Psophus stridulus 320
Pteridium aquilinum 194
Ptyonoprogne rupestris 328
Pulmonaria officinalis 210
Pulsatilla alpina 278
– vulgaris 62
Pyrrhocorax graculus 330
Pyrrhosoma nymphula 134
Pyrrhula pyrrhula 260

Quercus petraea 216
– robur 216

Radix auricularia 130
– ovata 130
Rana esculenta 82, 154
– temporaria 82, 154
Ranunculus acris 46
– aquatilis 110
– ficaria 204
– fluitans 104, 110
– glacialis 278
Recurvirostra avosetta 166
Regulus ignicapillus 252
– regulus 252
Remiz pendulinus 174

Rhinanthus alectorolophus 50
Rhitrogena spec. 104
Rhododendron ferrugineum 296
– hirsutum 296
Rhyssa spec. 234
Riparia riparia 170
Rosa canina 70
Rosalia alpina 320
Rotatoria 107
Rubus fruticosus 70
– idaeus 220
Rumex alpinus 314
Rupicapra rupicapra 340
Rutilus rutilus 144

Sagittaria sagittifolia 106
Salamandra atra 322
– salamandra 240
Salix caprea 222
– reticulata 314
Salmo trutta fario 142
Salvelinus alpinus 142
Salvia pratensis 64
Sambucus nigra 224
– racemosa 104
Sanguisorba officinalis 30
Saxicola rubetra 90
Saxifraga aizoon 280
– oppositifolia 294
– paniculata 280
Scirpus lacustris 106
Sciurus vulgaris 262
Sempervivum montanum 294
Silene acaulis 300
Silurus glanis 106
Sinapis arvensis 50
Sisymbrium officinale 34
Sitta europaea 258
Solanum dulcamara 124
Soldanella alpina 308
Sparganium erectum 126
Sphagnum spec. 110
Spiraea spec. 40
Spirodela polyrhiza 128
Spirogyra spec. 107
Stellaria holostea 198
Sterna hirundo 168
Stizostedion lucioperca 106, 148
Strix aluco 244
Sturnus vulgaris 248
Sus scrofa 266
Sylvia atricapilla 250
Sympetrum vulgatum 136

Talpa europaea 94
Taraxacum officinale 52
Taxus baccata 13
Tetrao urogallus 326
Tettigonia viridissima 72
Thlaspi arvense 40
Thymallus thymallus 144
Tichodroma muraria 334
Tinca tinca 146
Tortrix viridiana 236
Tragopogon pratensis 52
Traunsteinera globosa 304
Trichoptera 140
Trifolium pratense 54
– repens 38
Triturus alpestris 150
– cristatus 150
– vulgaris 150
Troglodytes troglodytes 250
Trollius europaeus 286
Turdus merula 254
– philomelos 254
– torquatus 334
Tussilago farfara 52
Typha angustifolia 126
– latifolia 126

Anhang

Unio spec. 130
Upupa epops 88
Urtica dioica 68
Utricularia vulgaris 118

Vaccinium myrtillus 212
– oxycoccus 122
– uliginosum 122
– vitis-idaea 198

Vanellus vanellus 86
Vanessa atalanta 78
Veratrum album 284, 290
Veronica chamaedrys 64
Vespa crabro 34
Viburnum lantana 224
– opulus 224
Vicia sepium 62
Viola biflora 288

– reichenbachiana 210
– tricolor 48
Vipera ammodytes 13
– aspis 13
– berus 322
– ursinii 13
Vulpes vulpes 264

Wolffia arrhiza 128

Die Natur wird zum Erlebnis

Große BLV Bestimmungsbücher

H.-H. Bergmann/H.-W Helb
Stimmen der Vögel Europas
Gesänge und Rufe von über 400 Vogelarten in mehr als 2000 Sonagrammen

B. Cetto
Enzyklopädie der Pilze
Band 1: Leistlinge, Korallen, Porlinge, Röhrlinge, Kremplinge u.a.
Band 2: Schnecklinge, Trichterlinge, Ritterlinge, Rötlinge, Wulstlinge u.a.
Band 3: Champignons, Schirmlinge, Tintlinge, Schüpplinge, Schleierlinge u.a.
Band 4: Täublinge, Milchlinge, Boviste, Morcheln, Becherlinge u.a.
Registerband

P. Colston/Ph. Burton
Limicolen
Alle europäischen Watvogel-Arten, Bestimmungsmerkmale, Flugbilder, Biologie, Verbreitung

D. Eichler
Tropische Meerestiere
Rotes Meer, Seychellen, Komoren, Mauritius, Malediven, Thailand, Philippinen.
Bestimmungsbuch für Taucher und Schnorchler

J. Ferguson-Lees/I. Willis
Vögel Mitteleuropas
540 Brutvogelarten, Durchzügler, Wintergäste

B. Génsbøl/W. Thiede
Greifvögel
Alle europäischen Arten, Bestimmungsmerkmale, Flugbilder, Biologie, Verbreitung, Gefährdungsgrad, Bestandsentwicklung

G. Lindner
Muscheln + Schnecken der Weltmeere
Aussehen, Vorkommen, Systematik. Mit 1257 Abbildungen, davon 1072 farbig

W. Schumann
Der neue BLV Steine- und Mineralienführer
Über 600 Einzelstücke in Farbe

Th. Schauer/C. Caspari
Der große BLV Pflanzenführer
Über 1500 Pflanzenarten Deutschlands und der Nachbarländer, davon 1140 farbig abgebildet. Mit Bestimmungsschlüssel nach Blütenfarben

BLV Bestimmungsbücher

M.S. Christiansen/ V. Hancke
Gräser
Süßgräser, Sauergräser, Binsen

W. Dierl/W. Ring
Insekten
Mitteleuropäische Arten. Merkmale, Vorkommen, Biologie

H. M. Jahns
Farne · Moose · Flechten
Mittel-, Nord- und Westeuropas. Mit 655 Farbfotos

W. Lötschert/G. Beese
Pflanzen der Tropen
323 Zier- und Nutzpflanzen mit 277 Farbfotos

H. W. Ludwig
Tiere unserer Gewässer
Merkmale, Biologie, Lebensraum, Gefährdung. Tümpel, Teiche, Seen, Bäche, Flüsse

G. Matz/D. Weber
Amphibien und Reptilien
Die 169 Arten Europas farbig abgebildet

H. Mayr
Fossilien
Über 500 Versteinerungen in Farbe

B. J. Muus /P. Dahlström
Meeresfische
der Ostsee, der Nordsee, des Atlantiks – Biologie, Fang, wirtschaftliche Bedeutung

B. J. Muus/P. Dahlström
Süßwasserfische
Europas - Biologie, Fang, wirtschaftliche Bedeutung

W. Nachtigall
Tiere und Pflanzen an Mittelmeerküsten
in ihren Lebensräumen - vom Küstenstreifen bis zum offenen Meer

O. Polunin
Bäume und Sträucher Europas
1009 farbige Fotos und Zeichnungen

D. Schilling/D. Singer/H. Diller
Säugetiere
181 Arten Europas

A. Schiøtz/P. Dahlström
Aquarienfische
Über 400 Aquarienfische, 50 Pflanzen.
Bestimmen, Pflegen, Züchten

W. Schumann
Edelsteine und Schmucksteine
Alle Edel- und Schmucksteine der Welt. 1500 Einzelstücke

Dies ist nur eine Auswahl aus über 90 Titeln zum Thema.

In unserem Verlagsprogramm finden Sie Bücher zu folgenden Sachgebieten:

Garten und Zimmerpflanzen • Natur • Angeln, Jagd, Waffen • Pferde und Reiten • Sport und Fitness • Reise und Abenteuer • Wandern und Alpinismus • Auto und Motorrad • Essen und Trinken • Gesundheit

Wünschen Sie Informationen, so schreiben Sie bitte an:

BLV Verlagsgesellschaft mbH • Postfach 40 03 20 • 8000 München 40
Telefon 089/12705-0 • Telefax 089/12705-543